国际经济与贸易专业系列教材

U0674723

INTERNATIONAL ECONOMICS

Seventh Edition

第七版

国际经济学

阙澄宇 主审　　姜文学 邓立立 主编

东北财经大学出版社　大连
Dongbei University of Finance & Economics Press

图书在版编目（CIP）数据

国际经济学 / 姜文学，邓立立主编．—7 版．—大连：东北财经
大学出版社，2024.9．—（国际经济与贸易专业系列教材）．—ISBN
978-7-5654-5391-5

Ⅰ.F11-0

中国国家版本馆 CIP 数据核字第 2024SY6335 号

东北财经大学出版社出版

（大连市黑石礁尖山街 217 号　邮政编码　116025）

网　　址：http://www.dufep.cn

读者信箱：dufep@dufe.edu.cn

大连东泰彩印技术开发有限公司印刷　东北财经大学出版社发行

幅面尺寸：170mm×240mm　　字数：386 千字　　印张：18.5　　插页：1

2024 年 9 月第 7 版　　　　　　　　　　　2024 年 9 月第 1 次印刷

责任编辑：李　彬　王芃南　　　　　　　　责任校对：一　心

封面设计：原　皓　　　　　　　　　　　　版式设计：原　皓

定价：48.00 元

第七版前言

国际经济学作为经济学的一个独立分支，在众多经济学家的努力下，在经济学中的地位日渐提高。特别是近50年来，国际经济学已成为经济学领域发展最快、影响最大的分支之一，国际经济学课程也被越来越多的国内高等院校列为经济学门类学生的必修课程之一。

随着国际经济学课程的引入，其与国内现有课程的内容协调问题就逐渐显露出来，在国际经济与贸易专业表现尤其突出。国际经济与贸易专业的课程设置经过长期的实践，已经形成了相对规范和稳定的课程设置体系，其主干课程中包括国际贸易和国际金融两门课程。而国际经济学与国际贸易、国际金融课程内容的重合部分相当多，在同一专业同时开设国际经济学与国际贸易、国际金融课程，容易造成同一内容用不同的分析方法重复讲授，浪费了有限的学习时间。同时国际经济学的内容并不能涵盖国际贸易课程和国际金融课程的全部内容：从理论体系来看，国际贸易和国际金融课程中的理论部分不仅包括西方经济学理论，还包括马克思主义政治经济学的相关理论，后者在国际经济学课程中并不涉及；国际金融课程中的外汇业务、金融市场等内容在国际经济学课程中一般也不作介绍；至于国际经济学课程中的要素流动理论，有些院校放在国际贸易课程中讲授，有些院校则分别放在国际服务贸易、国际投资、国际技术贸易等课程中讲授。

不论采用何种处理方法，都需要遵循两项原则：一是避免同一内容的重复讲授，包括用不同分析方法对同一知识点的重复讲授；二是避免造成内容的遗漏。

党的二十届三中全会通过的《中共中央关于进一步全面深化改革 推进中国式现代化的决定》指出，"开放是中国式现代化的鲜明标识"。在学习国际经济理论的同时需要紧密结合我国发展中大国的国情，深刻理解党的二十大报告提出的"中国式现代化"的内涵，充分认识我国在世界百年未有之大变局加速演进背景下推进高水平对外开放、加快构建新发展格局的重大意义。

本教材由阙澄宇教授担任主审，姜文学教授、邓立立副教授担任主编。本教材编写工作的具体分工为：姜文学教授编写第1章至第11章，邓立立副教授编写第12章至第17章。

本次修订重新梳理了基本概念和基本理论，对核心概念的表述更加简洁清晰，同时，根据国际经济形势变化，对世界多边贸易体制、国际经济一体化、汇率制度、国际货币合作等章节进行了内容增补和数据更新。

在本教材的编写过程中，编者学习和参考了近年来国内出版的有关国际经济学的著作、教材和论文等，并引用了其中许多观点和资料，限于篇幅，谅不能一一注明出处。由于编者水平有限和编写时间仓促，疏漏和不足在所难免，敬请读者批评指正，以便进一步修改完善。

编　者

2024 年 8 月

目　录

第 1 章/绪 论

1.1　全球化浪潮与国际经济的发展

　　国家或地区之间最早发生的经济活动是货物交换，即国际货物贸易（也称狭义的国际贸易）。从一个国家或地区的角度看这种交换活动，称为该国或地区的对外贸易，包括出口和进口两个部分。由于一国或地区的出口同时也是另一国或地区的进口，因此世界贸易额通常用世界各国或地区的出口额之和来计算。随着服务贸易日益成为国际贸易的重要组成部分，国际贸易的内涵也扩大了，包含了国际服务贸易（也称广义的国际贸易）。随着国际投资活动限制的减少，国际投资也日益发展起来。

　　1870 年至第一次世界大战爆发前的 1913 年出现了第一次经济全球化浪潮，在此期间，世界贸易量年均增长 3.4%，高于世界 GDP 2.1% 的年均增速，世界出口占世界 GDP 的比重由 4.6% 提高到 7.9%。[①]

　　第二次世界大战结束后出现了长达半个多世纪的相对和平时期，世界各国和地区之间的经济往来越来越频繁，彼此之间的经济联系也日益紧密。1950—2022 年期间，世界货物贸易量增长了近 44 倍，而同期世界 GDP 增长 13 倍（如图 1-1 所示）。2022 年世界货物贸易额（出口）达到 24 万亿美元，世界服务贸易额（出口）达到 7 万亿美元。[②] 从 20 世纪 80 年代中期开始，国际直接投资开始加速增长，90 年代增速进一步加快，2000 年外国直接投资流入额达到 1.36 万亿美元；受互联网泡沫破灭（Dotcom Crisis）的冲击，2003 年降至 0.55 万亿美元；2007 年增至 1.89 万亿美元，受金融危机影响，2009 年再次下降至 1.14 万亿美元。由于跨国并购骤增，2015 年外国直接投资流入额达到金融危机以来的最高值 2.05 万亿美元，之后受美国税制改革、新冠肺炎疫情等因素影响，总体呈下降趋势，2022 年为 1.31 万亿美元（如图 1-2 所示）。

---

　　① 　WTO.World Trade Report 2007 ［R］. Geneva：WTO，2007：244.
　　② 　WTO.World Trade Statistical Review 2023 ［R］. Geneva：WTO，2023：58；81.

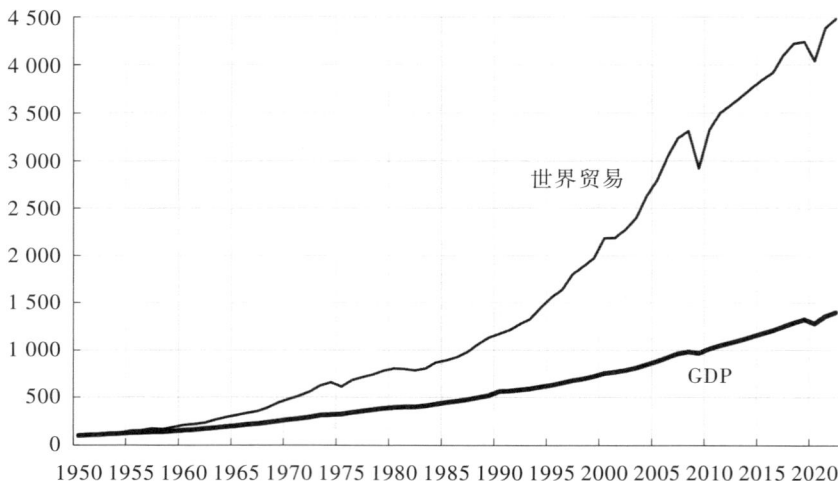

图 1-1 1950—2022 年世界贸易和 GDP 指数（以 1950 年为 100）

资料来源 WTO.World Trade Statistical Review 2023 ［R］. Geneva：WTO，2023.

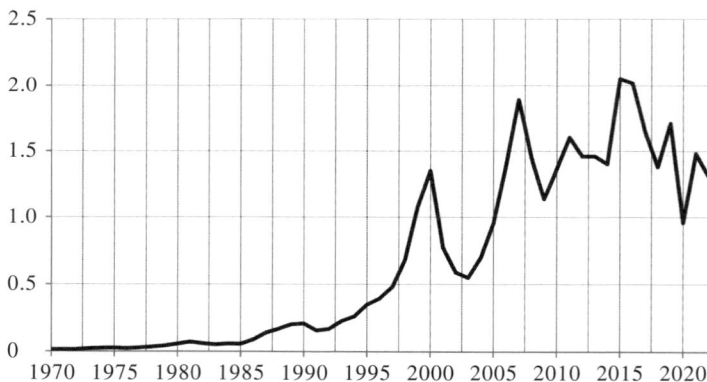

图 1-2 1970—2022 年全球外国直接投资流入额（万亿美元）

资料来源 UNCTAD 数据库。

1.2 开放经济与封闭经济

由于不同国家或地区之间的经济活动习惯、政策和法律等存在差异，因而，在计价、结算、争端解决等实务和法律层面，国内经济活动与国际经济活动存在诸多不同。

同时，在理论层面，开放经济也具有诸多不同于封闭经济的规律。

以市场中的均衡价格为例，如图 1-3 所示，在封闭经济条件下，市场的均衡点在 E 点，均衡的价格水平为 P_0，任何偏离该价格水平的价格都是非均衡的，都会被市场中那只"看不见的手"自动调节到均衡的价格水平。如果市场价格为 P_1，此时的产量为 OB，消费量为 OA，市场处于"过度供给"状态，市场价格会向 P_0 进行调整；反之，如果市场价格为 P_2，此时的产量为 OC，消费量为 OF，市场处于"过度需求"状态，市场价格也会向 P_0 进行调整。

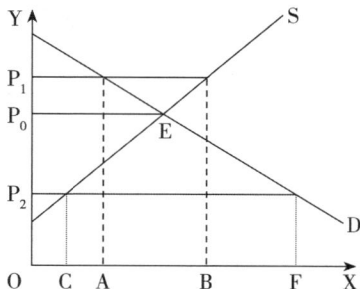

图 1-3 开放经济与封闭经济的市场均衡

在开放经济条件下，均衡的价格水平并非唯一的 P_0，任何一个价格水平都可能是均衡的价格水平。如果国内市场价格为 P_1，此时国内市场处于"过度供给"状态，如果该国能够以 P_1 的价格将 AB 数量的商品出口，国内产量 OB 等于国内消费量 OA 与出口量 AB 之和，因而，P_1 也是均衡的价格水平，市场价格不会向 P_0 进行调整；反之，如果市场价格为 P_2，此时国内市场处于"过度需求"状态，如果该国能够以 P_2 的价格进口 CF 数量的商品，国内消费量 OF 等于国内产量 OC 与进口量 CF 之和，因而，P_2 也是均衡的价格水平，市场价格不会向 P_0 进行调整。

正是由于开放经济与封闭经济存在诸多不同的特征和规律，因而有必要产生分支学科，专门对开放经济的理论、实务及法律等问题进行研究和探讨。

1.3　　　　国际经济学的研究对象与性质

作为经济学的一个分支学科，国际经济学并不研究开放经济的实务和法律等问题，而是研究开放经济环境下一国或地区经济及其与外部世界的经济关系，以及资源在国际范围内的最优配置。

需要说明的是，国际经济学中所讲的"国际（international）"经济关系并不是指主权国家之间的经济关系，而是指经济上独立的经济体（economy）之间，或者说，国家或地区之间的经济关系。因此，除非特别注明"主权国家"，否则本教材中所使用的"国家"或"国"均指经济体（包括国家和地区）。

国际经济学以微观经济学和宏观经济学作为理论基础，是经济学一般理论在国际经济范围内的延伸和应用，是整个经济学体系的有机组成部分。

1.4　　　　国际经济学的研究内容

国际经济学的内容主要包括三大部分：

第一部分是国际贸易理论、政策与问题。

该部分由三个方面研究内容构成：

　　一是国际贸易理论（第2章至第5章）。国际贸易理论以生产要素不能在国家间自由流动为前提，研究国际贸易产生的原因、利益分配和贸易模式等问题。

　　二是对外贸易政策、措施与战略（第6章至第8章）。对外贸易政策是国际贸易理论在实践中的反映；对外贸易措施涉及的是政府为推动或限制贸易而采取的各种政策手段。这些政策与措施会对一国的贸易和经济产生相应的影响。对外贸易战略则是一国或地区通过国际分工方式和程度的选择影响国内资源配置和竞争效率的一整套贸易政策或制度。

　　三是国际贸易问题（第9章至第10章）。各国依据不同的贸易理论，根据自身的实际情况采取了不同的对外贸易政策与措施。由于对外贸易政策的涉外性，必然会对其他国家和地区产生影响，由此引发一系列国际贸易问题。当前最主要的是两个问题：由于对外贸易政策协调而产生的世界多边贸易体制和由于对外贸易政策区域性融合而产生的区域经济一体化。

　　第二部分是要素流动理论（第11章）。

　　在第一部分的研究中，一个重要的假设就是生产要素在国家间缺乏流动性，国际贸易在很大程度上作为对生产要素缺乏流动性的一种替代。然而，生产要素在国家间缺乏流动性并非是一个严密的前提条件。本部分研究生产要素的跨国流动（包括劳动力、资本和技术的跨国流动）对一国经济及世界经济的影响。

　　第三部分是国际金融与开放经济条件下的宏观经济政策。

　　该部分由四个方面研究内容构成：

　　一是外汇与外汇汇率（第12章至第13章）。在前面对国际贸易和国际要素流动等有关理论的阐述过程中，我们都是以实物经济作为直接的考察对象，并没有涉及货币问题。但是现实生活中的国际经济交往都是以货币作为媒介而进行的，因此这两章我们研究国际经济交往中的货币问题——外汇与汇率，包括外汇和汇率的基础知识、汇率制度与汇率决定理论。

　　二是国际收支（第14章至第15章）。国际收支包括国际收支和国际收支调节理论。国际金融研究的主题之一是开放经济条件下的宏观经济学。国际收支用会计核算的办法来解释、描述开放经济条件下一国的产出水平和国际经济交易的变量，是一国参与国际经济活动的利益的集中体现，是国际经济学研究的重要内容。

　　三是开放经济条件下的宏观经济政策（第16章）。与封闭经济条件不同，开放经济条件下的宏观经济目标不仅包括实现内部均衡，还要实现外部均衡，即国际收支的均衡。因此开放经济条件下宏观经济政策的制定需要考虑更多的因素，政策环境和政策目标更为复杂。这一章我们将讨论开放经济条件下的宏观经济政策，主要研究如何实现宏观经济的内外均衡，即如何同时使经济实现政府的四个宏观经济目标。

　　四是国际货币制度与区域货币合作（第17章）。

1.5　国际经济学的研究方法

国际经济学是将理论研究和政策分析融合在一起，对国际经济活动以及经济资源的国际配置进行分析和探讨的一门科学。国际经济学既涉及纯理论性的探讨，又涉及对历史和现状的分析与研究，其分析方法具有以下特点：

（1）宏观与微观相结合。国际经济学当中有关国际市场中的价格决定、资源配置、收入分配、经济效率以及福利分析等内容属于微观分析；有关国际收支与国民收入的关系、国际收支的调节及其恢复均衡的过程等内容属于宏观分析。

（2）理论分析与政策分析相结合。国际经济学的各种理论本身大多具有很强的政策含义，构成了许多国际经济政策的理论基础。例如，对国际贸易理论的研究始终结合着对贸易政策的分析来进行，对国际收支失衡的分析则伴随着解决失衡的政策研究等。因此，理论与政策的紧密结合在国际经济学中表现得相当明显。

（3）静态分析与动态分析相结合。国际经济学的静态分析主要是比较静态分析，强调对不同阶段的一些既定结果进行比较分析，如比较优势理论就属于静态分析。国际经济学的动态分析则主要强调对事物的变化过程以及各个变量对过程的影响进行分析，如技术差距理论、产品生命周期理论等。

（4）定性分析与定量分析相结合。国际经济学的定性分析主要强调的是事物之间的结构性联系，如比较优势可分为来自贸易的利益和来自分工的利益。其定量分析的部分主要是对事物数量关系的变换进行分析，如计算在某一关税水平下一国对国内市场的有效保护率。国际经济学在实际研究中往往更多地强调二者的结合。

（5）局部均衡分析与一般均衡分析相结合。国际经济学中的局部均衡分析是在假定某些变量保持不变的条件下对单个市场、单一商品、单一要素的价格与供求进行考察，如对进口关税的局部均衡分析。而一般均衡分析则考察的是在全部变量相互影响的条件下所有市场、所有商品的价格与供求变化，如国际均衡相对价格的一般均衡分析。

本书采用了图表分析与文字叙述相结合的方式介绍有关的理论和政策效应，其中大部分的分析工具是微观经济学和宏观经济学基础理论中所涉及的内容，因此在学习本书之前，读者应对经济学的基本内容和分析方法有一定的了解。

第2章/古典国际贸易理论

2.1　　　　　　　　　重商主义的贸易思想

　　最早对国际贸易提出较为系统的理论解释和政策主张的是重商主义学派。重商主义（mercantilism）产生于15世纪的欧洲，16世纪至17世纪臻于鼎盛，18世纪走向衰落。它代表的是新兴商业资产阶级的利益和要求，首次从国家财富增长的角度讨论了国际贸易的作用和国家应当采取的政策。

2.1.1　　重商主义的财富观

　　重商主义认为只有货币或金银才是真正的财富。货币之所以被认为是财富，主要源于货币的作用。

　　首先，货币是交易的媒介，人们用货币购买商品比用一种物品交换另一种物品更容易。

　　其次，货币是价值的尺度，人们往往用各种商品所能换得的货币量来估计其他各种商品的价值以及人的富裕程度，有很多货币的人被称为富人；只有极少一点货币的人，被称为穷人。

　　最后，货币或金银作为储藏手段，不容易损耗，是动产中最坚固、最可靠的部分。

　　总之，按照通俗的说法，财富与货币，无论从哪一点来看，都是同义语。因此，国家财富的增长即是一国拥有的金银量的增长。

2.1.2　　重商主义的贸易政策

　　在重商主义看来，国内贸易是由一部分人支付货币给另一部分人，从而使一部分人获利，另一部分人受损，国内贸易的结果只是社会财富在国内不同集团之间的再分配，整个社会财富的总量并没有增加。

而对外贸易可以改变一国的货币总量，一国可以通过出口本国产品从国外获取货币从而使国家变富，但同时也会由于进口外国产品造成货币输出从而使国家丧失财富。因此，重商主义对贸易的研究主要集中在如何鼓励出口、限制进口以增加货币的流入从而增加社会财富。

如何做到多出口少进口，早期的重商主义与后期的重商主义观点有所不同。

早期的重商主义又称为重金主义，其理论基础是"货币差额论"，主要代表人物是英国的约翰·海尔斯（John Hales）和威廉·斯塔福德（William Stafford）等。货币差额论强调绝对的贸易顺差，主张多卖少买甚至只卖不买，通过国家立法和采取行政手段，禁止金银输出，鼓励商品出口，增加金银流入，在对外贸易中要保证对每一国的贸易都是顺差。恩格斯曾形象地指出，这个时期的重商主义者"就像守财奴一样，双手抱住他心爱的钱袋，用嫉妒和猜疑的目光打量着自己的邻居"[①]。

但是，在实践中，由于各国都限制金银货币外流，都奉行多卖少买，其结果反而阻碍了国际贸易。于是重商主义由早期的重金主义发展为后期的名副其实的重商主义，其理论基础由货币差额论发展为贸易差额论。

后期的重商主义理论被称为"贸易差额论"，代表人物是英国的托马斯·孟（Thomas Mun）。贸易差额论不主张限制货币输出，原因有二：第一，搁置不用的货币是不会产生货币的，货币只有投入流通才会增殖。为购买外国货物而输出金银，未必会减少国内的金银量，反之，往往还会增加金银量。因为如果进口货物并不在国内消费，而是以高利润转售到国外，所带回来的金银也许会比原来为购买货物而输出的金银多得多。第二，金银输出禁令并不能阻止金银输出，因为金银价值大体积小，极容易向外走私。贸易差额论把商品与货币联系起来，重视长期的贸易顺差和总体的贸易顺差，允许一定时期的贸易逆差，只要最终的贸易结果能保证顺差，保证货币最终流回国内就可以；对某些国家和地区存在贸易逆差也是允许的，只要对外贸易总额保持顺差即可。为了获得贸易顺差，一方面应以高额保护关税或禁止进口来限制外国商品进口；另一方面要大力发展本国的工场手工业，通过退税、发给奖励金、同其他国家订立有利的通商条约、建立殖民地等手段鼓励商品出口。

无论早期还是后期的重商主义，其共同点是二者都把国际贸易看成一种零和博弈，一方得益必定使另一方受损，出口者从贸易中获得财富，而进口者则减少财富，带有强烈的经济民族主义色彩。二者都把货币作为财富，认为对外贸易对增加一国财富有很大的作用，主张鼓励出口限制进口，只是在如何增加财富的具体措施和方法方面的主张有所不同。

---

① 恩格斯．论封建制度的解体及资产阶级的兴起［M］//尚钺．封建社会历史译文集．北京：生活·新知·三联书店，1955：9.

2.2   绝对优势理论

英国古典经济学家亚当·斯密（Adam Smith）在 1776 年出版的《国民财富的性质和原因的研究》（An Inquiry into the Nature and Causes of the Wealth of Nations，简称《国富论》）中，系统批判了重商主义的观点，创立了自由主义经济思想理论，同时提出了他的国际贸易理论——绝对优势理论（theory of absolute advantage）。

亚当·斯密简介

2.2.1   斯密对重商主义的批判

（1）斯密认为，重商主义的财富观是错误的

斯密认为，财富并不由货币或金银构成，而由货币所购各物构成。他指出，除了用来交换货币，货物还有其他许多用处；但除了购买货物，货币就一无所用。所以"货币必然追求货物，而货物却并不总是或无须追求货币"①。人们之所以追求货币，不是为了货币本身，而是为了用货币所能购买的物品。

（2）斯密认为，重商主义的奖出限入政策是错误的

斯密认为，政府干预经济会带来决策风险。他指出，关于可以把资本用在什么种类的国内产业上面，其生产物能有最大价值这一问题，每一个人处在他的位置上，显然能判断得比政治家或立法家好得多。如果政治家企图指导私人应如何运用他们的资本，那不仅是自寻烦恼地去注意最不需注意的问题，而且是僭取一种不能放心地委托给任何个人、也不能放心地委之于任何委员会或参议院的权力。把这种权力交给一个大言不惭的、荒唐地认为有资格行使的人，是再危险也没有了。

重商主义的奖出限入政策还会扭曲资源配置，使"国家的劳动由较有利的用途改到较不利的用途"，造成福利损失。他指出，如果一件东西在购买时所费的代价比在家内生产时所费的小，就永远不会想要在家内生产，这是每一个精明的家长都知道的格言。在每一个私人家庭的行为中是精明的事情，在一个大国的行为中就很少是荒唐的了。如果外国能以比我们自己制造还便宜的商品供应我们，我们最好就用我们有利地使用自己的产业生产出来的物品的一部分向他们购买。②

（3）斯密认为，重商主义用贸易差额来判断一国在贸易中的得失是错误的

重商主义认为，如果两国贸易是平衡的，则两国各无得失；如果两国贸易是不平衡的，则逆差的一方受损，而顺差的一方得利，而且得失程度与顺差、逆差的大小相称。而斯密认为，一国从贸易中获得利益的大小并不取决于贸易差额，国产商品占交换品最大部分而外国货物占交换品最小部分的国家，总是主要的利得者。③

---

① 斯密. 国民财富的性质和原因的研究：下卷 [M]. 郭大力，王亚南，译. 北京：商务印书馆，1974：11.
② 斯密. 国民财富的性质和原因的研究：下卷 [M]. 郭大力，王亚南，译. 北京：商务印书馆，1974：28.
③ 斯密. 国民财富的性质和原因的研究：下卷 [M]. 郭大力，王亚南，译. 北京：商务印书馆，1974：62.

（4）斯密认为，国际贸易不是零和博弈，而是"双赢"

斯密指出，在战争或政治上，邻国的财富，虽对我国有危险，但在贸易上，却对我国有利。在和平的通商状态下，邻国的财富，必使他们能够和我们交换更大的价值，必对我国产业的直接生产物或用这种生产物购进来的物品，提供更好的市场。勤劳的邻近的富人，和穷人比较，是更好的顾客；邻近的富国，也是这样。另外，富国的制造业者，无疑会成为邻国同种制造业者极危险的竞争者，但这种竞争，却有利于人民大众。[①]所以，不受限制而自然地、正常地进行的两地间的贸易，虽未必对两地同样有利，但必对两地有利。[②]

2.2.2　绝对优势理论的主要内容

绝对优势理论认为，劳动分工可以大大提高劳动生产率，每个人专门从事其具有优势的产品的生产，然后彼此进行交换，则对每个人都是有利的。

以裁缝和鞋匠两个人之间的分工为例，裁缝和鞋匠都需要一套衣服和一双鞋子，做一套衣服，裁缝需要一天时间，而鞋匠需要两天；做一双鞋子，裁缝需要两天时间，而鞋匠只需要一天。如果两人不分工，两人均需要工作3天才能满足需要。如果两人进行分工，每人只生产自己具有优势的产品，两人只需工作两天即可满足需要（表2-1）。

表2-1　　　　　　　　　　裁缝与鞋匠分工前后的比较

	分工前		分工后	
裁缝投入—产出	1天—1套衣服	2天—1双鞋子	2天—2套衣服	
鞋匠投入—产出	2天—1套衣服	1天—1双鞋子		2天—2双鞋子
总投入—总产出	3天—2套衣服	3天—2双鞋子	2天—2套衣服	2天—2双鞋子

斯密认为，分工之所以能提高劳动生产率，原因有三：第一，劳动者由于从事一种单纯的操作，能够大大提高其熟练程度；第二，由一种工作转到另一种工作，通常需损失不少时间，有了分工，就可以避免这种损失；第三，劳动者把注意力集中在单一事物上，更容易发明更简单、更便利的操作方法。

绝对优势理论采用了由私人家庭推及整个国家的论证方法，指出适用于私人家庭、国内不同职业、不同工种之间的分工原则，同样也适用于国家之间的分工；国际分工是各种分工形式的最高形式，国际分工的结果也同样使贸易双方都能得到利益。

例如，假设世界上只有法国和英国两个国家，两国只生产小麦和布两种产品。生产1单位小麦，法国需投入100单位劳动，英国则需要投入150单位劳动；生产1

---

①　斯密. 国民财富的性质和原因的研究：下卷 [M]. 郭大力，王亚南，译. 北京：商务印书馆，1974：66-67.
②　斯密. 国民财富的性质和原因的研究：下卷 [M]. 郭大力，王亚南，译. 北京：商务印书馆，1974：61.

单位布，法国需投入 100 单位劳动，英国则需投入 50 单位劳动。在分工生产前，法国和英国在上述投入情况下共可以生产 2 单位小麦和 2 单位布，见表 2-2。可见，法国在小麦的生产方面比英国有绝对优势，英国在布的生产方面比法国有绝对优势。如果两国按照绝对优势分工，法国将原来生产布的 100 单位劳动转移到小麦的生产上，共可生产 2 单位小麦；英国将原来生产小麦的 150 单位劳动转移到布的生产上，共可生产 4 单位布。两国分工的结果是，用相同的劳动投入，比分工前多生产了 2 单位布。这 2 单位布通过交换，在两国间进行分配，对两国都有利。

表 2-2   绝对优势理论示例

	分工前		分工后	
	小麦	布	小麦	布
法国的劳动投入	100	100	100+100=200	
英国的劳动投入	150	50		50+150=200
总产量	2 单位	2 单位	2 单位	4 单位

为了更容易发现规律，绝对优势理论进行了高度抽象，包含了如下假设：

① 世界上只有两个国家，每个国家只生产两种产品，两种产品的生产都只使用一种生产要素——劳动，即使用 2-2-1 模型的分析方法。

② 两国在不同产品上的生产技术不同，存在着劳动生产率的绝对差异。这是国际分工的直接原因。

③ 生产要素在国内不同部门完全自由流动，但不能在国家间流动。以表 2-2 为例，劳动者可以在小麦的生产部门和布的生产部门之间自由转移，不存在诸如技术障碍等跨部门转移困难。

④ 规模收益不变。

⑤ 成本以真实劳动成本即劳动时间计量，一国内部所有劳动都是同质的。即该国所有劳动者，不论其处于哪个生产部门，都具有同样的劳动技能。我们会发现在表 2-2 的例子中，劳动力转移后，产量是随着该部门劳动投入量的增长而同比例增长的。

⑥ 不考虑运输成本。如果运输成本高于两国之间的价格差，即使两国之间存在劳动生产率的绝对差异，国际贸易也不会发生。

⑦ 两国均实行自由贸易政策，没有贸易限制。如果两国之间的关税等贸易障碍导致贸易成本提高抵消了两国之间的价格差，即使两国之间存在劳动生产率的绝对差异，国际贸易也不会发生。

⑧ 不存在技术进步和经济发展，国际经济是静态的。

在这些假设前提下，斯密证明了：如果每一个国家都按照其绝对有利的生产条件去进行专业化生产，然后彼此进行交换，则会使各国的生产要素得到最有效的利用，增加物质财富，对所有参加交换的国家有利。

斯密认为，国际分工的基础是有利的自然禀赋或后天有利的生产条件，因为自然禀赋和后天有利的生产条件可以使一个国家生产某种产品的成本绝对低，在国际交换中比其他国家处于优势地位。

绝对优势理论解释了国际贸易产生的部分原因，也首次论证了贸易双方都可以从国际分工和交换中获得利益。可以说，斯密把国际贸易理论纳入了市场经济的理论体系，开创了对国际贸易的经济分析。

2.3　　　　　　　　　　比较优势理论

绝对优势理论假设两国在不同产品上的生产技术不同，存在着劳动生产率的绝对差异，贸易双方各自至少存在一种产品成本低于另一方，即各具有绝对优势。但是在现实社会中，有些比较先进、发达的国家有可能在各种产品的生产上都具有绝对优势，而另一些国家有可能在各种产品的生产上都处于绝对劣势，但贸易仍然在这两种国家之间发生，此时的贸易是否对双方均有利？

亚当·斯密在《国富论》第一篇第一章里表达了比较优势理论的基本思想："现在最富裕的国家，固然在农业和制造业上都优于邻国，但在制造业方面的优越程度，必定大于农业方面的优越程度。富国的土地，一般都耕耘得较好，投在土地上的劳动与费用也较多；但是，这样较大的生产量，很少在比例上大大超过所花的较大劳动量和费用。在农业方面，富国劳动生产力未必都比贫国劳动生产力大得多，至少不像制造业方面一般情况那样大得多。所以，如果品质同样优良，富国小麦在市场上的售价，未必都比贫国低廉。"①李嘉图则更加直观地阐述了比较优势的思想。

2.3.1　比较优势理论的基本内容

英国古典经济学家大卫·李嘉图（David Ricardo）在1817年出版的《政治经济学及赋税原理》（Principles of Political Economy and Taxation）一书中，继承和发展了绝对优势理论，提出了比较优势理论（theory of comparative advantage）。

大卫·李嘉图
简介

比较优势理论认为，国际贸易的基础并不限于劳动生产率的绝对差异。即便一个国家在两种产品的生产方面都具有绝对优势，另一个国家在两种产品的生产方面都具有绝对劣势，只要两国之间存在着劳动生产率的相对差异，就会出现生产成本和产品价格的相对差异，从而使两国在不同的产品上具有比较优势，使互利的国际分工和国际贸易成为可能。

除了绝对优势理论的假设②之外，比较优势理论的假设与绝对优势理论的假设基本相同，它强调两国之间存在着劳动生产率的相对差异而不是绝对差异。

---

① 斯密．国民财富的性质和原因的研究：上卷［M］．郭大力，王亚南，译．北京：商务印书馆，1972：7-8．

在这些假设前提下，李嘉图证明了：如果每个国家都集中生产并出口其具有比较优势的产品，进口其具有比较劣势的产品，则总产量可以增加，而且通过交换，贸易双方都会获得利益。

例如，假设世界上只有英国和葡萄牙两个国家，两国只生产呢绒和酒两种产品。生产1单位呢绒，英国需要投入100单位劳动，葡萄牙则需投入90单位劳动；生产1单位酒，英国需投入120单位劳动，葡萄牙则需投入80单位劳动。在分工生产前，葡萄牙和英国在上述投入情况下共可以生产2单位呢绒和2单位酒，见表2-3。

表2-3   比较优势理论示例

	分工前		分工后	
	呢绒	酒	呢绒	酒
英国的劳动投入	100	120	100+120=220	
葡萄牙的劳动投入	90	80		80+90=170
总产量	2单位	2单位	2.2单位	2.125单位

从表2-3中可以看出，英国生产呢绒和酒的劳动投入都比葡萄牙多，但生产呢绒所投入的劳动是葡萄牙的1.1倍（100/90），酒却是1.5倍（120/80），这表明虽然英国生产两种产品的投入都高于葡萄牙（都处于绝对劣势），但其生产呢绒的效率相对酒要高一些，也可以说，英国在生产呢绒方面具有比较优势。从葡萄牙方面来看，它生产呢绒的劳动投入为英国的90%（90/100×100%），而生产酒的劳动投入只相当于英国的67%（80/120×100%），这说明虽然葡萄牙生产两种产品的投入都比英国低（都处于绝对优势），但其生产酒的效率比呢绒相对高一些，换句话说，葡萄牙在生产酒方面具有比较优势。

现在让英国和葡萄牙进行分工，各自只生产本国具有比较优势的产品，即英国只生产呢绒，原来用于生产酒的120单位劳动现在也用于生产呢绒，则一年共可生产2.2单位（220/100）的呢绒；同时，葡萄牙只生产酒，一年共可生产2.125单位（170/80）的酒。这样，分工生产的结果是两种产品的产量都高于分工以前。假定英国以1单位的呢绒换取葡萄牙1单位的酒，那么英国可以多消费0.2单位的呢绒，葡萄牙可以多消费0.125单位的酒。可见，实行国际分工可使两国增加各自具有比较优势的产品的产量，通过贸易增加了两国的国内消费量，对双方都有利。

比较优势理论的意义在于它说明了任何一个国家，不论其在经济上强与弱，不论处于什么样的发展阶段，都可以确定自己具有比较优势的产品，安排生产，进行贸易，使贸易双方都可以用同样的劳动耗费，得到比分工前更多的产品。

比较优势理论有一个不是很常见的例外，那就是当一国生产两种产品的相对投入完全相同时，两国之间不会发生分工和互惠贸易。例如，如果英国生产呢绒的劳动投入不是100单位，而是135单位，那么英国生产呢绒所投入的劳动是葡萄牙的1.5倍，酒也是1.5倍，这时无法找到具有比较优势的产品，也无法按比较优势进行分工和贸易。

如果说绝对优势理论首次论证了贸易双方都可以从国际分工和交换中获得利益，那么，比较优势理论则把国际分工和交换的领域扩展到了各种类型的、经济发展水平各异国家的更广泛的范围，从而论证了国际分工和贸易的普遍适用性和合理性。因此，与绝对优势理论相比，比较优势理论更具有普遍意义，绝对优势可以被看作比较优势的一个特例。

2.3.2 比较优势理论的扩展

（1）比较优势与机会成本

1936年哈伯勒（Haberler）用机会成本理论（opportunity cost theory）解释了比较优势理论。用机会成本理论解释的比较优势理论，有时也被称作比较成本原理。

生产某种商品的机会成本是指增加生产一单位此种商品所必须放弃的另一种商品的生产数量。哈伯勒认为，当一国在一种商品生产上具有较低的机会成本时，该国在该种商品生产上就具有比较优势，而在另一种商品生产上具有比较劣势。例如，在表2-3中，英国增加1单位呢绒的产量需要放弃生产5/6单位（100/120）的酒，葡萄牙增加1单位呢绒的产量需要放弃生产9/8单位（90/80）的酒，由于5/6小于9/8，所以英国生产呢绒的机会成本小于葡萄牙生产呢绒的机会成本，因此英国应该集中资源生产呢绒，而葡萄牙应集中资源生产酒。

比较成本原理没有作出劳动是唯一的投入要素或劳动是同质的假设，使其更具有普遍意义。后来出现的国际贸易理论和学说大多是在比较成本原理的基础上的进一步补充和发展。

（2）多边贸易与多种产品贸易

在现实生活中，国际贸易大都是由多个国家参加的，相互之间交换多种产品。在这种复杂的多边国际贸易的情况下，比较优势理论也同样适用。

①多个国家、两种产品的贸易

在多个国家都生产两种产品的情况下，贸易模式取决于各国各自的价格优势。假设有五个国家参加国际贸易，各国生产一单位产品的成本见表2-4。

表2-4　　　　　　　　　五国生产两种产品的单位产品成本

	甲国	乙国	丙国	丁国	戊国
X产品	5	4	3	2	1
Y产品	1	1	1	1	1
相对成本 C_X/C_Y	5	4	3	2	1

如果假设国际市场上 X 产品的相对价格是 3Y，则丁、戊两国会生产并出口 X 产品，进口 Y 产品；甲、乙两国会生产并出口 Y 产品，进口 X 产品；丙国由于国际市场相对价格等于其国内市场相对价格，所以不会参加贸易。在这种情况下，甲、乙、丁、戊四国都获得了比自己生产更便宜的产品，因而从贸易中获得了利益。可以看出，只要产品的国际相对价格与各国国内相对价格有差异，各国就可以从国际贸易中获利。

②两个国家、多种产品的贸易

在两个国家进行多种产品贸易的情况下，各国的贸易结构和流向仍取决于比较优势。假设两国生产四种产品的单位产品成本见表 2-5 所示。

表 2-5　　　　　　　　两国生产四种产品的单位产品成本

	A 产品	B 产品	C 产品	D 产品
甲国	10	10	20	20
乙国	10	5	4	2
相对劳动生产率（$C_乙/C_甲$）	1.0	0.5	0.2	0.1

假设甲国的工资率为 $W_甲$，乙国的工资率为 $W_乙$，则甲国某产品的生产成本为 $W_甲 \times C_甲$，乙国该产品的生产成本为 $W_乙 \times C_乙$。如果 $W_甲 \times C_甲 < W_乙 \times C_乙$，即 $W_甲/W_乙 < C_乙/C_甲$，则甲国具有生产该产品的比较优势。如果甲、乙两国的工资率之比为 0.15，那么甲国具有生产 A、B、C 三种产品的比较优势，而乙国只具有生产 D 产品的比较优势，在自由贸易条件下，甲国出口 A、B、C 产品，乙国出口 D 产品。如果工资率之比是 0.6，则甲国生产和出口 A 产品，乙国生产和出口 B、C、D 产品。

2.3.3　比较优势理论的现代分析

（1）封闭条件下的均衡

①生产均衡点

生产可能性边界上任何一点都表示在既定的资源之下所能达到的两种商品最大产量的组合，但究竟在哪一点生产，还要看两种商品的相对价格，即它们在市场上的交换比率。

在完全竞争条件下，商品的价格应等于其边际成本。而生产可能性边界的斜率（即边际转换率，MRT）就是相对于生产另一种商品的边际成本来说生产一种商品的边际成本。[①]因此，当边际转换率等于 X、Y 两种商品的相对价格时，即 $MRT = \Delta Y/\Delta X = MC_x/MC_y = P_x/P_y$ 时，生产点在生产可能性边界上的位置也就确定了，如图 2-1 中点 A 所示。

---

① 平狄克，鲁宾费尔德. 微观经济学［M］. 4 版. 张军，罗汉，尹翔硕，等译. 北京：中国人民大学出版社，2000：517.

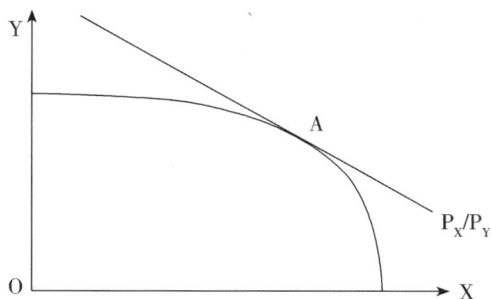

图2-1 封闭条件下的生产均衡

②消费均衡点

消费均衡点的几何意义是无差异曲线与预算线（或称消费可能线）的切点，在这一点上，预算线的斜率与无差异曲线的斜率（即边际替代率，MRS）相等，即 $MRS=\Delta Y/\Delta X=MU_X/MU_Y=P_X/P_Y$，如图2-2中点A所示（图中的I表示消费者的收入）。

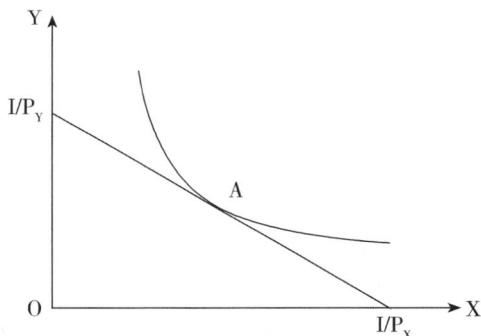

图2-2 封闭条件下的消费均衡

③封闭条件下的一般均衡

在封闭条件下，当一国达到其生产可能性边界所允许的最高的无差异曲线时，该国就达到了均衡状态。其几何意义是无差异曲线与生产可能性边界的切点，在这一点上，两条曲线的公切线的斜率等于X、Y两种商品均衡的相对价格，即 $MRS=MRT=P_X/P_Y$，如图2-3中点A所示。

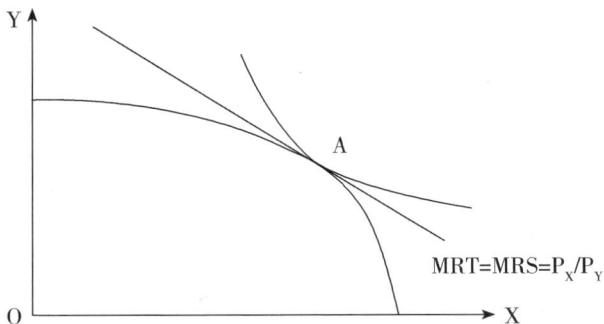

封闭条件下的
一般均衡

图2-3 封闭条件下的一般均衡

（2）固定机会成本下的贸易利益

斯密和李嘉图的理论中都假设劳动是唯一的生产要素，而且一国内部所有劳动都是同质的，因此，生产产品的机会成本是固定不变的。在固定机会成本下，一国的生产可能性曲线是一条直线，如图2-4所示。

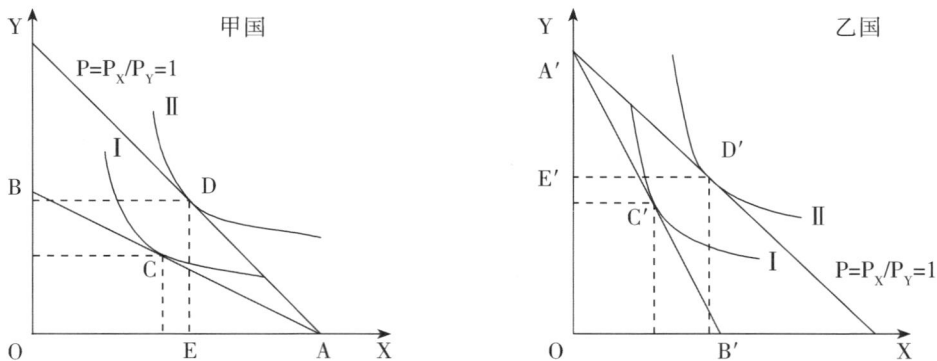

图2-4　固定机会成本下的贸易利益

甲国的生产可能性曲线为AB，假设X商品的相对价格为$P=P_X/P_Y=$1/2，乙国的生产可能性曲线为A′B′，假设X商品的相对价格为$P=P_X/P_Y=2$，甲乙两国在发生贸易前，分别在C、C′点生产和消费。甲国生产X商品的机会成本是1/2单位Y，乙国生产X商品的机会成本是2单位Y，甲国X商品的相对成本低，拥有生产X商品的比较优势；乙国则相反，拥有生产Y商品的比较优势。

如果两国进行分工和贸易，根据比较优势理论，甲国会专门生产X商品，乙国则专门生产Y商品。假设国际市场上X商品的相对价格为$P=P_X/P_Y=1$，即1单位X可以交换1单位Y，X商品的相对价格高于甲国的国内价格，因此甲国愿意出口；该价格低于乙国的国内价格，乙国也愿意进口。甲国在A点进行生产，出口AE单位的X商品，按国际交易比价换回ED单位的Y商品，在D点消费；乙国在A′点进行生产，出口A′E′单位的Y商品，按国际交易比价换回E′D′单位的X商品，在D′点消费。可见，两国通过分工和贸易，都达到了比贸易前更高的福利水平（由无差异曲线Ⅰ提高到Ⅱ），两国都从国际分工和国际贸易中获得了利益。

在上例中，甲、乙两国按照比较优势进行了完全的专业化分工，即甲国只生产X商品，不生产Y商品，而乙国只生产Y商品，不生产X商品。需要指出的是，这里有一个隐含的假设：两国的规模大小相似。如果一国比另一国大得多，在两国分别集中生产一种产品后，小国集中生产的产品将不能满足两国的消费需求。因此完全的国际专业化分工在大国和小国之间将无法发生，大国只能进行不完全分工。

（3）机会成本递增条件下的贸易利益

在现实生活中，机会成本不发生变化只是一种特殊情况，大多数情况下生产某种产品的机会成本都随产量的变化而变化。理论上，机会成本的变化有三种情况，即机会成本不变、机会成本递减和机会成本递增。这里我们只讨论机会成本递增的情况。

机会成本递增是指两个国家在专门生产本国具有比较优势的商品的同时，生产的机会成本也在不断递增。到两国同一商品的相对价格相同时，这种分工就会停止，贸易也在这一价格水平上达到均衡。通过互利贸易，两国的最终消费水平均会大于贸易前的消费水平，如图2-5所示。

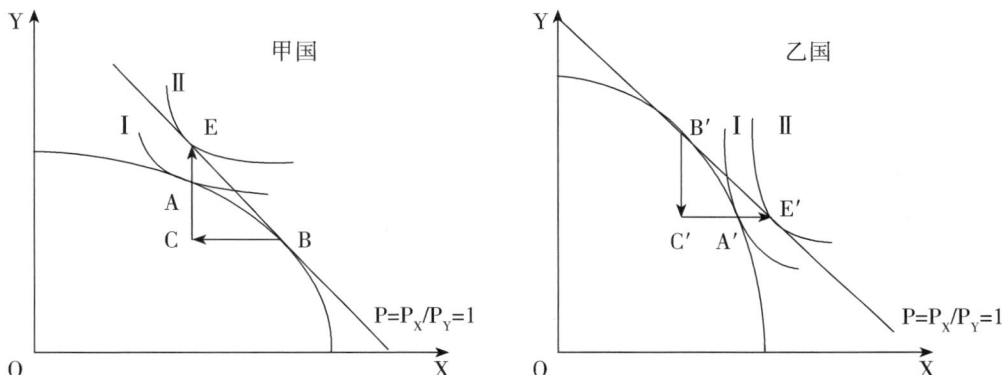

图2-5　机会成本递增条件下的贸易利益

在不存在贸易的条件下，甲国在A点生产和消费，假设X商品的相对价格为P=P_X/P_Y=1/4，乙国在A'点生产和消费，假设X商品的相对价格为P=P_X/P_Y=4。可见，甲国X商品的相对成本低，拥有生产X商品的比较优势；乙国则相反，拥有生产Y商品的比较优势。

如果两国进行分工和贸易，根据比较优势理论，甲国会分工生产X商品，乙国则分工生产Y商品。随着甲国X商品生产的增加，生产X的机会成本也在递增；同样，随着乙国Y商品生产的增加，生产Y的机会成本也在递增。这种生产中的分工过程一直持续到商品相对价格在两国相等时才停止，在这一点上贸易达到均衡，在图2-5中，假设均衡的相对价格为P=P_X/P_Y=1。

通过分工，甲国由在A点生产转移到在B点生产，通过出口BC单位的X商品，按国际交易比价换回CE单位的Y商品，在E点消费；乙国由在A'点生产转移到在B'点生产，通过出口B'C'单位的Y商品，按国际交易比价换回C'E'单位的X商品，在E'点消费。可见，两国通过分工和贸易，都达到了比贸易前更高的福利水平（由无差异曲线Ⅰ提高到Ⅱ），两国都从国际分工和国际贸易中获得了利益。

在机会成本递增的条件下，不论是小国还是大国都存在着不完全分工。这是因为，当一国专门生产一种商品时，它生产这种商品的机会成本也在不断提高，而生产另一种商品的机会成本在不断下降。这样，随着每个国家专门生产该国具有比较优势的商品的同时，两国的相对商品价格就会逐渐接近，直到该价格在两国间相等为止。

（4）比较利益的分解

比较利益可以分解为交换所得（gains from exchange）和分工所得（gains from specialization）。

一国在国内资源配置不变、产出不变的情况下，按国际市场价格同另一国交换一部分产品获得的福利水平的提高是交换所得，这是产品在消费领域的重新配置所得。一国在对本国资源按照比较优势进行重新配置得到的福利水平的提高是分工所得，这是资源在生产领域的更有效配置所得。

如图2-6所示，在封闭条件下，一国在A点生产和消费。假设由于某种原因，即使在存在贸易的条件下该国也不能分工生产X产品，且只能在A点生产，即该国与其他国家发生贸易，但并不改变生产结构。此时该国可以按世界市场价格P_w同其他国家交换商品Y，最终在无差异曲线Ⅱ上的T点消费，该国的福利水平比在封闭条件下得到了提高。该国从A点到T点的福利水平提高就是交换所得。

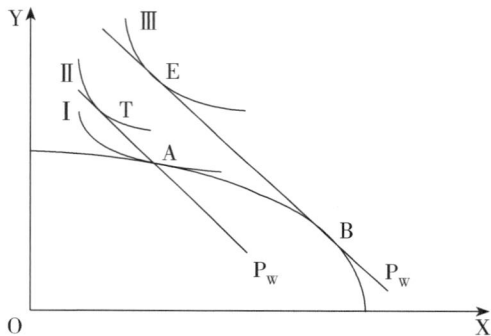

比较利益的
分解

图2-6　比较利益的分解

如果情况发生变化，该国可以分工生产X商品，该国的生产点就是B点。该国可以按世界市场价格P_w用更多的X商品同其他国家交换更多的Y商品，最终在无差异曲线Ⅲ上的E点消费，从而获得更高的福利水平。从T点到E点的福利水平提高就是分工所得。

从A点到E点的福利水平的提高就是该国从分工和交换中获得的全部比较利益。

（5）交易成本对国际贸易的影响

比较优势理论假定国际贸易没有交易成本，国与国之间的贸易模式只取决于各国的比较优势。在现实中进行国际贸易时会产生各种交易成本，而且这些交易成本通常比国内贸易的交易成本高，它们会削弱比较优势甚至导致比较优势消失。

如图2-7所示，在封闭条件下，一国在A点生产和消费，国内X、Y商品的相对价格为直线DD的斜率。在参加国际贸易后，如果不考虑交易成本，国际市场上X、Y商品的相对价格为直线TT的斜率，则该国的生产点将移至B点，消费点将移到C点，可以看出，该国福利水平显然比分工前大为提高。但是，在交易成本的作用下，国际市场上X、Y商品的相对价格不会达到直线TT斜率的水平，假设国际市场上 X、Y 商品实际的相对价格是直线 T′T′的斜率，则该国会在 B′点生产，在 C′点消费。这时虽然该国的福利水平比不考虑交易成本时低，但仍高于分工前的水平，所以该国仍致力于进行贸易。

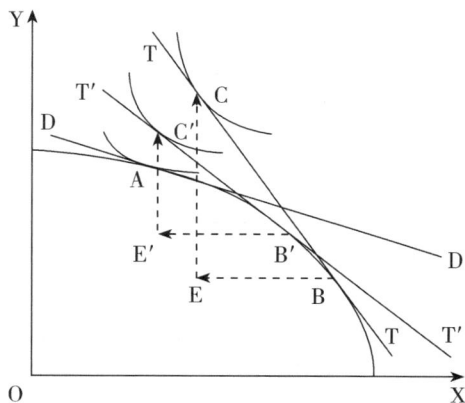

图 2-7　交易成本对国际贸易的影响

因此，交易成本的存在与不考虑交易成本的情况相比，降低了国内生产的专业化程度，减少了贸易规模和贸易利益。只要交易成本不高于国际贸易带来的利益，各国仍会按比较优势进行分工和交换，贸易参加国仍可以获得高于封闭状态下的福利水平。

2.4　国际均衡价格

2.4.1　相互需求原理

比较优势理论论证了两个国家按照比较优势进行分工和贸易，双方都能获得贸易利益，但它并没有说明国家间商品的交换比率（或相对价格）是如何确定的，即贸易利益在贸易双方之间是如何进行分配的。

约翰·穆勒（John Mill）认为，比较优势理论仅从供给方面来分析国际分工及贸易利益是不全面的，由于忽略了对需求的分析，因而也就无法确定国际贸易的商品交换比率。1848 年，穆勒在其《政治经济学原理》一书中，在比较优势理论的基础上进一步阐述了国家间商品交换比率（或国际均衡相对价格）如何确定的问题，提出了相互需求原理。

穆勒认为，商品的国内交换比率是由其生产成本决定的，但在国际交换中，因资本和劳动在国家间不能自由流动，国家间商品的交换比率取决于国际供求关系。

穆勒从两个国家相等的劳动投入生产出不同的产量出发，研究两个国家之间的贸易利益分配。表 2-6 列出的是假设英国和德国在一定的劳动投入下所产出的毛呢与麻布的不同产量数值。

表 2-6 英、德两国的比较优势

	分工前		分工后	
	毛呢	麻布	毛呢	麻布
英国	10 码	15 码	20 码	—
德国	10 码	20 码	—	40 码
合计	20 码	35 码	20 码	40 码

从表 2-6 中的数字可以看出，德国生产麻布具有比较优势，而英国生产毛呢具有比较优势。如果两国间没有分工贸易关系，则英国国内的交换比率为 10∶15，德国的则为 10∶20。如果两国间进行分工和贸易，则英国将专门生产毛呢，德国将专门生产麻布，两国总产量与分工前相比增加了 5 码麻布。如果英国输出 10 码毛呢能换得 15 码以上的德国麻布，就对英国有利。如果德国想要换得 10 码毛呢，只需要输出 20 码以下的麻布，就对德国有利。这就是说，两国商品的国内交换比率（10∶15 和 10∶20）决定了国家间商品交换比率的上下限，国家间商品的交换比率必定介于两国国内交换比率之间。

但是，国家间商品的交换比率究竟确定在哪一个点上，这是一个未决的问题。如果这个比率是 10∶19，则英国得到大部分利益，虽然德国也能从贸易中得到好处；如果这个比率确定在 10∶16，则大部分利益将会由德国得到。

穆勒假定英、德两国间商品的交换比率为 10∶17。如果在这个交换比率上，英国对德国麻布的需求（假定为 17 000 码）与德国对英国毛呢的需求（假定为 10 000 码）恰好能使两国的进出口额相等，则这个比率就是一个稳定的、均衡的交换比率。

如果假定英国对麻布的需求降到 13 600 码，按 10∶17 的交换比率，德国只能换得 8 000 码的毛呢。如果德国对毛呢的需求不变，仍为 10 000 码，为了多获得 2 000 码毛呢，德国必须提高毛呢的买价，如提高到 10∶18。在这个交换比率上，德国对毛呢的需求量必然会缩减，如减少到 9 000 码，而英国对麻布的需求将会增加，如增加到 16 200 码，这时两国间的贸易重新达到平衡。

根据上述情况，穆勒得出结论：在由两国产品的国内交换比率所决定的界线内，国际交换比率取决于两个贸易国家各自对对方商品需求程度的强弱。外国对本国商品的需求强度越是大于本国对外国商品的需求强度，国际交换比率越是接近于外国国内这两种商品的交换比率，这个交换比率对本国就越有利。反之，如果本国对外国商品的需求强度越是大于外国对本国商品的需求强度，国际交换比率就越是接近于本国国内这两种商品的交换比率，这个交换比率对外国就越有利。

均衡的国际交换比率形成的必要条件是贸易双方的出口商品总值等于进口商品

总值，即两国按照给定的国际交换比率所获得的出口收入若恰好等于两国为进口商品所需要的支出，国际交换比率就会稳定。否则，国际交换比率就会上下波动，直到两国对对方商品的需求水平达到均衡为止。

相互需求原理发展了比较优势理论，为确定商品的国际交换比率提供了分析的基础，但它本身还存在一定的局限性。首先，相互需求原理实际上是以两国的贸易平衡作为商品国际交换比率决定的前提，这一条件的满足有一定的难度。其次，这个理论只能应用于经济规模相当、双方的需求对市场价格有显著影响的两个国家。如果两个国家经济规模相差悬殊，小国的相对需求强度远远小于大国的相对需求强度，在这种情况下，按照相互需求原理，大国的国内交换比率就成了商品的国际交换比率，相对来说，反而小国获得的利益会更大，这与实际情况不符。

2.4.2　国际均衡相对价格的局部均衡分析

图2-8是通过局部均衡分析确定国际均衡相对价格的示意图。其中（a）图与（c）图中的 S_X、D_X 分别为甲国与乙国 X 商品的供给和需求曲线，三图中的纵轴均表示 X 商品的相对价格（即 P_X/P_Y），横轴均表示 X 商品的数量。在封闭条件下，甲国在 A 点生产和消费，X 商品的均衡相对价格是 P_0；乙国在 A′点生产和消费，X 商品的均衡相对价格是 P_0'。

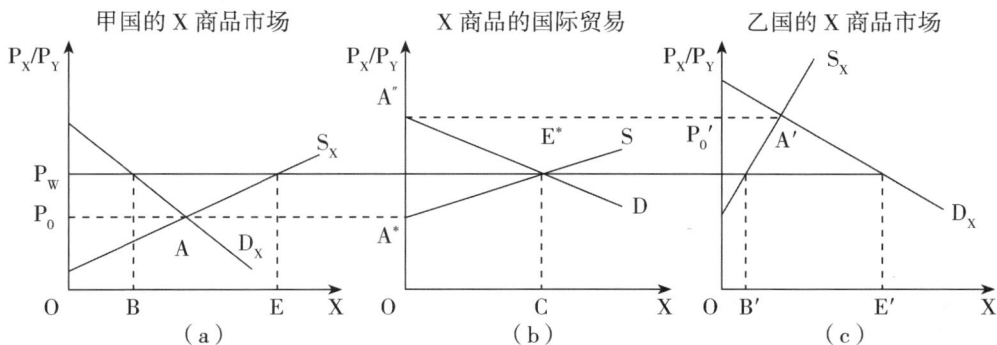

图2-8　国际均衡相对价格的局部均衡分析

可见，甲国的 X 商品具有比较优势，而乙国的 X 商品处于比较劣势，如果两国进行分工和贸易，甲国将向乙国出口 X 商品。甲国的出口构成了国际市场上 X 商品的供给，甲国在不同的相对价格水平上所对应的出口 X 商品的数量组成国际市场上 X 商品的供给曲线 S；乙国的进口构成了国际市场上对 X 商品的需求，乙国在不同的相对价格水平上所对应的进口 X 商品的数量组成国际市场上 X 商品的需求曲线 D，如图2-8中（b）图所示。图中的 A*点对应的是甲国的国内均衡相对价格 P_0，A″点对应的是乙国的国内均衡相对价格 P_0'，即国际市场商品的均衡相对价格必定介于两国国内均衡相对价格之间。国际市场上 X 商品的均衡相对价格为曲线 S 与 D 交点所对应的价格水平 P_W，贸易量为 OC。在此价格水平上，甲国出口量为 BE，乙国进口量为

B′E′，且 BE=OC=B′E′。

2.4.3 国际均衡相对价格的一般均衡分析

（1）提供曲线的含义与形状

提供曲线（offer curves），也称相互需求曲线（reciprocal demand curves），是由 20 世纪初的两名英国经济学家马歇尔（Marshall）和埃奇沃斯（Edgeworth）共同提出的。提供曲线反映的是一国为了进口其需要的某一数量的商品而愿意出口的商品数量。正如其定义所指出的，提供曲线包含了供给和需求两个方面的因素，从另一个角度看，我们也可认为提供曲线反映了一国在不同的相对价格水平上所愿意进口和出口的商品数量。

一国的提供曲线可以从它的生产可能性曲线、无差异曲线和可能发生贸易的假设的商品相对价格中推导出，如图 2-9 所示。

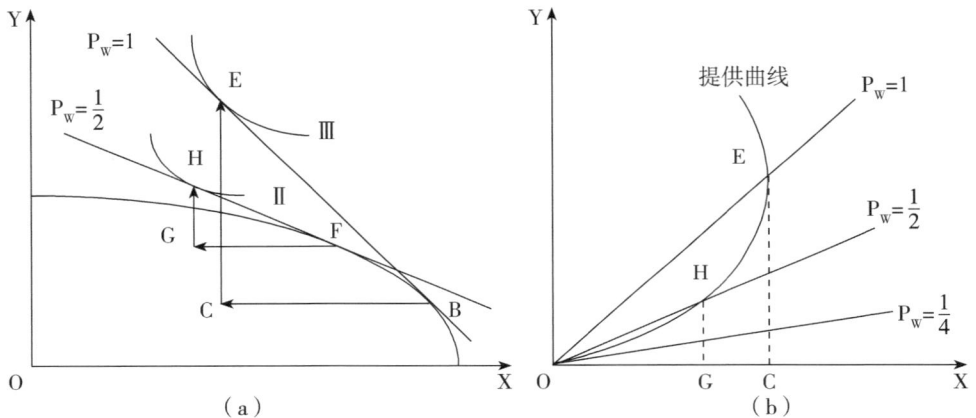

图 2-9　甲国提供曲线的推导

假设甲国 X 商品的国内相对价格为 $P=\frac{1}{4}$，如果世界市场相对价格 $P_w \leq \frac{1}{4}$，则甲国不会出口 X 商品，在（b）图中表现为提供曲线在 $P_w=\frac{1}{4}$ 的上方。如果 $P_w=1$，则甲国在（a）图的 B 点生产，在 E 点消费，在该相对价格水平，甲国出口 BC 单位的 X 商品，进口 CE 单位的 Y 商品，相应地对应（b）图的 E 点，其中 OC=BC。如果 $P_w=\frac{1}{2}$，则甲国在（a）图的 F 点生产，在 H 点消费，在该相对价格水平，甲国出口 FG 单位的 X 商品，进口 GH 单位的 Y 商品，相应地对应（b）图的 H 点，其中 OG=FG。在（b）图中，连接原点、H 点、E 点以及其他用类似方法得到的点，就得到了甲国的提供曲线，它反映了甲国为进口某一数量 Y 商品而愿意出口 X 商品的数量。

我们可以用类似的方法得到乙国的提供曲线，如图 2-10 所示。

甲国提供曲线
的推导

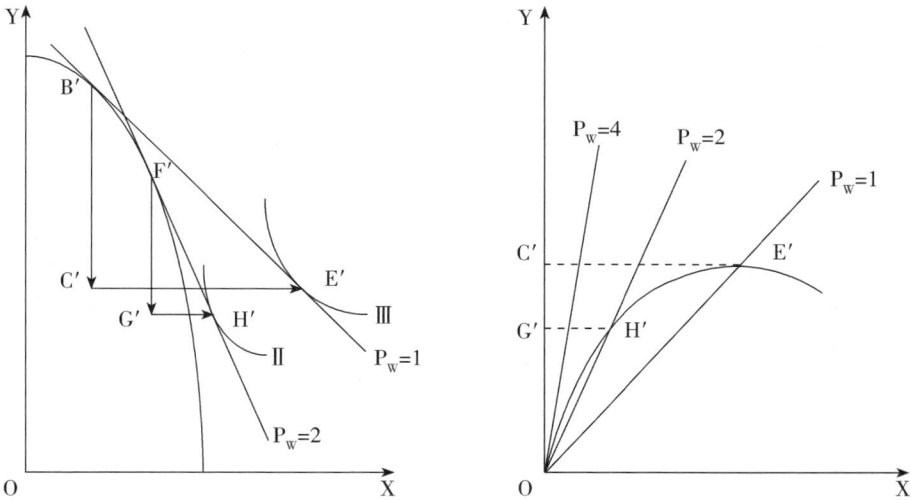

图 2-10 乙国提供曲线的推导

（2）国际均衡相对价格的一般均衡分析过程

两个国家提供曲线的交点确定了两国在开展贸易时的国际均衡相对价格。只有在均衡的相对价格水平上，两国贸易才能达到平衡。在均衡相对价格之外的任一价格水平上，两国的进口和出口意愿都不会相等，从而产生相对商品价格向均衡相对价格移动的压力，如图 2-11 所示。

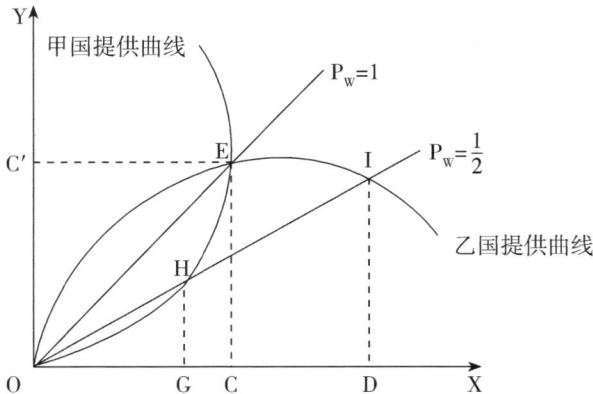

图 2-11 国际均衡的相对价格

图 2-11 中的提供曲线就是图 2-9 和图 2-10 中得到的甲国和乙国的提供曲线，它们交于 E 点，确定了 X 商品的国际均衡相对价格为 $P_w=1$，在该相对价格水平，甲国愿意出口 OC 单位的 X 商品以换取 OC′单位的 Y 商品，而乙国也愿意出口 OC′单位的 Y 商品以换取 OC 单位的 X 商品。

其他的相对价格水平都不是均衡的相对价格。例如，在 $P_w=\frac{1}{2}$ 时，甲国愿意出口 OG 单位的 X 商品，而乙国愿意进口 OD 单位的 X 商品。乙国对 X 商品的超额需求将会使 X 商品的相对价格上升，随着相对价格的上升，甲国愿意出口 X 商品的数量会增加（从 H 点沿甲国的提供曲线向 E 点移动），乙国也会减少对 X 商品的进口需求（从 I 点沿乙国的提供曲线向 E 点移动）。这种移动会持续至供需在 E 点达到平衡。

2.4.4　贸易条件

（1）贸易条件的含义

贸易条件（terms of trade），就一国对外贸易而言，是一国出口商品价格指数与进口商品价格指数的比值。这个比值通常要乘以 100，以百分比的形式表示。

贸易条件的变化在一定程度上反映了贸易利益变化的方向。一国贸易条件的上升意味着，为了换取同等数量的进口商品，该国只需出口比原来更少的商品，或者出口同等数量的商品，该国能换回比原来更多的进口商品。因此，贸易条件上升一般被称为贸易条件改善，而贸易条件下降则被称为贸易条件恶化。

需要指出的是，仅仅从贸易条件的变化来判断贸易状况有所改善还是有所恶化是不全面的。例如，本国出口商品价格指数的下降会使本国贸易条件恶化，对造成出口商品价格指数下降的原因进行具体分析，如果出口商品价格指数的下降是由于国外需求的减少或是由于竞争对手具有更高的生产效率而造成的，这种贸易条件的恶化显然意味着本国贸易状况的恶化；如果出口商品价格指数的下降是由于本国生产者提高了生产效率或降低了劳动成本而造成的，那么本国较低的出口商品生产成本带来的利益就可能抵消本国在贸易中减少的利益，而且外国消费者也从中获得了一定的利益，所以这种贸易条件的变化不应看成是本国实际贸易状况的恶化。

（2）贸易条件的种类

贸易条件有以下几种：

①商品贸易条件

商品贸易条件（commodity terms of trade），也称纯易货贸易条件（net barter terms of trade，N），它等于一国出口价格指数（P_X）与进口价格指数（P_M）的比乘以 100，即：

$$N = \frac{P_X}{P_M} \times 100$$

例如，假定某国以 2015 年为基期（N=100），2020 年时出口价格指数下降 10%（为 90），进口价格指数上升 5%（为 105），那么该国 2020 年的商品贸易条件为：

$$N = \frac{90}{105} \times 100 = 85.71$$

这表明，从 2015 年到 2020 年，该国出口价格相对于进口价格降低了 14.29 个百分点，贸易条件恶化了。

②收入贸易条件

收入贸易条件（income terms of trade，I），是在商品贸易条件的基础上，把出口数量指数（Q_X）加进来，以反映一国以出口收入为基础的进口数量。其计算公

式为:

$$I=\frac{P_X}{P_M}\times Q_X$$

仍以①中的例子说明。如果该国2020年的出口数量指数比2015年提高了20%（为120），则该国的收入贸易条件为:

$$I=\frac{90}{105}\times120=102.86$$

这表明,从2015年到2020年,该国尽管商品贸易条件恶化了,但由于出口数量的上升,其进口能力增加了2.86,也就是收入贸易条件改善了。

③单项要素贸易条件

单项要素贸易条件（single factorial terms of trade，S）,是在商品贸易条件的基础上,考虑出口商品的生产率指数（Z_X）提高或降低后贸易条件的变化。其计算公式为:

$$S=\frac{P_X}{P_M}\times Z_X$$

仍以①中的例子说明。如果该国2020年的出口商品的生产率指数比2015年提高了30%（为130）,则该国的单项要素贸易条件为:

$$S=\frac{90}{105}\times130=111.43$$

这表明,从2015年到2020年,该国尽管商品贸易条件恶化了,但由于出口商品生产率的提高,不仅弥补了商品贸易条件的恶化,而且使单项要素贸易条件好转。它说明出口商品生产率提高在贸易条件改善中的重要作用。

④双项要素贸易条件

双项要素贸易条件（double factorial terms of trade，D）,不仅考虑到出口商品生产率指数的变化,而且考虑到进口商品生产率指数（Z_M）的变化。其计算公式为:

$$D=\frac{P_X}{P_M}\times\frac{Z_X}{Z_M}\times100$$

仍以③中的例子说明,如果该国2020年的进口商品生产率指数比2015年提高了10%（为110）,则该国的双项要素贸易条件为:

$$D=\frac{90}{105}\times\frac{130}{110}\times100=101.29$$

这说明,从2015年到2020年,尽管该国商品贸易条件恶化了,但如果出口商品生产率指数在同期内高于进口商品生产率指数,则双项要素贸易条件仍有可能得到改善。

上述四种贸易条件中,收入贸易条件和双项要素贸易条件反映的信息是相对准确的,但计算起来也非常困难,而商品贸易条件的计算相对简单。因此,大多数经济学文献中使用的"贸易条件"如未加特别说明,通常指的是商品贸易条件。

□ 复习思考题

自测题

　　1.贸易差额论与货币差额论有何异同?

　　2.斯密从哪些方面对重商主义进行批判? 绝对优势理论的主要内容是什么?

　　3.比较优势理论有哪些主要观点?

　　4.用图示说明机会成本递增条件下的贸易利益及比较利益的分解。

　　5.根据交易成本对国际贸易的影响,讨论一国为了更大程度地参与国际分工和国际贸易,应从哪些方面入手来降低交易成本。

　　6.简述相互需求原理的主要内容。

　　7.用图示分析国际均衡相对价格的局部均衡。

　　8.什么是提供曲线?

　　9.简述贸易条件的含义与种类。

　　10.重商主义的贸易思想、绝对优势理论、比较优势理论、相互需求原理之间有什么内在的逻辑关系?

第3章/新古典国际贸易理论

————学习目标————

　　熟悉和掌握要素丰裕度和要素密集度的含义、里昂惕夫之谜的提出及解释，重点学习和掌握要素禀赋理论的主要内容、要素价格均等化定理的主要内容及里昂惕夫之谜的解释。

　　比较优势理论揭示了国际贸易的基础是比较优势，在劳动作为唯一的投入生产要素的假设下，认为比较优势是因各国劳动生产率（或生产技术）之间的差异而产生的。这一假设与现实世界相差甚远，在有两种或两种以上生产要素投入的情况下，比较优势产生的原因更加复杂。瑞典经济学家赫克歇尔（Heckscher）和俄林（Ohlin）于1919年、1924年和1933年相继提出，即便各国劳动生产率（或生产技术）完全相同，生产要素禀赋的差异和各种商品在生产过程中所使用的要素比例的差异也能够产生比较优势，从而带来国家间的贸易，即要素禀赋理论（factor endowment theory）。该理论并没有离开比较优势理论的分析方法，只是从另一个角度即生产要素禀赋的角度说明了比较优势产生的原因。

　　赫克歇尔和俄林进一步指出，随着贸易的发展，各国相同生产要素的价格将趋于均等化。20世纪40年代，美国经济学家沃尔夫冈·斯托尔珀（Wolfgang Stolper）、保罗·A.萨缪尔森（Paul A.Samuelson）证明和发展了这一理论，即要素价格均等化定理（factor price equalization theorem）。

　　20世纪50年代初，美国经济学家瓦西里·里昂惕夫（Wassily Leontief）对要素禀赋理论进行验证，结果得出了完全相反的结论，即"里昂惕夫之谜"或"里昂惕夫反论（Leontief paradox）"。为了解开里昂惕夫之谜，经济学家们纷纷对这一验证结论从不同角度进行评论，作出各种各样的解释。

3.1　　要素禀赋理论

3.1.1　要素密集度和要素丰裕度

（1）要素密集度

生产要素是指生产中所使用的各种资源。西方经济学家把这些资源分为：土地、劳动、资本与企业家才能。也有人把技术知识、经济信息作为生产要素。要素价格是生产要素的使用费用或要素的报酬，包括土地的租金、劳动的工资、资本的利息和管理的利润等。

要素密集度指的是产品生产中某种要素投入比例的大小，如果某种要素投入比例大，可称为该要素密集度程度高。根据产品生产所投入的生产要素中所占比例最大的生产要素的种类不同，可把产品划分为不同种类的要素密集型产品。在只有两种商品（X和Y）和两种要素（劳动和资本）的情况下，如果生产Y商品时的资本/劳动比率大于生产X商品时的资本/劳动比率，则称Y商品为资本密集型产品，称X商品为劳动密集型产品。

（2）要素丰裕度

要素禀赋是指一国拥有各种生产要素的数量的多少。要素丰裕度或称要素丰缺度是一个相对的概念，它与一个国家实际拥有的生产要素绝对量有很大区别。要素丰裕度是指在一国的生产要素禀赋中，某要素供给的比例大于他国同种要素的供给比例。要素丰裕度有两种定义方法：一种是以实物单位定义，即用各国拥有的资本/劳动的比率（人均资本）来衡量，如果乙国的人均资本高于甲国，则乙国是资本要素丰裕的国家，甲国是劳动要素丰裕的国家，这种定义方法只考虑了要素供给这一方面的因素；另一种是以要素的相对价格来定义，如果甲国劳动的相对价格低于乙国，则甲国是劳动要素丰裕的国家，乙国是资本要素丰裕的国家，这种定义方法同时考虑了要素供求两方面的因素，因此更为科学。

3.1.2　要素禀赋理论的主要内容

赫克歇尔在1919年发表的《对外贸易对收入分配的影响》一文中提出，在产品生产技术相同的条件下，产生国际贸易的原因是进行交换的国家之间生产要素的相对稀缺程度（即生产要素的相对价格）和不同产品中所用生产要素的不同比例。赫克歇尔的学生俄林在1924年发表的《贸易理论》一文中进一步发展了赫克歇尔的理论，并在1933年出版的《区际贸易和国际贸易》一书中更周密地论证了要素禀赋理论，因此，该理论又称赫克歇尔-俄林理论（Heckscher-Ohlin theory）、赫-俄模式（H-O model）。

赫克歇尔与
俄林简介

（1）要素禀赋理论的假设前提

要素禀赋理论的假设前提如下：

① 使用2-2-2模型的分析方法，即世界上只有两个国家（甲国和乙国），每个国家只生产两种产品（X商品与Y商品），两种产品的生产都需要使用两种生产要素（劳动和资本）。

② 甲国是劳动要素丰裕的国家，乙国是资本要素丰裕的国家；在两个国家中，X商品都是劳动密集型产品，Y商品都是资本密集型产品。

③ 两国在生产中使用相同的技术。

④ 在两个国家中，商品市场、要素市场属于完全竞争市场，要素在一国内可

以完全自由流动，但在国家间则不能自由流动。

⑤ 规模收益不变。

⑥ 两国的需求偏好相同，即两国的需求无差异曲线的位置和形状相同。

⑦ 没有运输成本，没有关税或影响国际贸易自由进行的其他壁垒。

为了集中说明理论，赫克歇尔和俄林用了最简单的2-2-2模型。实际上，放松这一假设（即研究更为现实的多个国家、多种商品、多种要素）并不会对要素禀赋理论所得出的结论产生根本性的影响。

（2）要素禀赋理论的主要结论与推理

在上述假定下，要素禀赋理论认为，每个国家在那些大量使用它相对丰裕和便宜的要素，较少使用它相对缺乏和昂贵的要素的商品生产上，有着比较优势。那么，一个国家出口的应是该国相对丰裕和便宜的要素密集型的商品，进口的应是该国相对缺乏和昂贵的要素密集型的商品，即国际贸易的流向应该是，劳动要素丰裕的国家应集中生产劳动密集型产品，出口到劳动要素缺乏的国家去，资本要素丰裕的国家应集中生产资本密集型产品，出口到资本要素缺乏的国家去。

要素禀赋理论的推理过程如图3-1所示，图中的单线箭头表示假定为不变的因素。

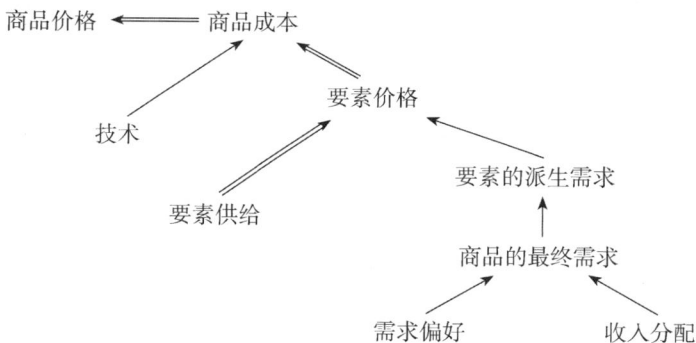

图3-1　要素禀赋理论的推理过程

① 商品价格的国际绝对差异是国际贸易产生的直接原因。所谓商品价格的国际绝对差异，是指同种商品在不同国家以本国货币表示的价格按照一定的汇率换算成以同种货币表示的价格时，两者的差异。

② 商品价格的国际绝对差异是各国生产相同产品的成本差异造成的。

③ 各国生产相同产品的成本差异是各国生产要素的价格不同造成的。

④ 各国生产要素的价格差异是各国生产要素的相对丰裕度不同造成的。

⑤ 各国生产要素的不同丰裕度和生产各种产品所使用的要素比例不同（即不同商品的要素密集程度不同），使各国在生产相同产品时，分别在不同的生产方面具有比较优势。

3.1.3　要素禀赋理论的现代分析

在图3-2（a）图中，由于假设甲、乙两国需求偏好相同，所以两国具有共同的无差异曲线Ⅰ。该无差异曲线与甲国的生产可能性曲线切于点A，与乙国的生产可能性曲线切于点A′。这两个点反映了两国在分工前各自的生产和消费均衡点。此时，甲国X商品的相对商品价格为P甲，乙国X商品的相对商品价格为P乙。由于P甲<P乙，所以甲国在X商品的生产上具有比较优势，乙国在Y商品的生产上具有比较优势。在图3-2（b）图中，进行分工和贸易后，甲国在B点进行生产，出口BC单位的X商品以交换CE单位的Y商品，最终消费点为E点；乙国在B′点进行生产，出口B′C′单位的Y商品以换取C′E单位的X商品，最终也在E点达到消费的均衡，其中B′C′=CE，C′E=BC。两国均在贸易中获利，都达到了更高的无差异曲线Ⅱ。

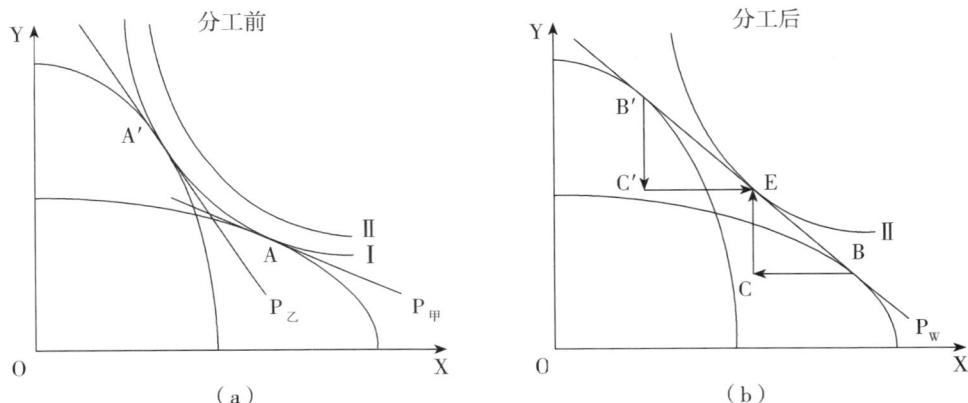

图3-2　要素禀赋理论的现代分析

3.2　要素价格均等化定理

3.2.1　要素价格均等化定理的主要内容

赫克歇尔和俄林指出，生产要素与商品的流动可以相互替代，因此，随着贸易的发展，各国相同的生产要素的价格将趋于均等化。1941年，斯托尔珀和萨缪尔森在他们合作完成的论文《实际工资和保护主义》中明确地将要素收益与产品价格直接联系起来，用数学方法严格证明了要素价格均等化定理是成立的，提出由于出口商品的国际价格高于国内价格，随着出口商品生产的扩大，将增加对其生产中密集使用的生产要素（本国丰裕的要素）的需求，使该要素的报酬提高；由于进口商品的国内价格高于国际价格，随着进口商品生产的萎缩，将减少对其生产中密集使用的生产要素（本国稀缺的要素）的需求，使该要素的报酬降低。这一结论又被称为"斯托尔珀-萨缪尔森定理（Stolper-Samuelson theorem）"。在1948年和1949年，萨缪尔森又分别发表了论文《国际贸易和要素价格均等化》及《再论国际要素价格均等化》，进一步发展了要素价格均等化定理，指出自由贸易不仅使两国的商品价格相等，而且使两国相同的生产要素获得相同的相对和绝对收入，即要素价格均等化定理。由于这一定理建立在要素禀赋理论的基础上，并由萨缪尔森发展，因此，该定理又称赫克歇尔–俄林–萨缪尔森定理，简称赫–俄–萨定理（H-O-S theorem）。

3.2.2 相对要素价格均等和绝对要素价格均等

图 3-3 说明了相对要素价格均等的情况。在图 3-3 中，横轴表示劳动的相对价格，纵轴表示 X 商品的相对价格。在分工与贸易发生之前，甲国位于 A 点，此时 W/r=（W/r）甲，P_X/P_Y=P甲；乙国位于 A′点，此时 W/r=（W/r）乙，P_X/P_Y=P乙。可以看出，甲国的劳动相对价格低于乙国，所以甲国在生产 X 商品上具有比较优势。

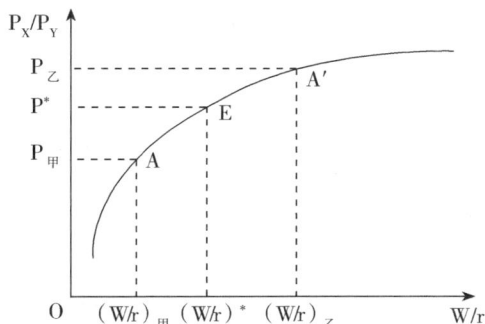

图 3-3　相对要素价格均等

两国进行分工和贸易，甲国（劳动要素丰裕国）分工生产 X 商品（劳动密集型产品），并同时减少 Y 商品的产量，劳动相对于资本的需求提高，从而使甲国的劳动相对价格上升，即 W/r 上升，也使得 P甲上升。乙国（资本要素丰裕国）分工生产 Y 商品（资本密集型产品），并同时减少 X 商品的产量，资本的相对需求因而上升，使得劳动的相对价格下降，即 W/r 下降，也使得 P乙下降。这种情况将继续下去，直到 E 点，P甲=P乙=P*，（W/r）甲=（W/r）乙=（W/r）*时才终止，也即两国的生产要素相对价格相等。

绝对要素价格均等意味着，自由贸易会使贸易双方相同劳动的实际工资相等，并使两国相同资本的实际利率相等。（证明略[①]）

3.3 里昂惕夫之谜及其解释

3.3.1 里昂惕夫之谜的提出

要素禀赋理论创立以后，很快被西方经济学界普遍接受。根据这一理论，如果掌握了一个国家的要素禀赋情况，就可以推断出该国对外贸易的商品流向。

① 证明参见萨尔瓦多. 国际经济学［M］. 朱宝宪，吴洪，译. 8版. 北京：清华大学出版社，2004：127–128.

但是，这一理论在实证检验中遇到了挑战。1953年，美国经济学家瓦西里·里昂惕夫对要素禀赋理论进行验证。里昂惕夫用他所创立的投入-产出分析方法对美国在1947年每生产100万美元出口商品和与进口相竞争的商品（或称进口替代商品）所需要使用的资本和劳动的数量进行分析，并比较了两组商品的要素密集度。由于美国被认为是资本相对丰富而劳动相对稀缺的国家，按照要素禀赋理论进行推断，美国应出口资本密集型产品，进口劳动密集型产品。而里昂惕夫的计算结果令人震惊，美国与进口相竞争的商品的资本密集程度比美国出口商品的资本密集程度高出大约30%，这意味着，美国进口的是资本密集型商品，出口的是劳动密集型商品，与要素禀赋理论的结论完全相反，这就是"里昂惕夫之谜"或"里昂惕夫反论"。

1956年，里昂惕夫又用美国1951年的贸易数据再次进行验证，发现出口商品的资本/劳动比率依然比与进口相竞争商品的比率低6%。1971年美国经济学家罗伯特·鲍德温（Robert Baldwin）收集了美国1962年的贸易数据进行研究，发现出口商品的资本/劳动比率比与进口相竞争商品的比率低27%，得出了与里昂惕夫相同的结论。

里昂惕夫简介

3.3.2　对里昂惕夫之谜的解释

对里昂惕夫之谜，西方经济学界提出了各种各样的解释，并在一定程度上带来了第二次世界大战后西方的国际分工和国际贸易理论的发展。各种解释中，认为"谜"产生的原因主要有：

（1）人力技能的差异

要素禀赋理论的假定条件之一是两国在生产中使用相同的技术，即两国的要素效率相同。事实上，各国之间不仅存在要素禀赋的差异，而且也存在要素效率的差异。里昂惕夫认为，美国工人的劳动生产率大约是其他国家工人的3倍，如果把美国劳动数量乘以3，再和国内可用资本比较，美国就成为劳动要素相对丰裕而资本要素相对短缺的国家，实证结果与要素禀赋理论并无矛盾。至于美国工人劳动生产率高的原因，他解释说，是由于美国科学的管理、高水平的教育、优良的培训、可贵的进取精神等。但这一解释并没有被广泛接受，里昂惕夫自己后来也否定了它，原因是当美国的劳动生产率比其他国家更高时，资本的生产率也要比其他国家高。美国的劳动和资本都应乘以相近的乘数，这就使美国的资本相对丰裕程度变化不会太大。另外，美国学者克雷宁（Krelnin）的验证结果表明，美国劳动生产率比其他国家高20%~25%，而非3倍，不足以使美国变为劳动要素丰裕的国家。

后来，美国经济学家基辛（D.B.Keesing）对这个问题进一步加以研究。他将劳动分为熟练劳动和非熟练劳动两类，并据此对14个国家的进出口商品结构进行了分析，得出了资本较丰裕的国家倾向于出口熟练劳动密集型商品，资本较缺乏的国家倾向于出口非熟练劳动密集型商品的结论。在这14个国家的出口商品中，美国的熟练劳动比重最高，非熟练劳动的比重最低；在进口商品方面，美国的熟练劳动比重最低，非熟练劳动比重最高。这表明发达国家熟练劳动这个要素比较丰裕，在生产熟练劳动密集型产品方面具有比较优势，发展中国家非熟练劳动比较充裕，在生产非熟练劳动密集型产品方面具有比较优势，这样就解释了里昂惕夫之谜。

上述学说是用劳动效率和劳动熟练程度或技能的差异来解释里昂惕夫之谜的，因此被称为劳动熟练说（skilled labor theory）或人力技能说（human skill theory）。

（2）人力资本的差异

美国经济学家凯能（P.B.Kenen）等人认为，劳动效率的差异主要是由劳动熟练程度所决定，而劳动熟练程度又取决于对劳动者进行培训、教育和其他有关的开支，因此，高的熟练效率和熟练劳动归根到底是一种投资的结果。在商品生产中使用的资本，既包括有形资本，也包含无形资本，即人力资本。而里昂惕夫对资本的定义仅指的是有形资本，而完全忽略了人力资本。由于美国投入了较多的人力资本而拥有更多的熟练劳动，因此，美国出口产品含有较多的熟练劳动。如果把熟练劳动的收入高出简单劳动的部分算作资本并同有形资本相加，作为美国出口产品和与进口相竞争商品的资本/劳动比率的分子（而不是像里昂惕夫那样把作为分母的劳动量扩大3倍），则美国出口的仍然是资本密集型商品，这个结论是符合要素禀赋理论的，这就是人力资本说（human capital theory）。

（3）对其他生产要素的否定

要素禀赋理论假设在生产中只使用劳动和资本两种生产要素，忽略了其他生产要素如自然资源的影响。一种商品如果是自然资源密集型的，在两要素模型中将其划分为资本或劳动密集型，显然是不正确的。另外，许多生产过程需要使用自然资源，如采矿业、钢铁业、农业等，同时也需要大量的实物资本。美国对许多自然资源的进口依赖性很强，这也有助于解释美国进口产品具有较高的资本密集程度这一现象。这种解释也可用于其他国家，如加拿大20世纪50年代出口的是资本密集型产品，进口的是劳动密集型产品，原因在于加拿大是自然资源非常丰富的国家。

（4）美国实施的贸易保护政策

要素禀赋理论假设两国之间没有关税或影响国际贸易自由进行的其他壁垒，然而在现实经济生活中，自由贸易是很难实现的，各国政府为了本国的利益建立起各种关税和非关税贸易壁垒，其目的是减少进口，刺激国内进口替代品的生产。克拉维斯（Kravis）在1954年的研究中发现，美国受贸易保护最严密的产业就是劳动密集型产业，这就影响了美国的贸易模式，降低了劳动密集型商品的进口。也就是说，如果美国实行自由贸易政策，美国应大量进口劳动密集型商品，但由于其实施贸易保护政策，使得本应大量进口的劳动密集型商品减少了进入美国市场的机会。

（5）要素密集度逆转

要素禀赋理论假设在两个国家中，X商品都是劳动密集型产品，Y商品都是资本密集型产品，而现实中存在要素密集度逆转（factor-intensity reversal）的情况，即一种给定商品在劳动要素丰裕的国家是劳动密集型产品，在资本要素丰裕的国家是资本密集型产品。例如，X商品在甲国（劳动要素丰裕国）是劳动密集型商品，同时其在乙国（资本要素丰裕国）是资本密集型商品，Y商品在甲国是资本密集型商品，同时其在乙国是劳动密集型商品。

要素密集度逆转一旦发生，要素禀赋理论和要素价格均等化定理就都不再成立。这是因为，就X商品的生产而言，在甲国可以密集地使用其丰裕和便宜的劳动要素，而在乙国可以密集地使用其丰裕和便宜的资本要素，至于哪个国家的商品价格更加便宜，很难由此确定，因此要素禀赋理论不再成立。Y商品也是如此。如果两国进行分工，例如甲国分工生产X商品（劳动密集型商品），从而需要更多的劳动，甲国的相对和绝对工资就会上升；乙国分工生产Y商品（劳动密集型商品），也需要更多的劳动，乙国的相对和绝对工资也会上升，两国相对工资和绝对工资之间的差异会缩小、扩大或不变，主要取决于各国工资上涨的快慢程度，因此要素价格均等化定理也不再成立。

要素密集度逆转在现实世界中确实是存在的，关键问题是它到底是不是普遍现象。1962年明哈斯（Minhas）的研究表明，要素密集度逆转是非常普遍的，约占其研究情况总数的1/3。而里昂惕夫1964年的研究表明，要素密集度逆转在其所研究的例子中只占8%，如果除去生产中大量需要自然资源的两个产业，要素密集度逆转发生的概率就会降至1%。鲍尔（Ball）在其1966年所做的研究中也证实要素密集度逆转在现实世界中很少发生。

（6）需求逆转

要素禀赋理论假设两国的需求偏好相同，所以国际贸易模式只取决于要素禀赋差异，与需求因素无关。但在现实中，贸易国之间的需求偏好会存在很大差异，因此决定国际贸易模式的因素既可能来自供给方面，也可能来自需求方面。如果某一国对于某一商品在生产上具有比较优势，但因其国民在消费上又特别地偏好该产品，该商品的价格就不一定低，贸易模式就可能与要素禀赋理论所推测的情况完全相反。

里昂惕夫之谜所引起的解释和有关的大部分学说，不是对比较优势理论和要素禀赋理论的全盘否定，也不是对这些传统理论的全盘继承，而是在继承的基础上有所创新和扩展，对这些理论做了一些修整补充的工作。他们继承了传统贸易理论中最基本的东西，即比较优势理论，把两个国家、两种商品、两种生产要素的模式分析，代之以多个国家、多种商品以及自然资源、人力技能、人力资本等多种因素的模式分析。

□ 复习思考题

1.什么是要素丰裕度和要素密集度？
2.要素禀赋理论的主要内容是什么？
3.要素价格均等化定理的主要内容是什么？
4.什么是里昂惕夫之谜？对里昂惕夫之谜的解释主要有哪些？

自测题

第4章/现代国际贸易理论

———学习目标———

　　熟悉和掌握基于需求不同的贸易理论和技术差距理论，重点学习和掌握产业内贸易理论和产品生命周期理论。

　　古典国际贸易理论与新古典国际贸易理论都是通过在无规模经济假设下对同质产品供给的静态分析，研究国家间不同产业的分工和贸易模式，而上述假设在现实中是不存在或不完善的。现代国际贸易理论放松了这些假设，从规模经济、需求、差异产品、动态分析等多个角度研究了分工与贸易模式。

4.1　　　　　　基于需求不同的贸易理论

　　国际贸易产生的重要原因是商品价格的差异。古典国际贸易理论与新古典国际贸易理论都是从生产或供给方面来分析这种差异的。由于商品的价格是由供求两方面决定的，在同样的生产条件下，需求的不同也会带来商品相对价格的差异，即需求的差异也可能成为国际贸易的基础。需求的决定因素包括需求偏好和收入水平。收入变化影响需求进而对国际贸易产生影响这一内容将在第5章中进行分析。这里我们仅分析需求偏好不同而产生的贸易。

　　假设甲、乙两国在生产方面的能力是完全相同的，即同样的生产技术、同样的资源禀赋、同样的生产规模等，因此，两国具有相同的生产可能性曲线，如图4-1所示。但两国的需求偏好不同，甲国更偏好X商品，乙国更偏好Y商品。因此，在封闭经济条件下，甲国在A点生产和消费，乙国在A'点生产和消费，甲国X商品的相对价格高于乙国，Y商品的相对价格低于乙国。

　　如果两国进行分工和贸易，甲国会增加Y商品的生产，并向乙国出口以换取X商品，减少X商品的生产，乙国正好相反。分工和贸易的结果是两国的生产都移到E点，甲国出口EC单位的Y商品，按国际市场价格P_w换取CB单位的X商品，在B点消费；乙国出口EC'单位的X商品，按国际市场价格P_w换取C'B'单位的Y商品，在B'点消费。这里EC=C'B'，CB=EC'。可见，通过分工和贸易，两国都达到了更高的福利水平（甲国由无差异曲线Ⅰ提高到无差异曲线Ⅲ，乙国由无差异曲线Ⅱ提高到无差异曲线Ⅳ）。

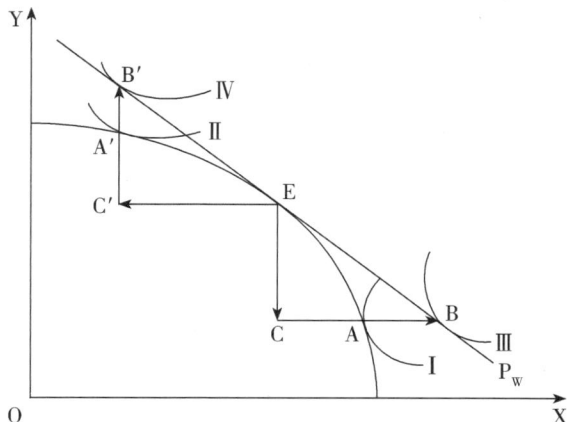

图 4-1　需求偏好不同产生的贸易

4.2　产业内贸易理论

第二次世界大战以后，国际贸易出现了新的发展趋势：发达工业国家之间的贸易量大大增加，占世界贸易总量的 2/3 以上，成为国际贸易的主要部分；国际贸易中同类产品之间的贸易量大大增加，工业国家传统的"进口初级产品，出口工业产品"的贸易模式逐渐改变，出现了同一行业既有出口又有进口的产业内贸易。由于发达国家之间要素禀赋及技术水平的差异远远小于发达国家与发展中国家之间的差异，因此，这些新现象用要素禀赋和技术水平差异等因素已无法进行解释。当代经济学家通过放松传统国际贸易理论的假设，对这一新趋势进行了分析。

4.2.1　产业内贸易的含义和测度

（1）产业内贸易的含义

产业内贸易（intra-industry trade）是相对于产业间贸易（inter-industry trade）而言的，是指一个国家在出口某种产品的同时又进口同类型的产品，也常被称为双向贸易或贸易重叠。按照国际商品标准分类方法的规定，相同类型的商品是指至少属于同章、同类和同组的商品同时出现在一国的进出口项目中。

产业内贸易与一般意义上的制成品贸易不同，是指两个以上的国家在某个相当明确和具体的产业内进行贸易。同产业间贸易相比较，产业内贸易有两个特点：一是进口和出口的商品有非常高的相互替代性。从使用价值的角度来考虑，进出口商品之间并没有大的差异，而仅仅是消费者的选择和偏好不同。二是进口国和出口国在该商品的生产能力方面并无大的差别。贸易往往是在生产力发展程度、人均国民收入水平等条件接近的国家之间进行。因此，产业内贸易的形成基础和影响都不同于产业间工业品的相互贸易。

（2）产业内贸易的测度

产业内贸易程度可以用产业内贸易指数（intra-industry trade index）来测度。产业内贸易指数的计算公式为：

$$T = 1 - \frac{|X - M|}{X + M}$$

式中 X 和 M 分别代表一个产业或一类产品的出口额和进口额。T 的取值范围介于 0 和 1 之间。当一个国家的某一产业或某类产品只有进口或只有出口时（即不存在产业内贸易），T=0；当某一产业或某类产品的进口等于出口时（即产业内贸易达到最大），T=1。T 愈是接近 1，说明产业内贸易程度愈高；T 愈是接近 0，意味着产业内贸易程度愈低。

经济发达程度是影响产业内贸易指数的一个重要因素。从总体上看，经济发展水平较高的国家，产业内贸易指数相对就高。此外，经济的外向程度也是影响产业内贸易指数的一个重要因素。当然，产业内贸易指数的大小在很大程度上还取决于产业或产品种类的定义范围的大小，产业或产品种类的定义范围越宽泛，产业内贸易指数也越大，反之就越小。

4.2.2　产业内贸易理论的内容

（1）差异产品、规模经济与国际贸易

传统贸易理论假设各国生产的产品都是同质的，国际市场是完全竞争市场，因此一国要么出口、要么进口某产品，同质产品的产业内贸易只在少数情况下发生，例如，某些产品的运输成本占整个产品成本的比重大，且邻国比本国的产地距离本国消费地更近，而国内产地距离邻国的消费地更近，为降低运输成本，可能出现同质产品的产业内贸易；某些季节性强的商品可能在本国供给旺盛时出口，而在本国供给不足时进口；转口贸易这种贸易方式也是同质产品的产业内贸易。

在现实世界中，大部分商品是有差异的，而不是同质的，同一产业内或同一类商品组中的差异产品（differentiated products）由于类似而有一定的替代性，从而互相竞争；另一方面，这些产品又各有特征，相互间不能完全替代，从而使各种产品具有一定的垄断性，其市场属于垄断竞争市场。

传统国际贸易理论假设贸易双方的规模收益不变。然而在规模经济条件下，即使两国各方面的条件完全相同，双方也可以发生互利贸易。规模经济或称规模报酬递增（increasing returns to scale），是指一国产出水平增长的比例高于要素投入增长比例的生产状况，即当企业的产量提高时，企业生产的平均成本下降。由于规模经济的存在，企业希望消费者需要的产品越单一越好，因为这样有利于实现规模经济；而由于相互间不能完全替代的差异产品的存在，使消费者的需求呈现多样化的特征。这样，生产的单一性要求和消费的多样化要求就必然发生矛盾，其最佳的解决方案就是国际分工和国际贸易。通过国际分工，一国只生产有限系列的同类商品，获得经营上的规模效益；通过国际贸易，为消费者的多样化选择提供了可能性。

如图4-2所示，如果甲、乙两国各方面的条件完全相同，两国的生产可能性曲线和无差异曲线就完全相同。规模报酬递增使得生产可能性曲线凸向原点。在封闭经济条件下，两国都在A点生产和消费，国内相对价格都是P_A。如果两国进行分工和贸易，假设甲国分工生产X商品，乙国分工生产Y商品（当然也可以作相反假设），甲国的生产就会从A点沿着其生产可能性曲线向右移动，同时X商品的相对价格（生产可能性曲线的斜率）会不断下降，直至在B点实现完全分工，此时甲国出口BC单位的X商品，按国际市场价格P_W换取CE单位的Y商品，在E点消费。同样，乙国的生产会从A点沿着其生产可能性曲线向左移动，同时Y商品的相对价格会不断下降，直至在B′点实现完全分工。此时乙国出口B′C′单位的Y商品，按国际市场价格P_W换取C′E单位的X商品，也在E点消费。这里BC=C′E，CE=B′C′。可见，通过分工和贸易，两国都达到了更高的福利水平（由无差异曲线Ⅰ提高到无差异曲线Ⅱ）。

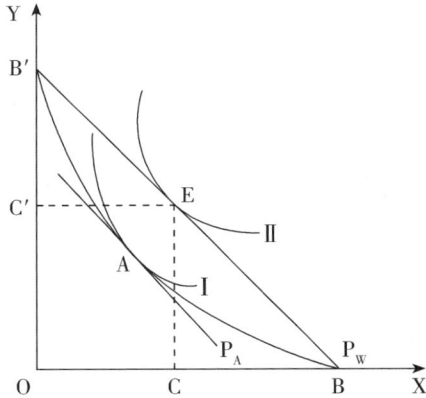

图4-2　规模经济产生的贸易

（2）需求相似与国际贸易

瑞典经济学家林德（Staffan B.Linder）认为，要素禀赋理论只适用于解释发达国家与发展中国家之间的制成品和初级产品贸易，而不能解释发达国家之间的制成品贸易，因为前者的贸易发展主要是由供给因素决定的，而后者的贸易发展主要是由需求因素决定的。

林德指出，制成品生产的初期是满足国内需求，之后才逐渐推向国际市场。由于产品是为满足国内需求而研发的，所以该产品较多地是出口到那些需求相似的国家。这些国家之间的需求越相似，其贸易量就越大。影响需求的最主要因素是人均收入，因此，人均收入越接近的国家之间需求越相近，产品的相互适应性越强，贸易交往也就越密切，而人均收入的差异则是贸易发展的潜在障碍。由于发达国家的人均收入水平较高，它们之间的需求更加相似，因此，制成品贸易主要发生在收入水平比较接近的发达国家之间。林德的理论被称为需求相似理论，也称收入贸易理论（income trade theory）。

如图4-3所示，图中横轴表示人均收入水平（y），纵轴表示消费者所需的各种商品的品质等级（q），α线表示最高收入者随收入的变化对商品品质等级需求的变化，β线表示最低收入者随收入的变化对商品品质等级需求的变化，在某国某一特定的收入水平，α线与β线之间垂线所对应的商品品质等级就是该收入水平下该国所需商品的品质等级范围。例如，甲国的人均收入水平为y甲，则甲国所需商品的品质等级范围就是AB，同样，乙国和丙国所需商品的品质等级范围分别为CD和EF。从图4-3中可以看出，乙国与丙国之间不可能发生贸易，因为丙国最高等级品质的商品在乙国连最低收入者都不愿意消费，而乙国最低等级品质的商品在丙国连最高收入者都消费不起。甲国和乙国之间则可能发生贸易，因为两国需求的商品品质等级范围存在重叠部分，即AD。而且甲国和乙国的人均收入水平越接近，两国需求的商品品质等级范围重叠的部分越大，相互间的贸易关系就可能越密切；反之，人均收入水平相差越悬殊，两国需求的商品品质等级范围重叠的部分就越小，甚至不存在，相互间的贸易密切程度就越小，甚至不发生贸易。

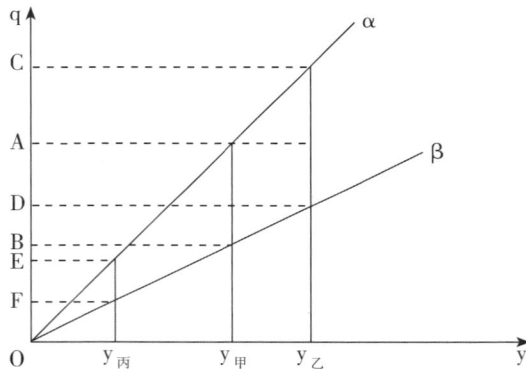

图4-3　需求相似与可贸易区间

4.3　基于动态技术差异的国际贸易理论

传统贸易理论是在不存在技术进步假设基础上的静态分析。实际上，在现代国际贸易中，技术是决定一国经济活动和贸易格局的重要因素。技术差距理论和产品周期理论把科学技术因素引入到国际贸易的分析中来，并同其他因素相结合，共同解释比较优势的形成和变化以及国际贸易中商品流向的变化，从而进一步推进了传统国际贸易理论。

4.3.1　技术差距理论

1961年，美国经济学家波斯纳（Posner）在其论文《国际贸易和技术变化》中首先提出了技术差距理论（technological gap theory）。他认为，人力资本是过去对教育和培训事业进行投资的结果，技术则是过去对研究和发展事业进行投资的结果，所以技术和人力资本可以作为一种资本或一种独立的生产要素，而且科学技术的研究和发展在国际贸易格局和商品比较优势中起决定作用。由于各国的技术进步不一致，所以当技术领先国家发明出新产品或新的生产方法，而其他国家尚未完全掌握时，就会产生国家间的技术差距。然而由于技术扩散，其他国家迟早也会掌握这一技术，从而消除技术差距。从技术创新国的新产品问世到其他国家能够完全模仿前的时期，因创新国在世界市场上暂时处于垄断地位，故该产品自然具有出口优势。这样，因新技术引起的技术差距是产生国际贸易的原因，并决定了国际贸易的流向。

波斯纳在分析时使用了几个"时滞"，如图4-4所示。T_0T_1为需求时滞阶段，是指从技术创新国新产品问世到进口国开始产生对该产品需求的时间差距，它取决于收入因素和模仿国消费者对新产品的认知。T_0T_3为模仿时滞阶段，是指新产品在技术创新国问世到在进口国完全自给（进口为零）的时间差距，在此之后，模仿国就会以低成本为基础进行出口。模仿时滞阶段又分为反应时滞阶段和掌握时滞阶段。T_0T_2为反应时滞阶段，是指从新产品问世到进口国开始仿制的阶段，它取决于模仿国厂商的反应，以及产品的规模经济、价格、市场、关税等。T_2T_3为掌握时滞阶段，是指从仿制开始到进口国完全自给并转向出口为止的阶段，它取决于模仿国取得技术的渠道和消化技术的能力等。T_1T_3是由于技术差距而导致的贸易期间。在这段时间内，创新国将产品出口到需求时滞小于反应时滞的国家，可以获得贸易利益。

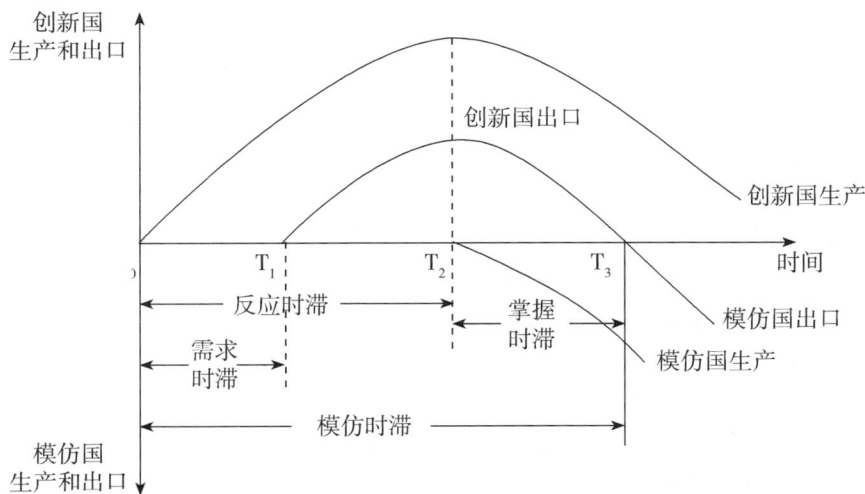

图4-4　技术差距示意图

4.3.2　产品生命周期理论

技术差距理论的缺点是它并没有深入解释技术差距产生和随着时间推移而消失

的原因。美国经济学家雷蒙德·弗农（Raymond Vernon）在 1966 年发表的论文《产品周期中的国际投资与国际贸易》中对技术差距理论进行了扩展，提出产品生命周期理论（product cycle theory）。

产品生命周期理论认为，产品和生物一样是有生命周期的，产品的生命周期分为三个阶段：新产品阶段、成熟阶段和标准化阶段，如图 4-5 所示。在产品生命周期的不同阶段，产品的要素密集度会发生规律性的变化，比较优势将随之从一种类型的国家转向另一种类型的国家，从而引起国际贸易中商品流向的变化。

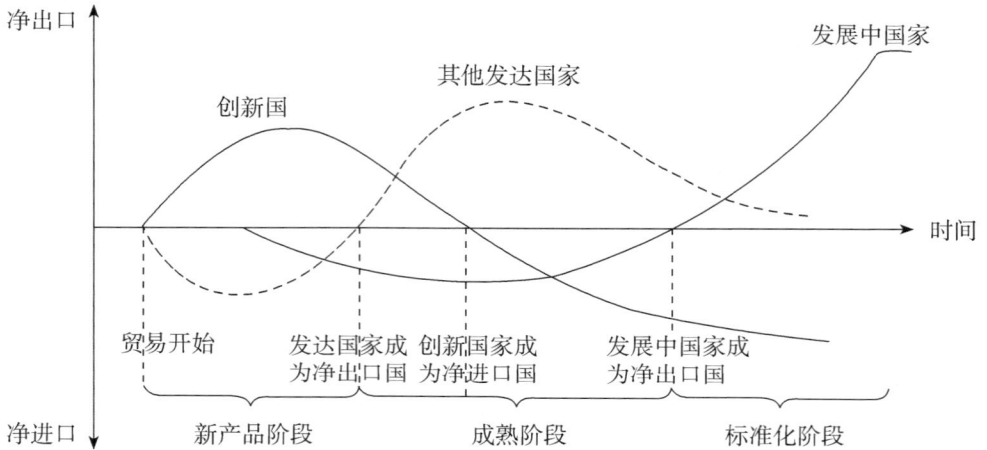

图 4-5　产品生命周期示意图

在新产品阶段，由于新产品在收入水平高的国家需求最旺，且新产品的研究开发需要大量的资本和科技劳动投入（即新产品是技术知识密集型产品），所以少数科学研究发达的国家拥有新产品生产的比较优势，成为创新国。新产品在这些国家开发出来投入生产，并根据市场反应不断改进和完善。与创新国收入水平相近的国家也会产生对该产品的需求，但由于对新技术知之不多而无法进行生产，只能从创新国进口产品。

在成熟阶段，由于技术已经成熟，不确定因素减少，大量生产成为主要目标。这时所需资源是机器设备和先进的劳动技能。产品从技术知识密集型变成资本密集型或技能密集型。资本和熟练工人丰裕的国家开始拥有该产品生产的比较优势，并逐渐取代创新国而成为主要生产和出口国。

一方面，到了标准化阶段，技术已经在世界范围内扩散，产品的技术已完成了其生命周期，许多生产技术已经被设计到机器或生产装配线中，生产过程已经标准化，操作也变得简单。另一方面，生产该产品的机器本身也因成为标准化的产品而变得比较便宜。因此，技术和资本逐渐失去了重要性，而劳动成本成为决定产品是否有比较优势的主要因素。此时，发展中国家成为该产品的主要生产和出口国。

□ 复习思考题

1.用图示说明需求不同如何会产生贸易。
2.什么是产业内贸易？如何测度产业内贸易？
3.简述产业内贸易理论的主要内容。
4.简述产品生命周期理论的主要内容。

自测题

第5章／经济增长与国际贸易

————学习目标————

了解两国经济增长对国际贸易的影响，熟悉和掌握经济增长的原因、经济增长的类型和
小国经济增长与贸易变动，重点学习和掌握罗布津斯基定理以及大国经济增长与贸易变动。

除了技术差距理论与产品生命周期理论外，前面4章所介绍的理论对国际贸易的原因与结果的分析都是静态的，即在要素禀赋、技术、需求偏好既定的假设下分析一国的比较优势和贸易所得。然而在现实世界中，技术在不断进步，资本在不断积累，劳动力在不断增加，从而引起生产可能性曲线不断向外移动；同时，随着收入的提高也会引起需求的变动。上述变化又会使一国的比较优势发生变化，进而对国际贸易产生相应影响。本章用动态的方法，将有关因素的变化考虑进去，对国际贸易理论加以扩充。

5.1 经济增长的原因

5.1.1 生产要素的增长

经济增长的物质前提是生产要素的增长，生产要素的增长在当今世界经济增长中起到了非常重要的作用。在现代社会中，生产要素的增长速度存在差异，有些生产要素增长速度非常快，如资本要素等，有些生产要素的增长则比较缓慢，如劳动力要素等。

生产要素的种类繁多，这里我们仍运用前几章当中多次使用的2—2—2模型，即世界上只有两个国家（甲国和乙国），每个国家只生产两种产品（X商品与Y商品），两种产品的生产都需要使用两种生产要素（劳动和资本），且甲国出口的是劳动密集型商品X，乙国出口的是资本密集型商品Y。同时还假定，所有新增加的生产要素与原有的生产要素是同质的。

当可利用的技术条件一定时，劳动和资本的总量和结构直接决定了一国生产可能性曲线的位置和形状。劳动和资本的总量越大，生产可能性曲线离原点越远，某种生产要素如果相对丰裕，则生产可能性曲线就会向代表密集使用该要素的商品轴上凸出。因此，随着一国劳动和资本要素的积累，其生产可能性曲线就会向外移

动，外移的方向和程度取决于劳动和资本的增长比率。

　　如果资本和劳动两种生产要素按照相同的比例增长，生产可能性曲线将按两要素的增长比率以不变的斜率向外移动，这就是平衡增长（balanced growth）。这时，移动前后的生产可能性曲线与源自原点的射线相交的各点有着相同的斜率 P_X/P_Y，如图5-1（a）图所示。

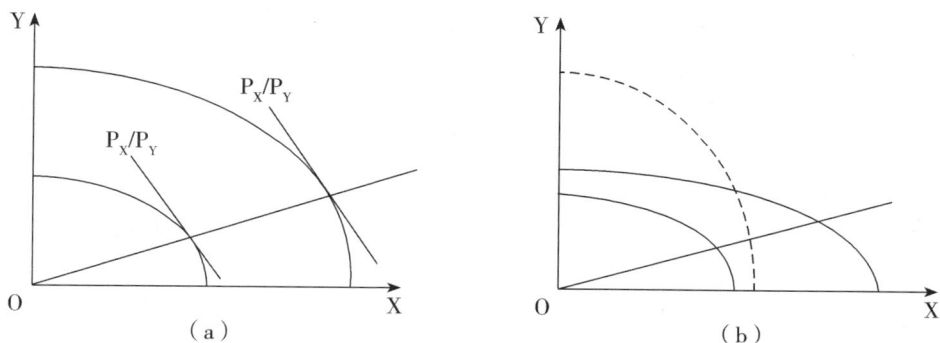

图5-1　劳动和资本的增长

　　在更多的情况下，劳动和资本两种生产要素的增长速度是不同的，即呈现出非均衡的要素增长。这种非均衡增长会导致一国生产可能性曲线的外移形状发生变化。如果仅有劳动增长，由于劳动是投入到两种产品的生产过程当中的，并且在一定程度上可以代替资本，所以两种产品的产量均会增加。但是，劳动密集型商品 X 的增加将快于资本密集型商品 Y 的增加。同理，在仅有资本增长时，将资本投入到两种产品的生产中，在资本替代一部分劳动的情况下，商品 Y 的增加将快于商品 X 的增加。如果劳动和资本以不同比率同时增长，商品 X 与商品 Y 的产出增加幅度也可类似地确定。

　　图5-1（b）图说明了仅有劳动或资本增长时的情况。当仅有劳动增加时，曲线更多地向劳动密集型产品 X 轴方向扩展；当仅有资本增加时，曲线更多地向资本密集型产品 Y 轴方向扩展。当两种生产要素按照不同的比率增长时，从原点引出的同一射线上作出的两条生产可能性曲线的切线，它们的斜率是不同的，说明要素的增长导致了两种商品按照不同的规模扩大生产。

5.1.2　技术进步

　　科学技术在当代经济生活中的作用越来越重要，技术进步已经成为发达国家经济增长的主要源泉，其贡献已远远超过资本和其他要素投入。

　　（1）技术进步的类型

　　英国经济学家约翰·希克斯（John R.Hicks）根据技术进步对资本和劳动生产要素节约程度的影响，将技术进步分为三种类型：

　　① 中性技术进步（neutral technical progress）。中性技术进步是指生产单位产品时，技术进步使所需要的劳动与资本得到同一比例的节约，或者说，技术进步使生

产单位产品时，对劳动和资本的利用率同比例地提高了，资本–劳动投入比例保持不变。

② 劳动节约型技术进步（labor-saving technical progress）。劳动节约型技术进步是指技术进步导致劳动要素生产率的增长快于资本要素生产率的增长，或者说，技术进步使生产单位产品中劳动含量减少程度大于资本含量的减少程度，资本–劳动投入比例上升。

③ 资本节约型技术进步（capital-saving technical progress）。资本节约型技术进步是指技术进步导致资本要素生产率的增长快于劳动要素生产率的增长，或者说，技术进步使生产单位产品中资本含量减少程度大于劳动含量的减少程度，资本–劳动投入比例下降。

上述三种技术进步可以表示为在任何指定产量水平条件下等产量曲线向原点的移动，这意味着在技术进步之后，任一给定的产出水平所需要的要素投入量也减少了。如图5-2所示，图中横轴为劳动要素的数量，纵轴为资本要素的数量，E_0 为技术进步前等产量线与等成本线的切点，E_1 为技术进步后相同等产量线与等成本线的切点。从图5-2（a）图中可以看出，在相同产量条件下，需要投入的劳动和资本同比例地下降了，即中性技术进步。图5-2（b）图表示在相同产量条件下，需要投入的劳动减少幅度大于资本减少幅度，即劳动节约型技术进步。图5-2（c）图表示在相同产量条件下，需要投入的资本减少幅度大于劳动减少幅度，即资本节约型技术进步。

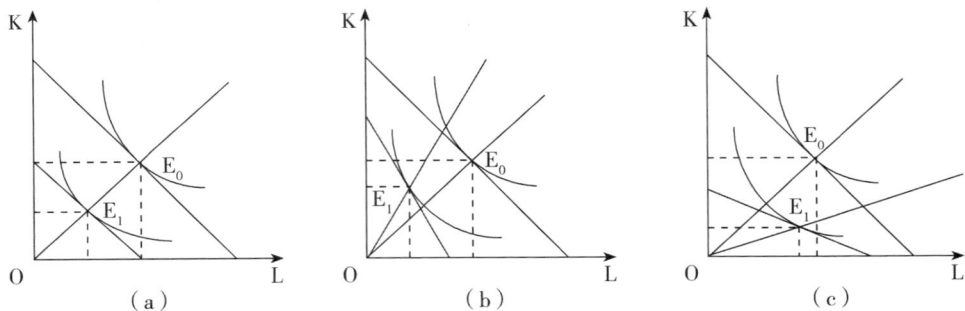

图5-2 中性、劳动节约型、资本节约型技术进步

（2）技术进步与一国的生产可能性曲线

技术进步的作用同生产要素增长的作用类似，所有类型的技术进步都会引起一国的生产可能性曲线外移，外移的类型和程度取决于技术进步的类型和速度。这里只讨论中性技术进步。

当一国两种商品（X商品和Y商品）生产中的中性技术进步速度相同时，该国的生产可能性曲线按照技术进步发生的速度均匀外移，这与生产要素平衡增长的效应相同。移动前后的生产可能性曲线与源自原点的射线相交时，各点有着相同的斜率，如图5-3（a）图所示。图5-3（b）图说明的是技术进步仅在X商品或Y商品的生产中发生的情况。假设生产X商品的资本和劳动生产效率提高一倍而生产Y商品的资本和劳动生产效率不变，对Y商品每一水平的产出来说，X商品的产出都增加一倍。如果此时该国把所有资源都用于无技术进步的Y商品的生产中，其产量仍保持不变。当仅有生产Y商品的生产要素效率增加时，其结果正好同前面的情况相反。

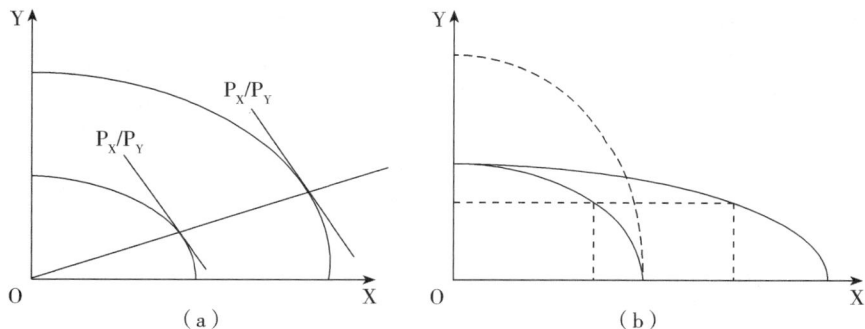

图5-3　中性技术进步

5.2　经济增长与贸易

5.2.1　经济增长的类型

生产要素的增长和技术的进步会引起生产可能性曲线向外移动，同时，收入的提高也会引起需求的变动，从而引起一国比较优势和贸易模式的变化。

首先分析经济增长在生产方面对贸易的影响。根据一国出口产品生产部门与进口替代产品（或称与进口竞争产品）生产部门增长速度的不同，可以将经济增长划分为顺贸易型增长、逆贸易型增长和贸易中性增长三种类型：

（1）顺贸易型增长

在商品相对价格不变的条件下，一国出口产品生产部门密集使用的要素增长或技术进步超过进口替代产品生产部门，使出口产品生产能力的增长高于进口替代产品生产能力的增长速度，这种增长就是顺贸易型增长（protrade growth），也称出口扩张型增长（export expansion growth）。

（2）逆贸易型增长

在商品相对价格不变的条件下，一国进口替代产品生产部门密集使用的要素增长或技术进步超过出口产品生产部门，使进口替代产品生产能力的增长高于出口产品生产能力的增长速度，这种增长就是逆贸易型增长（antitrade growth），也称进口替代型增长（import replacing growth）。

（3）贸易中性增长

在商品相对价格不变的条件下，一国出口产品生产部门密集使用的要素增长或技术进步与进口替代产品生产部门完全相同，使出口产品与进口替代产品的生产能力以相同的速度增长，这种增长就是贸易中性增长（neutral growth）。

经济增长使人们收入提高从而引起需求变动，也会对贸易产生影响。根据一国经济增长过程中进口商品的消费增长速度是否大于可出口商品的消费增长速度，也可以将经济增长划分为顺贸易型增长、逆贸易型增长和贸易中性增长三种类型。

贸易量的实际增长取决于生产和消费影响的净效应。如果生产和消费都是顺贸易型的，则贸易的扩大比例高于生产的扩大；如果生产和消费都是逆贸易型的，则贸易的扩大比例低于生产的扩大，甚至可能下降；如果生产是顺贸易型而消费是逆贸易型，或者相反，则贸易的扩大比例取决于两种相反力量的净效应；不大可能出现的情况是生产与消费都是中性的，则贸易和生产同比例扩张。

5.2.2 不同类型国家的经济增长与贸易变动

由于经济规模、生产能力以及经济发展水平不同，各国在国际市场上的地位是不同的，其对国际市场价格的影响也不相同。因此，不同类型国家的经济增长对贸易的影响是不同的。

在国际经济学中，我们通常将参与贸易的国家分为"小国"和"大国"。这里划分"小国"和"大国"的依据不是领土面积、人口多少、整体经济实力或综合国力强弱等，而是对某商品国际市场价格的影响程度。所谓"小国"，是指那些在国际市场上所占份额很小，其进出口变动不会影响国际市场价格的国家。对于小国而言，国际市场价格是给定不变的。所谓"大国"，是指那些在国际市场上所占份额很大，其进出口变动会引起国际市场价格涨跌的国家。

（1）小国经济增长与贸易变动

①罗布津斯基定理

假设小国甲国的劳动要素增长超过资本要素增长，则该国使用劳动的成本降低。由于 X 商品是劳动密集型的，使用劳动较多，而 Y 商品是资本密集型的，使用劳动较少，因此 X 商品成本的下降幅度会大于 Y 商品成本的下降幅度，即生产 X 商品的机会成本下降。在价格不变的情况下，生产自然会扩大。从长期看，不仅新增加的劳动会投入到 X 商品的生产中，Y 商品中的一部分资源也会转移出来从事 X 商品的生产，从而导致 Y 商品生产量的绝对下降。只要生产 X 商品的机会成本低于 Y 商品的相对价格，X 商品生产的扩张就不会停止，直到生产 X 商品的机会成本重新上升到与 Y 商品的相对价格相同。英国经济学家罗布津斯基（T.M.Rybczynski）论证了这一现象，提出了罗布津斯基定理（Rybczynski theorem）。

罗布津斯基定理认为，在商品相对价格不变的条件下，一种要素的增长将引起密集使用该要素的商品生产扩大，使密集使用其他要素的商品生产缩小。

图 5-4 是利用埃奇沃斯盒状图（Edgeworth box）对罗布津斯基定理加以解释。在图 5-4（a）图中，横轴代表甲国的劳动要素存量，纵轴代表资本要素存量，劳动密集型产品 X 从 O 点出发，在给定的技术条件下按一定的组合进行生产。同样，资本密集型产品 Y 从 O′点出发进行生产。图中的 E 点是甲国生产资源得到充分利用时两种产品的产量组合，此时 X 商品的产量为 X_1，Y 商品的产量为 Y_1。当甲国的劳动要素增加而资本要素不变时，该国的生产盒状图向右延伸，这时在新的均衡点 E*点生产，X 商品的产量扩大为 X_2，而 Y 商品的产量则下降到 Y_2 的水平上。

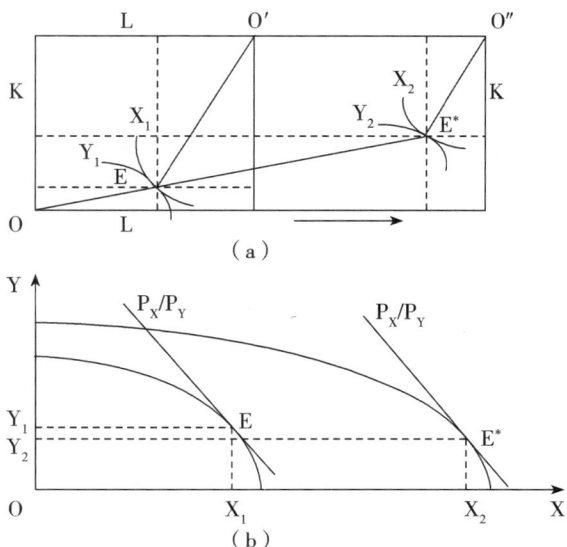

图5-4　罗布津斯基定理的几何证明

②小国经济增长与贸易变动

我们以生产要素增长引起的经济增长为例分析小国的情况。

如果小国发生的是顺贸易型增长，即出口商品生产部门密集使用的要素增长超过进口替代商品生产部门，由于相对价格不变，根据罗布津斯基定理，出口商品的生产将扩大，提高了出口能力，同时进口替代商品的生产将缩小，增加了t对国外商品进口的需求。该国无论出口量还是进口量都比以前增加了，福利水平也比以前有所提高。如图5-5（a）图所示，在经济增长前，甲国在B点生产，出口BC单位的X商品，进口CE单位的Y商品，在E点消费；如果劳动要素增长超过资本要素增长，甲国会在B'点生产，出口B'C'单位的X商品，进口C'E'单位的Y商品，在E'点消费，福利水平从无差异曲线Ⅰ提高到无差异曲线Ⅱ。图5-5（b）图表示甲国的提供曲线由经济增长前的1向右扩展为1*，贸易规模扩大了。

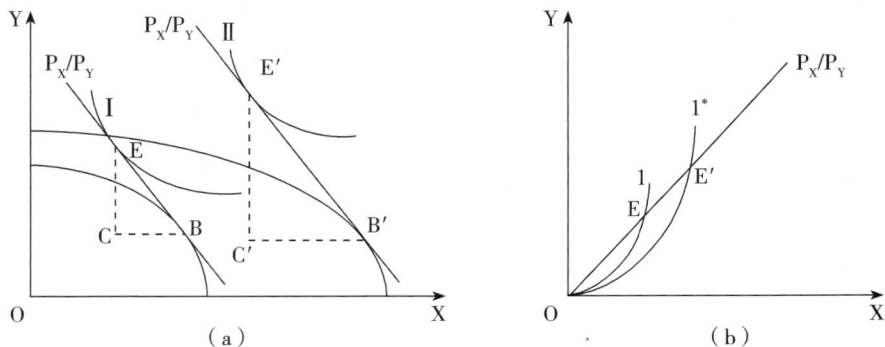

图5-5　小国顺贸易型增长与贸易变动

如果小国发生的是逆贸易型增长，即进口替代商品生产部门密集使用的要素增长超过出口商品生产部门，由于相对价格不变，根据罗布津斯基定理，一方面，进口替代商品的生产将扩大，造成进口的削减，另一方面，出口商品的生产将缩小，造成出口能力的降低，整个贸易量会因此而减少，但福利水平会比以前有所提高。如图5-6（a）图所示，在经济增长前，甲国在B点生产，出口BC单位的X商品，进口CE单位的Y商品，在E点消费；如果资本要素增长超过劳动要素增长，甲国会在B′点生产，出口B′C′单位的X商品，进口C′E′单位的Y商品，在E′点消费，福利水平从无差异曲线Ⅰ提高到无差异曲线Ⅱ。图5-6（b）图表示甲国的提供曲线由经济增长前的1向左移动至1*，贸易规模缩小了。

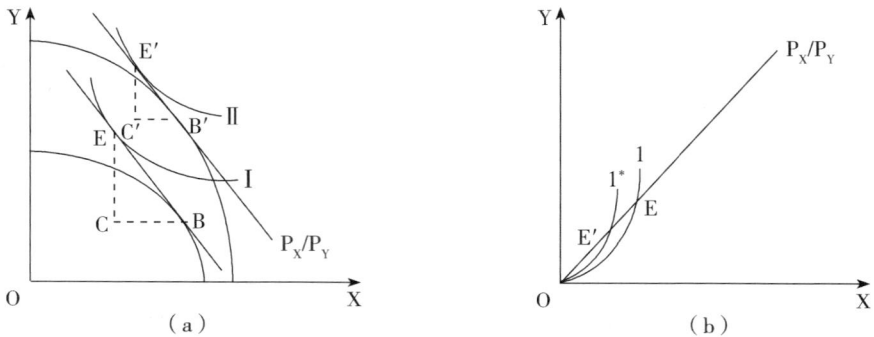

图5-6　小国逆贸易型增长与贸易变动

（2）大国经济增长与贸易变动

我们仍以生产要素增长引起的经济增长为例分析大国的情况。

①出口大国的顺贸易型增长与贸易变动

如果出口大国发生的是顺贸易型增长，即出口商品生产部门密集使用的要素增长超过进口替代商品生产部门，出口商品的生产将扩大，提高了出口能力。由于该国是出口大国，其出口能力的提高和出口量的增加会造成国际市场供给的增加，在需求不变的情况下，会造成出口商品国际市场价格的下跌。顺贸易型增长对出口商品的生产具有双重影响：一方面，生产出口商品的机会成本下降会促进其生产和出口扩大；另一方面，大国出口增加造成出口商品相对价格下跌，又对生产造成负面影响，从而降低了出口商品生产的增长幅度。同样，进口替代商品的生产既会由于其机会成本的提高而减少，又会因为其相对价格的提高而增加。

顺贸易型增长对出口大国贸易量的影响也是不确定的：一方面，出口商品生产的增加会增加出口；另一方面，贸易条件的恶化和可能出现的国内进口替代商品生产的增加会减少进口。由于贸易条件的恶化，顺贸易型增长给出口大国带来的经济福利的增加会小于小国，一部分经济增长的福利会被贸易条件恶化所抵消。

如图5-7（a）图所示，在经济增长前，X商品与Y商品的相对价格为P_X/P_Y，甲国在B点生产，出口BC单位的X商品，进口CE单位的Y商品，在E点消费；

如果劳动要素增长超过资本要素增长，X商品与Y商品的相对价格变为（P_X/P_Y）′，甲国会在B′点生产，出口B′C′单位的X商品，进口C′E′单位的Y商品，在E′点消费，福利水平从无差异曲线Ⅰ提高到无差异曲线Ⅱ（如果相对价格不变，甲国会在无差异曲线Ⅲ上的E″点消费）。图5-7（b）图表示甲国在提供曲线上的均衡点由E点转移到E′点的变化情况（如果相对价格不变，则由E点转移到E″点）。

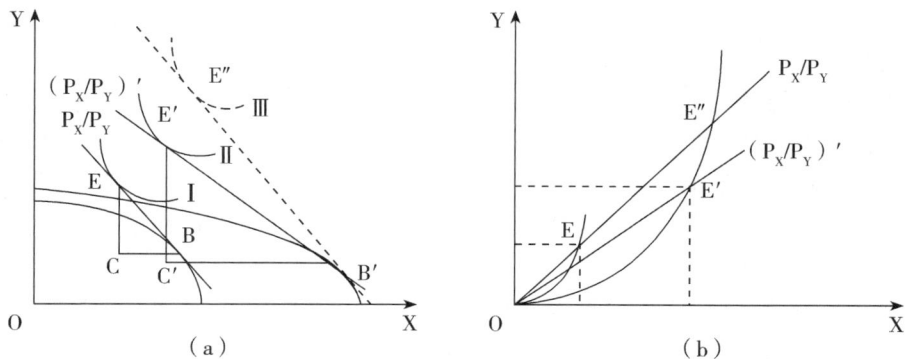

图5-7　出口大国顺贸易型增长与贸易变动

如果出口大国的顺贸易型增长使其贸易条件严重恶化，从而使贸易条件恶化造成的福利损失超过经济增长本身带来的福利，出现福利的净下降，这种情况被美国经济学家贾格迪什·巴格沃蒂（Jagdish N.Bhagwati）称为"福利恶化型增长"或"不幸的增长（immiserizing growth）"。

如图5-8所示，在经济增长前，X商品与Y商品的相对价格为P_X/P_Y，甲国在E点消费；如果劳动要素增长超过资本要素增长，贸易条件恶化，X商品与Y商品的相对价格变为（P_X/P_Y）′，甲国在E′点消费，福利水平从无差异曲线Ⅰ下降到无差异曲线Ⅱ。

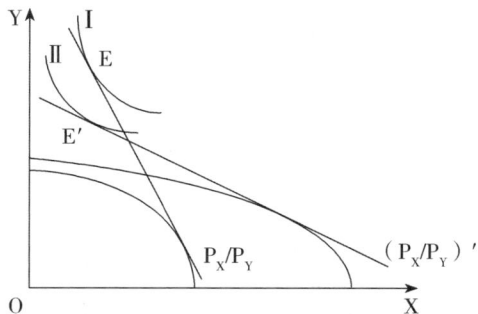

图5-8　福利恶化型增长

福利恶化型增长可能在下列情况下发生：A.增长发生在出口部门，并使出口大大增加；B.该国是出口大国，出口增加过大会导致贸易条件恶化；C.国际市场对该出口商品的需求缺乏弹性；D.该国对贸易的依赖程度很强，以至于贸易条件的恶化将引起国家福利的下降。当然，这种情况在现实世界中并不多见，关于福

利恶化型增长的分析主要从理论上指出了这种情况出现的可能性，也在实践中提醒各国（尤其是发展中国家）在制定经济发展战略时应当采取措施避免这一情况的发生。

②进口大国的逆贸易型增长与贸易变动

如果进口大国发生的是逆贸易型增长，即进口替代商品生产部门密集使用的要素增长超过出口商品生产部门，进口替代商品的生产将扩大，造成进口的削减。由于该国是进口大国，其进口替代商品生产能力的提高会造成国际市场需求的下降，在需求不变的情况下，会造成进口商品国际市场价格的下跌。

逆贸易型增长对进口替代商品的生产具有双重影响：一方面，由于生产进口替代商品的机会成本下降而促进其生产扩大和进口削减；另一方面，大国进口削减造成进口商品相对价格下跌，又对生产造成负面影响，从而降低了进口替代商品生产的增长幅度。同样，出口商品的生产既会由于其机会成本的提高而减少，又会因为其相对价格的提高而增加。

逆贸易型增长对进口大国贸易量的影响也是不确定的：一方面，进口替代商品生产的增加会减少进口；另一方面，贸易条件的改善和可能出现的出口商品生产的增加会增加进口。由于贸易条件的改善，逆贸易型增长给进口大国带来的经济福利的增加会大于小国，进口大国不仅得到了本国经济增长的好处，而且还得到了贸易条件改善的好处。

如图5-9（a）图所示，在经济增长前，X商品与Y商品的相对价格为P_X/P_Y，甲国在B点生产，出口BC单位的X商品，进口CE单位的Y商品，在E点消费；如果资本要素增长超过劳动要素增长，X商品与Y商品的相对价格变为$(P_X/P_Y)'$，甲国会在B'点生产，出口B'C'单位的X商品，进口C'E'单位的Y商品，在E'点消费，福利水平从无差异曲线Ⅰ提高到无差异曲线Ⅱ（如果相对价格不变，甲国会在无差异曲线Ⅲ上的E″点消费）。图5-9（b）图表示甲国在提供曲线上的均衡点由E点转移到E'点的变化情况（如果相对价格不变，则由E点转移到E″点）。

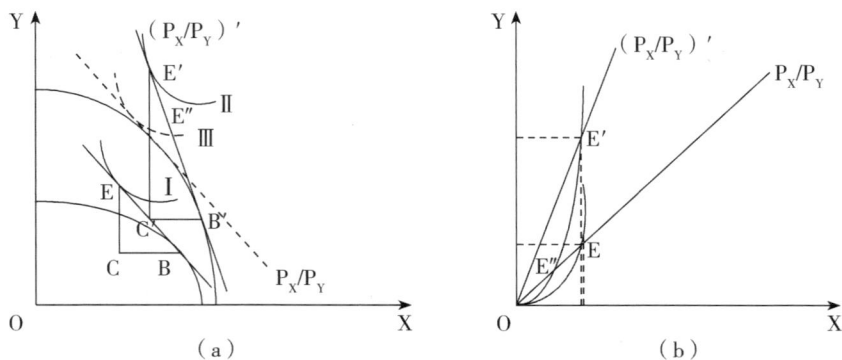

图5-9 进口大国逆贸易型增长与贸易变动

5.2.3　两国的经济增长与贸易

我们在前面的分析中都假设经济增长仅在甲国发生，这样仅有甲国的生产可能性曲线和提供曲线变动。现在我们将经济增长的分析扩展到两国，此时两国的生产可能性曲线和提供曲线均会发生变动。我们运用提供曲线来分析两国经济增长和由此带来的需求变动对贸易的影响。

在图5-10中，假设两国都是大国，其经济增长可以对世界经济产生一定影响。图中标有1和2的曲线分别是甲国和乙国经济增长前的提供曲线。标有1*和2*以及1′和2′的曲线分别是甲国和乙国在各种类型经济增长后的曲线。

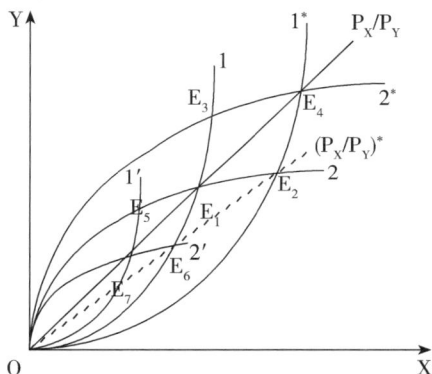

图5-10　两国的经济增长和贸易条件

根据经济增长前的提供曲线1和2，当国际商品相对价格为P_X/P_Y时，甲国与乙国在均衡点E_1处进行交换。如果仅甲国的劳动要素增加，甲国的提供曲线将沿顺时针方向转到曲线1*，在E_2点同乙国交换商品。此时，甲国的贸易条件恶化为$(P_X/P_Y)^*$，而乙国的贸易条件得到了改善。如果仅乙国的资本要素增加，乙国的提供曲线会从曲线2转到2*，乙国会在E_3点同甲国交换商品。这样，乙国的贸易条件就会恶化，而甲国的贸易条件则得到改善。如果两国都发生经济增长，使其提供曲线分别转到1*和2*，甲国和乙国在均衡点E_4处交换，贸易量扩大，但两国的贸易条件仍为P_X/P_Y，未发生变化。

另外，如果甲国的资本要素增加，提供曲线将逆时针转到1′，得到均衡点E_5，此时甲国的贸易条件改善，而乙国的贸易条件恶化。如果仅乙国的劳动要素增加，其提供曲线会顺时针转到2′，乙国在均衡点E_6处同甲国进行贸易。此时乙国的贸易条件得到改善，而甲国的贸易条件恶化。如果两国都发生经济增长，使其提供曲线分别转到1′和2′，甲国和乙国在均衡点E_7处交换，贸易量减少，而贸易条件依然不变。

总的来说，提供曲线转向出口商品的轴，就会扩大贸易并恶化本国的贸易条件；提供曲线向相反的轴变化，会减少贸易量并改善本国的贸易条件。在两国经济增长过程中贸易量及贸易条件的变化，要由经济增长和需求变动引起的两国提供曲线的变动共同决定。

□ 复习思考题

自测题

1.生产要素的增长与技术进步对一国生产可能性曲线的影响有何不同？

2.什么是罗布津斯基定理？

3.什么是福利恶化型增长？用图示说明。在什么情况下会发生福利恶化型增长？

第6章/对外贸易政策与理论

——————学习目标——————

了解对外贸易政策的历史演变，熟悉和掌握对外贸易政策的含义、构成、性质及类型，重点学习和掌握对外贸易政策理论。

6.1　　　　　　　对外贸易政策概述

6.1.1　对外贸易政策的含义与构成

对外贸易政策是一国政府在一定时期内为实现一定的政策目标对本国进出口贸易制定并实施的政策，它从总体上规定了该国对外贸易活动的指导方针和原则。

对外贸易政策的内容一般包括对外贸易总政策、进出口商品政策和国别或地区对外贸易政策等。

对外贸易总政策包括进口总政策和出口总政策，是根据国民经济发展的需要，结合本国在世界经济贸易中所处的地位、本国经济发展战略和本国产品在世界上的竞争能力以及本国的资源、市场和产业结构等情况，所制定的在一个较长的时期内发展对外贸易的基本方针和原则。例如，中国对外贸易的总政策是，以积极的对外贸易政策为方向，以多样的政策措施为手段，借助对外贸易推动产业结构的升级和经济的工业化，实现中国经济的可持续发展。

进出口商品政策是根据对外贸易总政策和国内产业结构、国内外市场状况等分别对进出口商品的生产、销售、采购等制定的政策。例如，为了保护本民族工业的发展，对某些外国同类商品实行进口限制。又如，为了防止某些尖端技术或战略性物资流向敌对国家，对某些高技术产品实行出口限制等。

国别或地区对外贸易政策是根据各国或地区与本国不同的政治、经济和外交关系而采取的区别对待的贸易政策。

6.1.2　对外贸易政策的性质

对外贸易政策是一个国家经济政策和对外政策的重要组成部分。对外贸易政策作为国家经济政策的一个组成部分，为国家经济总政策服务。在制定对外贸易政时，既要考虑对外贸易本身的需要，又要考虑国民经济其他组成部分的需要。对外贸易政策的制定与实施必须与国家其他经济政策密切配合，如产业政策、外汇政策、外资政策等。对外贸易政策作为国家对外政策的一个组成部分，服从于国家最高利益，配合外交活动。一个国家的贸易政策是独立自主制定的，但由于它具有涉外性，因而在优先考虑本国利益的同时，还必须适当考虑有关国家的利益；除考虑国内政治经济环境外，还要考虑国际政治经济环境。

6.1.3　对外贸易政策的类型

迄今为止，对外贸易政策有两种基本类型：自由贸易政策和保护贸易政策。

自由贸易政策的主要内容是：国家取消对进出口贸易的限制和障碍，取消对本国进出口商品的各种特权和优待，只要是合法制造的商品，就可以自由进出口，在国内外市场上自由竞争。这是一种中性的贸易政策，国家只负责营造公平的竞争环境和维持正常的竞争秩序。

保护贸易政策的主要内容是：国家对进出口贸易施加干预，利用各种措施限制商品进口，保护国内市场和国内生产，使之免受外国商品的竞争；对本国出口商品给予优待和补贴，以鼓励扩大出口。简言之，即奖出限入政策。

一个国家选择实行何种对外贸易政策，主要取决于该国的经济发展水平和在国际经济中所处的地位，及其经济实力和产品的竞争能力。小国多倾向于采取自由贸易政策，大国则有所差异：那些经济发达、经济实力雄厚、产品具有竞争能力的大国，往往提倡自由贸易政策或带有自由化倾向的政策；而那些经济发展起步较晚、经济发展水平和实力较差、产品缺乏竞争力的大国，一般采取保护贸易政策。

从世界经济发展的不同时期来看，一般而言，当世界经济普遍繁荣时，国际贸易自由程度较高，贸易障碍减少；当世界经济衰退、市场不景气时，各国为保护国内经济而增加贸易障碍，贸易自由度降低，保护贸易政策便成为主流。

6.2　　　　　对外贸易政策的历史演变

纵向来看，对外贸易政策随着时代的变化而变化。封建社会与资本主义社会的对外贸易政策不同，而在资本主义时代的各个发展时期，资本主义国家的对外贸易政策也有变化。横向来看，在同一发展时期内，各国由于情况不同，也会实行不同的对外贸易政策。

6.2.1　资本主义生产方式准备时期的对外贸易政策

重商主义政策是资本主义生产方式准备时期，西欧国家为了促进资本原始积累而普遍实行的对外贸易政策，最早出现于意大利，后来在西班牙、葡萄牙和荷兰实行，最后英国、法国、德国和俄国也先后实行。这是一种早期的保护贸易政策，主张国家干预经济和对外贸易，通过对金银货币和贸易的管制实现贸易顺差来加速资本的积累。其理论基础是货币差额论和贸易差额论（详见 2.1 重商主义的贸易思想）。

在当时的历史条件下，重商主义的对外贸易政策对于促进资本主义商品货币关系的发展，加速资本原始积累，推动从封建制度向资本主义制度过渡，曾起到了一定的积极作用。到自由竞争资本主义时期，它却成为资本主义经济进一步发展的障碍。

6.2.2 资本主义自由竞争时期的对外贸易政策

18 世纪中叶至 19 世纪末是资本主义自由竞争时期。在这一时期，各国由于其工业发展水平及在世界市场上的竞争地位不同，采取了不同的对外贸易政策。

（1）自由贸易政策

自由贸易政策在历史上多为经济强盛国家所采用，因而常被称为"强者"的政策。

英国是最早实行自由贸易政策的国家。在 18 世纪后半期，英国最先进入了产业革命，确立了资本主义在国内的统治地位，大机器工业代替了民族手工业，工业生产迅速发展。19 世纪英国成为最强的工业国家，它的商品销往世界各地，原料、食品来自世界各地，英国被形容为"世界工厂"。但是，直到 19 世纪初，已经进行产业革命达半个世纪的英国却仍然是一个实行关税保护政策的国家。贵族地主阶级主张关税保护政策，力图阻止国外廉价粮食和原料的进口，以保持国内这些商品的高价，维护其自身的利益。在英国"世界工厂"地位已经确立并获得巩固，其工业品已经不怕外国竞争的情况下，重商主义的保护贸易政策便成为束缚英国经济发展和阻碍英国工业对外扩张的障碍。为此，英国新兴工业资产阶级迫切要求废除以往的保护贸易政策，主张实行在世界市场上进行无限制的自由竞争和自由贸易的政策。从 19 世纪 20 年代开始，以伦敦和曼彻斯特为基地的英国工业资产阶级展开了一场大规模的自由贸易运动。运动的中心内容就是反对保护贸易的立法——《谷物法》。经过数十年的斗争，工业资产阶级终于取胜，英国开始实行自由贸易政策。

英国在这个时期实行自由贸易政策主要表现在以下几个方面：

① 废除《谷物法》。《谷物法》是英国推行重商主义保护贸易政策的重要立法，主要内容是运用关税政策，限制或禁止谷物的进口，维持国内谷物的高价，保护贵族地主阶级的利益。《谷物法》的实施，导致其他粮食输出国家对英国工业品提高关税，英国工业资产阶级的利益受到了损害。所以，工业资产阶级在自由贸易的口号下与贵族地主阶级展开了反《谷物法》的斗争。1846 年英国政府被迫宣布废除《谷物法》，工业资产阶级最终取得了胜利。马克思称英国《谷物法》的废止是 19 世纪自由贸易所取得的最伟大的胜利。

② 简化税法，降低关税税率和减少纳税税目。经过几百年重商主义实践的英国制定的有关关税的法令达 1 000 件以上。1825 年英国开始简化税法，废止旧税率，建立新税率。关税税率大大降低，所征关税完全是财政关税，禁止出口的法令

完全废除。1841年英国进口的商品需要纳税的有1 000多种，到1882年已逐步减少到10余种。

③ 废除原航海法。航海法是英国限制外国航运业竞争和垄断殖民地航运事业的政策。从1824年开始，英国逐步废除这些限制性法令，到19世纪50年代，英国的沿海贸易和对殖民地贸易全部开放给其他国家，重商主义时代制定的航海法全部废除。

④ 取消特权公司。在1813年和1834年，东印度公司对印度和中国贸易的垄断权分别被废止。从此，对印度和中国的贸易开放给所有的英国人。

⑤ 改变对殖民地的贸易政策。在18世纪英国对其殖民地的航运享有特权，殖民地的货物输入英国享受特惠关税的待遇。1849年航海法废止后，殖民地可以向任何国家输出商品，也可以从任何国家输入商品。通过关税法的改革，废止了对殖民地商品的特惠税率，从此，殖民地与外国输入的商品均处于同等的竞争地位。同时也准许殖民地与外国签订贸易协定，英国不再干涉殖民地与任国家建立直接的贸易关系。

⑥ 与外国签订贸易条约。1860年签订了英法条约，该条约是以自由贸易精神签订的，其中规定相互提供最惠国待遇。在19世纪60年代，英国与意大利、荷兰等国缔结了8项这种形式的重要条约。在英国的影响下，欧洲各国间分别签订了类似的贸易条约，相互提供最惠国待遇，放弃贸易歧视。在欧洲各国间，形成了一个完整的条约网，从而出现了关税普遍减低的时期。

自由贸易在英国的彻底胜利，也影响到其他欧洲国家。但是，采取全面自由贸易政策的国家只有英国和荷兰。

斯密和李嘉图的国际分工、自由贸易理论为英国推行自由贸易政策提供了理论上的依据。他们的理论指出：在自由贸易条件下，各国按照比较优势进行分工和交换，有利于提高专业技能，使资源和生产要素得到最优化配置，提高劳动生产率，通过国际交换，节约社会劳动，增加国民财富（详见绝对优势理论和比较优势理论）。另外，自由贸易还有利于反对垄断，加强竞争，提高经济效率，有利于提高利润率，促进资本积累。这些理论完全适应了当时英国工业资产阶级的愿望，成为反对重商主义保护贸易政策、推行自由贸易政策的有力武器。

自李嘉图时代至今，西方有关国际贸易的理论大多是主张自由贸易的，李嘉图关于自由贸易的基本原理经久不衰，至今未变。但是从近200年西方国际贸易发展的历史来看，自由贸易只有一段短暂的历史，而且也并非在所有国家实行。在大部分时间里，西方国家普遍实行的是保护贸易政策。自由贸易政策产生于资本主义自由竞争时代，随着自由竞争向垄断的过渡，原来实行自由贸易的国家也纷纷放弃了自由贸易政策，转而实行保护贸易政策。

（2）保护贸易政策

在19世纪资本主义自由竞争时期，与英国不同，美国和德国先后实行了保护贸易政策。

美国是后起的资本主义国家，产业革命进行比较晚，工业基础薄弱，其工业品无法与英国竞争，因此新兴的北方工业资产阶级要求实行保护贸易政策。1791年，代表工业资产阶级利益的美国财政部部长亚历山大·汉密尔顿（Alexander Hamilton）向国会提交了《关于制造业的报告》（Report on Manufactures）。报告详细阐述了保护本国制造业的必要性，提出为摆脱英国殖民经济统治，独立发展民族经济，美国应保护本国的幼稚工业。但是南方的种植园主则主要出口农产品，进口工业品，因而要求实行自由贸易，反对高关税政策。随着英法等国工业革命的不断发展，美国的工业遇到了来自国外的越来越大的竞争和挑战，汉密尔顿的主张在美国的贸易政策上得到反映。1816年，美国提高了制造品进口关税，这是美国第一次实行以保护为目的的关税政策。1828年，美国再度加强保护措施，工业制造品平均从价税率提高到49%。南北战争以北方取胜而告终，削弱了南方种植园主的自由贸易势力，成为进一步推行保护贸易政策的转折点。1890年《麦肯莱关税法》实施后，许多幼稚工业产品都大幅度提高了关税，美国也成为当时世界上关税税率最高的国家之一。

19世纪初的德国，工业发展水平远比英、法两国落后，德国受到英、法两国自由贸易政策的冲击，大量廉价商品涌入德国市场。摆脱外国自由竞争的威胁，保护和促进德国工业的发展，成为德国工业资产阶级的迫切要求。1870年德国取得普法战争胜利后，不断加强对原有工业和新建工业的保护。到19世纪末，德国成为欧洲高度保护贸易的国家之一。

这一时期的保护贸易理论以德国经济学家李斯特的保护幼稚工业理论最具有代表性（详见6.3.1节保护幼稚工业理论）。

6.2.3 资本主义垄断时期的对外贸易政策

19世纪末20世纪初，资本主义发展进入垄断阶段。在这个阶段，资本主义经济发生了巨大变化：垄断代替了自由竞争，垄断成为一切社会经济生活的基础；由于科技进步，各国工业迅速发展，一些起步较晚的国家已完成了产业革命，经济实力迅速增强，世界市场竞争空前激烈；两次严重的世界性经济危机使资本主义国家的商品销路发生严重困难，市场矛盾尖锐化。在这样的背景下，各国为了垄断国内市场和争夺国外市场先后走上了保护主义的道路。1929—1933年发生的经济危机使所有的经济强国，包括有自由贸易传统的英国，都卷入到保护贸易的浪潮之中。这个时期各主要国家实行的保护贸易政策具有明显的侵略性和扩张性，因而一般称之为侵略性的保护贸易政策或超保护贸易政策。

垄断时期的超保护贸易政策与自由竞争时期的保护贸易政策的主要区别是：

① 保护的对象扩大了。超保护贸易政策不仅保护幼稚工业，而且更多地保护国内已经高度发展的或出现衰落的垄断工业。

② 保护的目的变了。超保护贸易政策不再是为了培植国内工业自由竞争的能力，而是为了巩固和加强对国内外市场的垄断。

③ 由保护转为进攻。超保护贸易政策不再是防御性地限制进口，而是在垄断国内市场的基础上对国外市场进行进攻性的扩张。

④ 保护的措施多样化。超保护贸易政策不仅采取关税措施，还采取各种非关税壁垒和其他奖出限入的措施。

在上述历史背景下，各国经济学者提出了各种支持超保护贸易政策的理论依据，其中最有影响的是凯恩斯主义的贸易保护理论（详见6.3.2节凯恩斯主义的贸易保护理论）。

6.2.4　第二次世界大战结束到20世纪70年代的对外贸易政策

第二次世界大战结束初期，发达国家特别是西欧和日本等国家继续实行超保护贸易政策，严格限制外国商品进口。作为第二次世界大战后第一经济强国的美国继续维持战时保留的高关税壁垒。但是，随着各国经济的恢复和发展，从20世纪50年代开始至70年代初，主要国家都在不同程度上放宽了进口限制，在它们的对外贸易政策中出现了贸易自由化倾向。

贸易自由化是指主要资本主义国家在世界范围内采取减低关税和放松其他进口限制以逐步实现国际商品自由流通的政策倾向。

（1）第二次世界大战后贸易自由化出现的主要原因

① 第二次世界大战结束初期，美国成为世界上实力最强的国家，而其他主要资本主义国家保留下来的战前和战时高关税壁垒和进口限制，成了美国对外经济扩张的障碍。因此，美国为了扩大出口，占领更多的市场，就极力倡导和推行贸易自由化，迫使西欧、日本等国拆除壁垒。

② 随着西欧、日本等国经济的恢复和发展，它们为了扩大出口，也愿意彼此减税，逐步实现贸易自由化。

③ 战后跨国公司迅速发展，它们不仅需要资本在国家间自由流动，也需要商品在国家间自由流通，贸易自由化符合跨国公司的利益。

④ 发展中国家在取得了政治独立以后，为了发展民族经济，需要扩大制成品的出口，增加外汇收入，以便积累资金或偿还外债，因此，也迫切要求发达国家减免关税和取消进口限制。

（2）贸易自由化的主要表现

① 在关税与贸易总协定缔约方范围内大幅度降低关税；

② 在区域性经济贸易集团内部取消关税；

③ 通过普遍优惠制的实施，发达国家对来自发展中国家和地区的制成品和半制成品普遍地给予减免关税的优惠待遇；

④ 经济贸易集团给予发展中国家或其他有关国家优惠关税待遇；

⑤ 发达国家在不同程度上放宽进口数量限制，逐步放宽或取消外汇管制，实行货币自由兑换，促进贸易自由化的发展。

（3）第二次世界大战后贸易自由化的特点

① 第二次世界大战后贸易自由化有着雄厚的经济基础，是在资本主义世界经济迅速增长的基础上发展起来的。它与美国、西欧和日本等发达国家经济高速增长、生产和资本的国际化、国际分工的深化以及跨国公司大量出现都有密切的联系。它反映了世界经济和生产力发展的内在要求，而历史上的自由贸易只是反映了英国工业资产阶级一国资本自由扩张的利益与要求。

② 第二次世界大战后贸易自由化是一场更广泛的贸易自由化运动。历史上的自由贸易主要在欧洲国家间展开，第二次世界大战后贸易自由化席卷全球，世界大多数国家和地区都参与或受到影响。

③ 美国成为第二次世界大战后贸易自由化积极的倡导者和推动者。第二次世界大战后，美国成为世界最强大的经济和贸易国家，实现国际贸易自由化符合美国垄断资本对外扩张的需要。

④ 第二次世界大战后贸易自由化主要是通过各种国际性经济贸易组织在世界范围内进行的。关贸总协定、联合国贸易与发展会议以及区域性国际经济一体化组织均把实现贸易自由化作为理想的政策目标。

⑤ 第二次世界大战后贸易自由化是在新的历史条件下进行的，它实际上是一种有选择性的贸易自由化。它具体反映在：发达资本主义国家之间的贸易自由化超过它们对发展中国家和社会主义国家的贸易自由化；区域性经济贸易集团内部的贸易自由化超过集团对外的贸易自由化；制成品的贸易自由化超过农产品的贸易自由化；机器设备的贸易自由化超过工业消费品的贸易自由化。

6.2.5 20世纪70年代至今的对外贸易政策

20世纪70年代中期以后，在第二次世界大战后贸易自由化的总趋势下，贸易保护主义重新抬头，出现了新贸易保护主义。

（1）新贸易保护主义出现与加强的原因

① 1974—1975年和1980—1982年两次世界性的经济衰退，对西方国家经济是一个沉重打击。由于各国经济转入低速发展，市场问题更加严重，在各国失业率居高不下的情况下，有关的产业要求政府加强贸易保护。

② 主要工业发达国家的对外贸易发展不平衡。自20世纪70年代中期以后，美国对外贸易逆差急剧增长，特别是对日本、联邦德国贸易逆差不断扩大。为了减少贸易逆差，美国一方面迫使对它有巨额顺差的国家对其开放市场，另一方面自身加强限制和报复的进口措施，成为新贸易保护主义的策源地。

③ 国际货币关系失调。汇率长期失调影响了国际贸易的正常发展，带来了巨大的贸易保护压力。浮动汇率迫使贸易商采取各种手段防范外汇风险，增加了交易成本，又引起价格、投资效益和竞争地位的变化，从而产生贸易保护的压力。

④ 贸易政策的相互影响。随着世界经济相互依存关系的增强，贸易政策的连锁反应也更为敏感。美国率先加强贸易保护，必然引起其他国家相应的报复和效

尤，致使新贸易保护主义得以蔓延，从而形成一种普遍的政策倾向。

（2）新贸易保护主义的主要特点

① 限制进口措施的重点从关税壁垒转向非关税壁垒。第二次世界大战后，随着贸易自由化的发展，特别是经过关贸总协定主持下的多次多边贸易谈判，各国的关税水平已降到历史最低点，而已约束的关税受关贸总协定的监督不得任意回升。自20世纪70年代初资本主义世界经济危机以来，发达国家竞相采取非关税壁垒来限制进口，并将其作为限制进口的主要手段，以抵消关税下降所造成的不利影响。

② 奖出限入措施的重点从限制进口转向鼓励出口。随着国际分工的加深和对国外市场依赖性的加强，各国争夺国外市场的斗争日益加剧。发达国家通过加强非关税措施来限制进口，不仅满足不了扩大国外市场的需求，而且也容易受到其他国家的报复。在这种情况下，许多发达国家把奖出限入措施的重点从限制进口转向鼓励出口。

③ 从贸易保护制度转向更系统的管理贸易。20世纪70年代末以来，随着贸易保护主义的日益加强，为了适应发达国家既要遵循其所倡导的自由贸易原则，又必须实行一定的贸易保护的现实需要，在发达国家的对外贸易政策中出现了一种介于自由贸易与保护贸易之间、兼有两者特点的一种新的政策倾向——管理贸易。管理贸易在一定程度上遵循自由贸易原则，但却同时利用国内立法，或通过达成双边或多边国际协定，管理本国对外贸易和进行国际协调。各国加强实施管理贸易主要采取非关税措施，以不违背降低关税壁垒的自由贸易原则为前提，通过各种巧妙的办法限制进口。管理贸易在国际范围的应用还体现在区域性贸易集团化和国际协调上。区域性贸易集团对内实行自由贸易，各种生产要素可以自由流通，对外则实行贸易保护政策，以差别待遇限制区外产品的进口。通过签订国际多边协议或通过各种国际协调管理的贸易也属于管理贸易的范畴，如欧共体共同农业政策管理下的贸易，在联合国贸易与发展会议安排下通过商品综合方案所进行的贸易，在国际性组织协调下，通过国际商品协定、多种纤维协定等所进行的贸易，以及石油输出国组织通过限制产量、协调价格所管理的石油出口贸易等。管理贸易是在新形势下出现的资本主义国家垄断调节形式，是一种特殊的保护贸易政策。

6.3　　对外贸易政策理论

6.3.1　保护幼稚工业理论

（1）汉密尔顿的贸易保护思想

汉密尔顿是美国独立后第一任财政部部长。当时美国在政治上虽然独立，但经济上仍属殖民地经济形态，国内产业结构以农业为主，工业方面仅限于农产品加工和手工业的制造，处于十分落后的水平。美国北方工业资产阶级要求实行保护关税政策，以独立地发展本国经济。南部种植园主则仍主张实行自由贸易政策，继续向英国、法国、荷兰等国出口小麦、棉花、烟草、木材等农林产品，用以交换这些国家的工业品。汉密尔顿代表工业资产阶级的愿望和要求，于1791年12月向国会提交了《关于制造业的报告》，明确提出实行保护关税政策的主张。汉密尔顿认为，一个国家要在消费廉价产品的"近期利益"和本国产业发展的"长远利益"之间进行选择。一国不能只顾追求近期利益而牺牲长远利益。他在报告中系统阐述了保护和发展制造业的必要性和重要性，提出一个国家如果没有工业的发展，就很难保持其独立地位。美国工业起步晚，基础薄弱，技术落后，生产成本高，根本无法同英、法等国的廉价商品进行自由竞争，因此，美国应实行保护关税制度，以使新建立起来的工业得以生存、发展和壮大。

汉密尔顿还较详细地论述了发展制造业的直接和间接利益。他认为，制造业的发展，有利于推广机器使用，提高整个国家的机械化水平，促进社会分工的发展；有利于扩大就业，吸引移民迁入，加速美国国土开发；有利于提供更多开创各种事业的机会，使个人才能得到充分发挥；有利于消化大批农业原料和生活必需品，保证农产品销路和价格稳定，刺激农业发展等。

为了保护和促进制造业的发展，汉密尔顿提出了一系列具体的政策主张，主要有：向私营工业发放贷款，扶植私营工业发展；实行保护关税制度，保护国内新兴工业；限制重要原料出口，免税进口本国急需原料；给各类工业发放奖励金，并为必需品工业发放津贴；限制改良及其他先进生产设备输出；建立联邦检查制度，保证和提高工业品质量；吸收外国资金，以满足国内工业发展需要；鼓励移民迁入，以增加国内劳动力供给。

汉密尔顿的贸易保护思想和政策主张反映了经济发展水平落后国家独立自主地发展民族工业的要求和愿望，是落后国家进行经济自卫并通过经济发展与先进国家进行经济抗衡的保护贸易学说。该理论的提出，标志着与自由贸易理论相对立的保护贸易理论的基本形成。

（2）李斯特的保护幼稚工业理论

19世纪中期的德国还是一个政治上分裂、经济上落后的农业国。那时英国已经完成了从工场手工业向机器大工业的过渡，法国的近代工业也有了长足的发展，它们竭力提倡在国际市场上开展自由竞争，以大量廉价的商品冲击德国的市场。当时，德国内部对实行什么样的贸易政策的意见尖锐对立：一派主张实行自由贸易政策，反对保护关税制度，其理论依据是亚当·斯密的绝对优势理论和大卫·李嘉图的比较优势理论；另一派则主张实行保护关税制度，主要是德国工业资产阶级的愿望，但缺乏强有力的理论基础。1841年，德国经济学家弗里德里希·李斯特（Friedrich List）出版了《政治经济学的国民体系》（The National System of Political Economy）一书，发展了汉密尔顿的保护关税学说，建立了一套以生产力理论为基础、以保护关税制度为核心，为后进国家服务的保护贸易理论——保护幼稚工业理论。

李斯特简介

李斯特是在与流行学派即英国古典学派的论战中提出自己系统的保护贸易理论的。他指出,最大限度的国际贸易自由,其结果甚至能使国家沦于奴隶地位,英国宣扬自由贸易的实质是要组成一个以英国为首的国家体系。①

① 李斯特对流行学派的理论批判

李斯特认为,流行学派的理论体系存在以下主要缺点:

第一,流行学派没有考虑国家间利益冲突的可能性,也不考虑如何满足国家利益,是无边无际的世界主义。

李斯特认为,分工之所以具有生产性,不单单是由于"划分",主要还是由于"联合"。而国际生产力的协作需要以"持久和平"为保证,否则遇到战争、政治上的变动,商业恐慌等变故,这种协作可能会中断。流行学派的理论假定世界上一切国家所组成的只是一个社会,而且是生存在持久和平局势之下的,在这样的假设下,国际自由贸易原则是完全正确的。然而现实社会并非如此,国家间的利益冲突时有发生,所以限制政策并不只是出于凭空的理想,而是由于利益的分歧,是各国在追求独立与优势方面的争夺,也就是国际竞胜与战争的自然结果。在国家利益上的这种冲突还没有停止以前,换个说法,就是一切国家还没有在同一个法律体系下合成一体以前,这个政策是不能舍弃的。所以必须把政治经济或国家经济与世界主义经济划分开来。政治经济或国家经济是由国家的概念和本质出发的,它所教导的是,某一国家,处于世界目前形势以及它自己的特有国际关系下,怎样来维持并改进它的经济状况。②

第二,流行学派只考虑交换价值,而没有考虑到国家的精神和政治利益、眼前和长远的利益以及国家生产力。

如前所述,流行学派认为财富由货币所购各物(即交换价值)构成,强调通过分工和交换来使一国的财富得以增加。李斯特则指出,财富的原因与财富本身完全不同。一个人可以据有财富,那就是交换价值;但是他如果没有那份生产力,可以产生大于他所消费的价值,他将越过越穷。一个人也许很穷,但是他如果据有那份生产力,可以产生大于他所消费的有价值产品,他就会富裕起来。由此可见,"财富的生产力比之财富本身,不晓得要重要到多少倍;它不但可以使已有的和已经增加的财富获得保障,而且可以使已经消失的财富获得补偿"。对于国家亦是如此,一个国家的发展程度,主要并不是取决于它所蓄积的财富(也就是交换价值)而是取决于它的生产力的发展程度。"生产力是树之本,可以由此产生财富的果实,因为结果子的树比果实本身价值更大。力量比财富更加重要,因为力量的反面——软弱无能——足以使我们丧失所有的一切,不但使我们既得的财富难以保持,就是我们的生产力量,我们的文化,我们的自由,还不仅是这些,甚至我们国家的独立自

---

① 李斯特. 政治经济学的国民体系 [M]. 陈万煦,译. 北京:商务印书馆,1961:16;116.
② 李斯特. 政治经济学的国民体系 [M]. 陈万煦,译. 北京:商务印书馆,1961:109;132;142;104.

主，都会落到在力量上胜过我们的那些国家的手里。"①因此，一国实行什么样的对外贸易政策，首先必须考虑的是国内生产力的发展，而不是从交换中获得的财富增加多少。

李斯特认为，经济落后国家为了抵御外国竞争、促进国内生产力成长，实行保护贸易政策，实际上是牺牲些眼前利益，使将来的利益获得保障，这就像一个聪明的家长缩减眼前的消费，花钱培养子女去学习一门技术那样。李斯特同时论述了这种保护贸易政策在经济上也是合算的。从工业部门看，保护关税在初行时会使工业品价格提高；但是经过相当时期，国家建成了自己的充分发展的工业以后，这些商品由于在国内生产成本较低，价格会低于国外进口品价格。因此，保护关税虽然使价值有所牺牲，但却使生产力有了增长，足以抵偿损失而有余，由此使国家在物质财富的量上获得无限增进，而且一旦发生战事，可以保有工业的独立地位。

流行学派认为，保护工业就会牺牲农业部门的利益，而李斯特则认为，地主和农业经营者并不会在有利于工业的情势下受到了牺牲，其从建立工业中所获得的利益比工业家本身所获得的更大，因为有了工业以后，对农产品的需求在品种和数量上将增多，农产品的交换价值也将提高，这时农业经营者就能够在更加有利的情况下利用他的土地和劳动力。地租、利润、工资这一切因此就都可以提高；地租和资本有了增长以后，跟着就会使地产售价和劳动工资提高。因此，地主和农业经营者从建立工业中所获得的利益比工业家本身所获得的更大。"有了国内工业，国内农业经营者就由此获得了莫大利益，至于他们在保护制度下所不能避免的一些牺牲，比起所得的利益来，简直是极其微小的。"②

第三，流行学派混淆了私人经济原则和国家经济原则，完全抹杀了国家和国家利益的存在。

流行学派认为，"在每一个私人家庭的行为中是精明的事情，在一个大国的行为中就很少是荒唐的了。"③一国的财富不过是国内一切个人财富的综合，既然每个人都能为他自己作出最妥善的安排，那么尽量听任每个人自己做主时，国家就必然是最富裕的。李斯特则认为，有些在私人经济中也许是愚蠢的事，但在国家经济中却变成了聪明的事，反过来也是这样。国家为了民族的最高利益，不但有理由而且有责任对商业也加以某种约束和限制。流行学派错误地把单纯价值理论与生产力理论混淆在一起，国家限制贸易的目的不在于直接增加国内的交换价值的量，而是增加生产力的量。国家生产力的综合并不等于在分别考虑下一切个人生产力的综合；这些力量的综合量主要取决于社会和政治情况，特别有赖于国家在国内分工和生产力协作这些方面发挥作用的有效程度。国家在经济上越是发展，立法和行政方面的干预就越必不可少。只要同社会利益无抵触，一般来说，个人自由是好事；同样的道理，个人事业只有在与国家福利相一致的这个限度上，才能说在行动上可以

①　李斯特. 政治经济学的国民体系 [M]. 陈万煦，译. 北京：商务印书馆，1961：118；127；47.
②　李斯特. 政治经济学的国民体系 [M]. 陈万煦，译. 北京：商务印书馆，1961：128；202；267.
③　斯密. 国民财富的性质和原因的研究：下卷 [M]. 郭大力，王亚南，译. 北京：商务印书馆，1974：28.

不受限制。但如果个人的企图或活动不能达到这种境地，或者甚至对国家可能有害，私人事业在这个限度上就当然需要整个国家力量的帮助，为了它自己的利益，也应当服从法律的约束。①

②李斯特的贸易政策主张

A.对外贸易政策具有动态性

李斯特并非主张一国要采取持久的贸易保护政策，他认为，国际贸易的自由和限制，对于国家的富强有时有利，有时有害，是随着时期的不同而变化的。真正有害的"并不是保护政策的采用，而是当采用的理由已成过去以后，对这个政策仍然坚持不舍"。

李斯特将国家经济发展阶段划分为原始未开化时期、畜牧时期、农业时期、农工业时期和农工商业时期。在不同的阶段，应实行不同的对外贸易政策。在一个国家的经济由原始未开化转入畜牧、农业时期，对比较先进的国家实行自由贸易（即输出农产品、输入工业品）能起到促进繁荣的作用，因为通过自由贸易，可以为其农、牧、林产品和其他原料谋得出路，并可换回更好的生活必需品和生产工具以及贵金属等，以促进本国农业的发展。然而一个单纯的农业国难以从自由贸易中获得长期的和稳定的利益，也不能获得重大的政治势力，因为它在经济上、政治上总是要或多或少处于从属地位。首先它的农产品有效销售量势必要看工农业国家收成的丰歉来决定。其次在销售中还势必同别的纯农业国相竞争。这就是说，销售情况本身就不稳定，由于竞争势力的存在，就更加处于摇晃不定的境地。最后农业国对工业国的贸易关系还有遭到全部被破坏的危险，一旦发生了战争，或外国在关税制度上有了新的措施，贸易的局面将完全改观，这时农业国一方面不能为自己的剩余农产品找到买主，一方面眼见工业品的供应断绝，势必受到双重打击。如果将农业国比作个人时，这个人只有一个膀子，还有一只是向外人借用的，借来的是靠不住的，是不能随时随刻"如身之使臂"的；而工农业同时发展的国家却是两臂齐全的人，他的两只膀子是完全听他自己使用的。因此，农业国都应致力于发展工业，迈入农工业时期。在这一时期，由于本国工业刚刚起步，同时国外还存在着比它们更先进的工业国家的竞争力量，处于这样的形势，在自由竞争下一个一无保护的国家要想成为一个新兴的工业国已经没有可能，自由竞争的结果将会是该国从农工业时期退回到农业时期，因此应实行保护贸易政策以便建立和发展自己的工业，并向农工商时期迈进。当一国工业已经有了相当力量，处于优势地位，已经没有任何理由害怕国外竞争时，保护政策就开始对它不利了，因为由此使它与一切别的国家的竞争处于隔离状态，这就要发生懈怠情绪，所以应转而实行自由贸易政策。②

B.贸易保护必须以促进和保护国内工业力量为目的

李斯特主张当一国处于农工业时期时应采取贸易保护政策，但他同时指出，保

① 李斯特. 政治经济学的国民体系［M］. 陈万煦，译. 北京：商务印书馆，1961：145；146；149；151.
② 李斯特. 政治经济学的国民体系［M］. 陈万煦，译. 北京：商务印书馆，1961：15；105；128；155；157.

护制度必须与国家工业的发展程度相适应，只有这样，这个制度才会有利于国家的繁荣，对于保护制度的任何夸张都是有害的。可见，李斯特并非主张在整个农工业时期持续地、严格地保护所有产业部门，而是主张必要的保护。

首先，从保护的对象看，李斯特认为，农业不需要保护，保护的对象主要是国内的工业。他在论著中反复强调工业发展会给一国带来巨大的利益，并从国民经济协调发展的角度，阐明保护工业成长的重要意义。但并非所有工业都需要保护，只有刚刚开始发展且有强有力的外国竞争者的幼稚工业才需要保护。

李斯特同时指出，即便是需要保护的幼稚工业，不同的工业部门也并不是一定要在同样程度上受到保护。那些仅生产高贵奢侈品的工业，只需要最低度的保护。这有四方面的原因：一是这类生产需要技术上的高度造诣与熟练；二是这类生产的总值与全国总产值对比是不会大的，输入以后，很容易用农产品与原料或供一般使用的工业品来抵偿；三是如果在战争时期输入中断，不致因此引起太大的不便；四是如果对这类产品征税过高，极容易通过走私来逃避这种高关税率。

凡是在专门技术与机器制造方面还没有获得高度发展的国家，对于一切复杂机器的输入应当允许免税，或只征收极轻的进口税，直到在机器生产上能与最先进国家并驾齐驱时为止。从某种意义上来说，机器工业是工业的工业，对国外机器输入征收关税，实际上就是限制国内工业的发展。

应当予以特别注意的只是那些最重要的工业部门。这里所谓重要的工业部门，指的是建立与经营时需要大量资本、大规模机械设备、高新技术知识、丰富经验以及为数众多的工人，所生产的是最主要的生活必需品，因此按照它们的综合价值来说，按照它们对国家独立自主的关系来说，都有着头等重要意义的工业。如果这些主要部门能够在适当保护下获得发展，工业中其他次要部门就可以围绕着它们在较低度的保护下成长起来。①

其次，从保护的程度看，要达到保护目的，对某些工业品可以实行禁止输入，或规定的税率事实上等于全部，或至少部分地禁止输入，或税率较前者略低，从而对输入发生限制作用。所有这些保护方式，没有一个是绝对有利或绝对有害的，这些是不能从理论上来决定的，究竟采取哪一个方式最为适当，要看比较落后国家在它对比较先进国家所处关系中的特有情况以及相对情况来决定。

实行保护制度时也并不是没有步骤的。施行保护关税的目的总是在于为国家谋福利，但是工业就像树木一样，不能顷刻涌现，是要逐渐成长起来的，因此如果一上来就完全排除国外竞争，突然割断了原来存在的商业关系，使处于这样制度下的国家同别的国家完全隔离，那么这样的制度必然对国家不利。如果要加以保护的那个工业国还处于发展初期，保护关税在开始时就必须定得相当轻微，然后随着国家的精神与物质资本以及技术能力与进取精神的增长而逐渐提高。在从禁止政策转变到温和的保护制度阶段过程中，采取的措施恰恰相反，应当由高额税率逐渐降低。

总之，一国的保护税率应当由低到高然后再到低。①

最后，从保护的时间看，李斯特认为当国内工业已经有了相当力量，已经没有任何理由害怕国外竞争时，就应该放弃保护。但是对于没有成长起来的工业是否要无限期地一直保护下去呢？答案是否定的。李斯特提出，如果任何技术工业不能用原来的40%~60%的保护税率建立起来，不能在20%~30%的税率的不断保护下持久存在，那就缺少工业力量的基本条件，因而不应该给予保护。保护期限应当以30年为最高期限，在这个期限内仍然不能成长起来的工业，政府就不应当继续保护下去。

C.政府对工业的保护不能违背市场规律和自然规律

李斯特将政府对经济发展的作用比作一个植林者对森林的形成所起的作用，提出"风力会把种子从这个地方带到那个地方，因此荒芜原野会变成稠密森林；但是要培植森林因此就静等着风力作用，让它在若干世纪的过程中来完成这样的转变，世上岂有这样愚蠢的办法？如果一个植林者选择树秧，主动栽培，在几十年内达到了同样目的，这倒不算是一个可取的办法吗？"当然，有些产品由于自然条件的限制，不宜在国内生产，如果依照国际分工原则（就是说，通过国外贸易）向国外采购时，质量既好，价格也低，对于这类物品要想采用国内分工原则，试图由本国来供应，那就是件愚不可及的事。②

D.保护政策是大国可以采取的政策

李斯特认为自由贸易政策是小国的唯一选择，他指出，一个单独的城市或一个小邦与大国进行竞争时，绝不能成功地建立或保持保护政策，一个小国是绝不能使生产的各部门在国境以内获得充分发展机会的。在这样的环境下，一切保护制度不过是私人垄断性质，它只有靠了与强大的国家结成同盟，牺牲一部分国家利益，并加倍地努力，然后可以有希望勉强保持独立地位。而有些国家有着广阔完整的疆域，人口繁庶，自然资源丰富，在农业上有很大成就，在文化与政治方面也有高度发展，因此有资格与第一流农工商业国家、最大的海陆军强国分庭抗礼，只有在这样情况下的国家，才有理由实行保护制度。③

需要特别指出的是，保护幼稚工业理论认为，保护是为了不保护，保护本身不是目的，而只是手段。一旦时机成熟，幼稚产业成长起来以后就撤销这种保护。即使在保护期间，也不绝对排斥国外的竞争，只是要把这种竞争限制在本国工业可以承受的范围之内。有限度的国外竞争，对本国工业是有益无害的。有人把保护幼稚工业的政策理解成闭关锁国、断绝与其他国家的经济往来，这是一个极大的误解。

李斯特的保护幼稚工业理论具有十分重要的理论意义。这一理论的提出，确立了保护贸易理论在国际贸易理论体系中的地位，标志着西方国际贸易理论两大学

① 李斯特．政治经济学的国民体系［M］．陈万煦，译．北京：商务印书馆，1961：156；261；264；263.
② 李斯特．政治经济学的国民体系［M］．陈万煦，译．北京：商务印书馆，1961：101；142；261.
③ 李斯特．政治经济学的国民体系［M］．陈万煦，译．北京：商务印书馆，1961：16；153；261.

派——自由贸易学派和保护贸易学派的完全形成。

（3）幼稚产业的判定标准

李斯特之后的经济学家对其理论作了补充和发展，对于哪些产业可以称之为幼稚产业，一些经济学家提出了他们的看法。

①穆勒标准

英国经济学家约翰·穆勒是自由贸易论者，但他赞成李斯特的保护幼稚工业理论，认为这是保护贸易可以成立的唯一理由。穆勒提出，确定幼稚产业应注意以下三点：首先，正当的保护应该只限于对从外国引进的产业的学习掌握过程，过了这个期限就应取消保护。就是说，应以暂时的保护为限。其次，引进的产业应完全适合该国国情（生产上的各种便利条件）。最后，因为个人不愿意负担学习掌握期间的损失和风险，所以要靠保护关税之类的社会（国家）手段来促其实现。

②巴斯塔布尔标准

约翰·穆勒关于幼稚产业的选择标准发表后，巴斯塔布尔（C.F.Bastable）又补充了一个标准：新兴产业将来可能得到的利益，必须超过现在因为实行保护而必然要受到的损失。

有人认为，巴斯塔布尔的标准，还不能认为是使保护正当合理的充分根据，因为对个别企业家来说，这样的产业也是十分有利的投资对象，即使不去管它，在追求私人利益的基础上，它也会发展起来，根本不需要由政府来保护。这种对巴斯塔布尔标准的反驳，是以存在着许多能对现在和将来的损益进行比较和研究的有才干的企业家为前提的。而缺少这样的企业家正是发展中国家的特点，所以，要满足巴斯塔布尔标准就需要政府主动给以保护。

③肯普标准

经济学家肯普（M.C.Kemp）在综合了穆勒标准和巴斯塔布尔标准的基础上，又补充了一个更严格的标准，即只有先行企业在学习过程中取得的成果具有对国内其他企业也有好处的外部经济效果时，对先行企业的保护才是正当的。这是因为先行企业花费成本、费气力所取得的知识、技术、经验、工人的培训等，可以免费地被其他想学这些东西的企业很容易学会，因此先行企业不愿意做这种投资。在这种情况下，由于社会得到的利益比先行企业得到的私人报酬还大，所以值得花费相应的补贴予以保护。

日本经济学家小岛清认为，穆勒、巴斯塔布尔、肯普的标准都是根据个别企业或个别产业的利弊得失来寻求保护正当合理的标准，这种研究方法是不正确的。最重要的是，要根据要素禀赋比率和比较成本的动态变化，从国民经济的角度选择应该发展的幼稚产业，只要是这样的幼稚产业，即使不符合巴斯塔布尔或肯普的标准，也是值得保护的。问题在于，怎样具体选择这种幼稚产业，以及怎样进行保护。①

---

①　小岛清. 对外贸易论［M］. 周宝廉，译. 天津：南开大学出版社，1987：302；306；307.

（4）对保护幼稚工业理论的质疑

李斯特的保护幼稚工业理论在德国工业发展过程中起了积极的促进作用，使它在较短时间内赶上了英、法等发展较早的资本主义国家，对落后国家制定对外贸易政策有一定借鉴意义。但是，经济学家发现，保护幼稚工业理论在实践中有以下两个很难克服的困难：

一是保护对象的选择问题。尽管理论上说要保护幼稚产业，但在实际选择中往往取决于各种政治经济力量的对比。另外，是否能选准那些应该保护的行业还有一个信息和判断问题。由于人们不可能掌握全部信息（包括未来发展的信息），决策中就有可能出现错误，即使从经济利益出发，也会出现技术上的错误判断，结果不能达到预期目标。

二是保护手段的选择问题。有时保护对象选对但保护手段用错，其结果仍然达不到通过对幼稚工业的保护来促进其成长的目的。一般来说，采用产业政策优于关税等限制进口的贸易政策（详见7.3.3节生产补贴对鼓励出口和限制进口的影响）。同时，错误地使用限制进口的手段还可能带来推迟接受和普及先进技术和知识所造成的损失。此外，产业在贸易保护下的低效率问题以及一旦给予保护就很难取消也是保护幼稚工业理论在实践应用中所必须面对的难题。

6.3.2 凯恩斯主义的贸易保护理论

保护幼稚工业理论是处在经济发展过程中的国家建立在走向工业化基础上的贸易保护理论，而凯恩斯主义的贸易保护理论则是建立在已经实现了工业化的国家试图寻求经济稳定增长基础上的贸易保护理论，主要是由凯恩斯本人和一些后凯恩斯主义者们提出的。他们的观点反映了20世纪30年代大萧条以后西方国家经济的要求。

（1）凯恩斯的贸易保护观点

英国经济学家约翰·梅纳德·凯恩斯（John Maynard Keynes）在1936年出版的《就业、利息和货币通论》（The General Theory of Employment，Interest and Money），一书中比较系统地阐述了自己的观点。在凯恩斯看来，一国在没有政府干预的情况下国内有效需求可能不足。于是，在开放经济条件下，奖励出口、限制进口是一国总需求政策的一部分。

凯恩斯认为，重商主义合理的、科学的成分未被人们认识到，奖励出口、限制进口是有着重要的科学性的。他指出，一国的总投资由对内投资和对外投资两部分构成，对外投资的多寡决定于贸易顺差的大小。一国的贸易顺差越大，对外净投资就越多。同时贸易顺差越大，本国的货币供应量也就越多。货币供应量的增加有助于国内贷款利息率的下降，从而会刺激私人投资的增加，进而提高有效需求。因此，国际贸易顺差可以从两个方面促进有效需求的增加：一是一国贸易顺差的增加本身就是本国有效需求水平的提高，进而导致国民收入的提高；二是通过贸易顺差，可直接影响国内货币的供应量，从而压低国内利息率，刺激国内的私人贷款，增加私人的消费和投资需求。基于这一点，凯恩斯指出，政府应该关注、进而应干预对外贸易，采取奖励出口、限制进口的做法。

凯恩斯的贸易保护政策不简单等同于重商主义。他指出，这种贸易顺差是不可以无限地增加下去的。因为当贸易顺差过大时，国内的货币供应量就会过多，从而使商品价格过高，影响本国商品在国际市场上的竞争力。此外，贸易过度顺差还会使本国的利息率降低，进而引起资本外流，造成本国投资的减少。因此在凯恩斯看来，政府干预、保持贸易顺差不是一个长期目标，而只是在一国有效需求不足的情况下才偶尔使用的手段。凯恩斯的贸易保护理论实质上是其"萧条经济学"原理的一种延伸，是一种"萧条时期的贸易保护理论"。

（2）马克卢普的对外贸易乘数理论

后凯恩斯主义经济学家对凯恩斯本人的贸易保护理论作了进一步发展。其中最有代表性的是美籍奥地利经济学家马克卢普（F.Machlup）在1943年所著的《国际贸易与国民收入乘数》中提出的对外贸易乘数（foreign trade multiplier）理论。

对外贸易乘数理论是在对凯恩斯的乘数理论加以发展的基础上提出的。根据投资乘数理论，由于各经济部门是相互关联的，某一部门的一笔投资不仅会增加本部门的收入，而且会在国民经济各部门中引起连锁反应，从而增加其他部门的投资与收入，最终使国民收入成倍增长。如果以K表示乘数，ΔY表示国民收入的增量，ΔI表示投资的增量，MPC表示边际消费倾向，MPS表示边际储蓄倾向，则有$K = \dfrac{\Delta Y}{\Delta I} = \dfrac{1}{1 - MPC} = \dfrac{1}{MPS}$。乘数与边际消费倾向呈同方向变化，与边际储蓄倾向成反比，即边际消费倾向越大，乘数就越大，边际消费倾向越小，乘数就越小；相反，边际储蓄倾向越大，乘数就越小，边际储蓄倾向越小，乘数就越大。

马克卢普认为，投资乘数的基本原理同样适用于开放经济中的对外贸易变动。

他认为，一国的出口和国内投资一样，属于"注入"，对就业和国民收入有倍增作用；而一国的进口则与国内储蓄一样，属于"漏出"，对就业和国民收入有倍减效应。如果以K表示乘数，MPM表示边际进口倾向，则有$K = \dfrac{\Delta Y}{\Delta I + \Delta X} = \dfrac{\Delta Y}{\Delta S + \Delta M} = \dfrac{1}{MPS + MPM}$。可见，即对外贸易乘数等于边际储蓄倾向和边际进口倾向之和的倒数，边际储蓄倾向与边际进口倾向越小，对外贸易乘数越大；反之，边际储蓄倾向与边际进口倾向越大，对外贸易乘数越小。

由此，马克卢普主张政府应该采取鼓励出口、限制进口的政策，实现贸易顺差，以扩大本国的有效需求，同时带来几倍的国民收入增加，这种国民收入水平的成倍增加又会为经济的稳定增长和充分就业创造更好的条件。

总之，凯恩斯主义的贸易保护理论反映了西方经济由单纯重视企业的经济运行向重视宏观经济稳定和增长方向的转变。他们不仅强调政府干预国内经济的重要性，强调通过财政和货币政策实现经济目标，同时还提出了政府干预对外贸易的观点，主张实行贸易保护政策来配合国内宏观经济政策。

6.3.3　中心–外围理论

第二次世界大战后，随着殖民体系的瓦解，原帝国主义的殖民地、半殖民地和附属国纷纷取得了政治上的独立。为了巩固这一成果，最迫切的任务就是迅速发展民族经济，实现经济上的自主。然而，这些国家民族经济的发展受到了旧的国际经济秩序尤其是旧的国际分工和国际贸易体系的严重阻碍。在这一背景下，阿根廷经济学家劳尔·普雷维什（Raul Prebisch）代表广大发展中国家的利益，提出了中心–外围理论。

1950年，在联合国拉丁美洲经济委员会秘书处工作时，普雷维什提交了一份题为《拉丁美洲的经济发展及其主要问题》的报告。他从分析发展中国家在现存国际分工体系中的不公平地位开始，进一步探讨了发展中国家贸易条件长期恶化的趋势，提出了实行贸易保护政策，走发展本国工业化的道路，打破传统国际分工体系，建立国际经济新秩序的一系列理论政策主张。

（1）中心–外围理论的主要内容

①中心国家和外围国家在经济发展中处在不平等的地位

普雷维什把世界分为中心国家和外围国家两大体系，即由发达国家构成的中心体系和由发展中国家构成的外围体系。它们在经济发展中处在不平等的地位：第一，在经济发展的自主性上，中心国家处于主宰地位，外围国家则处于依附地位。中心国家不仅能够独立自主地发展本国的经济，而且还能够控制外围国家的经济发展；外围国家则只能顺应中心国家的经济发展而发展，依附于中心国家。第二，在经济发展结构上，中心国家生产和出口制成品，进口原料、燃料和农产品等初级产品，外围国家则生产和出口原料等初级产品，进口制成品。第三，在技术进步带来的利益分配上，中心国家通常是新技术的发明者和传播者，技术进步的利益几乎全部为它们所占有，外围国家则是新技术的模仿者和接受者，因而难以分享技术进步的利益。而且就连自己的技术进步利益也几乎被中心国家掠夺殆尽。第四，中心国家实行霸权主义政策，不但拒绝改变其本身及其与外围国家的关系现状，而且反对外围国家内部改变现状。一旦外围国家有意无意地损害了这种经济和政治利益时，中心国家——特别是主要中心国家——往往就会采取惩罚的措施，在极端的情况下甚至会通过军事干预的手段进行报复。于是，造成中心国家与外围国家的经济发展水平的差距越拉越大。

普雷维什认为，这主要是由三个原因造成的：第一，中心国家通过资本输出、凭借技术和管理优势获取垄断利润，获得了投资收益的绝大部分。中心国家除了采用一般的方式进行资本输出获取利润外，还通过建立跨国公司的途径进行直接资本输出，最大限度地剥削外围国家。凭借其技术优势和管理优势取得高额垄断利润，把外围国家劳动者创造的国民收入大量地吸吮掉，同时还利用其产品优势和消费取

劳尔·普雷维什简介

向，影响外围国家的消费结构和消费水平，造成"消费早熟"。使这些国家的积累水平过低，正常的投资比例和经济发展遭到破坏，强化外围国家对中心国家经济上的依赖关系。第二，传统的国际分工体系扭曲了外围国家正常的经济发展道路。传统的国际分工造成了外围国家经济结构的单一性和出口生产的被动专业化，使外围国家实际上成为专门为发达国家提供食品和原料的机器。在这种情况下的发展并不等于民族经济的发展。第三，外围国家贸易条件长期恶化。

②外围国家贸易条件恶化的原因

普雷维什通过实证研究发现，发展中国家贸易条件长期恶化，这是他的贸易保护理论的重要依据。普雷维什认为，外围国家贸易条件恶化是由以下原因造成的：

第一，技术进步的利益分配不均。如果初级产品和制成品的价格比例严格按照生产率增长比例而下降，那么外围国家和中心国家的收入就会按各自的生产率增长的比率而增加，各国通过国际贸易得到平均利益，因此不需要工业化，否则效率的降低就会丧失固有的贸易利益。由于制成品的生产率比初级产品的生产率提高更快，价格降低的幅度就应较大，价格比例的变化对初级产品有利。但是现实恰恰相反，技术进步实现后，制成品价格却不一定下降，或者反而上涨，尤其是当企业家和生产要素的收入增加的幅度超过生产率提高导致的成本下降的幅度时，更是如此。结果，中心国家占有由于技术进步而产生的全部利益，而外围国家则将其技术进步的果实转移一份给中心国家，外围国家的贸易条件恶化就成为自然的了。

第二，制成品的市场结构具有垄断性。在经济繁荣时期，制成品和初级产品的市场价格都会上涨。但在经济萧条和危机时期，由于制成品市场具有垄断性质，其价格下降幅度要比初级产品的小得多。经济危机的周而复始，相对于初级产品而言，制成品价格可看成是上涨的。外围国家的贸易条件就当然趋于恶化了。

第三，中心国家的工资刚性得到工会组织的强化。在繁荣时期，由于企业家之间的竞争和工会的压力，雇主会腾出部分利润来增加工资，而在危机时期，上涨了的工资却不易下降。于是凭借其在生产中的作用和能力，把危机的压力转移给外围国家。而从事初级产品生产的工人则缺乏工会组织，没有谈判工资的能力，经济繁荣时工资上涨的幅度小，而危机时下降的幅度却大，结果，在工资成本上，促使制成品价格相对上涨，而初级产品价格下跌，由此导致外围国家的贸易条件趋于恶化。

美国经济学家辛格（H.M.Singer）从需求角度论证了初级产品贸易条件恶化的论点，他认为初级产品的需求收入弹性要比制成品的小得多。根据恩格尔定律（Engels law），随着人们实际收入的增加，用于对制成品的消费支出增加，而对初级产品的需求相对减少。对于原材料来说，技术进步往往带来单位产品所耗原材料的节约，结果对初级产品的需求就跟不上制成品生产的扩大。所以它们的价格不但是周期性地下降，而且是结构性地下降。初级产品贸易条件具有长期恶化的趋势。

③外围国家必须实行工业化，独立自主地发展民族经济

基于以上理由，普雷维什认为，传统的国际贸易和国际分工理论虽然从逻辑上说是正确的，但其前提条件与实际相去甚远，因而只适用于中心国家之间，不适用于中心国家与外围国家之间。发展中国家必须摈弃传统国际贸易理论，彻底摆脱不合理的国际分工体系，打破旧的国际经济秩序。

要打破这一格局，外围国家就必须实行工业化，独立自主地发展自己的民族经济。工业化是外围国家取得一部分技术进步利益、逐步提高其人民生活水平的主要手段。为此，发展中国家应该只把少量资源用于初级产品的生产和出口上，将更多的资源集中到建立和扩大现代化工业上。工业化要分阶段实施：第一阶段，主要发展出口替代工业，加快工业化所需的资金积累，为工业化创造条件。首先应积极发展初级产品出口，增加外汇收入，为进口工业化必需的资本货物创造条件，并用出口所得的资金进行资本积累。第二阶段，建立和发展国内进口替代工业。初级产品出口扩大导致价格下降后，就不要再扩大出口，而应用剩余资源建立一些国内消费品工业，用以替代从中心国家的进口。一定时期后，要加强与其他外围国家的经济联系与合作，相互交换各自生产的初级产品和制成品，既可以积累国际贸易经验，又可以不断增强工业品竞争力。第三阶段，建立和发展制成品的出口替代工业。主要生产和出口制成品，进一步发展消费品生产，同时发展一些中间产品、耐用消费品和资本货物的生产和出口。

普雷维什指出，要保证发展中国家工业化的顺利实施，就必须实行保护贸易政策。因为保护贸易政策有如下作用：一是限制进口以减少外汇支出，改善国际收支状况；二是削弱外国商品的出口能力和竞争能力，相对增强本国出口商品的竞争优势，改善贸易条件；三是有效扶植本国幼稚工业的发展，推动工业化进程；四是引导国内消费商品的国别结构的调整，扩大国内工业产品的国内需求，刺激本国工业的发展。因此他主张，运用关税和非关税手段的同时，还要通过外汇管制，实行对本国工业和市场的保护。在出口替代阶段，还应实行有选择的出口补贴等鼓励出口政策，增强本国产品在国际市场上的竞争能力。主张通过政府紧缩财政，发挥私人企业作用，优先扩大工业品生产和出口，合理选择进口替代工业等具体办法，来扩大生产性投资在国民收入中所占比重，以保持高水平的积累率。

普雷维什强调，发展中国家和发达国家实行保护贸易的性质不同。发展中国家实行贸易保护源于其经济发展的内在要求，贸易保护政策是发展中国家实现工业化的唯一选择。而且其政策目标之一是纠正国际贸易中由于需求弹性的不同而产生的一系列不平等因素，缩小制成品与初级产品的收入需求差异，因而并不会妨碍世界贸易的增长速度。然而，发达国家的贸易保护政策是对制成品的保护，旨在扩大制成品与初级产品的收入需求差异，而且，如果发达国家对本国初级产品的生产也进行保护，进一步加深了制成品与初级产品之间不平等贸易的程度。因此不仅不是必需的，而且还会降低世界贸易规模和增长速度。因此，要保持世界贸易的稳定增长

和贸易利益的互利分配，发达国家必须放弃其贸易保护主义。

（2）对普雷维什理论的异议

普雷维什的贸易保护理论提出后，遭到了美国经济学家雅各布·维纳（Jacob Viner）和奥地利经济学家戈特弗里德·冯·哈伯勒（Gottfried Von Haberler）等的猛烈抨击。

首先，关于传统国际分工理论的适用性、旧的国际分工体系和旧的国际经济秩序是发展中国家经济落后的主要原因，他们认为比较优势理论同样适用于发展中国家。哈伯勒强调了比较优势的静态利益与动态利益，他认为，在传统的比较优势理论所强调的直接静态利益之上，贸易还赋予参与国以重要的间接利益，即动态利益，包括得到经济发展必需的物资、技术知识、诀窍及技能和管理经验等；贸易是不发达国家从发达国家获得资金的渠道；自由贸易还是最好的反垄断措施。他们认为，普雷维什把农业和矿业等同于贫困是缺乏依据的，农业不等于贫困，工业不等于富裕。一个国家在国际分工体系中的地位取决于其工业、农业或矿业上的比较优势状况，而不是取决于它所从事的产业部门的特性。因而，发展中国家不应发展多种产品，否则会影响资源分配，不能取得最大的经济利益。

其次，普雷维什把初级产品与制成品之间的交换关系等同于发展中国家与发达国家之间的贸易关系，导致了逻辑上的矛盾。事实上，发展中国家也出口制成品，而不少发达国家也是初级产品的出口大国。如果说初级产品贸易条件恶化了，那么也包括大量出口初级产品的发达国家，而发达国家的垄断力量和工会组织等因素在作用于制成品价格上涨的同时，也作用于初级产品价格上涨。这与初级产品价格下降又相矛盾。

再次，初级产品贸易条件是否恶化问题。他们认为普雷维什据以立论的统计资料有缺陷。第一，期间运费的大幅度下降和产品质量的提高并未加以考虑，在普雷维什所列统计数据中，英国的出口产品价格按FOB计，而进口产品价格则按CIF计，运费价格直接影响到进口价格水平。第二，发展中国家出口的初级产品供求受到多种因素的影响，各种初级产品的变动趋势完全不同。普雷维什以英国进口价格指数代替发展中国家出口价格指数，并用一个发达国家的贸易条件来推算众多不发达国家整体的贸易条件是不可靠的。第三，英国的统计资料开始于1801年，选择不同的基期，其结论不一样，或正相反。

最后，关于支持贸易条件恶化的理由。他们认为，发展中国家的工会力量已迅速加强，政府也作种种努力来提高出口价格。事实上，工会的力量不足以提高商品价格。而且大企业的垄断权力的行使需要企业对产品市场有足够的垄断程度，这在目前的世界市场上并不多见。至于需求收入弹性问题，并不是所有初级产品的需求收入弹性都很低，而且不少初级产品的销售更多地取决于需求的价格弹性。技术进步并不一定意味着对原料需求的减少，也可能导致对某些原料需求的增加。总之，大多数初级产品的贸易条件近百年来经常变动，但并没有长期恶化的趋势，分析一个包括所有初级产品的总的贸易条件没有多大意义。

因此，他们反对普雷维什关于发展中国家应实行贸易保护，走工业化道路的主张。认为发展中国家企图通过关税影响进出口商品价格来改善贸易条件的努力，会因其进出口规模较小而达不到目的。实施进口限制措施，只会导致国内生产的高成本和低效率。

普雷维什的保护贸易理论是对有关发展中国家国际贸易的开拓性研究。他从发展中国家利益出发，抨击了传统国际贸易理论的错误观点，第一次从理论上和实践上初步揭示了发达国家和发展中国家之间贸易关系不平等的本质，以及现存国际分工格局和国际经济秩序的不合理性。其出发点是积极的，主要论点在方向上是正确的，基本政策主张也是有意义的，极大地推动了20世纪60年代后拉丁美洲及其他地区发展中国家的工业化进程。

当然，普雷维什在具体理论分析上也有局限性和错误。首先，他没能从根本上揭示以比较优势理论为核心的自由贸易理论是如何造成利益分配上的不平等，从而使发展中国家的经济状况恶化。其次，他用以解释的各种理由都有不科学的方面。如发达国家工会组织对产品价格的影响、技术进步利益不公平分配的原因以及辛格用需求收入弹性对收入间接转移的分析等。

6.3.4 战略性贸易理论

战略性贸易理论是20世纪70年代以来，在世界产业结构和贸易格局发生重大变化、产业内贸易兴起、新贸易保护主义盛行的背景下产生的，其代表人物有艾尔哈南·海尔普曼（Elhanan Helpman）和保罗·克鲁格曼（Paul R.Krugman）等。战略性贸易理论的核心是非比较优势论，即各国从事专业化和贸易不仅仅是比较成本的差别，还在于收益递增所带来的实际上的专业化优势。贸易在很大程度上是由收益递增而不是由比较优势驱动的。在有限的范围内，通过选择政府帮助形式或"选择优胜者"，给予国内企业以帮助的做法，强于实行自由贸易。这种"新贸易理论"为政府干预提供了可能性。

战略性贸易理论在三个方面获得了理论上的突破：一是不完全竞争，二是规模经济，三是外部经济。

首先，战略性贸易理论认为，工业品的国际市场不是完全竞争的，产品的差异性使得各国企业都有可能在某些工业品上有一定的垄断或垄断性力量。在寡头市场中，纯经济利润（超过正常利润部分）一般不为零，而且市场均衡价格一般不等于企业的边际成本，因此适当的政策干预有可能通过影响本国厂商及其外国竞争对手的决策行为而转移一部分纯经济利润，并产生一定的反托拉斯（缩小市场价格与企业生产成本的差距）效果，从而提高本国国民福利（详见经济学中关于古诺模型的分析）。另外，政府可以通过限制进口来分享外国企业的垄断性利润，提高国民福利，如图6-1所示。

由于进口产品主要由少数几家外国企业提供，它们在进口国市场上就有一定的垄断力量，在追求利润最大化的目标下，这些垄断或寡头企业在进口国的销售量会确定在其产品的边际收益等于边际成本的水平上（M_0），而价格则根据进口国的需求定在高于边际成本的水平上（P_0）。如果进口国政府征收关税 t，外国企业的边际成本提高到 MC_1（$MC_1=MC_0+t$），外国企业会提高商品价格至 P_1。但由于进口国的需求不是完全没有弹性的垂直曲线，因此，商品价格上升的幅度会小于边际成本提高的幅度（即 $P_1-P_0<t$）。这意味着外国企业通过提高销售价格从进口国消费者身上得到的额外收益会小于对关税的支付。进口国政府所得的关税收益 c 有可能大于消费者所受的损失 a+b，从而使整个国家受益。显然，通过关税来分享外国寡头或垄断企业的利润并提高整个国民收益，进口国政府是有可能如愿以偿的。关键在于关税率的确定和对消费者的补偿。

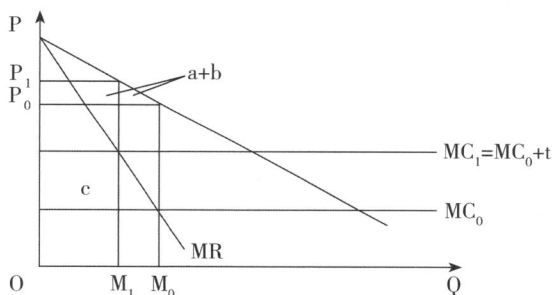

图6-1 政府通过限制进口分享外国垄断利润

其次，许多工业品的生产都具有规模经济的特征，即生产越多，产品的单位成本越低。尤其是在电子、化工、飞机、汽车等资本技术密集型产业中，这种特征更为显著。一般来讲，在许多产业中，国内国际市场的容量都只能容纳少数厂商盈利，有时甚至是一个厂商（如飞机制造业）就能够占领大部分的市场份额。这些产业中垄断性的市场结构排除了完全竞争的可能。一国政府可以通过有选择和有针对性的干预，使贸易政策发挥战略性变量的作用，来帮助本国企业取得一定的市场份额，从而达到一定的生产规模，使企业成本下降，在国际竞争中获胜，结果，企业所得的利润会大大超过政府所支付的补贴。

最后，外部经济的存在是战略性贸易理论的又一论据。简而言之，外部经济是指某些企业的行为可以给其他一些企业带来好处，或者某一产业的发展能推动其他产业的发展，即企业或产业发展的社会效益高于其个体效益。外部经济可以分为技术外部经济和资金外部经济。前者指厂商通过同一产业或相关产业中其他厂商的技术外溢和"干中学"中获得效率提高，其途径主要有技术信息传播、人员流动、模仿和反向研究等；后者指厂商从同一产业或相关产业厂商的聚集中获得的市场规模效应，包括从产业集中中便捷廉价地获得原材料、中间品和专业化服务而使效率提高。

外部经济的存在，促进了国际专业化的形成。一旦某个产业在某国建立，技术和资金外部经济促进厂商在地理上的集中，促进厂商降低生产成本，提高竞争力；

当产业竞争提高到一定水平且国内市场有限时，该产业就会成为出口产业，国际市场的开辟和扩大又会进一步强化该产业在国际专业化分工中的地位。外部经济显著的产业往往是那些研发投入巨大的产业，厂商由于不能完全专有其知识投资的收益，往往会导致私人投资不足（即市场失效）或因为初始投资额或投资风险太大使私人厂商无法进入，从而使产业不能发展到社会最佳状态。因此，政府应选择具有显著外部经济的产业给予适当的保护和扶持，使之能够在外部经济作用下形成国际竞争力并带动相关产业的发展。这方面的贸易政策往往要和产业政策相配合，才能达到预期效果，具体包括信贷优惠、国内税收优惠或补贴、对国内企业进口中间品的关税优惠、对外国竞争产品征收关税等。

6.3.5 其他保护贸易理论

保护贸易理论除了上述的基本理论外，还有种种经济和非经济依据。以下简要介绍一些常见的主要理论依据。

（1）改善国际收支论

改善国际收支论的基本思想是通过贸易保护来减少进口，减少外汇支出，增加外汇储备，以平衡国际收支或保持贸易顺差。它起源于重商主义保持贸易顺差的思想，得到凯恩斯主义的发展。

一国通过输出商品和劳务以及通过吸收外资赚取外汇的能力，决定了其在世界经济中对生产的商品和劳务的支配权。另外，一国的对外贸易顺差增加了其外汇储备，进而引起国内利率的下降，刺激了投资和生产；相反，对外贸易逆差会对国内投资和生产造成不利影响。对于发展中国家而言，防止大量、持续的贸易逆差尤为重要。发展中国家尽管在一些商品的生产上有着某种优势，但在总体上却是处于劣势，因而其贸易收支将持续出现逆差，必须动用外汇储备以弥补赤字。一国政府不可能拥有无限的外汇，一旦外汇储备告罄，就需要向外国借债以维持进口。大量的进口商品和利率的逐渐上升将使国内投资下降；与此同时，外债的增加使偿还本息的压力越来越大，从而更加需要外汇，造成恶性循环，这也是一些发展中国家的现实教训。

改善国际收支有两个途径，即扩大出口和限制进口。出口的扩大取决于两个因素：一是出口商品竞争力的提高，二是出口目标市场开放程度的扩大。对发展中国家而言，在短期内提高出口商品竞争力的难度较大，发展中国家也缺乏与主要出口目标国家（主要是发达国家）政府的谈判能力，因此难以在短期内扩大出口。而限制进口却是发展中国家容易做到的，且其效果有直接性和迅速性，颇受政策制定者的推崇。

然而，这种做法容易遭到外国的报复。若进口的减少引起出口的减少，则对国际收支的作用会相互抵消，国内经济将陷于不振，还会出现失业，降低经济总体的效果。单纯通过减少进口来节约外汇只是一种消极的、代价昂贵的平衡方法；积极的、代价较少的改善国际收支的办法应该是提高出口工业的劳动生产率，挖掘更多的出口潜力去多赚外汇。当然，如果将限制进口作为临时性的紧急措施，就无可非议了。

（2）改善贸易条件论

改善贸易条件论的核心在于，在一定条件下通过对进口商品征收关税和限制进口可以压低进口商品的价格，从而改善征税国的贸易条件，增进福利。

从理论上说，当一国是进口大国时，它对某一商品的进口需求量占该商品世界总出口量的较大份额，具有一定的需求垄断优势，以至于足以靠进口量的调整来影响国际市场的供求，进而影响甚至操纵这些商品的国际价格，并且使其对这一进口商品的需求弹性大于进口供给弹性。进口国征收关税会减少进口，从而迫使出口国降低向进口国出口商品的价格，进口国的贸易条件得到改善，可以用同样数量的出口商品换回更多的进口商品，从而使整个国家获利。改善贸易条件论为最佳关税论提供了一个论据，即通过改善该国的贸易条件，克服由于减少贸易量而产生的负效应，使净福利达到最大化（详见7.1.3节关税的经济效应中关于大国进口关税的局部均衡分析）。

这一手段能否成功，一方面取决于该国是否为进口大国，另一方面还取决于其总体经济实力，即遭到贸易伙伴报复的可能性。此外，它也不可避免地存在间接的负效应，造成国际市场价格的扭曲，不利于资源的有效利用。

（3）增加政府收入论

增加政府收入论又称为关税收入论，主要涉及新独立的发展中国家的关税问题，因而亦被称作"新建政府论"。

该理论认为，在一个新独立国家中，进口税不是作为一项保护工业的措施，而是作为财政收入的重要来源。对贫困的新独立的国家来说，政府提供诸如卫生、教育、治安、水利和国防等方面的基本公共服务，对于增进社会利益是至关重要的，但政府苦于没有足够的人力、财力或运转效率极低，并不能提供这些服务，而通过征收进口关税则可以部分地解决这个问题。

第一，征收关税要比征收更复杂的、花费更大的其他种类的税收更经济；而且其他税种由于无法计量和监督而难以征收。第二，对许多落后的发展中国家来说，政府没有自己的企业，由于国内人民生活水平低又没有多少收入税可征，关税就成为政府收入的重要来源。第三，通过关税来增加政府收入，与其说是一种政策理论，不如说是一种利益行为。不管消费者和整个社会所付的代价如何，作为政府，征收的关税则是实实在在的收入，这也是政府要实行贸易保护的动力之一。第四，征收关税比增加国内的各种税收的国内阻力要小。国内的各种税收，消费者或生产者都直接看到，增加的阻力自然就大，而关税则在外国商品进入本国市场前就征收了，虽然最终还是消费者支付了一定的关税，但消费者对这种间接的支付感觉并不灵敏，反对的声浪也不大。这一点，对政府来说，尤其是要靠选民投票的政治家们来说，是很重要的。第五，如果该国是进口大国，并且确定的进口税率恰当，还可以将一部分税负转嫁到外国生产者或出口商身上（当然这种可能性几乎没有）。

这样关税不但保证了政府的财政收入，支持了政府的公共工程计划，并且还起到了替代国内其他税收的作用，有利于国内生产和社会的发展。

（4）夕阳产业保护论

根据产品生命周期理论，随着产品要素密集度的变化，某一产品的比较优势会从一国转向另一国。所谓夕阳产业，是指那些处在别国竞争压力下，并逐步失去比较优势的产业。

从理论上说，当一国失去其在某个特定行业的比较优势时，该国的生产要素就需要转向其他部门。然而夕阳产业保护论认为，应该对这类产业实行保护，原因有二：

第一，生产要素在部门间的转移会产生"转移成本"。这种成本包括由于转移所带来的摩擦性失业造成社会的失业救济金支出的增加；一些劳动者难以适应新的部门或产业的需要而成为长期失业者；社会长期失业人员的增加将带来社会秩序的不稳定，从而维持社会秩序所需要付出的成本加大。因此，必须对这种衰退产业加以一定的保护，以减缓衰退的速度来缓和摩擦。

第二，某些行业比较优势的丧失可能是要素禀赋优势的丧失，而不是技术优势的丧失。由于存在产品要素密集度逆转的可能，如果一国将其用在转移生产要素、特别是劳动力所需要的支出用于改进技术上，那么经过一段时间，技术优势可能会抵消要素禀赋的劣势，重新获得该部门的比较优势。

夕阳产业保护论的实质是，一国尚未发现足以将需要放弃产业中的生产要素充分利用或吸收的其他部门，因此担心对夕阳产业部门的放弃就是该部门就业或收入的损失。发达国家采取的这种贸易保护政策将阻碍发展中国家工业化的步伐。如果在经济发展过程中，发达国家总生产发展中国家尚不能生产的产品，不存在产业的重合，也就无所谓保护夕阳产业。但在现实中，当发展中国家的工业化进程发展到某个阶段时，往往会遇到与发达国家产业的重合，发达国家采取保护贸易政策就是不可避免的了，这时，某些经济集团（如工会）的压力是社会不愿调整产业结构的最直接的理由。

（5）保护公平贸易论

所谓的"公平贸易（fair trade）"是指贸易双方在相互提供同等待遇基础上所进行的贸易。保护公平贸易论最初是针对国际贸易中因为政府参与而出现的不公平竞争行为，后来又被广泛用来要求对等开放市场。它以一种受害者的姿态出现来进行贸易保护，又称为"防止侵害论"。这种保护似乎是迫不得已的，目的也似乎是为了更好地保证国际上的公平竞争，以推动真正的自由贸易。

以公平贸易理由实行保护的主要是发达国家，特别是美国。第二次世界大战后，美国把公平贸易作为一项政策原则强加给别国，它成了美国市场斗争的一种战略。近年来发达国家越来越高的呼声是要求"公平贸易"而不是自由贸易。与这一论调相应的手段主要包括：反补贴税、反倾销税或其他惩罚性关税、进口限额、贸易制裁等。这些政策在理论上说可能有助于限制不公平竞争，促进自由贸易，但在实施中却往往被利用而进行实质上更不公平的贸易。

（6）社会公平论

社会公平又称为收入再分配，主要指的是社会各阶层或各种生产要素在收入上的相对平衡。不少国家利用贸易保护来调节国内各阶层的收入水平，以减少社会矛盾和冲突。

社会公平论认为，通过国际贸易必然引起一国商品价格的相对变动，提高某些生产要素的报酬而牺牲另一些生产要素的报酬，并且在消费模式的作用下最终使某一集团境况变好而使另一集团的境况变坏。虽然自由贸易能够增进一国福利，却可能对某一地区、某一民族、某一集团的收入分配造成不良影响，使他们处于被损害的地位。譬如，在土地丰富而劳动力短缺的国家里，通过国际贸易必然使密集使用土地的产品（如小麦）价格上升，而密集使用劳动力的产品（如布）价格下跌，这会引起生产向密集使用土地的产品集中，造成土地价格上涨，劳动力工资下降，土地所有者收入增加，劳动者收入下降。如果收入下降的劳动者的消费大部分集中在价格已上升的小麦上，则他们的境况就变得更糟。为了改变这种收入不公平状况，当采取其他措施改善国内收入分配有障碍时，使用关税手段就是正当而合理的。通过关税限制外国廉价布的进口，减轻对国内布的生产者的冲击，阻止土地向小麦种植方面转移和劳动力工资水平的下降，这样可以改善国内收入分配不公平的状况，起到收入再分配的作用。其中最典型的例子就是发达国家对农产品的保护。

（7）国家安全论

贸易保护主义有时还以国家安全为依据，主张限制进口，以保持经济的独立自主。国家安全论认为，自由贸易会增强本国对外国的经济依赖性，这种情况可能会危及国家安全，一旦战争爆发，贸易停止，供应中断，过于依赖对外贸易的经济就会出现危机，在战争中可能会不战自败。出于维护国家安全的考虑，国家必须保持独立自主的经济，所以对生产有关战略物资的产业要以自己生产为主，不能依靠进口，当这些行业面临国际竞争时，政府应加以保护。这些重要商品包括粮食、石油等重要原料和燃料。对某些不友好国家的出口也要控制，任何有可能加强敌方实力、威胁自身安全的商品都要严加控制。

以国家安全为理由限制贸易的思想由来已久，可以追溯到17世纪英国的重商主义，当时的贸易保护主义就以国家安全为依据，主张限制使用外国海运服务和购买外国商船。20世纪以来战争连续不断，第二次世界大战后又经历了长期的冷战，这一论点也就经久不衰。

（8）民族自尊论

进口商品并不仅仅是一种与国内产品无差别的消费品，进口商品的品种、质量常常反映了别国的文化和经济发展水平，而且进口的商品上往往带有"某国制造"

的标签，以示与本国商品的区别。一般而言，进口货总是比国产的要"物美价廉"一些，尤其是发展中国家所进口的先进制成品，许多是本国不能制造的。在消费者"赞洋崇洋"的时候，政府往往会觉得有损民族自尊心和自信心。为了增加民族自豪感，政府一方面从政治上把使用国货作为爱国主义来宣传，另一方面企图通过贸易保护政策来减少外来冲击，发展民族工业。

贸易理论之间
的关系

□ 复习思考题

 1.什么是对外贸易政策？它由哪几个部分构成？

 2.对外贸易政策有哪些基本类型？各自的含义是什么？

 3.在不同的历史发展阶段，各国实行的是哪种对外贸易政策？

 4.简述第二次世界大战后贸易自由化出现的主要原因、表现及特点。

自测题

 5.简述新贸易保护主义出现的原因与特点。

 6.试述保护幼稚工业理论、凯恩斯主义的贸易保护理论、中心-外围理论、战略性贸易理论的主要内容。

第7章/对外贸易措施

━━━━━━ 学习目标 ━━━━━━

了解管制出口的措施、贸易条约与协定的种类、经济特区的类型，熟悉和掌握关税和非关税壁垒的含义、性质、作用等基础知识，重点学习和掌握关税的作用、反倾销税、普遍优惠制、关税的经济效应、非关税壁垒的特点、非关税壁垒的种类、进口配额的经济效应、鼓励出口的措施、生产补贴的经济效应、贸易条约与协定中的法律待遇条款、经济特区的含义与类型等。

7.1   关税措施

7.1.1 关税概述

（1）关税的含义

关税（tariff，customs duties）是进出口商品经过一国关境时，由政府所设置的海关向其进出口商所征收的一种税。

关税的征收是通过海关来执行的。海关是设在关境上的国家行政管理机构，它受权于国家，行使国家权力，对外代表国家行使国家主权，对内代表中央政府行使对地方的权力。海关是贯彻执行本国有关进出口政策、法令和规章的重要工具，它的基本职责是根据这些政策、法令和规章对进出口货物、货币、金银、行李、邮件和运输工具等实行监督管理、征收关税、查禁走私、临时保管通关货物和统计进出口商品等。

海关对进出口货物实行监督和管理，需要规定一个地域界线，货物进入这个地域时作为进口，离开这个地域时作为出口，这个地域界线称为关境。关境亦称关税领土、海关境域、关税境域或关税领域。一般说来，关境和国境是一致的，但在许多国家两者并不一致。关境与国境的不同主要有三种情况：第一，有些国家在国境内设有自由港、自由贸易区和出口加工区等经济特区，这些地区虽然在国境之内，但从征收关税的角度来看，它们是在该国的关境之外，这时关境在范围上小于国境。第二，有些国家相互之间结成关税同盟，参加同盟的国家领土合并成为一个统一的关境，成员之间免征关税，货物自由进出口，只对来自或运往非成员国的货物进出共同关境时征收关税。这时关境则大于成员各自的国境。第三，在"一国两制"的国家境内可能有两个或两个以上的关境同时并存，中国除中国海关管辖的区域外，还有中国香港、中国澳门和中国台湾地区三个单独关税区域，这种情况下的关境范围小于国境。

（2）关税的性质

关税与其他税收一样，具有强制性、无偿性和预定性。强制性是指关税由海关凭借国家权力依法强制征收，而不是一种自愿性的捐纳，纳税人必须按照法律规定无条件地履行其义务，否则就要受到国家法律的制裁。无偿性是指关税由海关代表国家单方面地对纳税人征取，作为国库收入，而国家不需给予任何补偿。预定性是指关税由海关根据国家预先制定的法令和规章加以征收，海关与纳税人均不得任意更改有关的法规。

关税属于间接税。课税主体即关税的纳税人，是进出口商；课税客体即课税的对象，是进出口货物。因为关税主要是对进出口商品征税，其税款可以由进出口商垫付，然后把它作为成本的一部分加入货价，货物售出后可收回这笔垫款，因此关税负担最后转嫁给买方或消费者承担。

（3）关税的作用

关税的主要作用有以下几个方面：

①增加财政收入

海关代表国家行使征税权，因此，关税收入便成为国家财政收入的一个来源。在资本主义以前和资本主义发展初期，由于各国工业不发达，税源有限，当时征收关税的主要目的是获取财政收入。这种以增加国家财政收入为主要目的而征收的关税，称为财政关税（revenue tariff）。随着资本主义的发展，财政关税的意义逐渐降低。这一方面是由于工商业的迅速发展和国民收入的提高使在生产领域征收个人所得税和公司所得税等直接税成为比较充足的税源，关税收入在国家财政收入中的比重相对下降；另一方面是由于关税已被世界各国普遍地作为限制外国商品进口、保护国内产业和国内市场的一种重要手段来加以使用。但是，对于许多经济落后、生产不发达、国民收入低和税源有限的国家来说，财政关税仍然具有十分重要的意义，是国家财政收入的一个重要来源。

②保护国内的产业和市场

对进口货物征收关税，提高了进口货物的成本，削弱了它与本国同类产品的竞争力，因而可以起到保护国内同类产业或相关产业的生产和市场的作用。这种以保护本国产业和市场为主要目的的关税，称为保护关税（protective tariff）。保护关税的税率一般都比较高，因为只有较高的关税，才能起到限制进口的作用，达到保护的目的。在现代国际贸易中，各国设置的关税主要是保护关税。第二次世界大战后，通过多次关税与贸易总协定主持的多边贸易谈判，各国的关税水平都有较大幅度的下降，利用关税来保护本国市场的作用相对减弱，但是关税仍不失为各国限制进口和实行贸易歧视的重要手段。

对本国同类产业的保护程度通常用关税保护率来反映。关税保护率有名义保护率和有效保护率两种。名义保护率（nominal rate of protection）是指直接用某种进口商品的关税税率的高低来反映对本国同类产业的保护程度高低。在其他条件相同的情况下，进口税的税率越高，对本国同类产业的保护程度就越高；税率越低，其保护程度也就越低。但是，直接用关税税率的高低反映保护程度的高低只是名义上的，并不能反映实际的或有效的保护程度。有效保护率（effective rate of protection）是征收关税所导致的该产品附加价值增加的百分率。其计算公式为：$E=\dfrac{V'-V}{V}$，其中，E 表示有效保护率，V 表示不征收关税时单位产品的附加值，V′表示征收关税后单位产品的附加值。

例如，在自由贸易时，某种产品的价格为 1 200 元，其中 900 元为原材料成本。如果对同类产品的进口征收 10% 的关税，对原材料的进口征收 5% 的关税，那么该产品的有效保护率为：

V=1 200−900=300（元）

V′=1 200×（1+10%）−900×（1+5%）=1 320−945=375（元）

$E=\dfrac{V'-V}{V}=\dfrac{375-300}{300}=0.25$

由此可见，名义保护率与有效保护率并不一定完全相等。实际上，大多数工业品的有效保护率都大大超过名义保护率。这是因为，几乎所有征收进口关税的国家，制成品的名义关税往往都高于原材料或中间产品的关税。

③调节进出口贸易

长期以来，关税一直是各国对外贸易政策的重要手段。一国可以通过制定和调整关税税率来调节进出口贸易。在出口方面，通过低税、免税和退税来鼓励商品出口；在进口方面，通过税率的高低、减免来调节商品的进口。例如，对于国内能大量生产或者暂时不能大量生产但将来可能发展的产品，规定较高的进口关税，以削弱进口商品的竞争力，保护国内同类产品的生产和发展；对于国内不能生产或生产不足的原料、半制成品、生活必需品或生产上的急需品，制定较低的税率或免税，鼓励进口以满足国内生产和生活的需要。此外，还可以通过关税来调整贸易差额。当贸易逆差过大时，可以调高某些产品的进口税率或征收进口附加税，以减少进口，缩小贸易逆差；当贸易顺差过大时，可以通过调低某些产品的进口税率来增加进口，缩小贸易顺差，以缓和与有关国家的贸易矛盾。

（4）关税的征收方法

征收关税的方法，主要有从量税和从价税两种。在这两种主要的征收方法的基础上，又派生出混合税和选择税两种。

①从量税

从量税（specific duties）是按照商品的重量、数量、容量、长度、面积等计量单位为标准计征的关税。

各国征收从量税，大部分以商品的重量为单位来计征，但各国对应税商品重量的计算方法各有不同。有的国家按商品的净重计征，有的国家按商品的法定重量计征，有的国家按商品的毛重计征。

采用从量税的方法征收进口税，在商品价格下跌的情况下，强化了关税的保护作用；在商品价格上涨的情况下，进口税额不变，财政收入相对减少，保护作用也随之减弱。第二次世界大战以前，西方国家普遍采用从量税的方法计征关税，第二次世界大战后由于通货膨胀，大多数国家已逐步采用从价税，或只对一部分商品采用从量税。

②从价税

从价税（ad valorem duties）是以进出口商品的价格为标准计征的关税，其税率表现为货物价格的百分率。

从价税税额随着商品价格的变动而变动，所以它的保护作用不受商品价格变动的影响。但在商品价格下跌时，关税收入减少，作为财政关税的作用也减弱。

征收从价税，较为复杂的问题是确定商品的完税价格。完税价格是经海关审定作为计征关税依据的货物价格，它是决定税额多少的重要因素。不同国家、不同商品所采用的完税价格标准很不一致，有的以运费、保险费在内价（CIF）作为征税价格标准，有的以装运港船上交货价（FOB）作为征税价格标准，还有的以法定价格作为征税价格标准。我国进出口关税的征收采用从价税，进口商品以 CIF 价格作为完税价格，出口商品以 FOB 价格作为完税价格。

③混合税

混合税（mixed or compound duties）是对某种进出口商品同时征收从量税和从价税的一种方法，又称复合税。

混合税在具体应用时有两种情况：一种是以从量税为主加征从价税；另一种是以从价税为主加征从量税。

④选择税

选择税（alternative duties）是对某种进出口商品同时制定从量税和从价税两种税，选择其中一种征收的关税。一般是选择其中税额较高的一种征收，但也有选择其中税额较低者征收的。

（5）海关税则

①海关税则的含义与分类

海关税则（customs tariff）是一国对进出口商品计征关税的规章和对进出口的应税和免税商品加以系统分类的一览表，又称关税税则。海关税则是海关凭以征税的依据，是一国关税政策的具体体现。

海关税则的内容一般包括两个部分：一部分是海关征收关税的规章、条例和说明；另一部分是关税税率表。关税税率表主要包括税则号列、商品名称、关税税率等栏目。

根据关税税率栏目的多少，海关税则可分为单式税则和复式税则。

单式税则（single tariff）又称一栏税则。在这种税则中，每个税目只有一个税率，适用来自任何国家的商品，没有差别待遇。现在只有少数发展中国家如委内瑞拉、巴拿马、乌干达、冈比亚等仍实行单式税则。复式税则（complex tariff）又称多栏税则，在这种税则中，每个税目定有两个或两个以上税率，对来自不同国家的同类商品适用不同的税率，以实行差别待遇和贸易歧视政策。目前，绝大多数国家都采用复式税则。

在单式税则或复式税则中，依据进出口商品流向的不同，可分为进口货物税则和出口货物税则。有的将进出口货物的税率合在同一税则中，分列进口税率栏和出口税率栏，称为进出合一制税则。我国现行的进出口税则采用进出合一制，分列进口税率栏和出口税率栏。

根据制定者的不同，海关税则可分为国定税则和协定税则。国定税则又称自主税则（autonomous tariff），是指一国立法机构根据关税自主原则单独制定并有权加以变更的海关税则。协定税则（conventional tariff）是指一国与其他国家或地区通过贸易与关税谈判制定，受贸易条约或协定约束的海关税则。在国定税则和协定税则中所规定的关税税率，分别称为国定税率和协定税率，国定税率高于协定税率。

②海关税则中的商品分类

对海关税则中的商品进行系统分类，目的在于方便征税、纳税、统计和查找。第二次世界大战前，各国的分类方法差别很大，有的是按照商品的自然属性分类，有的是按照商品的加工程度分类，有的是按照税率的高低分类，有的甚至按照商品名称的拉丁字母顺序分类。商品分类方法上的差异，不利于贸易业务的开展，不利于各国间进行比较，不利于关税减让谈判。

第二次世界大战后初期，国际社会为了协调各国在海关税则中的商品分类方法进行了不懈的努力。联合国统计委员会编制了《国际贸易标准分类》，欧洲海关合作理事会制定了《海关合作理事会税则目录》。前者主要用于进出口贸易的统计和分析，后者主要用于海关管理和国际贸易谈判。虽然两者目的不同，但在贸易统计方面，两者关系密切，而且都被世界上相当数量的国家所采用，对简化国际贸易程序、提高工作效率起到了积极推动作用。但两套编码同时存在，仍不能避免商品在国际贸易往来中因分类方法不同而需重新对应分类、命名和编码。这些都阻碍了信息的传递，降低了贸易效率，增加了贸易成本，不同体系的贸易统计资料难以进行比较分析，同时也给利用计算机等现代化手段来处理外贸单证及信息带来很大困难。因此，如何使这两套商品分类标准协调起来，就成为国际贸易领域中的一大课题。

海关合作理事会从1970年开始先后成立了研究组和专门的委员会，着手研究协调两套标准的可能性，并进行了具体的编制工作。经过多年的努力，海关合作理事会于1983年通过了《商品名称及编码协调制度的国际公约》及其附件《商品名称及编码协调制度》（Harmonized System，HS），以HS编码"协调"涵盖了《国际贸易标准分类》和《海关合作理事会税则目录》两大分类编码体系，于1988年1月1日正式实施，以逐步取代《国际贸易标准分类》和《海关合作理事会税则目录》。这样，世界各国在国际贸易领域中所采用的商品分类和编码体系有史以来第一次得到了统一。

1992年1月1日，我国海关正式采用编码协调制度。我国海关采用的编码协调制度分类目录，前6位数是编码协调制度国际标准编码，第7、第8位数是根据我国关税、统计和贸易管理的需要加列的本国子目。为满足中央及国务院各主管部门对海关监管工作的要求，提高海关监管的计算机管理水平，在8位数分类编码的基础上，根据实际工作需要对部分税号又进一步分出了第9、第10位数编码。

7.1.2 关税的主要种类

关税有多种分类方法，按照征收的对象或商品流向分类，可分为进口税、出口税和过境税；按照征税的目的分类，可分为财政关税和保护关税；按照征税的方法或征税的标准分类，可分为从量税、从价税、混合税和选择税。以上这些都是在一般关税基础上进行的分类，除此之外，还有一些是为特殊目的而设置的关税以及国家之间作出的优惠贸易安排。以下我们将从一般关税、特别关税和优惠关税三个方面扼要地介绍几种比较重要的关税。

（1）一般关税

一般关税是指海关征收的正常关税，包括进口税、出口税和过境税。

①进口税

进口税（import duties）是进口国海关在外国商品输入时，对进口商品所征收的关税，是关税中最主要的一种。进口税主要可分为最惠国税和普通税两种。最惠国税适用于从与该国签订有最惠国待遇条款的贸易协定的国家或地区所进口的商品；普通税则适用于从与该国没有签订这类贸易协定的国家或地区所进口的商品。最惠国税率比普通税率低，两者税率的差幅往往很大。第二次世界大战以后，大多数国家都加入了关税与贸易总协定或者签订了双边的贸易条约或协定，相互提供最惠国待遇，享受最惠国税率，而普通税实际上只是适用于极少数的国家，因此，通常所讲的正常关税一般指的就是最惠国税。

一国为了保护本国产业和市场，对某些产品征收较高的进口税，以削弱这些进口商品的竞争能力。这种高额进口税像高墙似地把国内市场保护起来，所以被形象地称为"关税壁垒"。

进口国并不是对所有的进口商品都征收高额进口税，大多数国家的关税税率随产品加工程度的逐渐深化而不断提高，一般说来，对工业制成品的进口征收较高的关税，对半制成品的进口税率次之，而对原料的进口税率最低甚至免税。这种关税结构称为关税升级，或阶梯式关税结构。

②出口税

出口税（export duties）是出口国海关在本国商品输出时，对出口商品所征收的关税。目前国际贸易中很少征收出口税，因为征收出口税势必提高本国商品在国外市场的价格，削弱其竞争能力，不利于扩大出口。第二次世界大战以后，征收出口税的国家主要是发展中国家。征收出口税的目的，或是增加财政收入，或是保证本国生产或本国市场的供应。以增加财政收入为目的的出口税，它的税率一般不高，过高的税率会导致出口量减少，缩小了财源，达不到增加财政收入的目的；以保护本国生产为目的的出口税，通常是对出口的原料征税，以保障国内生产的需要或增加国外产品的生产成本，加强本国产品的竞争能力。

③过境税

过境税（transit duties）是一国对通过其领土运往另一国的外国货物所征收的关税。过境货物只是在该国境内通过，而不进入该国的国内市场。在资本主义生产方式准备时期，这种税曾普遍流行于欧洲各国，征税的目的主要是为了增加财政收入。后来，随着交通运输事业的发展，各国在货运方面产生了激烈的竞争。同时，过境货物一般置于海关的监管下，不准自由流入国内市场，对本国生产和市场没有影响。另外，过境税的税率比较低，对财政收入意义并不大。基于这些原因，在19世纪后半期各国相继取消了过境税。目前，大多数国家在外国商品通过其领土时都不征收过境税，而只是收取少量的准许费、印花税、登记费和统计费等。

（2）特别关税

有些国家对进口商品除了征收正常的进口关税以外，还往往根据某种需要或者为了特殊的目的设置专门的关税。这类关税与一般的正常关税有所不同，所以又被称为特别关税。

①进口附加税

进口国家对进口商品除了征收一般关税以外，再加征额外的关税，称作进口附加税（import surtaxes）。

征收进口附加税通常是作为限制进口的一种临时性的措施来实施的。其目的主要有：应对国际收支危机以及进口激增对国内相关产业造成的严重损害或严重损害威胁；纠正外国商品倾销或由于享受补贴而造成的不公平竞争；对某个国家实行贸易歧视或报复等。

最常见的进口附加税主要有反倾销税和反补贴税两种。

A.反倾销税

反倾销税（anti-dumping duty）是对实行商品倾销的进口货物所征收的一种进口附加税。其目的在于抵制外国商品倾销，保护本国的市场和工业。

倾销是指产品在正常的贸易过程中，以低于正常价值销售的行为。商品倾销的目的包括：打击竞争对手，以扩大和垄断市场；保持国内供求关系平衡，维持产品较高的市场价格，将国内市场容纳不下的产品低价出口；推销"过剩"产品和新产品；扩大出口，赚取外汇；扩大出口，实现规模经济；通过国内外市场的差别定价，实现利益最大化。

按照倾销的具体目的和时间长短的不同，商品倾销可分为以下几种类型：偶然性倾销（出售"剩余物资"或库存积压）；掠夺性倾销（先以低价抛售击败竞争对手，再提高价格）；长期性倾销（长期以低价在国外市场上出售商品）；隐蔽性倾销（出口商按正常价格出售商品给进口商，进口商再以低价在进口国国内市场上抛售）。

在国际贸易实践中，倾销被认为是违背了公平竞争与公平贸易的原则。但就倾销本身而言，并不一定有害。倾销的商品一般价格较低，这对于消费者来说是有利的。但是，倾销行为可能对进口国家或地区的内部产业造成危害，因而，各国对那些对本国产业造成损害的倾销采取反倾销措施，以纠正不公平贸易行为，保护正常贸易。

1947年，《关税与贸易总协定》第六条对倾销与反倾销作出了规定：用倾销手段将一国产品以低于"正常价值"的办法挤入另一国贸易时，如因此对某一缔约方领土内已建立的某项工业造成重大损害或产生重大威胁，或者对某一国内工业的新建产生严重阻碍，这种倾销应该受到谴责；缔约方为了抵消或防止倾销，可以对倾销的产品征收数额不超过这一产品的倾销幅度的反倾销税。

"正常价值"是指相同产品在出口国用于国内消费时在正常情况下的可比价格；如果没有这种国内价格，则是指相同产品在正常贸易情况下向第三国出口的最高可比价格；或是指产品的构成价格，即该产品在原产国的生产成本加上合理的推销费用和利润。

但由于这一条款比较灵活，各国在执行时存在很大的差异，为反倾销措施滥用提供了条件。在1967年结束的"肯尼迪回合"谈判中，各缔约方为了更有效地实行反倾销措施，通过谈判，达成了《关于执行关贸总协定第六条的协议》，又称《国际反倾销法》，于1968年生效。该规则的一些条款较原来的第六条更为严谨，内容更为具体，但只对签字方生效。在"东京回合"又对上述协议作了修改和补充，使之更趋完善，称为《关于实施关贸总协定第六条的协议》，又称《反倾销守则》，于1980年1月1日生效。在"乌拉圭回合"中，根据国际贸易发展新变化，在以往协议的基础上，又达成了《关于实施1994年关贸总协定第六条的协定》，又称《反倾销协议》，成为世界贸易组织（以下简称世贸组织）管辖下的多边贸易协议之一。《反倾销协议》一方面承认各成员抵制对国内产业造成危害的不公平竞争行为的必要性，另一方面尽可能地约束这些行为，使其控制在合理、必要的范围之内，以避免对正常的贸易造成障碍。

B.反补贴税

反补贴税（counter-vailing duty）又称抵消税。它是对直接或间接地接受任何奖金或补贴的外国商品进口所征收的一种进口附加税。

补贴作为公共经济政策的重要组成部分，被各国广泛采用。但补贴措施如使用不当，也会导致不公平竞争，对进口方的相关产业或其他合法利益造成损害。征收反补贴税的目的在于提高进口商品的成本，抵消进口商品所享受的补贴金额，削弱其竞争能力，使进口国家的同类商品能与之在市场上公平地竞争，从而保护进口国的国内生产和市场。

1947年关税与贸易总协定第六条、第十六条和第二十三条对反补贴措施作了规定。但由于这一条款相当笼统，没有对补贴作出一般定义，为反补贴措施滥用提供了条件。"东京回合"把补贴与反补贴措施列为重点议题之一，于1979年达成了《关于解释和适用关贸总协定第六条、第十六条和第二十三条的协议》，又称《补贴与反补贴守则》。由于该协议只约束签字国，而且有的概念模糊不清，使日趋复杂的补贴与反补贴措施的制约性受到很大限制。"乌拉圭回合"又一次把补贴与反补贴问题列为议题之一，达成了《补贴与反补贴措施协议》，成为世贸组织管辖下的多边贸易协议之一。

②差价税

当某种产品的国内价格高于同类进口商品的价格时，为了削弱进口商品的竞争能力，保护国内生产和国内市场，按国内价格与进口价格之间的差额征收关税，称作差价税（variable levy）。由于这种税是随着国内外价格差额的变动而变动的，因此它是一种滑动关税（sliding duty）。

（3）优惠关税

优惠关税又称特惠税（preferential duty），指的是对特定国家或地区进口的全部或部分商品，给予特别优惠的低关税或免税待遇。特惠税有的是互惠的，有的是非互惠的。

①"洛美协定"国家之间的特惠税

目前，在国际贸易中较有影响的特惠税制之一是"洛美协定（Lome convention）"国家之间的特惠税。1975年2月28日，欧洲经济共同体9国与46个非洲、加勒比和太平洋地区发展中国家在多哥首都洛美签订了"欧洲经济共同体–非洲、加勒比和太平洋国家洛美协定"。根据协定，非、加、太国家出口的全部工业品和94.2%的农产品可以不限量地免税进入欧共体国家。欧共体国家的商品进入非、加、太国家享受最惠国待遇，但不享受免税待遇。

②普遍优惠制

普遍优惠制（generalized system of preference，GSP）是发达国家给予发展中国家贸易优惠的一种形式，简称"普惠制"。根据该制度，发达国家单方面地削减或取消对来自发展中国家和地区的制成品或半制成品的进口关税。

普遍优惠制的设想最初由阿根廷经济学家普雷维什提出，随后七十七国集团提出发达国家应对发展中国家制成品和半制成品出口普遍减低或取消关税的改革要求。但是以美国为代表的发达国家对发展中国家的要求予以拒绝，其理由是普遍优惠制会破坏关税与贸易总协定的最惠国待遇原则，担心发展中国家会以普遍优惠制原则为借口拒绝给予发达国家最惠国待遇。1971年6月，关贸总协定缔约方全体根据总协定第二十五条通过了一项"豁免"，授权发达的缔约方对发展中国家产品实行优惠制，允许在10年内背离最惠国待遇原则，普遍优惠制于1971年7月1日开始实施。1979年11月28日，关贸总协定缔约方大会通过了题为《关于发展中国家差别和更优惠待遇、互惠与更充分参与的决议》。决议授权总协定发达缔约方无期限地背离总协定第一条所规定的无条件的最惠国待遇原则，实施有利于发展中国家的普遍优惠制，以及授权发展中缔约方背离总协定第一条的规定相互提供优惠待遇，故通常称为"授权条款"。其意义在于：第一，给予普遍优惠制以法律地位。第二，给予发展中国家间实行优惠待遇以法律地位。第三，不必申请免除义务，为上述两项差别待遇提供了长期的法律依据。

普遍优惠制的目标是：扩大发展中国家对工业发达国家的制成品和半制成品出口，增加发展中国家的外汇收入；促进发展中国家的工业化；提高发展中国家的经济增长率。普遍优惠制的三项主要原则为普遍原则（即所有工业发达国家应对所有发展中国家制成品和半制成品普遍给予减免进口关税的优惠待遇）、非歧视原则（即应使所有发展中国家都不受歧视、无例外地享受普惠制待遇）和非互惠原则（即工业发达国家应单方面地向发展中国家作出特别关税减让或免税，而不要求发展中国家提供相应的反向优惠）。

普遍优惠制实施以来，对发展中国家和地区扩大出口起了一定的促进作用。但由于各给惠国在各自普惠制方案中，对受惠国及受惠商品范围均有许多限制性规定，故普遍优惠制实质上并不"普遍"。而且，各国普惠制方案也都以国内市场不受干扰为前提，包括了许多保护性措施以及复杂的原产地标准和证明书等规定，这些规定都不同程度地约束和降低了普惠制的作用。

7.1.3 关税的经济效应

市场组织分为完全竞争、完全垄断、垄断竞争与寡头四种形式。从关税经济效应的分析方法来看，有局部均衡分析和一般均衡分析。这里我们只采用局部均衡分析方法分析完全竞争条件下关税的经济效应。

（1）进口关税的经济效应

①小国进口关税的局部均衡分析

如前所述，进口小国在国际市场上只是价格的接受者而非决定者，该国进口商品数量的变动不会影响到世界市场的价格。小国征收进口税之后，直接的结果就是使国内市场上外国商品的价格提高，并对国内的消费、生产、进口和收入分配等产生广泛的影响。

图7-1对小国的进口关税效应作了分析。在（a）图中，横轴代表一国X商品的数量Q，纵轴代表X商品的价格水平P，曲线S是X商品的国内供给曲线，曲线D是X商品的国内需求曲线。在自由贸易条件下，国内市场价格等于国际市场价格P_w。此时，国内对X商品的总需求量为OQ_D，其中，OQ_S为国内生产的数量，Q_SQ_D为进口量（等于（b）图中的OM）。

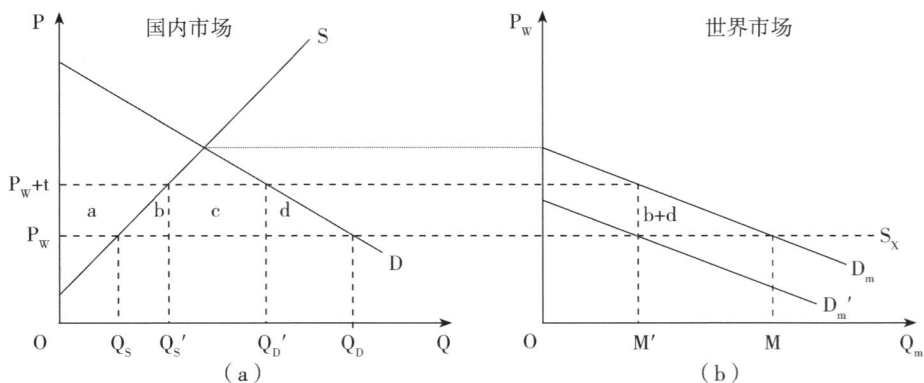

图7-1 小国征收进口关税的局部均衡分析

该国对 X 商品征收 t 单位的进口关税后，进口商品价格的上升会降低进口需求。由于该国是小国，其面对的外国供给曲线是一条水平线（S_x），所以其进口需求的下降不改变国际市场价格（仍为 P_w），此时该国国内市场价格将上升至 P_w+t，国内对 X 商品的需求量则下降为 OQ_D'，其中，国内生产 OQ_S'，进口 $Q_S'Q_D'$（等于（b）图中的 OM'）。

小国征收进口关税的局部均衡分析

小国征收进口关税的经济效应包括：

A.价格效应

进口关税的价格效应是指征收关税对进口国价格的影响。进口商品被征收关税后，不可避免地要相应提高价格。进口小国价格提高的幅度等于所征收的关税，关税主要由国内消费者负担。

B.消费效应

进口关税的消费效应即征收关税给消费者福利带来的损失。消费者福利的损失首先表现在由于进口商品价格提高而导致的消费量减少；其次，消费者福利的损失还表现为消费者剩余的降低（图7-1（a）图中的 a+b+c+d 部分）。

C.生产效应

进口关税的生产效应也称替代效应或保护效应，即关税引起的国内生产增加，替代了部分国外生产，生产者剩余增加（图7-1（a）图中的 a 部分）。

征税后国内生产者虽可扩大生产，但却是一种缺乏效率的生产。由于关税的保护，迫使资源从效率较高的用途转移到了效率较低的用途。

D.贸易效应

进口关税的贸易效应即征税引起的进口量的下降。

E.财政效应

进口关税的财政效应即由于征收关税而对国家财政收入产生的影响。征收关税后，政府从中受益，获得了关税收入（图7-1（a）图中的 c 部分）。

F.再分配效应与国民净损失

进口关税的再分配效应即收入从国内消费者转移给国内生产者和政府。从以上分析可知，征收关税增加了生产者剩余和政府关税收入，但同时减少了消费者剩余，收入分配发生转移，即消费者损失的福利中，a 转移给生产者，c 转移给政府。

这种再分配效应的最后结果是，导致征税国遭受福利净损失 b+d。其中，b 是由于本国的生产资源从效率较高的部门转移到效率较低的部门而带来的福利损失；d 是由于征税后进口国商品价格上涨，消费者减少消费所带来的福利损失。

②大国进口关税的局部均衡分析

进口大国不是世界市场价格的接受者，其进口商品数量的变动会影响到世界市场的价格。

图7-2对大国的进口关税效应作了分析。在（a）图中，曲线 S 是 X 商品的国内供给曲线，曲线 D 是 X 商品的国内需求曲线。在自由贸易条件下，国内市场价格等

于国际市场价格 P_w。此时，国内对 X 商品的总需求量为 OQ_D，其中，OQ_s 为国内生产的数量，Q_sQ_D 为进口量（等于（b）图中的 OM）。

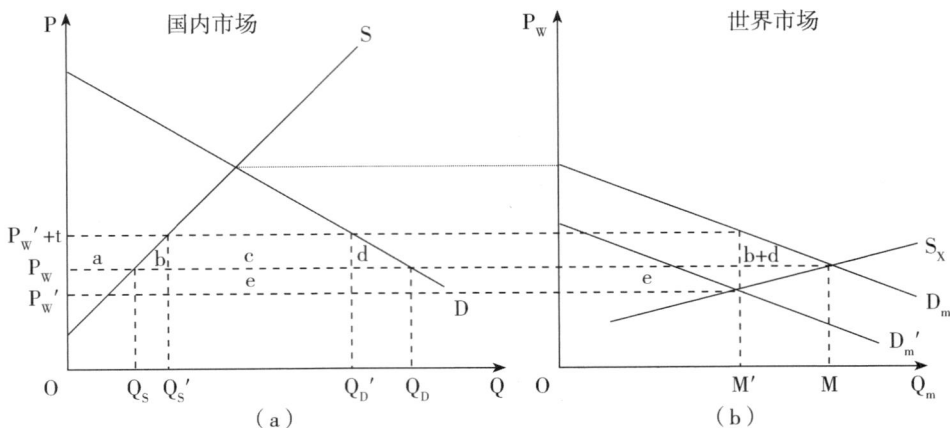

图 7-2 大国征收进口关税的局部均衡分析

大国征收进口
关税的局部
均衡分析

该国对 X 商品征收 t 单位的进口关税后，进口商品价格的上升会降低进口需求。由于该国是大国，其面对的外国供给曲线是一条向右上方倾斜的曲线（S_x），所以其进口需求的下降会使国际市场价格下降（由 P_w 降至 P_w'），此时该国国内市场价格将上升至 $P_w'+t$，国内对 X 商品的需求量则下降为 OQ_D'，其中，国内生产 OQ_s'，进口 $Q_s'Q_D'$（等于（b）图中的 OM'）。

大国征收进口关税的经济效应包括：

A.贸易条件效应

进口关税的贸易条件效应是指征收关税对进口国贸易条件的影响。对进口大国来说，假定出口商品价格不变，而向进口商品征税，使其国内价格上涨，其结果是国内消费需求减少，进口量减少。由于大国的进口量占世界进口量的相当比重，其进口量的锐减势必导致该商品在国际市场上供大于求，从而其国际市场价格下跌，由此该国贸易条件得到改善（图 7-2 中国际市场价格由 P_w 降至 P_w'）。这实际上是将部分关税负担转嫁给出口国（图 7-2 中的 e 部分）。

进口大国贸易条件改善的程度取决于进口国对进口商品的需求价格弹性及出口国的供给价格弹性。进口国对进口商品的需求价格弹性越大，由于征税对进口国进口量削减的程度越大，就越能压低其国际市场价格，从而更大程度地改善进口国的贸易条件；出口国的供给价格弹性越小，出口国供应商对国际市场上供过于求的应变能力越差，出口的减少也越能压低商品价格，从而更大程度地改善进口国的贸易条件。

B.价格效应

因为进口大国征收关税使国际市场价格下降，所以尽管进口大国的国内价格也会提高，但其价格上涨幅度要小于同样条件下进口小国价格的上涨幅度。

C.消费效应

由于征税后进口大国国内价格上涨幅度小于同样条件下进口小国价格的上涨幅度，所以其消费量减少的幅度小于同样条件下的进口小国，消费者剩余降低（图7-2（a）图中的a+b+c+d部分）的幅度也小于进口小国。

D.生产效应

由于征税后进口大国国内价格上涨幅度小于同样条件下进口小国价格的上涨幅度，所以其国内产量提高的幅度小于同样条件下的进口小国，生产者剩余增加（图7-2中的a部分）的幅度也小于进口小国。

E.贸易效应

由于征税后进口大国国内价格上涨幅度小于同样条件下进口小国价格的上涨幅度，所以其进口量下降的幅度小于同样条件下的进口小国。

F.财政效应

由于征税后进口大国进口量下降的幅度小于同样条件下的进口小国，政府关税收入增加的幅度要大于进口小国。

G.再分配效应与国民净损失

进口大国征收关税后，收入分配发生转移，消费者损失的福利中，a转移给生产者，c转移给政府。

需要注意的是，大国再分配效应的最后结果并不一定是福利净损失，它也存在由于本国的生产资源从效率较高的部门转移到效率较低的部门而带来的福利损失b，以及由于征税后消费者减少消费所带来的福利损失d，但同时还获得了出口国承担的税负e，所以其净福利效果为e-（b+d）。

由此可见，进口大国征收进口关税有可能带来收益。但对于进口大国而言，并非关税率越高收益越大，高关税率固然使进口商品的单位税收增加，但同时也造成进口数量的减少，总的关税收入不一定增加。另外，如果关税率过高，造成国内价格大幅度上升，消费下降，消费者所受的损失也会增加。因此，只有在适当的税率下，进口国才有可能使净收益达到最大。这个能使本国的经济收益达到最大的适当税率就称作"最优关税税率（optimum tariff）"。最优关税税率选择的原则是，从这一税率上的任何变动所引起的额外收益与额外损失正好相等。

（2）出口关税的经济效应

①小国出口关税的局部均衡分析

出口小国在国际市场上也只是价格的接受者而非决定者，该国出口商品数量的变动不会影响到世界市场的价格。小国征收出口关税之后，直接的结果就是使国内商品价格下降，并对国内的消费、生产、出口和收入分配等产生影响。

图7-3对小国的出口关税效应作了分析。在图中，曲线S是X商品的国内供给曲线，曲线D是X商品的国内需求曲线。在自由贸易条件下，国内市场价格等于国际市场价格P_w。此时，国内X商品的产量为OQ_S，其中，OQ_D为国内需求的数量，

Q_DQ_S为出口量。

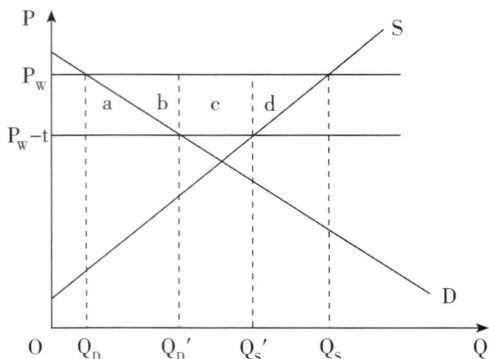

图7-3 小国征收出口关税的局部均衡分析

该国对 X 商品征收 t 单位的出口关税后，出口商品成本的上升会减少出口供给。由于该国是小国，其面对的外国需求曲线是一条水平线，所以其出口供给的下降不改变国际市场价格（仍为 P_w），所以该国国内市场价格将下降至 P_w-t，国内 X 商品的产量则下降为 OQ_S'，其中，国内需求 OQ_D'，出口 $Q_D'Q_S'$。

小国征收出口关税的经济效应包括：

A.价格效应

小国对出口商品征收关税，国内市场价格将下降，其下降的幅度等于所征收的关税，关税主要由国内生产者负担。

B.消费效应

消费者福利的增加首先表现在由于国内价格下降而带来的消费量增加；其次，消费者福利的增加还表现为消费者剩余的增加（图7-3中的 a 部分）。

C.生产效应

出口关税引起国内生产下降，生产者剩余降低（图7-3中的 a+b+c+d 部分）。

D.贸易效应

出口关税的贸易效应即征税引起的出口量的下降。

E.财政效应

小国征收出口关税后，政府从中受益，获得了关税收入（图7-3中的 c 部分）。

F.再分配效应与国民净损失

出口关税的再分配效应即收入从国内生产者转移给国内消费者和政府。从以上分析可知，征收关税增加了消费者剩余和政府关税收入，但同时减少了生产者剩余，收入分配发生转移，即生产者损失的福利中，a 转移给消费者，c 转移给政府。

这种再分配效应的最后结果是，导致征税国遭受福利净损失 b+d。其中，b 是消费者过度消费的净福利损失，d 是生产者减少生产的净福利损失。

②大国出口关税的局部均衡分析

出口大国不是世界市场价格的接受者，其出口商品数量的变动会影响到世界市场的价格。

　　图7-4对大国的出口关税效应作了分析。在图中，曲线S是X商品的国内供给曲线，曲线D是X商品的国内需求曲线。在自由贸易条件下，国内市场价格等于国际市场价格 P_w。此时，国内X商品的产量为 OQ_S，其中，OQ_D 为国内需求的数量，Q_DQ_S 为出口量。

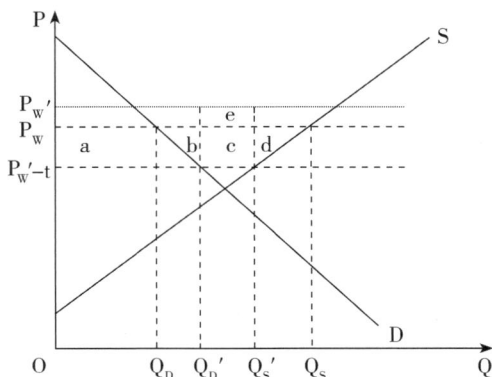

图7-4　大国征收出口关税的局部均衡分析

　　该国对X商品征收t单位的出口关税后，出口商品成本的上升会减少出口供给。由于该国是大国，其面对的外国需求曲线是一条向右下方倾斜的曲线，所以其出口供给的下降会使国际市场价格上升（由 P_w 升至 P_w'）。此时该国国内市场价格将下降至 $P_w'-t$，国内X商品的产量则下降为 OQ_S'，其中，国内需求 OQ_D'，出口 $Q_D'Q_S'$。

　　大国征收出口关税的经济效应包括：

　　A.贸易条件效应

　　对出口大国来说，假定进口商品价格不变，而向出口商品征税，使其国内价格下降，其结果是国内消费需求增加，出口量减少。由于大国的出口量占世界出口量的相当比重，其出口量的锐减势必导致该商品在国际市场上供不应求，从而其国际市场价格上升，由此该国贸易条件得到改善（图7-4中国际市场价格由 P_w 升至 P_w'）。这实际上是将部分关税负担转嫁给进口国（图7-4中的e部分）。

　　B.价格效应

　　因为出口大国征收关税使国际市场价格上升，所以尽管出口大国的国内价格也会下降，但其价格下降幅度要小于同样条件下出口小国价格的下降幅度。

　　C.消费效应

　　由于征税后出口大国国内价格下降幅度小于同样条件下出口小国价格的下降幅度，所以其消费量增加的幅度小于同样条件下的出口小国，消费者剩余增加（图7-4中的a部分）的幅度也小于出口小国。

　　D.生产效应

　　由于征税后出口大国国内价格下降幅度小于同样条件下出口小国价格的下降幅度，所以其国内产量降低的幅度小于同样条件下的出口小国，生产者剩余减少（图7-4中的a+b+c+d部分）的幅度也小于出口小国。

E.贸易效应

由于征税后出口大国国内价格下降幅度小于同样条件下出口小国价格的下降幅度，所以其出口量下降的幅度小于同样条件下的出口小国。

F.财政效应

由于征税后出口大国出口量下降的幅度小于同样条件下的出口小国，政府关税收入增加的幅度要大于出口小国。

G.再分配效应与国民净损失

出口大国征收关税后，收入分配发生转移，生产者损失的福利中，a转移给消费者，c转移给政府。

需要注意的是，大国再分配效应的最后结果并不一定是福利净损失，它也存在由于本国消费者过度消费而带来的福利损失b，以及由于生产者减少生产所带来的福利损失d，但同时还获得了进口国承担的税负e，所以其净福利效果为e−（b+d）。由此可见，出口大国征收出口关税有可能带来收益。

7.2 非关税措施

非关税措施（Non-Tariff Measures，NTMs）是指除了关税以外的能够对贸易产生潜在经济影响，改变贸易量或价格，或同时改变贸易量与价格的政策措施。非关税措施包括限制进口的非关税措施（即非关税壁垒）和管制出口的非关税措施。

7.2.1 非关税壁垒概述

非关税壁垒（non-tariff barriers，NTBs）是指除关税以外的各种限制进口的措施。非关税壁垒与关税壁垒合称为贸易壁垒（trade barriers），是指一国政府所采取的限制商品进口的一切措施。

非关税壁垒可分为直接的非关税壁垒和间接的非关税壁垒两大类：直接的非关税壁垒是指进口国直接对进口商品按照规定的进口数量和金额加以限制，或迫使出口国直接对出口商品按照规定的出口数量和金额进行限制。这类措施有进口配额制、进口许可证、"自动"出口限制等。间接的非关税壁垒是指进口国对进口商品制定种种严格的条例或规定，间接地影响和限制商品的进口。这类措施有进口押金制、进口最低限价制、专断的海关估价及技术性贸易壁垒等。

非关税壁垒在资本主义发展初期就已出现，但它作为限制进口的重要手段是在20世纪30年代经济危机后才广泛地发展起来的。20世纪30年代的大萧条使商品价格暴跌，仅仅通过大幅度提高关税的办法已经无法有效地阻止外国商品涌入本国市场。于是，进口配额、进口许可证和外汇管制等非关税壁垒措施便在各国得到了广泛的采用。

第二次世界大战结束初期，发达国家对许多商品进口仍然实行严格的数量限制和外汇管制等措施。随着经济的恢复和发展，这些国家除了大幅度降低关税外，还逐步放宽和取消进口数量限制，放宽和取消外汇管制，实行贸易自由化。

但是，自20世纪70年代中期以来，在两次世界性的经济危机冲击下，世界性贸易保护主义又重新抬头。为了抵消由于关税大幅度下降所造成的不利影响，发达国家广泛地采取各种非关税壁垒措施，限制商品进口，出现了以非关税壁垒为主、关税壁垒为辅的新贸易保护主义。当前，非关税壁垒呈日益加强的趋势，主要表现在：第一，非关税壁垒措施的项目日益增多。第二，非关税壁垒措施的适用范围不断扩大。第三，受到非关税壁垒限制的国家日益增多。由此可见，非关税壁垒已经成为当前国际贸易中的重要障碍，非关税壁垒问题越来越引起世界各国的普遍关注。

非关税壁垒与关税壁垒都有限制进口的作用，但是非关税壁垒与关税壁垒相比较又具有以下几个特点：

（1）非关税壁垒比关税壁垒具有更大的灵活性和针对性

一般说来，各国关税税率的制定，必须通过立法程序，如果调整或更改税率，需要经过较繁琐的法律程序和手续，这种法律程序和手续往往难以适应紧急限制进口的情况。同时，关税税率一般受到多边或双边贸易协定的约束，因此，关税税率很难作出灵活性的调整。而在制定和实施非关税壁垒上，通常采取行政程序，手续简便迅速，并能随时针对某国、某种商品采取相应的限制措施，较快地达到限制进口的目的。

（2）非关税壁垒比关税壁垒更具有隐蔽性和歧视性

一般说来，关税税率确定后，往往以法律形式公布于众，依法执行，它较有透明度，出口商比较容易把握有关商品的税率。但一些非关税壁垒往往不公开，或者规定极为烦琐复杂的标准和手续，而且经常变化，出口商往往难以预测和无法适应。同时，一些国家还针对个别国家采取相应的限制性的非关税壁垒措施，大大加强了非关税壁垒的差别性和歧视性。

（3）非关税壁垒比关税壁垒能更直接更有效地达到限制进口的目的

关税壁垒是通过征收高额进口关税，提高进口商品的成本和价格，削弱其竞争能力，间接地影响进口量，达到限制进口的目的。如果出口国采取出口补贴、商品倾销等办法降低出口商品成本和价格，关税往往难以有效地阻止进口，达到其限制的目的。但一些非关税措施如进口配额等预先规定了进口的数量和金额，超过限额即禁止进口，直接限制超额的进口商品，达到了关税未能达到的目的。

7.2.2 非关税壁垒的主要种类

国际贸易中的非关税壁垒名目繁多，这里仅介绍其中几种主要的措施。

（1）进口配额制

进口配额（import quota）又称进口限额，是一国政府在一定时期（如一季度、半年或一年）内，对某些商品的进口数量或金额事先规定一个限额，在规定的期限内，凡在限额以内的货物可以进口，超过限额则不准进口，或虽不完全禁止进口，但要征收较高的关税或罚金。

进口配额制主要分为绝对配额与关税配额两种。

①绝对配额

绝对配额（absolute quota）是指在一定时期内，对某些商品的进口数量或金额规定一个最高限额，达到这个限额后，便不准进口。绝对配额在实施中通常采取以下两种具体方式：

A.全球配额（global quota）。它属于世界范围的绝对配额，对于来自任何国家或地区的商品一律适用。这种配额对货物来自哪些国家和地区不加限制，其方法是由主管当局按照进口商申请的先后或按以往的实际进口额发放一定的额度，直到总配额发放完为止，超过总配额便不准进口。

B.国别配额（country quota）。这种配额是将总配额按国别和地区来分配一定的额度，超过规定的配额便不准进口。为了区分来自不同国家和地区的商品，在进口时进口商必须提交原产地证明书。实行国别配额可以使进口国家根据它与有关国家或地区的政治经济关系分别给予不同的额度。

国别配额可以分为自主配额（autonomous quota）和协议配额（agreement quota）。自主配额是由进口国单方面自主地规定在一定时期内从某个国家或地区进口某种商品的配额，而不必征得出口国的同意，也称单方面配额。这种配额一般参照某国过去某年的进口实绩，按一定比例确定新的进口数量或金额。协议配额是由进口国和出口国政府或民间团体之间协商所确定的配额，也称双边配额（bilateral quota）。

②关税配额

关税配额（tariff quota）是指对商品进口的绝对数额不加限制，而对在一定时期内所规定的配额以内的进口商品给予低税或减免税的优惠待遇，对超过配额的进口商品则征收较高的关税或罚款。

关税配额按商品进口来源，可分为全球性关税配额和国别关税配额。按征收关税的目的，又可分为优惠性关税配额和非优惠性关税配额。前者是对关税配额内的进口商品，给予较大幅度的关税减让，甚至免税，而对超过配额的进口商品则征收原来的最惠国税率。后者是在关税配额内仍征收原来的进口税，但对超过配额的进口商品，征收很重的附加税或罚款。

（2）"自动"出口配额制

"自动"出口配额制（voluntary export quota）又称"自动"出口限制（voluntary export restraints，VER），是指出口国家或地区在进口国的要求或压力下，"自动"规定某一时期向进口国输出某种特定商品的限额，在限定的配额内自行控制出口，超过配额即禁止出口。

"自动"出口配额制与绝对进口配额制在形式上略有不同。前者表现为出口国方面直接控制某些商品对指定国家的出口，而后者则表现为进口国方面直接控制某些商品的进口配额。但是，就进口国方面来说，"自动"出口配额制像绝对进口配额制一样，起到了限制商品进口的作用。从表面上看，好像"自动"出口配额制是出口国家出于自愿，但在实质上它却具有明显的强制性。进口国往往以商品大量进口使其有关工业受到严重损害，造成所谓"市场混乱"为理由，要求有关国家的出口实行"有秩序地增长"，"自动"限制商品出口，否则进口国就会单方面地采取限制进口措施。由此可见，"自动"出口配额制实际上是进口国家为限制进口，保护国内工业而对出口国施加压力的结果，因而是一种特殊形式的进口配额。

（3）进口许可制

进口许可制（import license system）是一种凭证进口的制度。在实行进口许可制的国家，进口商在进口商品前必须向本国有关政府机构提出申请，经批准并发给许可证后，方能办理报关手续，没有许可证一律不准进口。许可制与配额制一样，是一种进口数量限制，是国家对进口贸易实行的一种行政管理措施与直接干预。

进口许可证按照其与进口配额的关系可以分为两种：一种为有定额的进口许可证，即国家的有关机构预先规定有关商品的进口配额，然后在配额的限度内，根据进口商的申请进行审批，并发给有关进口商一定数量或金额的进口许可证，当进口配额用完即不再发放进口许可证。另一种为无定额的进口许可证，即不与进口配额相结合的进口许可证，国家有关机构预先不公布进口配额，发放有关商品的进口许可证只是在个别考虑的基础上进行。因为这种进口许可证没有公开的标准，在执行上具有很大的灵活性，因而给正常贸易的进行造成更大的困难，起到更大的限制进口的作用。

进口许可证按照许可的程度又可分为两种：一种为公开一般许可证（open general licence），又称公开进口许可证、一般进口许可证或自动进口许可证。这种许可证，进口商经申请比较容易获得，而且对进口国别和地区没有限制。凡属公开一般许可证的商品，进口商只要填写此许可证即可获准进口，因此，这类商品实际上是自由进口商品。另一种为特种进口许可证（specific licence），又称非自动进口许可证。这种许可证的审批手续比较严格，进口商必须向政府有关机构提出申请，获准后才能进口。这种许可证与公开一般许可证有本质的不同，它不再是一种形式上的手续，而是一种实际的控制。这类许可证一般都有国别和地区的限制，对进口的商品也有一些严格的规定。

（4）外汇管制

外汇管制（foreign exchange control）是一国政府通过法令对国际结算、外汇买卖和使用实行限制，以平衡国际收支和维持本国货币汇价的一种制度。

外汇管制是货币金融危机和国际收支危机的产物。1931年世界经济危机爆发后，许多国家都实行外汇管制。第二次世界大战后初期，由于国际收支长期失衡，外汇储备短缺，许多国家不得不继续实行外汇管制。直到20世纪50年代末，西方发达国家随着国际收支状况的改善才逐步放松或取消了外汇管制，实行货币自由兑换。20 世纪 70 年代中期以来，由于金融危机不断加深，各国的外汇管制又有逐渐加强的趋势。

在实行外汇管制的国家，一切外汇收入都要按官方汇价卖给外汇管理机构，一切外汇支出都要经外汇管理机构的许可。出口商必须把出口所得到的外汇收入按官方汇价卖给外汇管理机构；进口商也必须在外汇管理机构按官价申请购买外汇以支付进口货款。如果进口商买不到外汇，就无法从国外购进商品，从这个意义上说，外汇管制是一种限制进口的非关税壁垒。国家主要通过官方汇率的确定与外汇收支的集中控制来限制商品的进口量、种类和来源国别。

外汇管制的方式有很多，常见的有：

① 数量性外汇管制。数量性外汇管制是指一国外汇管理机构对外汇买卖的数量直接进行限制和分配。实行数量性外汇管制时，往往规定进口商必须获得进口许可证，外汇管理机构才按许可证上所载明的商品数量所需金额批给外汇。这样，政府通过控制外汇的供应数量来掌握进口商品的种类、数量和来源国别。实行数量性外汇管制的目的在于集中外汇收入，控制外汇支出，实行外汇分配，从而起到限制进口的作用。

② 成本性外汇管制。成本性外汇管制是指一国外汇管理机构对外汇买卖实行复汇率制度，利用外汇买卖成本的差异间接影响商品的进出口。实行复汇率制度的国家，一般都规定进口机器设备、重要的原材料和生活必需品按较低的汇率供应外汇，进口非生活必需品和奢侈品则按较高的汇率供应外汇；出口缺乏竞争力的商品适用优惠的汇率，出口一般商品适用一般的汇率。实行复汇率制的目的在于利用汇率的差异来限制和鼓励某些商品的进口或出口。

③ 混合性外汇管制。混合性外汇管制是指一国同时采用数量性和成本性外汇管制，对外汇实行更为严格的控制，以影响商品的进出口。

（5）影响竞争的措施

①国营贸易

国营贸易（state trading）是指在对外贸易中，规定某些商品的进出口由国家直接经营，或者由国家特许的垄断组织经营。

国营贸易对进口的限制主要通过设立全权受理进口某项产品的公司实现，由这些公司从国外进口产品，然后转手以高价在国内市场上出售。国家对进口的限制程度则取决于国家贸易公司对该商品价格的提高程度，价格提高的效果与征收关税相同，它直接影响着该商品的进口数量。

发达国家的国营贸易商品主要集中在烟酒、军火武器、农产品和石油等几类商品上。通过国家垄断商品的进口，国家可以获得巨额的利润，增加财政收入，同时也可以控制某些商品的进口数量。

②强制使用国家服务

强制使用国家服务（compulsory use of national services）是指进口国要求，进口产品必须使用国营企业提供的服务，例如进口产品在国家保险公司投保，进口产品由国家运输公司负责运输等。

（6）歧视性政府采购政策

歧视性政府采购政策（discriminatory government procurement policy）是国家通过法令规定政府机构在采购时要优先购买本国产品的做法。在国际贸易中，这些歧视性的政府采购政策是一种常见的非关税壁垒措施，通过对外国供应者不利的差别待遇，限制其产品的进口，从而达到保护本国生产者和提高国内就业水平的目的。

（7）各种国内税

国内税（internal taxes）是指在一国境内对生产、销售、使用或消费的商品所应支付的捐税。一些国家通过对不同种类的商品征收不同的国内税来限制外国商品的进口。国内税与关税不同，它的制定与执行属于本国政府或地方政府的权限，通常不受国际多边或双边贸易条约和协定的约束，因此，它是一种比关税更灵活、更隐蔽的贸易限制手段。

（8）最低限价和禁止进口

有些国家采用最低限价的办法来限制进口。所谓最低限价（minimum price）就是一国政府规定某种进口商品的最低价格，凡进口货价低于规定的最低价格则征收进口附加税或禁止进口。1977年，美国为了抵制欧洲、日本等国家和地区低价钢材和钢制品进口，实行所谓"启动价格制（trigger price mechanism，TPM）"。美国对进口的所有钢材和部分钢制品制定最低限价，即启动价格。启动价格是以当时国际上效率最高的钢生产者的生产成本为基础计算出来的。如果进口钢的价格低于启动价格，则进口商就必须对价格进行调整，否则便要接受调查，并有可能被征收反倾销税。又如，1985年智利对绸坯布进口规定最低限价为每千克52美元，低于限价的则征收进口附加税。

禁止进口（prohibitive import）是一国政府对贸易采取的一种极端措施。当一国政府感到实行进口数量限制无法阻止进口，也无法解决经济贸易困难时，往往颁布法令对某些商品实行禁止进口。

（9）进口押金制

进口押金制又称先期进口存款制（advanced deposit），是国家通过对进口商设置某种支付障碍来限制进口的措施。在这种制度下，进口商在进口商品时，必须预先在规定的时间内将相当于进口货值一定比例的现金款项无息存入指定的银行，方能获准报关进口，存款须经一定时期后才发还给进口商，其作用是政府可从进口商获得一笔无息贷款，进口商则因周转资金减少并损失利息收入而会减少进口，从而达到限制进口的目的。例如，意大利从1974年5月到1975年3月曾对400多种进口商品实行这种制度，规定进口商无论从任何一个国家进口，必须先向中央银行存放相当于进口货值50%的现款押金，无息冻结半年。据估计，这相当于征收5%以上的进口附加税。

进口押金制是通过加重进口商的资金负担来限制商品进口的，但如果进口商能用存款收据作抵押，从资金市场得到优惠利率贷款，或者外国出口商为保证销路愿分担存款金额，进口押金制的限制进口作用就会减弱，甚至消失。

（10）专断的海关估价

海关估价（customs valuation）是指海关为征收关税等目的，确定进口货物完税价格的程序，主要适用于实施从价税的商品。海关当局可以通过人为地高估进口货物的完税价格，来增加进口货物的关税负担，从而限制外国商品的进口。

（11）技术性贸易壁垒

技术性贸易壁垒（technical barriers to trade，TBT）是指进口国家有意识地利用复杂苛刻的技术标准、卫生检疫规定、商品包装和标签等规定来限制商品的进口。这类措施一般都是以保证产品质量、维护消费者安全和人民健康为理由而制定的，名目繁多，规定复杂，而且经常变化，往往使外国产品难以适应，从而起到限制外国商品进口和销售的作用。这些措施已成为当前发达国家实行非关税壁垒的重要手段。

（12）装运前检验和其他手续

①装运前检验

装运前检验（pre-shipment inspection）是指进口国主管部门要求，货物从出口国装运前，必须由独立机构实施强制性的质量、数量和价格控制。

②直接交货要求

直接交货要求（direct consignment requirement）是指进口国要求，货物必须直接从原产国装运，不得在第三国停留，以确保产品不会在任何第三国转运时被替换或进一步加工。

③通过特定海关口岸的要求

通过特定海关口岸的要求（requirement to pass through specified port of customs）是指进口国规定，某些进口货物须通过某指定入境口岸和/或海关办事处接受检验和测试。

此外，为了监测特定产品的进口价值或进口量，进口国会采取进口监测和监督等行政措施。

（13）分销限制

分销限制（distribution restrictions）是指进口国通过额外的许可证或认证要求对进口品在境内的分销实施限制。

①地域限制

地域限制（geographical restriction）是限制在进口国境内特定地区销售货物的措施。例如，仅允许在具有容器回收设施的城市销售进口饮料。

②经销限制

经销限制（restriction on resellers）是限制指定零售商销售进口产品的措施。例如，规定机动车出口商需要在进口国建设自有零售点，因为进口国现有的汽车经销商专营本国制造的汽车。

（14）售后服务限制

售后服务限制（restrictions on post-sales services）是指进口国限制出口货物生产商在进口国提供售后服务。例如，进口国规定，从国外进口电视机的售后服务必须由进口国当地的服务公司提供。

（15）原产地规则

原产地规则（rules of origin）包括进口国政府为确定货物原产国而普遍适用的法律、规范和行政决定。在实施反倾销和反补贴税、原产标识和保障措施等贸易政策工具时，原产地规则具有重要意义。如果进口产品难以满足进口国的原产地规则要求，则没有资格享受其制定的较低的关税税率。

（16）与贸易有关的投资措施

①当地含量措施

当地含量措施（local content measures）是指投资所在国政府为了促使企业购买本国产品或者限制企业进口外国产品，要求企业购买或使用的国产或国内分包产品不得低于一定最低比例，或者根据当地产品的出口量或出口价值限制购买或使用进口产品。例如，在生产汽车时，要求本国产的零部件价值比例不得低于50%。

②贸易平衡措施

贸易平衡措施（trade-balancing measures）是指进口国政府限制进口产品用于当地生产，或根据当地产量（包括当地产品出口量）限制进口产品；或根据所涉企业产生的外汇流入量限制该企业可用来进口产品的外汇。例如，进口国政府规定，企业进口的材料和其他产品不得超过其上年出口收入的80%。

7.2.3　非关税壁垒的经济效应

非关税壁垒种类繁多，这里仅对进口配额这一比较典型的非关税壁垒形式进行小国的局部均衡分析，并将其与进口关税的效应作比较。

（1）小国进口配额的经济效应

进口配额是通过对进口数量的限制来影响国内市场的价格，进而对国内的消费、生产和收入分配等产生影响。

图 7-5 对小国进口配额的经济效应作了分析。在图中，横轴代表一国 X 商品的数量 Q，纵轴代表 X 商品的价格水平 P，曲线 S 是 X 商品的国内供给曲线，曲线 D 是 X 商品的国内需求曲线。在自由贸易条件下，由于该国是小国，其面对的 X 商品的国际市场价格是一条水平线 P_w，国内市场价格由国际市场价格来决定。此时，国内对 X 商品的总需求量为 OQ_D，其中，OQ_S 为国内生产的数量，Q_SQ_D 为进口量。

该国对 X 商品采用配额限制进口，假设规定的进口配额为 $Q_S'Q_D'$，则国内市场价格将上升至 P′，国内对 X 商品的需求量下降为 OQ_D'，其中，国内生产数量增加至 OQ_S'。

图7-5 小国进口配额的局部均衡分析

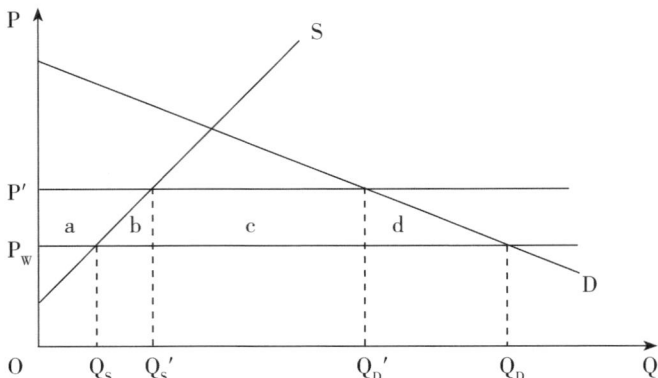

小国进口配额的经济效应包括：

①价格效应

实施进口配额后，进口小国价格将提高，价格提高的幅度取决于国内的供给价格弹性和需求价格弹性。供给和需求的价格弹性越大，由于实施进口配额导致的国内价格提高的幅度越小；反之，供给和需求的价格弹性越小，由于实施进口配额导致的国内价格提高的幅度越大。

②消费效应

实施进口配额引起进口商品价格提高导致消费量减少，消费者剩余降低（图7-5中的a+b+c+d部分）。

③生产效应

实施进口配额引起国内生产增加，替代了部分国外生产，生产者剩余增加（图7-5中的a部分）。但是国内生产者虽可扩大再生产，但却是一种缺乏效率的生产，它使资源从效率较高的用途转移到了效率较低的用途。

④贸易效应

实施进口配额使进口量下降。

⑤财政效应

实施进口配额能否增加政府的财政收入，取决于进口配额的分配方式。

一是进口国采用公开拍卖的方式分配配额。进口商愿出的最高价格不会超过进口所能获得的利润（图7-5中的c部分），进口商所付的款项即形成政府的财政收入。一般来说，拍卖中的竞争会把价格最终抬到最高，如果进口商愿出的价格等于c，则政府的财政收入等于c，与小国关税的财政效应完全相同。如果进口商愿出的价格低于c，则c部分收益由政府和进口商共同瓜分。

二是进口国参照进口商一年或几年前的实际进口额，按固定比例分配进口配额。由于进口商免费得到配额，c部分收益就由进口商获得，政府没有增加任何财政收入。

三是进口国规定由进口商申请、政府审批来发放配额。由于配额审批权完全掌握在部分政府官员手中，如果审批的透明度差，为了得到配额，进口商就可能向掌握配额分配权的官员行贿（寻租），在这种情况下，进口商与政府官员共同瓜分配额收益c，政府没有增加任何财政收入。另外，配额的审批往往需要花费较长时间和履行繁杂的手续，产生额外的损失。

⑥再分配效应与国民净损失

从以上分析可知，实施进口配额增加了生产者剩余，增加配额收益，但同时减少了消费者剩余，收入分配发生转移，即在消费者损失的福利中，a转移给生产者，c可能转移给政府、进口商或者掌握配额分配权的政府官员。

这种再分配效应的结果是，进口国遭受福利净损失b+d。其中，b是由于本国的生产资源从效率较高的部门转移到效率较低的部门而带来的福利损失；d是由于征税后进口国商品价格的上涨，消费者减少消费所带来的福利损失。

"自动"出口配额制对进口小国的国内价格、生产、消费和收入分配产生的影响与进口配额大致相同。不同之处在于配额由出口国分配，因此配额收益c就由出口国的政府、出口商或者掌握配额分配权的政府官员获得，进口国的福利净损失为b+c+d。

（2）小国进口配额与小国进口关税的经济效应比较

虽然小国进口配额与小国进口关税的经济效应有诸多类似之处，但仍存在许多差异。

①对进口数量的限制效果

进口关税通过提高进口商品的价格，从而降低进口的数量。但由于商品的国内供给曲线和需求曲线的弹性常常难以确定，因此很难估计将进口限定在要求水平上的进口关税，所以进口关税的贸易效应是不确定的。另外，外国出口商还可以通过提高效率或接受低利润的方式，来全部或部分消化关税的限制作用。进口配额的数量是明确的，因此可以将进口限定在一个确定的水平之上，国内生产者倾向于使用进口配额，而不是使用进口关税来保护自己。

②对进口国价格、生产量、消费量和进口量的影响效果

对进口商品征收某一水平的进口关税后，如果国内需求增加，则国内价格不变，国内生产不变，而消费量和进口量却增加。如在图7-6中，如果P′是征收进口税后的国内价格（P′= P_W +t），国内需求曲线由D变为D″时，国内价格仍为P′，国内生产仍为$OQ_S′$，而消费量却增至OQ_T，进口量增至$Q_S′Q_T$。

实施进口配额后，如果国内需求增加，则进口量不变，国内价格上升，国内生产增加，消费减少。如在图7-6中，如果P′是实施进口配额后的国内价格，国内需求曲线由D变为D″时，进口量不变（$Q_S′Q_D′=Q_S″Q_D″$），国内价格升至P″，国内生产增加至$OQ_S″$，消费减少至$OQ_D″$。

③进口配额容易导致国内生产部门形成垄断

在垄断条件下，实施进口配额造成的福利损失比征收进口关税要大。

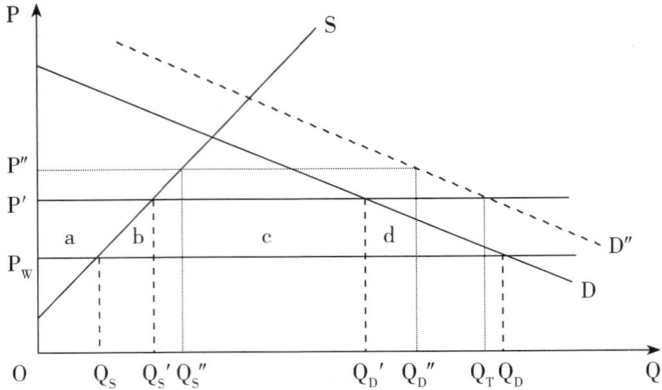

图7-6 需求变动时小国进口配额与小国进口关税的经济效应比较

如图7-7所示，在自由贸易条件下，当X商品的国际市场价格为P_w时，国内需求量为OQ_D，其中，OQ_S为国内生产的数量，Q_SQ_D为进口量。该国征收t单位的进口关税后，国内市场价格上升至P'（$P'=P_w+t$），国内对X商品的需求量下降为OQ_D'，其中，国内生产OQ_S'，进口$Q_S'Q_D'$，福利净损失为b+d。此时国内独家企业仍不能拥有垄断地位，因为征收进口关税只是提高了价格，而不直接限制进口数量，如果其将价格提高到P'以上，人们宁可买进口商品也不买国产商品。

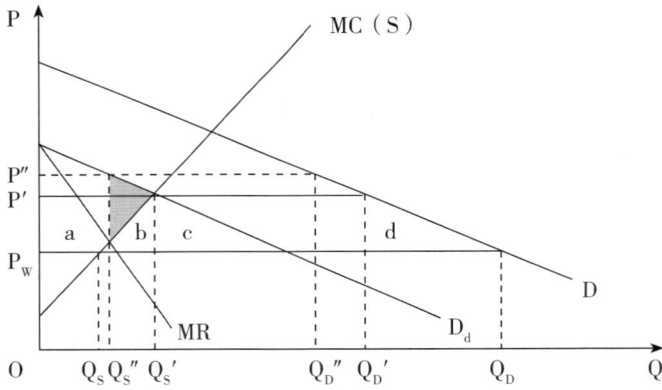

图7-7 垄断条件下进口配额与进口关税的经济效应比较

如果进口国政府实施进口配额，假定进口配额等于$Q_S'Q_D'$，由于进口配额限制了进口的数量，除进口所能满足的那部分需求外，国内其他需求就完全取决于国内企业的供给，对国内企业而言，在减去进口部分余下的市场即可独家垄断了。国内垄断企业现在面临的只是一个比没有贸易时稍微缩小了的市场需求D_d，有一条比以前内移了的边际收益曲线MR，根据垄断市场的定价原则（MR=MC），国内价格为P''，高于征收进口关税时的国内市场价格P'，国内消费量降至OQ_D''，消费者会遭受比实施进口关税时更大的福利损失；国内产量为OQ_S''，低于征收进口关税时的产量OQ_S'，甚至有可能低于自由贸易时的产量OQ_S。国家福利净损失除了由于贸易政策扭曲带来的b+d（与征收进口关税时相同）以外，还包括了图中的阴影部分，这部分损失是由于国内市场上的垄断造成的。

④进口配额不利于市场效率的提高

如果进口国政府不是采取公开、透明的方式分配配额，就容易导致寻租行为的发生，不利于市场效率的提高。

7.2.4　管制出口的非关税措施

许多国家出于政治、经济、军事或外交上的需要，往往对某些商品，特别是战略性物资、重要资源和先进技术等实行管制、限制或禁止出口。

（1）出口管制的商品

出口管制的商品主要有以下几类：

① 对战略物资、尖端技术、先进产品及有关的技术资料，严格控制出口，甚至禁止出口。

② 对国内生产所需的原材料、半制成品及国内市场供应不足的必需品，实行限量出口。

③ 对某些重要的历史文物、艺术品、黄金、白银等特殊商品，大多数国家规定须经特许才能出口。

④ 出于某种政治、军事、经济或外交上的目的，对某些特定的国家和地区实行出口管制和禁运，进行制裁。

⑤ 对某些在国际市场上竞争激烈的商品，为了缓和与进口国在贸易上的矛盾，在进口国的压力下，实行"自动"限制出口。

（2）管制出口的形式与非关税措施

出口管制的形式分为单方面出口管制和多边出口管制两种。单方面出口管制是指一国根据本国的出口管制法案，设立专门的执行机构，对本国某些商品的出口实行管制。多边出口管制是指几个国家政府通过一定的方式，建立国际性的多边出口管制机构，商讨和编制多边出口管制货单和出口管制国别，规定出口管制的办法等，以协调彼此的出口管制政策和措施，达到共同的政治、军事和经济目的。

管制出口的非关税措施包括出口许可证、出口配额、出口禁令、国营贸易、价格管制等。

7.3　　　　　　　其他对外贸易措施

7.3.1　鼓励出口的措施

为了推行奖出限入的贸易政策，许多国家除了利用关税和非关税壁垒措施限制进口外，还采取各种措施鼓励、扩大商品的出口。这些措施涉及财政、金融、汇率、组织管理和精神鼓励等方面。

（1）出口信贷

出口信贷（export credit）是出口国的官方金融机构或商业银行为了鼓励商品出口，提高商品的竞争能力，以优惠的条件向本国出口商、外国进口商或银行提供的贷款。它是出口厂商利用本国银行的贷款，扩大商品出口，特别是一些大项目商品出口的一种重要手段。

出口信贷按借贷关系划分为两种：

①卖方信贷

卖方信贷（supplier's credit）是指出口国银行向本国出口厂商（即卖方）提供的贷款。贷款合同由出口厂商与银行签订，通常用于船舶、大型成套设备等大项目的出口。由于这些商品的出口涉及金额较大，交货期长，外国进口商一般都要求采用延期付款的方式，出口厂商为了加速资金周转，往往需要取得银行的贷款。因此，卖方信贷是银行直接资助出口厂商向外国进口厂商提供延期付款，以促进商品出口的一种方式。

②买方信贷

买方信贷（buyer's credit）是指出口国银行直接向外国进口厂商（即买方）或进口国银行提供的贷款。这种贷款是一种约束性贷款，其附带条件是贷款必须用于购买债权国的商品，即贷款的提供与商品的出口是直接相联系的，因而可以起到促进出口的作用。

当出口国银行直接贷款给外国进口厂商时，进口厂商先用本身的资金，以即期付款的方式向出口厂商交纳买卖合同金额15%~20%的订金，其余货款以即期付款的方式将银行提供的贷款支付给出口厂商。以后按贷款合同规定的条件，向供款银行还本付息。当出口国银行贷款给进口国银行时，进口国银行以即期付款的方式代进口厂商支付应付的货款，并按贷款协议规定的条件向供款银行还本付息，并与进口厂商按双方商定的办法在国内结清债权债务。

买方信贷不仅使出口厂商可以较快地得到货款和减小风险，而且使进口厂商对货价以外的各种费用比较清楚，便于与出口厂商进行讨价还价，因此这种方式在目前较为流行。

按贷款偿还期限的长短，出口信贷可分为：短期出口信贷，偿还期一般不超过1年，主要用于支持消费品、原材料、小型设备的出口；中期出口信贷，偿还期一般为1~5年，主要用于支持中型设备的出口；长期出口信贷，偿还期一般为5~10年，甚至更长，用于支持大型项目和成套设备的出口。

（2）出口信贷国家担保制

出口信贷国家担保制（export credit guarantee system）是指各国为了扩大出口，对于本国出口厂商或商业银行向外国进口厂商或银行提供的信贷，由国家设立的专门机构出面担保的一种制度。当外国债务人不能付款时，该国家机构便按照承保的金额给予赔偿。这是国家为了扩大出口，代替出口厂商承担风险，争夺国外市场的一项重要手段。

出口信贷国家担保制的主要内容有：

①担保的项目与金额

通常私人商业保险公司不承保的出口风险项目，均可向该担保机构进行投保。这些风险可分为两类：

A.政治风险。这是由于进口国发生政变、革命、暴乱、战争以及政府实行禁运、冻结资金或限制对外支付等政治原因所造成的经济损失，这种风险的承保金额一般为合同金额的85%~95%。

B.经济风险。这是由于进口厂商或借款银行破产倒闭、无力偿付、货币贬值或通货膨胀等经济原因所造成的损失，这种风险的承保金额一般为合同金额的70%~85%。

目前，各国普遍加强了出口信贷国家担保制，对于某些出口项目的承保金额已经达到100%。

②担保对象

担保对象主要分为两种：

A.对出口厂商的担保。为出口厂商输出商品时提供的短期信贷或中、长期信贷可以向国家担保机构申请担保。有些国家的担保机构本身不向出口厂商提供出口信贷，但可以为出口厂商取得出口信贷提供有利条件。例如，有的国家采用保险金额的抵押方式，即允许出口厂商将所获得的承保权利以"授权书"的方式转移给供款银行取得出口信贷。

B.对银行的直接担保。银行所提供的出口信贷通常均可向国家担保机构申请担保，这种担保是担保机构直接对供款银行承担的一种责任。有些国家为了鼓励出口信贷业务的开展和提供贷款安全保障，往往给银行更为优厚的待遇。例如，英国出口信贷担保署对商业银行向出口厂商提供的某些信贷，一旦出现过期未能清偿付款时，不问未清付的原因便可给予100%的偿付，但保留对出口厂商的追索权。一旦未清付的原因超过了承保风险项目，该署可要求出口厂商偿还。这种办法有利于银行扩大出口信贷业务，从而促进商品的出口。

③担保期限与费用

根据出口信贷的期限，担保期限通常可分为短期与中、长期。短期信贷担保期为6个月左右。中、长期信贷担保期通常为2~15年，最长的可达20年。承保时间可从出口合同成立日或货物装运出口时起直到最后一笔款项付清为止。

出口信贷国家担保制的主要目的在于担保出口厂商与供款银行在海外的风险，以扩大商品的出口，因而其收取的费用一般不高，以减轻出口厂商和银行的负担。保险费率根据出口担保的项目内容、金额大小、期限长短、输往国别或地区的不同而有所不同。

（3）出口补贴

出口补贴（export subsidy）是指一国政府在某种商品出口时给予出口厂商的现金补贴或财政上的优惠待遇，目的在于支持出口商降低出口商品的价格，加强其在国际市场上的竞争力。

政府对出口商品可以提供补贴的范围非常广泛，但不外乎两种基本方式：一种是直接补贴，是指在出口某种商品时，由政府直接付给出口厂商的现金补贴；另一种是间接补贴，是指政府对有关出口商给予财政上的优惠待遇。其具体形式很多，主要包括退还或减免出口商品所缴纳的国内税、暂时免税进口、退还进口税、免征出口税、延期纳税、降低运费、提供低息贷款、复汇率等。

（4）外汇倾销

外汇倾销（exchange dumping）是指国家利用本国货币对外贬值的机会向国外倾销商品的一种特殊措施。当一国货币对外贬值后，用外币表示的本国出口商品的价格会降低，该商品的竞争力则相应地提高，从而有利于扩大出口。

外汇倾销不能无限制、无条件地进行，必须具备以下两个条件才能起到扩大出口的作用：

第一，货币贬值的程度要大于国内物价上涨的程度。货币贬值必然引起一国国内物价上涨，当国内物价上涨程度赶上或超过货币贬值的程度，外汇倾销的条件就不存在了。但国内价格与出口价格的上涨总要有一个过程，并不是本国货币一贬值，国内物价立即相应上涨，而物价上涨总是在一定时期内落后于货币对外贬值的程度，因此垄断组织就可以获得外汇倾销的利益。

第二，其他国家不同时实行同等程度的货币贬值或采取其他报复性措施。如果其他国家实行同等程度的货币贬值，那么两国货币贬值程度就相互抵消，汇价仍处于贬值前的水平。如果外国采取提高关税等其他限制进口的报复性措施，也会起到抵消的作用，外汇倾销的条件也就不存在了。

（5）其他措施

除上述措施以外，各国还从其他许多方面来鼓励、促进商品出口。

① 设立专门组织，研究和制定出口战略，扩大出口。

② 建立商业情报系统，提供商业情报服务。许多国家都设立了官方的商业情报机构，在海外设立商情网，负责向出口厂商提供所需的情报。

③ 组织贸易中心和贸易展览会。贸易中心是永久固定性的设施，在此可以举办贸易展览会，进行咨询服务或正常办公等。贸易展览会是短期流动性的展出。

④ 组织贸易代表团和接待来访。许多国家为了发展对外贸易，经常组织贸易代表团出访，其出国费用大部分由政府补贴。许多国家还设立专门机构接待来访团体。

⑤ 组织出口商的评奖活动。许多国家对出口成绩卓著的厂商，都以授予奖章、奖状，来鼓励其业绩，并通过授奖活动推广他们扩大出口的经验。

为了扩大出口，许多国家还采取了其他一些措施，如外汇分红、出口奖励证制、复汇率制、国家资本输出等。

（6）出口补贴的经济效应

如前所述，鼓励出口的措施是多种多样的，尽管这些出口鼓励措施各不相同，但实际上都是一国对出口的利益鼓励，只是形式上不同而已。因此，各种鼓励出口的政策措施所产生的经济影响也可通过出口补贴来加以说明，具体产生的经济效应可参考下述对出口补贴经济效应的分析。

为方便起见，在分析出口补贴对一国福利的影响时，假设政府对出口实行的是直接的现金补贴，即对每一单位的出口提供相应数量的现金补助。

图7-8（a）图是出口小国提供出口补贴的局部均衡分析。在图中，曲线 D 和 S 分别代表一国 X 商品的需求与供给曲线。在自由贸易条件下，X 商品的世界市场价格是 P_W，该国 X 商品的产量为 OQ_S，消费量为 OQ_D，出口量为 Q_DQ_S。如果该国政府提供出口补贴，则对于本国生产者而言，其出口获得的收入为（P_W+补贴），比在国内销售更有利可图，因此会尽量出口。本国消费者只有付出与生产者出口所能得到的一样的价格，才能确保一部分商品留在国内市场而不是全部出口，因此国内市场价格将上升到（P_W+补贴）的水平。在此价格下，该国 X 商品的产量增至 OQ_S'，消费量降至 OQ_D'，出口增至 $Q_D'Q_S'$。

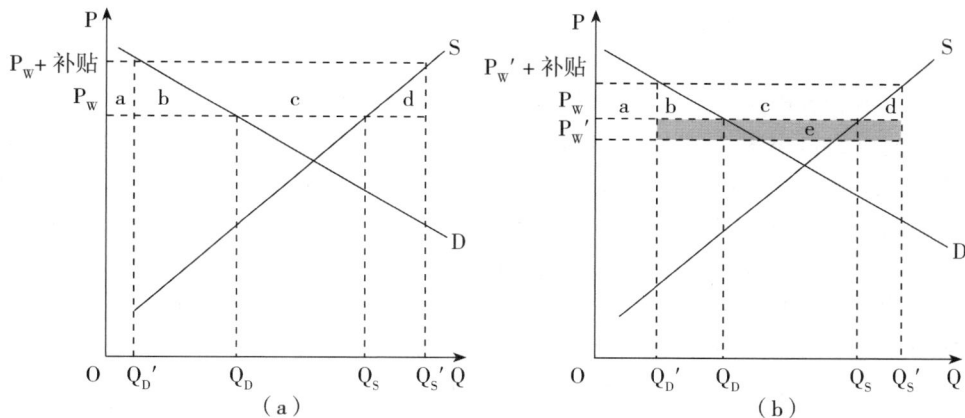

图7-8　出口补贴的局部均衡分析

可以看出，X 商品的高价格使生产者受益而消费者受损，同时，该国还得负担补贴的成本。在出口补贴实施后，国内消费者剩余的损失为（a+b），国内生产者获利（a+b+c），政府补贴为（b+c+d），该国的国民福利净损失为（b+d）。其中，d 是由于本国的生产资源从效率较高的部门转移到效率较低的部门而带来的福利损失，b 是由于消费者减少消费所带来的福利损失。

出口补贴的
局部均衡分析

图7-8（b）图是出口大国提供出口补贴的局部均衡分析。在自由贸易条件下，X 商品的世界市场价格是 P_W，该国 X 商品的产量为 OQ_S，消费量为 OQ_D，出口量为 Q_DQ_S。如果该国政府通过提供出口补贴来增加出口，由于其是出口大国，出口的增加使世界市场价格下跌（假定从 P_W 跌到 P_W'）。对于本国生产者而言，其出口获得的收入为（P_W'+补贴），同样地，国内市场价格将升至（P_W'+补贴）的水平，其涨幅低于同样条件下小国的情形。在此价格下，该国 X 商品的产量增至 OQ_S'，消费量

降至 OQ_D'，出口增至 $Q_D'Q_S'$。

由于出口大国提供出口补贴会使其贸易条件恶化，因此其净福利损失会大于小国的情形。从（b）图中可以看出，国内消费者剩余的损失为（a+b），国内生产者获利（a+b+c），政府补贴为（b+c+d+e），该国的国民福利净损失为（b+d+e）。其中，d是由于本国的生产资源从效率较高的部门转移到效率较低的部门而带来的福利损失，b是由于消费者减少消费所带来的福利损失，阴影部分e是由于出口价格下跌造成的贸易条件恶化损失。

7.3.2 生产补贴对鼓励出口和限制进口的影响

一国除了采用贸易政策来鼓励出口、限制进口以外，还可以采用生产补贴等产业政策来达到同样的目的。从补贴的形式看，生产补贴与出口补贴相同，也包括直接补贴和间接补贴；但从补贴的对象和补贴的福利效果看，二者却大不相同。

（1）对出口工业的生产补贴

对出口工业的生产补贴与出口补贴的区别在于，生产补贴对生产的所有产品进行补贴，不管该产品是在国内市场销售还是向国外出口。

我们以出口小国为例说明对出口工业实施生产补贴的效应。在图7-9中，曲线 D 和 S 分别代表一国 X 商品的需求与供给曲线。在自由贸易条件下，X 商品的世界市场价格是 P_w，该国 X 商品的产量为 OQ_S，消费量为 OQ_D，出口量为 Q_DQ_S。如果该国政府对 X 商品提供生产补贴，本国生产者仍按原来的市场价格 P_w 销售，但实际获得的收入为（P_w+补贴），在此价格下，该国 X 商品的产量增至 OQ_S'。由于生产者在产品进入市场以前就已经得到了补贴，在哪里销售与补贴无关，因此生产补贴不会使国内市场价格上升，消费者仍将消费 OQ_D，出口则增至 Q_DQ_S'。

图 7-9 出口工业的生产补贴效应

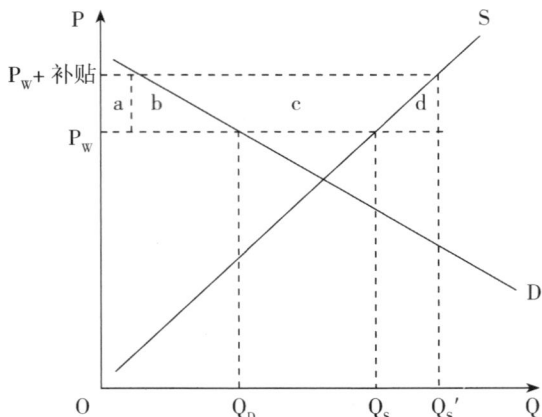

由于国内价格没有变动，消费者也就没有福利损失；国内生产者获利（a+b+c），政府提供的生产补贴为（a+b+c+d），该国的国民福利净损失为d。

与出口补贴不同的是，生产补贴由于没有影响消费，因此其只造成由于本国的生产资源从效率较高的部门转移到效率较低的部门而带来的福利损失，而没有造成消费者减少消费所带来的福利损失。所以，从整个社会的利益来说，生产补贴优于出口补贴，但对政府而言，生产补贴的支出要远大于出口补贴的支出。

（2）对进口竞争工业的生产补贴

我们以进口小国为例说明对进口竞争工业实施生产补贴的效应。在图7-10中，曲线 D 和 S 分别代表一国 X 商品的需求与供给曲线。在自由贸易条件下，X 商品的世界市场价格是 P_W，该国 X 商品的产量为 OQ_S，消费量为 OQ_D，进口量为 Q_SQ_D。如果该国政府对 X 商品提供生产补贴，本国生产者仍按原来的市场价格 P_W 销售，但实际获得的收入为（P_W+补贴），在此价格下，该国 X 商品的产量增至 OQ_S'。国内市场价格 P_W 不变，消费者仍将消费 OQ_D，进口则降至 $Q_S'Q_D$。

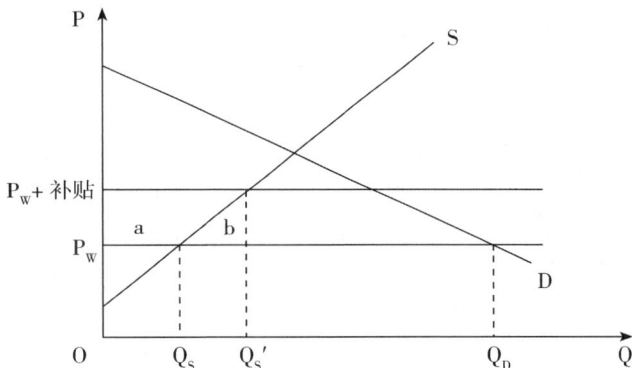

图7-10 进口竞争工业的生产补贴效应

由于国内价格没有变动，消费者也就没有福利损失；国内生产者获利 a，政府提供的生产补贴为（a+b），该国的国民福利净损失为 b。

从整个社会的利益来说，同样为了达到保护国内工业的目的，实施关税造成的国民福利净损失要大于实施生产补贴造成的国民福利净损失，因而生产补贴这种产业政策优于进口关税这种贸易政策。但对政府而言，实施生产补贴会造成政府财政的净支出，而征收进口关税却给政府带来净收入，所以政府更愿意使用贸易限制政策对国内产业进行保护。

7.3.3 贸易条约与协定

贸易条约与协定是指两个或两个以上的经济体在经济关系，特别是贸易关系方面规定相互间权利和义务的书面协议。这些贸易条约与协定一般都反映了缔约国对外政策和对外贸易政策的要求，并为缔约国实现其对外政策和对外贸易政策目的服务。

贸易条约与协定按照缔约国的多少，可分为双边贸易条约与协定和多边贸易条约与协定。前者是指两个经济体间缔结的贸易条约与协定；后者是指两个以上经济体共同缔结的贸易条约与协定。

（1）贸易条约与协定中的法律待遇条款

在国际贸易条约与协定中，通常所适用的法律待遇条款是最惠国待遇条款和国民待遇条款。

①最惠国待遇条款

最惠国待遇（most-favored nation treatment）是指缔约国一方现在和将来所给予任何第三国的一切特权、优惠及豁免，应同样地给予缔约国对方。

最惠国待遇有无条件的最惠国待遇和有条件的最惠国待遇两种：无条件的最惠国待遇是指缔约国一方现在或将来给予任何第三国的一切优惠待遇，应该立即、自动、无条件、同样地适用于缔约国对方。无条件的最惠国待遇条款首先是英国采用的，所以也称为"欧洲式"最惠国待遇条款。有条件的最惠国待遇是指如果缔约国一方给予任何第三国的一切优惠是有条件的，则缔约国对方必须提供同样的补偿，才能享受这种优惠待遇。有条件的最惠国待遇条款最先是美国采用的，所以也称为"美洲式"最惠国待遇条款。在现代贸易条约与协定中，普遍采用的是无条件的最惠国待遇条款，极少采用有条件的最惠国待遇条款。

最惠国待遇条款可以适用于缔约国经济贸易关系的各个方面，也可以适用于贸易关系中某几个具体问题。在签订贸易条约或协定时，缔约双方可以根据两国的关系和发展贸易的需要，在最惠国待遇条款中具体列举其适用的范围。在列举范围以内的事项适用最惠国待遇条款，在列举范围以外的事项则不适用最惠国待遇条款。

最惠国待遇条款适用的范围很广，通常包括以下几个方面：

A.有关进口、出口、过境商品的关税及其他各种捐税；

B.有关商品进口、出口、过境、存储、转船方面的海关规则、手续和费用；

C.有关进出口许可发放的行政手续；

D.有关船舶驶入、驶出、停泊时的各种税收、费用和手续；

E.有关移民、投资、商标、专利及铁路运输方面的待遇。

在贸易条约与协定中，一般都规定有最惠国待遇条款适用的限制或例外。最惠国待遇条款适用的限制是指将最惠国待遇适用的范围限制在经济贸易关系的某些具体方面。最惠国待遇条款适用的例外是指某些具体的经济和贸易事项排除适用最惠国待遇。最惠国待遇条款适用的例外最常见的有以下几种：

A.边境贸易。国际上的通行惯例往往对国家边界两边15千米以内的小额贸易的关税、海关通关手续给予减免等优惠待遇。

B.关税同盟。结成关税同盟的成员国间的关税免税待遇，作为最惠国待遇的例外。

C.区域性特惠。若干特定国家间通过条约或协定相互给予的特别优惠和便利。

D.国内法令和禁令中的有关规定。一国为了维护国内的公共秩序、国家安全、人民健康、保护文物古迹，以及禁止金银货币外流、防止动植物病虫害而制定的限制规定或禁令，不作为对最惠国待遇的违背。

E.沿海贸易和内河航行。缔约国一方在沿海贸易和内河航行方面给予他国的优惠，作为最惠国待遇的例外。

F.多边国际条约或协定承担的义务。缔约国一方参加其他多边国际条约或协定而履行其所承担的义务，作为最惠国待遇的例外。

②国民待遇条款

国民待遇（national treatment）是指缔约国一方保证给予缔约国对方的公民、企业、船舶在本国境内享有不低于本国公民、企业、船舶的待遇。

国民待遇条款一般适用于外国公民或企业的经济权利，通常包括外国产品应缴纳的国内捐税，利用铁路运输和转口过境的条件，船舶在港口的待遇，商标注册、版权、专利权的保护等。但是，国民待遇条款的适用也是有例外的，并不是将本国公民或企业所享有的一切经济权利都包括在内。例如，沿海航行权、领海捕鱼权、购买土地权等，通常均不包括在国民待遇条款的范围之内。

（2）贸易条约与协定的种类

贸易条约与协定的种类很多，常见的主要有：

①通商航海条约

通商航海条约（treaty of commerce and navigation）是全面规定两国间经济和贸易关系的条约。它常涉及缔约国之间经济和贸易关系的各个方面，不仅关系到缔约国的经济利益，还关系到国家的主权。这种条约一般由国家元首或其特派的全权代表来签订，并经双方的立法机关讨论通过、最高权力机关批准才能生效，条约的有效期限比较长。目前，全面规定国家间经济贸易关系的通商航海条约已很少签订。

②贸易协定和贸易议定书

贸易协定（trade agreement）是缔约国间为调整彼此贸易关系而签订的一种书面协议。与通商航海条约相比较，贸易协定所涉及的面比较窄，内容比较具体，有效期限比较短，签订的程序也比较简单，一般只需经签字国的行政首脑或其代表签署即可生效。

贸易议定书（trade protocol）是缔约国就发展贸易关系中某项具体问题所达成的书面协议。它往往是作为贸易协定的补充、解释或修改而签订的，有的作为贸易协定的附件，有的则不作为其附件。此外，在签订长期贸易协定时，关于年度贸易的具体事项往往通过议定书的方式加以规定。贸易议定书的签订程序和内容都更为简单，一般由签字国有关行政部门的代表签署后即可生效。

③支付协定

支付协定（payment agreement）是国与国之间关于贸易和其他方面债权债务结算办法的书面协议。支付协定是外汇管制的产物，在实行外汇管制的情况下，一种货币不能自由兑换成另一种货币，对一国所拥有的债权不能用来抵偿对第三国的债务，结算只能在双边基础上进行，因而，需要缔结支付协定来规定两国间债权债务的结算。

一般说来，支付协定正文的主要内容包括以下几个方面：

A.清算机构和清算账户的规定

支付协定的目的在于避免支付黄金和外汇，而采用直接抵消债权债务的办法进行两国间的结算，因此，必须设立清算机构。通常双方都指定各自的中央银行作为清算的负责机构。

清算机构办理清算业务是通过清算账户进行的，清算账户有两种：一是单边账户，即只在缔约国一方的中央银行设立清算账户；二是双边账户，即在缔约国双方的中央银行互为对方国家设立清算账户，目前大多数的清算账户都属于这种。

B.清算项目与范围的规定

清算项目与范围是指两国间应通过清算账户进行结算的项目与范围。该项目与范围，除了进出口商品价款外，还包括进出口贸易的从属费用，如运费、保险费、佣金等。此外，也可包括其他项目，如外交费用、侨汇等。凡未列入清算范围内的项目，仍用收付现汇的办法进行结算。

C.清算货币的规定

在单边账户下，用设立清算账户国家的货币进行记账和支付；在双边账户下，分为记账货币和支付货币两种，记账货币可以用一方的货币，也可以用第三国的货币，由双方谈判后在协定中确立。双方的债权人和债务人在办理收付时，则分别使用本国的货币。

D.清算方法和差额结算的规定

缔约国双方的债权人或债务人通过指定银行，从本国中央银行的清算账户领取本国货币或用本国货币把应付款项记入对方国家的清算账户，结算债务。缔约国双方的中央银行，要把收付款项互相通知，尽量保持双方清算账户的平衡。

支付协定到期时，对清算账户的差额进行结算的办法主要有四种：一是在一定期限内由债务国向债权国输出商品；二是用双方同意的可兑换货币或黄金支付；三是用双方同意的其他不可兑换货币支付；四是将差额转入下年度清算账户内。

④国际商品协定

国际商品协定（international commodity agreement）是指某项商品的主要出口国和进口国间就稳定该项商品价格及保证供销等问题所缔结的政府间多边协定。

国际商品协定的主要对象是发展中国家的初级产品，其目的是稳定这些商品的合理价格和保证这些产品的生产及销售。国际商品协定虽然在20世纪20年代就已经开始存在，但主要是在第二次世界大战以后才发展起来的。第二次世界大战以后，共签订了小麦（1949年签订）、糖（1953年签订）、锡（1956年签订）、橄榄油（1958年签订）、咖啡（1962年签订）、可可（1973年签订）和天然橡胶（1979年签订）七种国际商品协定。

国际商品协定一般由序言、宗旨、经济条款、行政条款、最后条款等部分构成，并有一定的格式，其中的经济条款和行政条款是国际商品协定中两项主要的条款。

A.经济条款

经济条款是确定各成员国权利和义务的依据，它关系到各成员国的具体权益。商品不同，有关经济条款的内容也不尽相同，但主要有以下几种：

a.缓冲存货的规定

缓冲存货是指由该商品协定的执行机构按最高限价和最低限价的规定，运用其成员国提供的实物和资金，干预市场和稳定价格。其办法是在最高限价和最低限价之间划成高、中、低三档，当市场价格涨到高档时，抛售缓冲存货的实物以维持价格在最高限价以下；在低档时，利用缓冲存货的现金在市场上收购以保持价格在最低限价以上；在中档时，不动用缓冲存货。这种规定最主要的是就最高限价、最低限价及价格档次达成协议，并拥有大量资金和存货。采用缓冲存货规定的有国际锡协定和国际天然橡胶协定。

b.出口限额的规定

该条款规定一个基本的出口限额，每年再根据市场需求和价格变动，确定当年平均的年度出口限额。年度出口限额按固定部分和可变部分分配给有基本限额的各出口成员国，可变部分按出口成员国的库存量占全体出口成员国总库存量的比例进行分配；固定部分占年度限额的70%，可变部分占30%。采用出口限额规定的有国际咖啡协定。

c.多边合同的规定

该条款规定在协定规定的价格幅度内，进口国向各出口国购买一定数量的有关商品，出口国向各进口国出售一定数量的有关商品。当完成协定规定的数量后，可在任何市场，以任何价格，进口国购买任何数量的有关商品，出口国出售任何数量的有关商品。采用多边合同规定的有国际小麦协定。

d.出口限额与缓冲存货相结合的规定

该条款规定同时采用这两种办法来控制市场和稳定价格。其做法是首先规定该商品的最高限价和最低限价；其次是确定指示价格；最后是采用出口限额和缓冲存货所规定的办法调节价格，使价格恢复到最高限价与最低限价的幅度内。采用这种规定的有国际可可协定。

B.行政条款

该条款主要涉及权力机构和表决票的分配。国际商品协定的权力机构有理事会、执行委员会和监督机构，权力机构职位的分配是进出口各成员国所关心的重要问题。各权力机构达成的协议，除采用协商一致的办法外，一般要通过表决决定，由各成员国对重大问题进行投票表决。因此，各协定对表决票的分配及其使用均有具体的规定，以保证各成员国享有一定的表决权。

国际商品协定是进出口国矛盾斗争暂时妥协的产物，对于控制商品的供销和稳定价格都起到了一定的作用，但如果发生经济危机等问题，这些协定往往不能起作用。在这种情况下，发展中国家提出建立商品综合方案的主张，要求用一种综合的办法来解决商品贸易问题。

⑤商品综合方案

商品综合方案（integrate programme for commodities）是发展中国家在1964年4月第六届特别联大会议上第一次提出来，在1976年5月联合国第四届贸易和发展会议上正式通过的决议。这项方案的主要内容包括以下几个方面：

A.建立多种商品的国际储存（或称缓冲存货）

该项规定是为了稳定商品价格及保证正常的生产和供应。国际储存商品的选择标准有两条：第一，这项商品对发展中国家具有重要的利害关系；第二，这项商品便于储存。

B.建立国际储存的共同基金

该项共同基金的规定是为了资助这些国际初级产品的缓冲存货，改善初级产品市场，提高初级产品的长期竞争力。

C.商品贸易的多边承诺

该项规定是为了稳定供应，各有关国家政府承诺在特定时期内各自进口或出口某种商品的数量。

D.扩大和改进商品贸易的补偿性资金供应

该项条款规定出口初级产品的发展中国家的出口收入骤减时，国际货币基金组织将给予补偿性贷款。

E.扩展初级产品的加工和出口多样化

该项条款规定发达资本主义国家对来自发展中国家初级产品的加工产品的进口降低或取消关税和非关税壁垒，采取促进贸易的措施等。

商品综合方案是发展中国家为打破旧的国际经济贸易秩序，建立新的国际经济贸易秩序所采取的一个重要步骤，但由于触动了发达国家在国际市场的垄断地位和利益，要将方案的内容变成现实，还需经过长期艰苦的斗争。

7.3.4　经济特区

经济特区是一国为了促进对外经贸发展，加快经济建设而在国内设立的特殊区域。在这个区域内，采取比其他地区更开放、更灵活、更优惠的政策和管理体制，以吸引外资和引进外国先进技术设备。

经济特区的发展已有很长的历史。早在15世纪末，德国北部几个商业城市建立了"汉撒同盟"，为了促进同盟内部的优惠通商，曾选定汉堡和不来梅作为自由贸易区。16世纪中叶以后，欧洲一些国家为了活跃对外贸易，先后把沿海港口辟为自由港。此后，从17世纪到19世纪，在国际贸易中占有优势地位的国家，如荷兰、法国、英国、丹麦、葡萄牙等，为了扩大对外贸易，除在本国建立自由港外，还把地中海沿岸地区、中东、东南亚、加勒比地区的许多港口城市开辟为自由港。到了帝国主义时期，垄断资本为了取得最大限度的利润，不仅在殖民地、附属国继续设置自由港区，而且还在本国开辟自由港区，以便借助其优越的地理位置，发挥商品集散中心的作用，增加贸易利益。例如，1934年美国国会通过对外贸易区法案后，在纽约、旧金山等地开始设置对外贸易区。因此，在资本主义自由竞争时期曾一度衰落的自由港区，到了帝国主义时期又再度盛行起来。到第二次世界大战前夕，全世界已有26个国家设立了75个自由港区。

第二次世界大战以后，许多国家为了加强本国的经济实力和扩大对外贸易，不仅在本国经济特区内放宽对外国投资的限制，而且增设了更多的经济特区，以促进贸易的发展。

各国或地区设置的经济特区名目繁多，规模不一，基本上可分为三种类型，即贸易型经济特区、工贸型经济特区、科技型经济特区。

（1）贸易型经济特区

贸易型经济特区是指以发展转口贸易为主要目的的经济特区，包括自由港、自由贸易区、对外贸易区、保税区等。

自由港或自由贸易区都是划在关境以外，对进出口商品免征关税，并且允许在港内或区内自由从事商品存储、展览、拆散、改装、重新包装、整理、加工和制造等业务活动，以达到促进本地区经济和对外贸易的发展、增加财政收入和外汇收入的目的。

（2）工贸型经济特区

工贸型经济特区是指以优惠条件吸引外国直接投资、生产以出口为主的制成品的区域，主要有出口加工区、自由边境区等。

出口加工区是指一个国家或地区在其港口或邻近港口、国际机场的地方，划出一定的范围，新建和扩建码头、车站、道路、仓库、厂房等基础设施，提供减免税收等优惠待遇，以鼓励外国企业在区内投资设厂，生产以出口为主的制成品的加工区域。

自由边境区也是一种工贸型经济特区。它一般设在本国的一个省或几个省的边境地区，提供类似出口加工区的优惠措施，吸引国内外厂商投资，允许在区内进行存储、展览、混合、包装、加工、制造等业务活动，以开发边境经济。凡是区内使用的机器、设备、原料和消费品，均可免税或减税进口，但商品从边境区运入海关管辖区，则须照章纳税。

自由边境区与出口加工区的主要区别在于自由边境区的进口商品加工后大多是在区内使用，只有少数用于再出口，故设立自由边境区的目的是开发边境经济。

（3）科技型经济特区

科技型经济特区是指以科技为先导，以生产技术密集型和知识密集型的出口产品为主的自由经济区。

科技型经济特区有两种不同的类型：自主型科学工业园区和引进型科学工业园区。发达国家拥有先进的技术、充裕的资金，可以依靠自身的资金、技术和智力，研究与开发高科技，并使之商品化，其所设立的科学工业园区多属于自主型。而大多数发展中国家或地区进行科技开发时面临着资金、技术和人才不足的难题，因而大多采用引进国外资金、技术和智力的办法进行合作研究与开发，其所设立的科学工业园区多属于引进型。

中国（上海）
自由贸易
试验区

□ 复习思考题

自测题

1.什么是关税、海关、关境？关境与国境是否一致？

2.关税主要有哪些作用？

3.关税有哪些征收方法？

4.什么是海关税则？它有哪些种类？

5.什么是进口税？什么是正常关税？什么是关税壁垒？

6.什么是反倾销税？《关税与贸易总协定》第六条对倾销与反倾销是如何规定的？"正常价值"指什么？

7.什么是普遍优惠制？它有哪些主要原则？

8.用图示分析说明小国和大国进口关税的局部均衡。

9.简述非关税壁垒的含义、分类和特点。

10.什么是进口配额？它分为哪些种类？

11.什么是"自动"出口配额制？它与绝对进口配额制有何异同？

12.什么是外汇管制？它有哪些常见的方式？

13.什么是技术性贸易壁垒？

14.用图示分析说明小国进口配额的经济效应，并说明其与小国进口关税的经济效应有何不同。

15.什么是出口信贷？它分为哪些种类？

16.什么是出口信贷国家担保制？其主要内容是什么？

17.什么是出口补贴？它分为哪些种类？

18.什么是外汇倾销？外汇倾销要起到扩大出口的作用，必须具备哪些条件？

19.为了保护国内工业，采用对进口竞争工业的生产补贴和征收进口关税的效果有何不同？

20.为了增加出口，采用对出口工业的生产补贴和采用出口补贴的效果有何不同？

21.简述最惠国待遇和国民待遇的含义、适用范围与例外。

22.什么是经济特区？它有哪些基本类型？

第8章/对外贸易与经济发展

———— 学习目标 ————

了解贸易战略的分类，熟悉和掌握对外贸易对经济发展的作用和贸易战略的内涵，重点学习和掌握进口替代战略和出口替代战略。

经济增长（economic growth）和经济发展（economic development）虽有联系，却是两个不同的概念。经济增长是指社会财富的增长、生产的增长或产出的增长。衡量经济增长的通用尺度是国民总收入（GNI）的增长率。经济发展是指随着经济的增长而发生的社会经济多方面的变化，这些变化包括投入结构的变化、产出的变比、一般生活水平和分配状况的变化、卫生健康状况的变化、文化教育状况的变化、自然环境和生态的变化等，因此，衡量经济发展比衡量经济增长要复杂得多，困难得多。

可见，经济增长内涵较窄，经济发展内涵较广；经济增长是一个数量概念，经济发展既是一个数量概念，又是一个质量概念；经济增长是经济发展的动因和手段，经济发展是经济增长的结果和目的。没有经济增长，不可能有经济发展。如果出现有经济发展而无经济增长的现象，那一定是个别的、短暂的、反常的现象，而绝不是一般的、长期的、正常的现象。因此，为了谋求经济发展，必须启动经济增长，并保持经济稳定增长的势头。但绝不能认为，只要有经济增长，就必然带来经济发展，在现实中，"有增长而无发展"的情况完全可能出现。

8.1　对外贸易对经济发展的作用

8.1.1　对外贸易对经济发展的促进作用

对外贸易对经济发展有重要的促进作用，具体表现在以下几个方面：

（1）提高资源配置效率，增进社会福利

每个国家在经济上和生产上都有自己的相对优势和相对劣势。在国家间实行分工有利于各国发挥优势、扬长避短。一国出口本国具有相对优势的产品，进口本国处于相对劣势的产品，通过国际交换，可以节约社会劳动，把节约下来的社会劳动用于创造其他方面的财富，这样可以增加社会财富的总量，加速经济发展。

（2）实现规模经济

对外贸易为工业品提供了一个广大的市场。生产规模的扩大，使现有的生产设备得到充分的利用，从而降低了单位商品的生产成本，取得规模经济效益。

（3）促进劳动生产率的提高

由于国际市场存在激烈的竞争，一个国家或企业要想在国际市场上取胜，击败竞争对手，必须不断地更新技术，提高产品的质量，降低产品成本。可见，对外贸易有助于打破垄断，刺激企业提高劳动生产率。此外，通过对外贸易，还可以引进先进的技术、设备和管理经验等。因此，对外贸易成为提高劳动生产率的重要途径。

（4）满足多样化的需求

由于自然条件、社会条件等方面的差异，任何一个国家都不可能拥有或生产它所需要的一切。通过对外贸易，可以在各国间实现互通有无、调剂余缺，满足多样化的需求。

（5）协调国民经济发展

国民经济的各个部门是相互联系、互为市场的，由于自然条件或由于生产、市场等因素的变化，国内常常会出现某些部门的商品供过于求或供不应求的状况。通过对外贸易，可以加强国内外物资交流，从而协调各生产部门的比例关系，保证社会再生产的顺利进行和经济的稳定发展。

（6）带动相关经济部门的发展

国民经济的各个部门是相互联系的，对外经济部门的扩大对其余经济部门必将产生一系列的连锁效应。一个国家出口部门越发展，对国民经济中其他经济部门的带动作用越大。

（7）实现产业结构升级

基于比较优势的国际分工和国际贸易使经济发展速度加快，资本积累的速度将远高于劳动力和自然资源增加的速度。因此，资本将由相对稀缺变成相对丰富，资本的价格将由相对昂贵逐渐变成相对便宜。企业为了竞争的需要，就要根据相对价格信号的变化，调整产业和技术结构，实现产业结构升级。

（8）调整要素收入的分配

在大多数处于发展早期的经济中，劳动力相对资本而言是一种丰富的要素，在市场决定要素价格的条件下，劳动力的相对价格就比较低。这种价格信号会引导生产者生产劳动密集程度较高的产品，采用劳动密集型或资本节约型的技术，从整个社会的角度，劳动力的利用范围更为广泛，就业也更加充分。然后随着经济的发展，劳动力由相对丰富逐渐变成相对稀缺，工资水平将由相对低逐渐变成相对高。

（9）为经济发展创造良好的外部条件

通过对外贸易，各国间可以加强相互合作，扩大彼此交流，这有助于维护和平，改善国际环境，为经济发展创造良好的外部条件。

8.1.2 对外贸易与经济发展关系的理论

（1）古典经济学家的观点

古典经济学家认为，国际贸易对资源配置效率起着重要的作用，因而对一国国内经济的运行产生了很大的影响。他们把国际贸易视为间接地影响经济发展的一个决定因素。

①亚当·斯密的观点

亚当·斯密假设，一国在开展对外贸易之前处于不均衡状态，存在闲置的资源或剩余产品。当该国由封闭经济转向开放后，便可出口其剩余产品或由闲置资源生产的产品，即对外贸易为本国的剩余产品提供了"出路"。由于出口的是剩余产品或由闲置资源生产的产品，因而无须从其他部门转移资源，也不必减少其他国内经济活动，因而必然促进该国的经济增长。

亚当·斯密还认为，分工的发展是促进生产率长期增长的主要因素，而分工的程度则受到市场范围的强烈约束。对外贸易与经济发展之间的关系是：对外贸易能够扩大市场，市场的扩大能够促进分工的深化，分工的深化能够促进生产率的提高，从而加速经济增长。

②大卫·李嘉图的观点

大卫·李嘉图认为，英国通过废除《谷物法》转向谷物的自由贸易，不仅可以获得建立在比较优势基础上的静态利益，而且通过进口可以降低食品价格，制造部门可吸收更廉价的劳动力，从土地所有者那里转移更多的利润，增加资本家的资本积累和投资，加快制造部门的扩张和整个经济的增长。

③约翰·穆勒的观点

约翰·穆勒认为，对外贸易对于一个资源未能开发的国家来说，可以起到工业革命的作用。他还认为，对外贸易不仅能够取得直接的经济利益，还可获得间接的效果：市场的每一次扩大都具有改进生产过程的趋向，为比国内市场大的市场进行生产的国家，可以采用更广泛的分工，可以更多地使用机器，而且更有可能对生产过程进行发明和改进。

（2）对外贸易是经济增长发动机的学说

20世纪30年代，英国经济学家罗伯特逊（Dennis H.Robertson）提出了对外贸易是"经济增长的发动机（the engine of growth）"的命题，也称"增长引擎论"。20世纪50年代，美籍爱沙尼亚学者诺克斯（Ragnar Nurkse）进一步补充和发展了这一命题。

诺克斯在对19世纪英国与新移民地区（指美国、加拿大、澳大利亚、新西兰、阿根廷和南非等）的经济发展原因进行研究时发现，19世纪国际贸易为许多国家的经济发展作出了重要贡献，国际贸易如同一台经济增长的发动机，成为许多国家经济增长的主要动力。一方面，因为各国按比较优势原则进行专业化分工和贸易，使资源得到更为有效的配置，提高了劳动生产率，增加了产量，通过国际交换，各国都以同样的劳动获得多于自己生产的消费量，这是来自于对外贸易的静态的、直接的利益。另一方面，对外贸易产生的间接动态利益，即随着对外贸易的发展，通过一系列的动态转换过程，把经济增长传递到国内各个经济部门，从而带动整个国民经济的全面增长。19世纪的国际贸易具有这样的性质：中心国家的经济迅速增长，通过国际贸易传递到外围国家去。它是通过对初级产品需求的巨大增长而把经济增长传递到外围国家去的，从而导致外围国家初级产品出口扩大、就业增加、收入提高。外围国家经济的增长又增加了对消费品的需求，进一步刺激了生产的增长。

罗伯特逊、诺克斯及其追随者认为，对外贸易，特别是出口的高速增长是通过以下途径来带动经济增长的：①一国的出口扩大意味着进口能力增强，而进口中的资本货物对经济落后国家的经济增长具有特别重要的意义：资本货物的进口使该国取得国际分工的利益，节约了社会劳动；先进技术设备的进口有助于提高国内技术水平，缩短差距，加快工业化步伐。②对外贸易的发展使国内的投资流向发生变化，资本会越来越集中在具有比较优势的领域，提高生产专业化程度，从而提高劳动生产率。③出口的扩大使一国的市场扩大，从而克服了国内市场相对狭小的弱点，能够进行大规模生产，获取规模经济的利益。④出口的扩大会加强部门之间的联系，促进国内统一市场的形成。出口的扩大，还会带动一系列相关部门的发展，并促进国内经济一体化。⑤出口发展使一国出口产业以及相关产业面临激烈的竞争，迫使国内企业加速技术改造，降低成本，提高质量，提高经营管理水平。⑥出口的扩大会鼓励外资的流入，这不但能解决国内投资不足的问题，还会引进国外先进技术和管理知识。

但是，诺克斯认为对外贸易是"经济增长发动机"的学说只适用于19世纪。到了20世纪，由于各种条件的变化，这一学说不再适用。在20世纪，中心国家（发达国家）的经济增长并未通过对初级产品需求的增加而把它们的经济增长传递到世界其他国家去。这些变化主要有：

①中心国家对外围国家初级产品的需求相对下降。其主要原因有：

A.中心国家的产业结构不断升级，从制成品中原料含量高的工业转向原料含量低的工业。

B.在中心国家国民总收入中，服务部门所占的比重逐步增加，因而对原料的需求相对减少。

C.由于农产品需求的收入弹性低，中心国家的经济增长并没有带来对农产品需求的同比例增长。

D.中心国家为了保护国内农业，对进口的农产品施加了各种贸易限制。

E.随着技术的不断进步，工业原料使用效率的提高，对原料需求的增长慢于经济的增长。

F.为稳定供给和降低成本，合成原料和人造原料的开发越来越多地代替了天然原料，降低了对初级产品的需求。

②外围国家向中心国家供给初级产品的能力下降。其主要原因有：

A.外围国家的自然资源较少（石油输出国除外），不可再生自然资源的出口能力日益下降。

B.外围国家人口过剩，食物和原材料的增加大部分被国内自身吸收而难以顾及出口。

C.流入外围国家的国际资本相对较少，而有技能的劳动者则是在流出而不是流入，生产能力难以提高。

D.外围国家为实现赶超，纷纷走上了工业化道路，对国内资源的需求增加，出口相应减少。另外，由于外围国家资本缺乏，为了发展工业，往往在某种程度上降低了对农业的投资，从而阻碍了初级产品出口的发展。

（3）对外贸易乘数理论

详见6.3.2节中关于马克卢普的对外贸易乘数理论的介绍。

（4）有关对外贸易与经济发展的争论

20世纪50年代初期，阿根廷经济学家普雷维什对传统的国际贸易理论提出了尖锐的批评。他强调国际贸易是造成外围国家经济落后的重要原因。如果外围国家按照比较优势原则参与国际分工和贸易，外围国家的产业结构将会长期处于落后的状态，从而在世界经济中处于从属于中心国家的位置。为了摆脱在国际分工体系中的不利局面，普雷维什主张外围国家必须实行工业化，独立自主地发展民族经济，在贸易政策方面，主张实行保护政策，以加快本国的工业化进程（详见6.3.3中心-外围理论）。

范纳、哈伯勒和其他一些经济学家则对普雷维什的观点持反对意见，他们强调国际贸易对外围国家的经济成长起到了推动作用。外围国家没有理由把国际贸易看作阻碍其经济发展的因素，更不能看作导致其经济发展落后的主要原因。

对于国际贸易是否给外围国家经济发展造成不利影响的这场争论，问题的关键就在于是用静态的方法还是用动态的方法来运用比较优势理论。对于外围国家来说，不应当仅仅满足于传统的比较优势而忽视本国的工业化与现代化，否则长此以往会使其在国际贸易中处于非常不利的地位。因此，如何利用外围国家的比较优势发展对外贸易，并同时促进本国经济的发展是大多数外围国家需要解决的问题。不过，虽然外围国家遇到了本国贸易条件恶化的情况，也不能因此从根本上否认国际贸易对其经济发展的促进作用。

（5）内生性增长理论

20世纪80年代中后期，罗莫（Paul Romer）和卢卡斯（Robert Lucas）提出了内生性增长理论，为对外贸易与经济发展相互关系的理论提供了新的依据。

罗莫把知识积累看作经济增长的一个独立因素，认为知识可以提高投资的效益，知识积累是现代经济增长的重要源泉。国际贸易可以使知识在世界范围内加快积累，使世界总的产出水平提高。对穷国来说，国际贸易可以引入发达国家的新技术来提高本国的劳动生产效率，同时，引进新技术还可以节约本国的研究与开发费用，而把这部分资源用于新投资，这样就可以促进穷国经济迅速发展，缩短与富国之间的差距。

卢卡斯认为，只有特殊的、专业化的、表现为劳动者劳动技能的人力资本才是经济增长的真正源泉。人力资本的形成，除了到学校学习外，还可以通过边干边学的方式，这就为教育经费缺乏的发展中国家提供了一个积累人力资本的新思路：从国外引进高科技产品，通过直接操作新设备或消费新产品等方式在实践中积累经验，学习掌握高新技术。

8.2　　　　　　　　发展中国家的贸易战略

8.2.1　贸易战略的内涵

贸易战略是指一国或地区通过国际分工方式和程度的选择影响国内资源配置和竞争效率的一整套贸易政策或制度。

贸易战略的内涵包括以下六个方面：

（1）贸易战略是经济发展战略的组成部分

从贸易和经济发展的一般关系来看，贸易战略是整个经济发展战略的一个组成部分，它必须服从、服务于经济发展战略的要求。

（2）贸易战略的本质是工业化战略

从上一节的分析中可以看出，自20世纪以来，发达国家的经济增长并没有给发展中国家带来多大好处，发展中国家要彻底摆脱贫困，走向富裕和发达，并能在国际市场上与发达国家展开公平竞争，就必须实现工业化和现代化。在经济发展文献中，贸易战略和工业化战略常常是一起讨论的，贸易政策是工业化战略的支点，对发展中国家来说，工业化战略与贸易战略在某些情况下几乎是同义语。

（3）贸易战略的核心是参与国际分工的立场和方式

贸易战略需要解决的是在一个国家或地区面对国内、国外两种资源、两个市场的情况下，采取什么样的国际分工方式来促进经济增长。因此，贸易战略可以被视为以国际经济为背景的经济发展战略，即如何依据国际分工和国际经济关系来配置本国资源和发展本国经济。

（4）贸易战略体现着政府对经济的干预

战略是一整套规划、设想、政策措施的集合，它超前于客观事物的发展，其本身就与放任主义相对立。政府是贸易战略的制定者和执行者，制定贸易战略的目的是干预工业化进程。因此，没有政府的积极引导和干预，就不会有贸易战略。

（5）产业政策是贸易战略的灵魂

贸易战略实质上是以国际经济环境为背景的产业发展战略。依据什么原则挑选幼稚产业、对幼稚产业采取何种保护与扶持政策、对国内各产业实行什么样的内销或外销政策，这些是任何一个贸易战略都需要回答的问题。所以，贸易战略不仅包括贸易政策，还包括扶持或限制产业发展的财政政策、金融政策、竞争政策等。多种政策复合而生的产业政策是贸易战略的灵魂。

（6）贸易战略的制定必须防止教条主义

①贸易战略没有一成不变的模式

对广大发展中国家和地区来说，不存在可供选择的贸易战略，只存在可以参考的以贸易政策为基点的工业化经验。下文所述的贸易战略的分类只是理论上的划分，不存在非此即彼的选择，各国需要根据自己的工业化目标、国内外经济环境和其他国家的经验制定自己的贸易战略。

②贸易战略是时间的函数

贸易战略优劣的评价和贸易战略的制定都必须考虑当时的国际和国内经济环境。同一国家在不同的历史时期，由于其面临的国内外经济环境的变化，贸易战略会不断作出调整；在同一历史时期，不同国家由于面临不同的国内外经济环境，其贸易战略也会有所差异。

8.2.2 贸易战略的分类

贸易战略的分类通常是以"对内销和外销奖励制度是否为中性"为标准。基于这一共识，经济学家和国际组织依据各自不同的研究目的和研究方法，对发展中国家实行的贸易战略进行了归类和总结。比较有影响的分类方法主要有以下三种：

（1）钱纳里分类法

钱纳里等人基于多国计量模型的分析和比较，总结出准工业化国家有三种贸易战略可供选择，即出口促进战略、进口替代战略和平衡战略。此外，钱纳里在研究贸易战略与经济增长的关系时，还提出了一种贸易自由化战略。该战略的政策特点是："对进口替代和出口活动都无明显的激励。这种情况适合于相对自由的贸易体制，该体制没有什么数量控制，也很少采取同价格相关的措施。"[1]

（2）克鲁格分类法

克鲁格根据统计数据对第二次世界大战后10个发展中国家制造业的有效保护率进行了测算，并归纳出发展中国家实际执行的贸易战略主要有三种类型，即出口促进战略、进口替代战略和温和的进口替代战略。

（3）世界银行分类法

1987年世界银行根据1963—1985年41个国家和地区的资料，把贸易战略分为坚定外向型战略、一般外向型战略、一般内向型战略和坚定内向型战略。[2]

坚定外向型战略：由于进口壁垒产生对出口的抑制在不同程度上被对出口的奖励所抵消。从这个意义上讲，不存在对贸易的控制，或者控制程度很轻微。不采用或很少采用直接控制和许可证办法；维持一定的汇率使可能的进口和出口贸易的实际汇率大体相等。

---

① 钱纳里. 工业化和经济增长的比较研究［M］. 吴奇，译. 上海：上海三联书店，1995：230.
② 世界银行. 1987年世界发展报告［M］. 北京：中国财政经济出版社，1987：84-85.

一般外向型战略：奖励制度总的结构有偏向性，注重为内销生产，不重视为外销生产，但对本国市场的实际平均保护率较低，实际保护率的变化幅度也较小。使用直接控制和许可证办法是有限度的，虽然对出口贸易有某些直接奖励，但它们并不抵消对进口的保护。对进口贸易的实际汇率略高于对出口贸易的汇率，但差别很小。

一般内向型战略：奖励制度总的结构明显地对内销的生产有利。对本国市场的实际平均保护率较高，实际保护率的变化幅度较宽。广泛实行对进口的直接控制和许可证办法。虽然对出口可能给予一些直接奖励，但有明显的反进口倾向，汇率也显然定值过高。

坚定内向型战略：奖励制度总的结构强烈地袒护为内销的生产。对本国市场的实际平均保护率很高，实际保护率的变化幅度较宽。普遍实行直接控制和许可制度以限制传统的出口部门，对非传统的可出口商品给予很少或没有积极的奖励，汇率定值高出很多。

由于贸易战略的划分指标并没有严格的间断点，因此"三分法"和"四分法"并无本质区别。依据钱纳里等人和世界银行对贸易战略的定义，可以大致认为贸易自由化战略、出口替代战略均属于坚定外向型战略，平衡型等同于一般外向型战略（更接近于克鲁格的温和的进口替代战略），进口替代战略则合并了一般内向型和坚定内向型两种类型的战略。

8.2.3　进口替代战略

进口替代（import substitution）是指采取保护措施，发展国内制造业，逐渐以国内生产的制成品代替进口制成品。

（1）进口替代战略的主要政策措施

① 贸易政策：执行保护贸易政策是实施进口替代战略的基本政策，其主要内容是通过关税和非关税壁垒手段限制甚至完全禁止外国制成品特别是消费品的进口，以维持本国新建产业的发展空间。

② 外汇政策：实行严格的外汇管理政策，以便将有限的外汇用于经济发展最急需的一些领域，例如进口原料、国外先进技术和设备等资本货物。在汇率方面，通常实行复汇率制度，对有关国计民生的必需品和资本货物的进口实行币值高估的政策，以降低进口成本；对非必需品的进口实行币值低估的政策，提高进口成本进而限制进口。

③ 投资政策：实行优惠的投资政策。为加速国内资本积累，国家给予进口替代工业以财政、税收、价格和信贷等方面的优惠政策，以促进其发展。

（2）进口替代战略的优点

① 国内工业产品的市场已经存在，给进口替代工业提供了国内市场的基础，从而降低了新建工业取代进口的风险。

② 减少贸易赤字的方法包括扩大出口和减少进口，而对发展中国家来说，限

制进口比迫使发达国家降低贸易壁垒以允许他们出口制成品要可行得多。

③ 实行进口替代战略国家的工业特别是制造业得到了迅速发展，将推动这些国家的经济发展。此外，进口替代工业的发展，还有利于促进培养本国的管理技术人员，带动教育、文化事业的发展，获得工业化带来的动态利益。

④ 进口替代战略促进了发展中国家产业结构的升级换代，改变了以往单一畸形的经济结构。

⑤ 进口替代战略加强了一些发展中国家的经济自立程度。

⑥ 由国内生产来替代进口，可减少外汇开支，减轻国际收支压力。

⑦ 由于进口替代的贸易保护政策，有可能促使发达国家增加对发展中国家的直接投资，以绕过发展中国家的贸易壁垒，外资的流入对于经济发展无疑具有积极作用。

（3）进口替代战略的缺点

① 工业保护主义政策造成了价格扭曲，从而导致资源配置的扭曲，产生价格高昂而质量低劣的国内产品。

② 在保护政策下成长起来的国内工业习惯于在没有外国竞争的环境下成长，因而缺乏进一步提高效率的动力。保护国内市场，对缺乏经验的发展中国家的企业家来说是最容易接受的。但保护政策本身并不能使本国工业具有竞争力，如果本国企业家满足于在保护政策下获得高额利润，而不是设法提高效率，必定会妨碍经济的进一步发展。而且出于政治、经济、社会安定（如就业）的考虑，保护容易撤销难。

③ 如果国内市场狭小，则不能利用规模经济的优势，致使进口替代导致工业的低效率。

④ 在简单的制成品被国内生产替代后，必须生产资本更密集、工艺更先进的进口替代品，难度亦会随之增大。

⑤ 保护主义政策容易招致他国报复，另外币值高估也对本国传统产品出口造成不良影响。

⑥ 资本货物和中间产品的大量进口，可能使原来旨在克服外汇短缺瓶颈的进口替代战略反而导致国际收支状况进一步恶化。

⑦ 进口替代政策还可能导致发展中国家存在的二元经济结构进一步强化，阻碍整个国家经济现代化的进程。

⑧ 政府实施进口替代战略时，投资重点往往是那些资本密集型的重化工业，包括大型基础设施建设，这些投资项目对增加国内就业的作用相对有限。

8.2.4 出口替代战略

出口替代（export substitution）是指采取鼓励措施发展国内面向出口的工业，用工业制成品和半制成品的出口来代替传统的初级产品出口。

（1）出口替代战略的主要政策措施

① 贸易政策：推行贸易自由化政策，在放松进口管制的基础上大力促进出口，如出口退税、出口补贴、出口信贷和保险、对出口部门所需的中间产品减免关税等，同时积极参与国际合作，努力拓展外部市场。

② 外汇政策：在外汇和汇率政策上，除了给出口企业和出口商优先提供外汇或实行外汇留成、出口奖励等措施外，还实行本币对外贬值的政策，增强本国出口产品的国际竞争力。

③ 投资政策：在投资政策上，对面向出口的企业提供减免企业所得税、增值税等方面更大的优惠，对出口工业企业规定加速折旧，对这些企业优先提供原材料、土地、基础设施和其他服务。

④ 外资政策：采取优惠措施，吸引外资和外国的先进技术，以解决国内资金和技术缺乏的问题。

（2）出口替代战略的优点

① 可以超越狭小的国内市场的限制，开拓国际市场，充分利用规模经济的优势。

② 更为激烈的竞争刺激了国内工业效率的提高。

③ 充分利用一国的比较优势，避免了价格和资源配置的扭曲。

④ 出口的扩大有利于缓解发展中国家的外汇短缺问题。

⑤ 出口导致生产的扩大能够带来更多的就业机会。

⑥ 开放的政策和资源优势对外国投资有较大的吸引力。

（3）出口替代战略的缺点

① 使发展中国家的经济严重依赖国际市场，在很大程度上要受到国际市场兴衰的影响。

② 由于来自发达国家已建立的高效率工业的竞争，发展中国家建立出口工业可能会非常困难。

③ 发达国家经常采取措施保护自己的劳动密集型产业，而这些产业正是发展中国家已经或很快具有比较优势的产业。

④ 大量引进外资可能使某些工业部门受到外资的控制，而且每年汇出的利润相当可观；如果国内经济发展受阻或偿债安排不当，可能引发债务危机。

⑤ 面向国外的工业部门发展较快，而一些面向国内市场的企业则发展较慢，加剧了经济发展的不平衡。

8.2.5　进口替代还是出口替代

进口替代战略和出口替代战略的共同点是二者都主张发展工业化，都主张提升产业结构。其区别在于侧重点不同，进口替代战略侧重于发展能够替代进口产品的工业，而出口替代战略则侧重于发展能够提高出口附加值的工业；进口替代战略强调开拓国内市场资源，出口替代战略则强调开拓国际市场。

　　进口替代战略和出口替代战略孰优孰劣？自20世纪60年代以来，世界经济实践似乎证明了出口替代优于进口替代，因为实行出口替代战略的国家和地区，尤其是"亚洲四小龙"实现了经济的高速增长，创造了"东亚奇迹"；而许多一直致力于进口替代战略的国家（如印度、巴基斯坦、阿根廷）没有显示出赶上发达国家的任何迹象，部分国家已转而实行偏重出口替代的战略。这一事实使人们开始对进口替代战略进行攻击，世界银行1985年年度报告在对发展中国家的外贸政策进行了广泛的考察后也认为，出口替代战略要优于进口替代战略。

　　其实，采用进口替代战略的国家也不乏成功的范例。巴西长期以来推行的是一条进口替代工业化战略，在20世纪60年代末70年代初创造了经济高速发展的"巴西奇迹"，被视为拉丁美洲的新兴工业化国家。据统计，直到20世纪60年代中期，巴西的进口依存度一直很低，且逐渐下降，直到1980年才超过10%。巴西由于国内市场广阔，又长期坚持进口替代，出口依存度也很低。在20世纪60年代重化学工业化高度发展的阶段，工业制成品的出口额仅占总出口额的8.1%。如果从产业结构来看，尽管当时制造业占国内生产总值近30%，但90%以上的出口产品属于初级产品。只是到了20世纪60年代后半期，尤其是在1968年以后，才逐渐转向实施促进工业制成品出口的政策。此后工业制成品出口比重逐步上升，到20世纪80年代中期，工业制成品出口占出口总额达55%。但是，即使是在经济高速增长、出口迅速扩大的时期（1968—1974年），巴西也没有像韩国、中国台湾那样，实现由进口替代政策向出口替代政策的转变，而是执行一条进口替代与出口鼓励相结合的政策，基本上仍继承了原来的进口替代政策，贸易政策也是始终服务于进口替代工业化的目的。

　　即使是采取出口替代战略实现经济高速增长的"亚洲四小龙"，除中国香港由于历史原因外，其他也都曾经实行过进口替代战略。新加坡在经济恢复时期（1959—1965年）实行的是温和的进口替代战略，工业化的重点放在优先发展劳动密集型的进口替代工业上，以解决当时存在的转口贸易衰退和国内严重的失业问题，于1965年8月转而实行出口替代发展战略。中国台湾和韩国在20世纪50年代主要是实行进口替代战略，在20世纪60年代前后开始转向出口替代战略，但与中国香港和新加坡不同的是，即使是在实行出口替代战略时期，也并未完全放弃进口替代的贸易保护政策，而是出口鼓励与进口保护并重，在工业竞争力不断提高的前提下，逐步减少贸易保护，放松外汇管制，实现商品和资金流动的自由化和国际化。

　　两种战略获得成功都有其特定的条件。一般而言，大国由于内部市场广阔，其在选择贸易发展战略时有较大的余地。在发展中国家中，巴西实行的进口替代战略是比较成功的，这与巴西是一个幅员辽阔、人口众多、资源丰富的发展中大国，国内市场容量较大有关。出口替代战略几乎是小国的唯一选择，获得成功的发展中国家和地区具有一些共同特征，即资源缺乏、内部市场狭小。同时国际贸易环境与出口替代战略能否成功关系极大。在20世纪70年代前后，也正是国际政治开始走向缓和、欧美工业化国家经济结构出现明显调整的时候。经过20余年的第二次世界大战后高速经济增长，这些工业化国家经济中出现了劳动成本上升、企业之间竞争加剧的形势，一些大型跨国企业组织开始寻求海外加工基地。在这样的背景下，采取出口替代战略的国家和地区的经济获得了快速发展。自20世纪80年代以来，世界政治进一步走向缓和，以欧美大型跨国企业为主体的力量推动了经济全球化在世界范围内的发展。这些发展中国家和地区实行的出口替代战略客观上与经济全球化趋势相吻合，从而确立了其在发展政策选择上的主流地位。

无论是从理论上分析还是从实践中看，出口替代战略和进口替代战略并不是完全对立的，出口替代战略的成功并不能否定进口替代战略在发展中国家经济发展进程中的作用。发展中国家的工业品生产有一个赶超外国产品的过程，它出现在国内市场上是进口替代，出现在国际市场上就是出口替代的步骤，两者的共同目标是本国的工业化。就是在同一时期，在不同产业、商品之间也会进行着进口替代和出口替代，因而在同一时期内并存着进口替代政策和出口鼓励政策，这在一些发展中国家的发展过程中屡见不鲜。

纵观发展中国家和地区的经济发展历程，凡取得成功的国家和地区，无一不是采取了符合国际经济环境和本国本地区特点的正确的贸易战略，并根据不断变化的情况进行调整，及时抓住了发展机遇。只要运用得当，进口替代战略和出口替代战略都可能推动发展中国家的经济发展。如果运用不当，都可能给其经济发展带来消极影响。例如，在实行进口替代战略时，如果产业保护导致资源配置过度扭曲，就会影响长期经济成长过程。另外，实行出口替代战略如没有必要的保护，过早实行"贸易自由化"，国内产业结构又不能及时调整，不具备国际竞争力的产业根本无法走向国际市场，"出口替代"也就无从谈起。

第二次世界大战后几十年的发展经验和亚洲金融危机的教训表明，在各国经济相互依赖、相互联系日益加深的今天，在国际关系相对平等化的今天，发展中国家在制定贸易战略时，所面对的问题不在于要不要利用国际资源，而在于怎样去利用国际资源；不是自由贸易还是保护贸易的问题，而是以何种方式、何种程度参与国际分工的问题。因此，发展中国家要把进口替代与出口替代结合起来，把以培育长期出口产业为目标的、有选择性的产业培育政策和中、短期的出口扶植政策结合起来。

□ 复习思考题

自测题

1.对外贸易对经济发展的促进作用表现在哪几个方面？

2.简述对外贸易是经济增长发动机的学说的主要内容，并进行简要评论。

3.什么是进口替代战略？其主要政策措施有哪些？进口替代战略有何优缺点？

4.什么是出口替代战略？其主要政策措施有哪些？出口替代战略有何优缺点？

第9章/世界多边贸易体制

────── 学习目标 ──────

　　了解关税与贸易总协定的产生与多边贸易谈判，世界贸易组织的建立过程，世界贸易组织的宗旨、职能和组织机构，熟悉和掌握关税与贸易总协定多边贸易谈判的特点、世界贸易组织和关税与贸易总协定的关系、世界贸易组织的例外与免责，重点学习和掌握世界贸易组织的基本原则。

　　第二次世界大战后的世界多边贸易体制曾以关税与贸易总协定为代表。从1948年至1995年，在关税与贸易总协定运行的47年中，它制定了一整套规范世界大多数国家政府贸易政策行为的准则，成功地组织了8轮多边贸易谈判，维护了世界贸易秩序，促进了全球贸易自由化。乌拉圭回合结束后，世界贸易组织作为一个正式的国际性组织取代了原关税与贸易总协定，一个新的全球多边贸易体制正在形成。

9.1　　　　　　　　　　　关税与贸易总协定

9.1.1　关税与贸易总协定的产生

（1）关税与贸易总协定的产生背景

20世纪30年代，随着世界经济陷入困境，资本主义国家间爆发了关税战。第二次世界大战期间，许多国家因遭受战争的破坏，面临经济衰退、黄金和外汇储备短缺等问题。各国为了调整国际收支，采取高关税保护的政策，并实行外汇管制，控制资本外流。这些措施引起了世界经济的一片混乱，对美国的对外经济扩张和争夺世界市场极为不利。

　　在当时的国际经济关系中有三个亟待解决的问题：①需要建立和维护国家间稳定的汇率；②需要创立处理长期国际投资问题的国际组织；③需要重建国际贸易秩序。针对第二次世界大战后国际经济关系中亟待解决的主要问题，美国凭借其军事、政治、经济的绝对优势，从金融、投资和贸易这三个领域着手策划，试图建立一个由美国主宰的战后国际经济秩序。

　　1944年7月，在美国的积极推动下，44个国家的代表在美国的布雷顿森林召开了联合国货币金融会议（通常称为"布雷顿森林会议"），针对上述三个问题，会议决定成立三个相应的组织。在金融方面，1945年成立了国际货币基金组织（International Monetary Fund，IMF）；在投资方面，1946年成立了国际复兴开发银行（International Bank for Reconstruction and Development，IBRD），又称"世界银行（World Bank）"；在贸易方面，打算组建国际贸易组织（International Trade Organization，ITO）。

（2）关税与贸易总协定的产生与临时适用

1946年2月，在美国的提议下，联合国经济和社会理事会成立了筹备委员会，着手筹建国际贸易组织。1946年10月，在伦敦召开了第一次筹委会会议，讨论美国提出的《国际贸易组织宪章》草案，并决定成立宪章起草委员会对草案进行修改。

考虑到在短期内还难以建立国际贸易组织，而当时亟待解决的问题是各国普遍较高的关税，在美国的积极策动下，美国、英国、法国、加拿大、中国、印度等23国在1947年4月至10月就具体产品的关税减让进行了谈判，达成了123项关税减让协议。

1947年11月至1948年3月，在哈瓦那举行的联合国贸易和就业会议，审议并通过了《国际贸易组织宪章》，也称《哈瓦那宪章》（Havana Charter）。

为了早日获得关税减让的好处，宪章起草委员会把各国在1947年关税减让谈判中达成的协议和宪章草案中有关贸易政策的内容加以合并，形成一个单一的文件，称为"关税与贸易总协定（General Agreement on Tariffs and Trade，GATT）"，把它作为一项过渡性的临时协议来处理，准备在《国际贸易组织宪章》生效后，以宪章的贸易规则部分取代关税与贸易总协定的有关条款。1947年11月15日，美国、英国、法国、比利时、荷兰、卢森堡、澳大利亚、加拿大8个国家签署了《关税与贸易总协定临时适用议定书》，同意从1948年1月1日起实施关税与贸易总协定的条款。1948年，巴西、缅甸、锡兰（现斯里兰卡）、智利、中国、古巴、捷克斯洛伐克、印度、黎巴嫩、新西兰、挪威、巴基斯坦、南罗得西亚（现津巴布韦）、叙利亚、南非等15国签署该协议。

由于各国对于美国提出的国际贸易组织宪章草案提出了大量的修正案，其中的一些规定限制了美国的立法主权，不符合美国的利益，美国国会没有批准《哈瓦那宪章》。受其影响，在56个《哈瓦那宪章》签字国中，只有个别国家批准了《哈瓦那宪章》，建立国际贸易组织的计划因此夭折。这样，关税与贸易总协定一直以临时适用的多边协定形式存在，到1995年1月1日世界贸易组织正式运行，共存续了47年。

就其性质而言，首先，关税与贸易总协定是一个法律文件。它作为一项多边国际贸易协定，制定了一套由缔约方共同遵守的贸易准则，也规定了各缔约方在关税和贸易方面的权利和义务。其次，关税与贸易总协定又是一个进行关税减让、多边贸易谈判和协商解决贸易争端的场所。最后，关税与贸易总协定也是一个"事实上的"国际性贸易组织。它不是一个正式的组织，但是在长期的实践中它建立了一套完整的组织机构，起到了一个国际贸易组织的作用。

9.1.2　关税与贸易总协定的关税减让谈判与多边贸易谈判

关税与贸易总协定最重要的活动就是进行多边贸易谈判，人们通常把每次谈判称为"回合"或者"轮"。关税与贸易总协定自1947年签署以来，共举行了8轮这样的多边贸易谈判。

（1）8轮多边贸易谈判概况

通过谈判大幅度地降低关税以促进各国间的贸易自由化，是关税与贸易总协定创立时提出的首要目标，也是关税与贸易总协定历次多边贸易谈判的中心内容。在"东京回合"以前，多边贸易谈判基本上都是关于关税方面的。"东京回合"中，随着非关税壁垒的广泛实施，非关税壁垒问题也成为多边贸易谈判的重要议题。除关税和非关税壁垒问题以外，谈判还要对总协定规则本身进行严格的审核，其目的在于修改这些规则，以使这些规则适应形势发展的需要。

1947年至1994年在关税与贸易总协定主持下进行了8次多边贸易谈判，其基本情况如下：

第一轮：1947年4月至10月在瑞士日内瓦举行，有23个国家参加。这次谈判共达成关税减让协议123项，涉及45 000项商品的关税减让，使占进口值54%的应税商品平均降低关税35%，影响世界贸易额近100亿美元。

第二轮：1949年4月至10月在法国安纳西举行，有33个国家和地区参加。这次谈判共达成双边关税减让协议147项，增加关税减让商品项目5 000个，使应税进口值5.6%的商品平均降低关税35%。

第三轮：1950年10月至1951年4月在英国托奎举行，共39个国家和地区参加。这轮谈判，由于美国与英联邦特惠制国家少有接触，故进展不大。谈判共达成关税减让协议150项，又增加关税减让商品8 700项，使应税进口值11.7%的商品平均降低关税26%。

第四轮：1956年1月至5月在瑞士日内瓦举行。这轮谈判由于美国代表谈判授权有限而受到影响，仅有28个国家参加。美国代表几乎用足了国会的授权，对进口值9亿美元给予关税减让，而它所接受的减让约合4亿美元。关税减让商品达3 000个项目，使应税价值16%的进口商品平均降低关税15%，仅涉及25亿美元的贸易额。日本在该轮谈判中加入总协定。

第五轮：又称"狄龙回合"，以建议发动该轮谈判的美国副国务卿道格拉斯·狄龙命名。1960年9月至1962年7月在日内瓦举行，有45个国家和地区参加。这轮谈判就4 400项商品达成关税减让，共涉及49亿美元贸易额，使应税进口值20%的商品平均降低关税20%。然而，上述关税减让仅限于工业品，在农产品贸易上，因欧共体拒绝谈判而未达成任何协议。

第六轮：又称"肯尼迪回合"，于1964年5月至1967年6月在日内瓦举行，是一次重要的多边贸易谈判，共有约占世界贸易额75%的54个国家和地区参加。这轮谈判历时3年多，列入关税减让商品项目共达60 000多项，工业品进口关税率下降了35%，影响的商品贸易额达400亿美元。谈判第一次涉及非关税壁垒，制定了第一个反倾销协议，即关税与贸易总协定第六条实施细则。美国、英国、日本等21个国家签署了协议，该协议于1968年7月1日生效。

第七轮：也称"尼克松回合"或"东京回合"，于1973年9月至1979年4月，先在日本东京举行，后转到日内瓦进行。该轮谈判除缔约方以外，它还对非缔约方开放。共有99个国家和地区参加了谈判，其中包括29个非缔约方。该回合历时5年之久，以全面削减方式进行关税减让，这次谈判关税减让和关税约束涉及3 000多亿美元的贸易额，世界上9个主要工业国家制成品的加权平均关税率进一步下降至4.7%，减让总值相当于进口关税水平下降了35%。东京回合与前六轮谈判有明显的不同，除关税减让外，还在限制非关税壁垒方面取得了进展。在达成的9项附属协议中有6项是关于非关税壁垒方面的，它们是：进口许可证手续协议；关于解释和适用总协定第六条、第十六条和第二十三条的协议（即补贴与反补贴守则）；政府采购协议；实施总协定第六条的协议（也称反倾销守则）；贸易技术壁垒协议；关于实施总协定第七条的协议及议定书（即海关估价守则）。另外3项协议是具体部门产品的协议，包括牛肉协议、奶制品协议和民用航空器贸易协议。这些协议和守则属总协定无条件最惠国待遇原则之外独立的协议和守则，仅对签字国有效。它们分别于1980年和1981年开始生效。

第八轮：也称"乌拉圭回合"，1986年9月在乌拉圭埃斯特角城开幕，谈判共涉及15个议题，1993年12月15日闭幕。1994年4月15日在摩洛哥的马拉喀什正式签署了《乌拉圭回合多边贸易谈判成果的最后文件》，该文件经各方的国内立法机关批准后，于1995年1月1日起正式生效。根据《乌拉圭回合多边贸易谈判成果的最后文件》，在货物贸易方面，发达成员承诺总体关税削减幅度在37%左右，对工业品的关税削减幅度达40%，加权平均税率由6.3%降至3.8%，发展中成员承诺总体关税削减幅度在24%左右，工业品加权平均税率由20.5%降至14.4%；修订了1947年关税与贸易总协定，形成了《1994年关税与贸易总协定》；达成了《农业协议》和《纺织品与服装协议》两个部门协议；达成了《技术性贸易壁垒协议》《实施卫生与植物卫生措施协议》《海关估价协议》《进口许可程序协议》《原产地规则协议》《装运前检验协议》《与贸易有关的投资措施协议》7项非关税措施协议；达成了《保障措施协议》《反倾销协议》《补贴与反补贴协议》3项贸易救济措施协议；在服务贸易方面，达成了《服务贸易总协定》；在知识产权保护方面，达成了《与贸易有关的知识产权协定》。

（2）关税与贸易总协定多边贸易谈判的特点

第一，参加关税与贸易总协定活动的国家和地区不断增加，关税与贸易总协定的影响越来越大。

纵观总协定的历次多边贸易谈判，参加谈判的国家和地区逐次增多，"东京回合"以后，许多非缔约方也参加了总协定的多边贸易谈判或其他各种活动。参加总协定的成员包括了各种不同经济类型的国家和地区，它们相互之间的贸易占世界贸易的绝大部分。

第二，谈判内容不断增多，谈判时间逐次拉长。

前六轮谈判基本上都是关于关税问题的。随着工业品进口关税水平大幅度下降，非关税壁垒日益成为各国限制进口的重要手段。面对复杂、多样及施行范围颇广的非关税壁垒，关税与贸易总协定逐步把谈判的内容由关税扩大到非关税壁垒。"东京回合"中非关税壁垒成为谈判的重要议题，经谈判达成了多项有关非关税壁垒的协议。工业品贸易是前七轮谈判的传统性谈判内容，"东京回合"谈判还涉及了部分农产品问题。"乌拉圭回合"不仅涉及农产品、纺织品、关税与非关税壁垒等传统议题，还涉及服务贸易、与贸易有关的知识产权、与贸易有关的投资措施等新议题。随着谈判内容的增多，每回合的谈判时间也逐次拉长。"肯尼迪回合"用了3年的时间，"东京回合"用了近6年的时间，"乌拉圭回合"则用了7年多的时间。

第三，美国在关税与贸易总协定中影响巨大，但其作用在逐步下降。

美国是创建关税与贸易总协定的积极倡导者和推动者，也是关税与贸易总协定历次多边贸易谈判的发动者。美国凭借其雄厚的政治、军事和经济实力在创建总协定以及推动贸易自由化过程中始终扮演着最重要的角色。但是，随着世界经济多极化的发展和发展中缔约方数量的增加，美国已逐渐失去了单独维持关税与贸易总协定多边贸易体制的能力。

第四，在历次多边贸易谈判中发达国家居主导地位。

在历次多边贸易谈判中，发达资本主义国家一直居于主导地位，美、日、欧是谈判的主角。前几轮谈判主要在美国和英国之间进行。第二次世界大战后初期，美国是世界上独一无二的经济强国，总协定成为美国推行其经济贸易政策的重要工具。美国虽然作出了一定的让步，但它仍是总协定的最大受益者。随着西欧和日本经济的崛起，总协定便成为美、日、欧进行较量的场所。后几轮谈判主要在这三大经济力量之间进行，谈判的发起、议题的确定乃至协议的达成主要取决于实力大国，这些国家也是多边贸易谈判的主要受益国。

第五，发展中国家的贸易与发展问题日益受到重视，其地位逐步改进。

随着发展中国家在总协定缔约方的增多，在发展中国家的不断努力和斗争下，总协定采取了一些措施，例如1965年总协定增加了专门针对发展中国家贸易与发展问题的第四部分，"东京回合"通过了"授权条款"以及普遍优惠制的实施，保证了发展中国家的合法利益，有利于发展中国家对外贸易的发展，为解决南北之间深刻的贸易矛盾提供了一个良好的开端。

9.2 世界贸易组织

9.2.1 世界贸易组织的建立

（1）建立世界贸易组织的过程

世界贸易组织协议的形成是"乌拉圭回合"多边贸易谈判的一项重大意外成果。在1986年9月"乌拉圭回合"发动时，15项谈判议题中没有关于建立世界贸易组织的问题。由于"乌拉圭回合"谈判不仅包括了传统的货物贸易，而且还涉及知识产权和服务贸易以及投资措施等，这样1947年关税与贸易总协定如何有效地贯彻执行"乌拉圭回合"形成的各项协议就提上了议事日程。无论从组织结构还是从协调职能看，总协定均显示出其"先天不足"。1990年，欧共体首先提出建立一个多边贸易组织（Multilateral Trade Organization，MTO）的倡议，并得到美国、加拿大等国的支持。

1990年12月，"乌拉圭回合"布鲁塞尔部长会议正式作出决定，责成体制职能小组负责"多边贸易组织协议"的谈判起草工作。1991年12月，形成"关于建立多边贸易组织协议"的草案。1993年11月，形成了"建立多边贸易组织协议"，同年12月根据美国的动议，把"多边贸易组织"改名为"世界贸易组织"（World Trade Organization，WTO）。

1994年4月15日，"乌拉圭回合"参加方在摩洛哥的马拉喀什通过了《建立世界贸易组织协定》。1995年1月1日，世界贸易组织正式建立。

（2）世界贸易组织和关税与贸易总协定的关系

①世界贸易组织和关税与贸易总协定的联系

世界贸易组织和关税与贸易总协定有着内在的历史继承性。世界贸易组织继承了关税与贸易总协定的合理内核，包括其宗旨、职能、基本原则及规则等。关税与贸易总协定有关条款，是世界贸易组织《1994年关税与贸易总协定》的重要组成部分，仍然是规范各成员间货物贸易关系的准则。

②世界贸易组织和关税与贸易总协定的区别

A.组织机构的正式性

根据《维也纳条约法公约》，任何国际性组织，尤其政府间的组织都应把设立它的国际公约或条约作为法律基础。世界贸易组织是根据该公约正式批准生效成立的国际组织。《建立世界贸易组织协定》作为"乌拉圭回合"一揽子协议的统领文件，为该组织的建立确立了重要基础，使其具有独立的国际法人资格，与其他国际性组织处于同等地位，其官员享有外交特权和豁免权。而关税与贸易总协定则不是法律意义上的国际组织，它没有作为建立一个国际组织的国际公约，而只是一个"临时适用"的协定，因此，它不具有国际法人资格。

B.管辖范围的广泛性

关税与贸易总协定的管辖范围仅涉及货物贸易，且农产品和纺织品贸易均作为例外不受总协定规则的约束。而世界贸易组织新体制不仅把长期游离在总协定规则之外的农产品和纺织品纳入其轨道，它还将其管辖范围扩大到服务贸易、与贸易有关的知识产权和与贸易有关的投资措施等新领域。今天，由世界贸易组织所代表的多边贸易体制，其管辖范围已扩大到与贸易有关的各个方面。

C.法律体系的统一性

关税与贸易总协定的法律体系由三部分构成：一是关税与贸易总协定文本（含38个条款）和前7轮多边贸易谈判达成的关税减让表；二是"东京回合"达成的9项附属性协议；三是多种纤维协定。多种纤维协定作为关税与贸易总协定的一项例外，采取背离关税与贸易总协定的管理办法。"东京回合"达成的各项协定采取自愿选择参加的办法，仅对签字方有效。关税与贸易总协定法律体系是被分割的。世界贸易组织新体制所管辖的协议，除东京回合达成的政府采购、牛肉、奶制品和民用航空器4项贸易协议外，其他所有的协议必须一揽子接受和遵守，不能选择性地参加或提出保留，从而使世界贸易组织在法律体系上基本达到了统一。

D.争端解决机制的有效性

在关税与贸易总协定的争端解决机制中，其决策方式是"完全协商一致"，只要有一个缔约方（最有可能是"被申诉人"）提出反对通过裁决报告，就认为没有"完全协商一致"，关税与贸易总协定则不能作出裁决，这自然大大削弱了总协定在解决争端机制方面的权威性和有效性。因此，有人戏称"关税与贸易总协定争端解决机制是一只没有牙齿的老虎"。世界贸易组织争端解决机制采用"反向协商一致"的决策原则，在争端解决机构审议专家组报告或上诉机构报告时，只要不是所有的参加方都反对，则视为通过，从而排除了败诉方单方面阻挠报告通过的可能，增强了机构解决争端的效力。

此外，针对关税与贸易总协定争端解决时间拖得过长的缺陷，世界贸易组织的争端解决机制对争端解决程序的各个环节规定了严格、明确的时间表。

9.2.2　世界贸易组织的宗旨、职能和组织机构

（1）世界贸易组织的宗旨

世界贸易组织基本上承袭了关税与贸易总协定的宗旨，但又随着时代的发展，对原总协定的宗旨作了适当的补充和修正。在《建立世界贸易组织协定》的序言部分，规定了世界贸易组织的宗旨：

① 提高生活水平，保证充分就业，保证实际收入和有效需求的大幅稳定增长。

② 扩大货物和服务的生产和贸易。

③ 依照可持续发展的目标，考虑对世界资源的最佳利用，寻求既保护和维护环境，又以与各成员各自在不同经济发展水平的需要和关注相一致的方式，加强为此采取的措施。

④ 积极努力以保证发展中国家，尤其是最不发达国家，在国际贸易增长中获得与其经济发展需要相当的份额。

（2）世界贸易组织的职能

世界贸易组织的主要职能包括：

① 负责多边贸易协议的实施、管理和运作，促进世界贸易组织目标的实现，同时为诸边贸易协议的实施、管理和运作提供框架。

② 为成员间就多边贸易关系进行的谈判提供场所，并提供实施谈判结果的体制。

③ 通过争端解决机制，解决成员间可能产生的贸易争端。

④ 运用贸易政策审议机制，定期审议成员的贸易政策及其对多边贸易体制运行所产生的影响。

⑤ 通过与其他国际经济组织（国际货币基金组织和世界银行及其附属机构）的合作和政策协调，实现全球经济决策的更高程度的一致性。

（3）世界贸易组织的组织结构

世界贸易组织设立的主要组织机构有：

①部长级会议

部长级会议是世界贸易组织的最高决策机构，由世界贸易组织的所有成员组成，每两年至少举行一次会议。部长级会议全权履行世界贸易组织的职能，并可以为此采取任何必要的行动。

②总理事会

总理事会负责世界贸易组织的日常事务，监督和指导下设机构的工作，并处理世界贸易组织的重要紧急事务。在部长级会议休会期间，其职能由总理事会行使。总理事会还履行争端解决机构和贸易政策审议机构的职责。

③理事会

总理事会下设货物贸易理事会、服务贸易理事会、与贸易有关的知识产权理事会，分别负责监督相应协议的实施。三个理事会在总理事会的指导下开展工作，行使相应协议规定的职能以及总理事会赋予的其他职能。

④各专门委员会

各专门委员会负责处理三个理事会的共性事务以及三个理事会管辖范围以外的事务。各专门委员会向总理事会直接负责。

⑤其他临时性机构

世界贸易组织还根据需要设立了一些临时性机构，通常称为工作组，其任务是研究和报告有关专门事项，并最终提交相关理事会作出决定。一些工作组还承担有关谈判的组织工作。

⑥秘书处

秘书处是世界贸易组织的日常办事机构，由部长级会议任命的总干事领导。

9.2.3　世界贸易组织的基本原则

（1）非歧视原则

非歧视原则包括最惠国待遇原则和国民待遇原则。

①最惠国待遇原则

最惠国待遇是指一成员现在和将来在货物贸易、服务贸易和知识产权领域所给予任何第三方的优惠待遇，应立即和无条件地给予其他各成员。

②国民待遇原则

国民待遇是指一成员对其他成员的产品、服务或服务提供者及知识产权所有者和持有者所提供的待遇，不低于本国同类产品、服务或服务提供者及知识产权所有者和持有者所享有的待遇。

（2）贸易自由化原则

贸易自由化原则是指通过多边贸易谈判，实质性削减关税和减少其他贸易壁垒，扩大成员之间的货物和服务贸易。

（3）透明度原则

透明度原则是指成员应公布所制定的和实施的贸易措施及其变化情况，不公布的不得实施，同时还应将这些贸易措施及其变化情况通知世界贸易组织。成员参加的影响国际贸易政策的国际协议也在公布和通知之列。

（4）公平竞争原则

公平竞争原则是指成员应避免采取扭曲市场竞争的措施，纠正不公平贸易行为，在货物贸易、服务贸易和与贸易有关的知识产权领域，创造和维护公开、公平、公正的市场环境。

（5）促进发展和经济改革原则

发展中国家和经济转轨国家占WTO成员数的3/4以上，多边贸易体制日益认识到发展中国家，尤其是最不发达国家履行义务的灵活性和特殊需要。世贸组织沿袭了关贸总协定关于发展中国家和最不发达国家优惠待遇的相关协议和条款，并在世贸组织的相关协定、协议或条款中加以完善。此外，世贸组织也充分考虑到经济转型国家的复杂的内部、外部条件，对它们加入该组织给予鼓励并承诺给予较灵活的处理。

9.2.4　世界贸易组织的例外与免责

世界贸易组织要求成员方切实履行其所承担的各项义务，但也允许成员方在确有困难的情况下有所变通。因此，世界贸易组织协定和协议中大都包含了例外、免责的规定。

（1）例外规定

①一般例外

成员方如采取一般例外措施，可不受世界贸易组织规则及该成员承诺的约束，但应遵守非歧视原则。

A.货物贸易领域的一般例外

a.为维护公共道德所必需的措施。

b.为保护人类、动植物生命或健康所必需的措施。

c.与黄金或白银进出口有关的措施。

d.为保证与《1994年关税与贸易总协定》不相抵触的国内法律、法规得到遵守所需的措施，包括与海关执法，实行有关垄断、保护专利权、商标、版权以及防止欺诈行为等措施。

e.与监狱囚犯产品有关的措施。

f.为保护具有艺术、历史或考古价值的国宝所采取的措施。

g.保护可用竭的自然资源的措施，但应与限制国内生产或消费一同实施。

h.为履行政府间商品协定项下义务而实施的措施，且其他成员对该商品协定不持异议。

i.在政府实施稳定计划，将国内原料价格控制在国际价格水平以下时期，为保证国内加工业获得基本的原料供应而采取的原料出口限制措施。但此类限制不得用于增加国内加工业的出口或保护，也不得违背非歧视原则。

j.在供应短缺情况下，为获取或分配产品所必须采取的措施。

B.服务贸易领域的一般例外

a.为维护公共道德所必需的措施。

b.为维护公共秩序所必需的措施，但只有在社会的某一根本利益受到真正和足够严重的威胁时方可采取。

c.为保护人类、动植物生命或健康所必需的措施。

d.为保证与世贸组织规定不冲突的国内法得到执行而采取的措施，包括防止欺骗、欺诈行为的措施，处理服务合同违约后果的措施，保护与个人信息处理和传播有关的个人隐私的措施，保护个人记录和账户机密性的措施，以及有关安全的措施。

e.与国民待遇不一致的措施。实施该措施，是为了保证公平、有效地对其他成员的服务或服务提供者课征直接税。

f.与最惠国待遇不一致的措施。实施该措施，是为了履行避免双重征税协定，或执行其他国际协定的相关规定。

②安全例外

世界贸易组织允许成员在战争、外交关系恶化等紧急情况下，为保护国家安全利益采取必要的行动，对其他相关成员不履行世界贸易组织规定的义务。

（2）免责规定

①紧急限制进口措施

紧急限制进口措施也称保障措施，是指世界贸易组织成员在符合规定的紧急情况下，可暂停实施对有关进口产品作出的关税减让和其他承诺。

②保护幼稚工业措施

世界贸易组织允许成员为促进建立某一特定产业而背离承诺，实施关税保护和数量限制措施。

③国际收支限制措施

世界贸易组织允许成员因国际收支困难而中止关税减让和其他承诺。

④有关承诺的修改或撤回

《1994年关税与贸易总协定》规定，每隔3年成员可就修改或撤回承诺进行谈判。在特殊情况下，经世界贸易组织批准，可随时进行此类谈判。《服务贸易总协定》也有类似规定。

⑤义务豁免

成员方可根据豁免条款，申请免除某项或某些义务。

9.2.5　世界贸易组织的新一轮多边贸易谈判

（1）世界贸易组织新一轮多边贸易谈判的启动与进展

①新一轮多边贸易谈判启动的背景

自1995年1月世界贸易组织成立以来，国际社会一直酝酿发起新一轮多边贸易谈判，这是由当时世界经济贸易形势以及世界多边贸易体制自身的内在因素所决定的。

A.“乌拉圭回合”结束后，各国贸易政策更趋自由化，但全球贸易壁垒依然存在，而这些壁垒只有在全球基础上才有可能真正地得到消除或规范。

B.发达国家一直希望在其期待的领域、有竞争优势的一些部门进一步自由化，而发展中国家对世界贸易组织有关协议的执行情况不满意，呼吁世界贸易组织应充分考虑发展中国家在实施协议中遇到的问题和困难。面对世界贸易组织规则和协议的不完善和不充分，发达成员和发展中成员相互作了妥协和让步，认为有必要对这些缺陷和不足进行审议，并作出必要的补充与改正，以进一步制定和完善多边贸易规则。

C.在“乌拉圭回合”中，各方对农业和服务业的市场开放作了一些承诺，提出了未来开放的框架，但内容尚不具体，缺乏可操作性。“乌拉圭回合”结束时，这些议题被承诺将在下一轮谈判中占有一席之地，以推动这些领域的进一步贸易自由化。

D.国际贸易领域也不断出现一些新现象和新问题，需要通过新的贸易谈判给予磋商并达成共识。

②新一轮多边贸易谈判的准备与艰难启动

A.新加坡议题

1996年在新加坡举行的首届部长级会议决定，世界贸易组织要为投资政策、竞争政策、政府采购的透明度和贸易便利化等问题（即新加坡议题，Singapore issues）制定规则，并纳入新一轮谈判中。会后，世界贸易组织成立了新加坡议题工作组，并指导WTO货物贸易委员会为WTO规则在上述领域的适用和评估进行探索性和分析性的工作。

B.西雅图会议

1999年12月，世界贸易组织第三次部长级会议在美国西雅图召开。会议历时4天，原本打算启动新一轮多边贸易谈判，即"千年回合"。但是，由于各方分歧严重，加之反全球化势力的干扰，这次会议未能就新一轮谈判的议程达成共识，不得不草草收场。

C.多哈发展议程启动

自2000年下半年以来，世界经济和贸易的增速明显放慢。2001年世界货物贸易额出现10多年来最大的负增长，世界货物贸易量出现自1982年以来的首次负增长。"9·11"事件也干扰了全球经济复苏的进程。在经济复苏速度、力度都缓慢的背景下，全球贸易保护主义势头增强，一系列双边贸易争端恶化了全球贸易环境，人们期待通过启动新的多边贸易谈判来恢复对世界经济的信心。

为了避免重蹈西雅图会议的覆辙及挽救世界贸易组织的威信，世界贸易组织实施了一系列"树立信心"的措施，如优先考虑最不发达国家面临的困难、全面重新评估技术合作和能力建设活动、建立专门机制处理与实施有关的事项和关注、改革世界贸易组织程序以保障所有成员的更广泛代表性和更为有效地参与、加强与其他国际组织的进一步密切合作等，这些为再次启动新的谈判作了较充分的铺垫和准备。

2001年11月，在卡塔尔首都多哈举行的世界贸易组织第四次部长级会议上，与会的142个成员部长一致通过了《多哈部长宣言》，决定启动新一轮多边贸易谈判。根据《多哈部长宣言》及其工作计划，谈判最迟不晚于2005年1月1日前结束。新一轮谈判的主要内容将涉及19个方面，它们是：与实施相关的问题；农业；服务业；非农产品市场准入；与贸易有关的知识产权；贸易与投资关系；贸易与竞争政策的关系；政府采购的透明度；贸易的便利化；WTO规则（包括反倾销、补贴、区域贸易协定）；争端解决谅解；贸易与环境；电子商务；小型经济体；贸易、债务与金融；贸易与技术转让；技术合作与能力建设；最不发达成员；特殊和差别待遇。

这是继"乌拉圭回合"结束8年后，也是世界贸易组织成立以来举行的首轮多边贸易谈判。由于世界贸易组织成员中的大多数都是发展中国家及最不发达国家，这些国家的需要和利益构成了谈判议程的核心，也成为影响谈判能否成功的重要力量。因此，在发展中国家成员的努力下，各方逐渐形成了一个共识，将发展确定为贯穿整个新的多边贸易谈判的主题。人们回避了以往8轮多边贸易谈判一直使用的、以发达国家为主导的"回合"一词，称此轮谈判为"多哈发展议程（Doha Development Agenda）"。

③多哈发展议程谈判进展艰难

新一轮多边贸易谈判自2002年年初拉开序幕以来，各领域的谈判进展异常缓慢，时常陷入僵局。在坎昆会议前，"多哈发展议程"的所有议题的谈判几乎都错过了原定时间底线，例如，2002年7月31日，纺织品和服装问题、对发展中国家的特殊待遇问题、补贴问题的谈判错过底线；2002年年底，反倾销问题、知识产权问题的谈判没有取得实质性进展；2003年3月31日，农业谈判错过底线；2003年5月31日，争端解决机制的谈判错过底线。

为了打破谈判僵局，保证坎昆会议顺利召开，世界贸易组织各成员间不同形式和规模的磋商一直在紧锣密鼓地进行，以期协调立场，寻求相关对策。2003年9月，世界贸易组织第五次部长级会议在墨西哥坎昆举行。作为"多哈发展议程"的中期会议，各成员对坎昆会议寄予了不同的希望。在坎昆会议期间，与会各成员就农业、新加坡议题等焦点问题进行了激烈的讨论，表达自己的看法和立场。由于成员间在农业、非农业产品、新加坡议题和发展议题等问题上分歧巨大，谈判各方固守立场，会议最终未能取得实质性成果，使多边贸易谈判的前景比西雅图时更加黯淡。

为了挽救"多哈发展议程"谈判计划，坎昆会议结束前，各成员作出了最后一项决议，指示世界贸易组织总理事会在2003年12月中旬完成《坎昆会议宣言》。但是，当这个"最后期限"过去后，总理事会没能产生任何决议。于是，世界贸易组织又设定了一个新的"最后期限"，即2004年7月底在日内瓦召开的总理事会特别会议。

2004年8月1日0点30分，147个世界贸易组织成员方就"多哈发展议程"中的农业、非农产品市场准入、发展问题、服务贸易以及贸易便利化谈判等议题达成框架协议，将贸易便利化以外的3个"新加坡议题"剔出多哈谈判议程。尽管该框架协议只规定了今后谈判的指导原则，但至少明确了"多哈发展议程"后续谈判的大致内容和方向，使谈判重回正轨，暂时消除了"多哈发展议程"再度陷入停滞的危险，因坎昆会议失败而受损的世界贸易组织的威信也得到了恢复，被世界贸易组织总干事素帕猜称为"具有历史意义的时刻"。成员还同意重新修改《多哈部长宣言》确定的谈判时间表，提出力争于2005年12月在中国香港举行的第六次部长级会议取得实质性成果，从而为2006年最终完成谈判奠定良好的基础。

2005年12月13日至18日，世界贸易组织第六次部长级会议在中国香港举行，来自世界贸易组织149个成员的5 800多名代表和2 000多名非政府组织代表参加了会议。在难以就关键议题实现突破的情况下，各成员就发展议题达成了共识。与会部长们经过6天谈判后，发表了《部长宣言》，在农业、棉花以及发展问题上取得进展，包括：发达成员和部分发展中成员同意2008年前向最不发达国家提供免关税和免配额市场准入；发达国家2006年取消棉花出口补贴，2013年年底前取消农产品出口补贴。这些成果对于世界经济特别是最不发达国家经济发展将带来一定的积极意义。中国香港会议使谈判取得了一定进展，但各成员今后的谈判任务仍十分艰巨。各成员部长们在中国香港宣言中说："我们重申决心在2006年全面完成多哈工作计划，并成功结束在多哈启动的本轮谈判。"

为打破"多哈发展议程"谈判僵局，2006年7月，世界贸易组织的6个关键成员（美国、欧盟、日本、澳大利亚、巴西和印度）在日内瓦紧急召开部长级特别会议，以协调各方对农业和非农产品市场准入问题的立场。由于分歧过大，会议第二天多国部长纷纷离去，本次会议以失败告终。2006年7月27日，世界贸易组织总干事拉米正式建议，全面中止已持续近5年的谈判，而且表示不为恢复谈判设定任何时间表，"多哈发展议程"谈判进入"休眠期"。

2006年9月，美国、欧盟和日本等发达成员的代表与发展中成员组成的"20国协调组"的代表在巴西里约热内卢举行对话会议，协调立场，同意尽快恢复"多哈发展议程"谈判。2006年11月，世界贸易组织贸易谈判委员会召开"多哈发展议程"谈判中止以来的首次全体会议，与会代表一致同意恢复"多哈发展议程"谈判的技术性讨论，并为谈判最终全面恢复做好准备。

2007年1月，谈判再次恢复，但依旧无果而终。2008年7月21日，来自35个主要世界贸易组织成员的贸易和农业部长在日内瓦召开会议，试图在一周时间内就"多哈发展议程"谈判农业和非农产品市场准入问题取得突破。但谈判难以取得进展，原定一周的会期被迫延长。经过9天的讨价还价后，还是以失败告终。

2008年12月12日，世界贸易组织总干事拉米宣布，由于各成员无法弥合在一些敏感问题上的分歧，他决定放弃在2008年年底前召开部长级会议来讨论推动达成农业和非农产品市场准入模式协议的计划，这意味着拖延7年之久的多哈谈判进程再次遭遇挫折。

2011年1月29日，在达沃斯举行的世界贸易组织小型部长级会议上，与会代表希望恢复谈判，之后，贸易谈判委员会在农业、非农产品市场准入、贸易便利化、贸易规则等具体领域展开密集谈判。2011年5月底，拉米在贸易谈判会议上提出以贸易便利化、农业和发展三大议题为核心的"早期收获"计划，得到各成员同意。2011年12月召开的第八届部长级会议没有就此达成协议。2012年，各成员继续就"早期收获"计划进行谈判，在2012年12月11日举行的WTO总理事会会议上，拉米表示，贸易便利化协议谈判已取得积极进展。2013年9月，新上任的WTO总干事罗伯托·阿泽维多敦促各成员的贸易代表展开密集谈判，力求尽快就"早期收获"计划达成一致，并在12月初召开的第九届部长级会议上正式签署。2013年12月，在巴厘岛召开的第九届部长级会议通过了"早期收获"协议，会议同时明确，在未来12个月内，对所有多哈未决议题，尤其是农业、发展中国家和最不发达国家关心的议题制订工作计划。2014年11月27日，世界贸易组织召开总理事会特别会议，通过了《贸易便利化协定》，2017年2月22日在获得2/3以上成员批准后正式生效。《贸易便利化协定》是对"多哈发展议程"谈判成果的"锁定"，为最终完成谈判奠定了基础，但"多哈发展议程"谈判毕竟还没有结束。相对于其他议题，《贸易便利化协定》涉及的内容属于"容易摘取的果实"，剩下的都是难啃的"硬骨头"，发达国家与发展中国家，甚至处于不同发展阶段的发展中国家之间的分歧仍然尖锐，在短期内取得突破性进展的前景仍然十分黯淡。2015年

12月，在肯尼亚首都内罗毕召开的第十届部长级会议上，经过各方努力，最终达成部长级会议宣言和通过多项决定，主要成果包括全面取消农产品出口补贴，就出口融资支持、棉花、国际粮食援助等方面达成了新的多边纪律；成功结束《信息技术协定》扩围谈判；在优惠原产地规则、服务豁免等方面切实给予最不发达国家优惠待遇。2017年12月第十一届部长级会议在阿根廷布宜诺斯艾利斯召开，成员代表就农业、渔业、贸易便利化、电子商务、中小企业发展等议题展开激烈谈判，最后并没有取得什么重要的成果。

多年来，"多哈发展议程"谈判进展艰难，这暴露出世界贸易组织决策效率低的突出问题；同时，世界贸易组织在为贸易新领域提供规则方面缺少作为，在受到外部冲击时各成员频繁采用贸易保护政策，主要经济体之间爆发贸易争端，WTO的争端解决机制受到挑战，这导致世界贸易组织日益被边缘化。从长远来看，世界贸易组织的改革势在必行，欧盟、美国、中国等主要成员先后提出改革世界贸易组织的建议，但由于各方分歧巨大，未来改革的前景并不乐观。2024年2月第十三届部长级会议在阿联酋阿布扎比举行，成员承诺加强多边贸易体制，继续推进世界贸易组织改革，主要成果包括达成《促进发展的投资便利化协定》，回应了广大发展中成员吸引外资和发展经济的强烈诉求；通过《争端解决机制改革部长决定》，力争年内恢复争端解决机制正常运行；通过《电子商务工作计划》，将电子传输暂免关税延长至下一届部长级会议，为全球数字贸易发展提供稳定规则环境；实现服务贸易国内规制谈判结果生效，不断降低全球服务贸易成本；通过最不发达国家毕业平稳过渡部长决定，帮助相关国家更好融入多边贸易体制。

（2）世界贸易组织新一轮多边贸易谈判的特点

与关贸总协定主持下已完成的8轮多边贸易谈判相比，由于世界经济贸易环境的变化，多哈发展议程启动后呈现出一些与以往谈判不同的鲜明特点。

① 由于各议题的重要性和敏感性，加上各方利益错综复杂，谈判启动以来进展艰难，并时常陷入停滞的僵局。

② 谈判涉及的议题十分广泛，远远超过以往历次谈判，提出的新议题也多，均增大了谈判的难度。

③ 以发展为中心探讨贸易政策的呼声日益影响世界贸易组织走向，谈判要兼顾发展中国家的需要和利益成为共识。

④ 谈判的焦点仍然是农业问题，农业议题的进展和前景成为多哈发展议程的指示器。

⑤ 参与谈判的成员数目不断增加，远远多于以往历次谈判，在成员经济水平差异大、利益关系错综复杂的情况下，取得协商一致的难度明显增加。

⑥ 成员谈判力量多极化的趋势初步形成，不同集团对谈判的影响力增强，谈判格局更加复杂。与以往的谈判不同，多哈发展议程呈现出一个引人瞩目的现象，在存在发达国家和发展中国家两大利益集团的背景下，各成员为了维护自身利益，加上集体谈判力量的显著优势，组成了数量众多的利益"同盟"或协调小组，积极

谋求对谈判产生影响。由于各集团间存在尖锐对立的利益冲突，众多利益集团如同一股股潜流，或加速或延缓着谈判进程，使多边谈判的形势更趋复杂。"乌拉圭回合"时最主要的矛盾集中在发达国家内部，特别是美国和欧盟在农业政策上的分歧严重。在多哈发展议程中，主要矛盾转移到发达国家和发展中国家之间，并在农业问题上集中爆发。发展中国家组成谈判协调组或集团对于维护发展中国家的基本利益是有利的。但也要看到，出现多种谈判力量在有利于改善世界多边贸易体制不平衡性矛盾的同时，也加大了各成员在多边谈判中进行博弈的难度，使得博弈均衡的实现变得更加困难。

⑦ 受经济实力及谈判能力所限，此轮谈判还是发达国家掌握主导权，但发展中国家的态度变得更加重要，其力量也在增强。多哈发展议程启动后进展并不平坦，但发展中国家的立场和作用日益显现，它们发出了比以往谈判更加强烈的声音，并通过有效的联合，成为谈判中不可忽视的重要力量。

□ **复习思考题**

自测题

1.关税与贸易总协定多边贸易谈判有哪些特点？
2.世界贸易组织和关税与贸易总协定有何不同？
3.世界贸易组织设立的主要组织机构有哪些？各自履行什么职能？
4.世界贸易组织的基本原则有哪些？各自的含义是什么？

第 10 章/国际经济一体化

────────── 学习目标 ──────────

　　了解第二次世界大战后国际经济一体化的产生与发展概况，熟悉和掌握国际经济一体化的概念、第二次世界大战后区域经济发展的特点，重点学习和掌握国际经济一体化的形式和关税同盟理论。

10.1　　　　　　　　　　国际经济一体化概述

10.1.1　国际经济一体化的概念与形式

　　国际经济一体化（international economic integration）是指两个或两个以上的关税领土为了实现共赢的目标，通过签订政府（当局）间的协定，实行从成员间减少或取消贸易壁垒到实施统一的经济政策的不同程度经济联合的过程和状态。

　　根据经济上结合程度的不同，国际经济一体化可分为以下几种形式：

　　（1）优惠贸易安排

　　优惠贸易安排（preferential trade arrangements）是国际经济一体化最松散、最初级的一种形式。在优惠贸易安排成员国间，通过签订协定，规定成员国之间在进行贸易时互相提供比与非成员国进行贸易时更低的贸易壁垒。1932年英国与其他英联邦国家建立的英帝国特惠制、1967年成立的东南亚国家联盟等就属于这种形式的经济一体化。

　　（2）自由贸易区

　　自由贸易区（free trade area）是指由签订自由贸易协定的国家组成的贸易区。在区内各成员国取消它们相互之间的贸易壁垒，使商品能够在区内自由流动，但每个成员国仍保留独立的对非成员国的贸易壁垒，如欧洲自由贸易联盟、北美自由贸易区。在自由贸易区内，成员国之间的边境通常仍保留有海关等机构，以避免其他国家的商品通过贸易壁垒较低的成员国进入整个自由贸易区。

　　（3）关税同盟

　　关税同盟（customs union）是指成员国之间完全取消关税或其他贸易壁垒，并撤除成员国之间的关境，合并成一个统一的对外共同关境，对非成员国实行统一的关税税率所结成的同盟。世界上最早、最著名的关税同盟是由比利时、荷兰和卢森堡三国组成的关税同盟。

（4）共同市场

共同市场（common market）是指除共同市场成员国相互间完全取消关税和其他贸易限制，建立对非成员国的共同关税外，成员国间的资本、劳动力等生产要素也可以自由流动。欧洲经济共同体于1970年已接近此阶段。

（5）经济同盟

经济同盟（economic union）是指成员国间不但商品与生产要素可以完全自由移动，建立对外共同关税，而且要求成员国制定和执行某些共同的经济政策和社会政策，包括货币、财政、贸易、经济发展和社会福利方面的政策等，逐步消除政策上的差异，使一体化的程度从商品交换扩大到生产、分配乃至整个国民经济，形成一个有机的经济实体。目前的欧洲联盟属于这种形式。

（6）完全经济一体化

完全经济一体化（complete economic integration）是指各参加国经济真正结合成一个整体，建立超国家的权力机构，各成员国在货币、财政、贸易等政策上完全一致，商品、资本、劳动力在区内完全自由流动，最终的状况如同一个国家。一旦实行了这样的一体化，它常常还包含政治上的一体化。这是经济一体化的最高形式。目前，欧洲联盟就是向这种一体化的方向发展。

需要指出的是，上述经济一体化类型只是对经济一体化不同形式的简单区分，实践中的经济一体化由于其合作的广泛性，不能完全归为一种类型，也并非必然依次由一种低级形式向另一种高级形式发展。

国际经济一体化的形式除按上述方法划分外，还可按一体化的范围和一体化参加国的经济发展水平来划分。

经济一体化与类似概念的比较

按一体化的范围，国际经济一体化可划分为部门一体化（sectoral integration）和全盘一体化（overall integration）两种形式。部门一体化是指区域内成员间实行一个或几个部门（或商品）的一体化。如1952年建立的欧洲煤钢共同体。全盘一体化是指区域内成员间的所有经济部门实行一体化。欧盟的一体化属于此类。

WTO和日本对经济一体化形式的划分

按一体化参加国的经济发展水平，国际经济一体化还可划分为水平一体化（horizontal integration）和垂直一体化（vertical integration）两种形式。水平一体化是指经济发展水平相同或接近的国家组织建立的经济一体化组织，例如欧洲经济共同体（欧盟）。垂直一体化是指经济发展水平不同的国家所组成的一体化，例如1994年1月1日由美国、加拿大与墨西哥建立的北美自由贸易区。

10.1.2 第二次世界大战后国际经济一体化的产生与发展

根据世界贸易组织（WTO）公布的统计数据，1948年至2023年期间向关贸总协定和世界贸易组织通报的国际经济一体化协定数量已达 568 个, 其中由于内部分歧过大或与其他协定合并等终止了 204 个, 仍在生效的有 364 个。

(1) 20 世纪 80 年代中后期前国际经济一体化的产生与发展

西欧是第二次世界大战后国际经济一体化的起源地。早在第二次世界大战尚未全面结束的 1944 年 9 月 5 日, 比利时、荷兰、卢森堡三国流亡政府在伦敦签署了比荷卢关税同盟协定, 于 1948 年 1 月 1 日正式生效, 形成了战后第一个经济一体化组织——比荷卢关税同盟 (Benelux)。第二次世界大战结束后, 许多西欧国家为了消除战争的祸根, 曾迅速酝酿并发起了一场欧洲统一运动, 主张通过欧洲统一来维护欧洲和平。推动这场运动的有两个重要的因素: 一是希望建立 "欧洲联盟", 并且使一个实现了非军事化的德国成为其中一员, 以便把它置于欧洲国家的联合控制和监督之下, 这样就可以解决德国的威胁问题。二是为了应对来自苏联的 "共产主义威胁"。

1952 年 8 月, 法国、联邦德国、意大利、荷兰、比利时和卢森堡 6 国正式建立了一个部门经济一体化组织——欧洲煤钢共同体。为了摆脱同美国的依附关系、增强自身的实力以及应对苏联的威胁, 1957 年 3 月, 法国、联邦德国、意大利、荷兰、比利时、卢森堡 6 国在罗马签署了《建立欧洲经济共同体条约》(通常称之为《罗马条约》), 于 1958 年 1 月 1 日率先成立了欧洲经济共同体 (European Economic Community, EEC), 又称欧洲共同市场。1967 年 7 月 1 日, 欧洲经济共同体与欧洲原子能共同体 (1957 年成立) 和欧洲煤钢共同体 (1952 年成立) 的主要机构合并为单一的机构, 统称为 "欧洲共同体" (European Community, EC), 简称 "欧共体"。

欧共体经过 1973 年 (英国、爱尔兰、丹麦加入)、1981 年 (希腊加入)、1986 年 (西班牙、葡萄牙加入) 三次扩大, 成员国增加到 12 个。1984 年, 欧共体与欧洲自由贸易联盟就建立欧洲经济区 (EEA) 发表了《卢森堡宣言》, 为两大组织继续和扩大合作确定了方向。为建立单一的内部市场, 1985 年 6 月, 欧共体通过了《关于完成内部市场的白皮书》, 同年 12 月, 欧洲理事会拟定了《单一欧洲文件》, 正式以法律的形式确定了 1992 年以前实现单一内部市场的目标。

欧共体除了不断增加新成员外, 与海外国家和领地 (OCTs)[①] (1971 年)、瑞士和列支敦士登 (1973 年)、冰岛 (1973 年)、挪威 (1973 年)、阿尔及利亚 (1976 年)、叙利亚 (1977 年) 等国家和地区签署的自由贸易协定也相继生效。

为了与欧洲经济共同体相抗衡, 1960 年 5 月, 挪威、瑞典、瑞士、奥地利、英国、丹麦、葡萄牙 7 国建立了欧洲自由贸易联盟 (European Free Trade Association, EFTA)。1970 年, 冰岛加入了欧洲自由贸易联盟。1986 年, 芬兰加入了欧洲自由

---

① "海外国家和领地" (OCTs) 包括格陵兰岛、新喀里多尼亚、法属波利尼西亚、法属南半球和南极陆地、瓦利斯和富图纳群岛、马约特、圣皮埃尔和密克隆、阿鲁巴、荷属安的列斯、安圭拉、开曼群岛、福克兰群岛、南乔治亚和南桑德韦奇群岛、蒙特塞拉特、皮特凯恩群岛、圣赫勒拿、阿森松岛、特里斯坦—达库尼亚群岛、特克斯和凯科斯群岛、英国南极领地、英属印度洋领地、英属维尔京群岛等英国、法国、荷兰、丹麦等国的海外领地。

贸易联盟。

在欧洲经济一体化的示范影响下，其他地区的国际经济一体化迅速发展。（见表10-1）。

表10-1　　20世纪80年代中期以前西欧以外地区主要的国际经济一体化协定

生效时间	协定名称	成员
1949年4月1日	南非—南罗得西亚关税同盟	南非、南罗得西亚（今津巴布韦）
1951年8月21日	萨尔瓦多—尼加拉瓜自由贸易区	萨尔瓦多、尼加拉瓜
1959年6月2日	中美洲自由贸易区	哥斯达黎加、萨尔瓦多、危地马拉、洪都拉斯、尼加拉瓜
1961年6月2日	拉丁美洲自由贸易联盟（LAFTA）	阿根廷、巴西、智利、墨西哥、巴拉圭、秘鲁、乌拉圭
1961年6月4日	中美洲共同市场（CACM）	哥斯达黎加、萨尔瓦多、危地马拉、洪都拉斯、尼加拉瓜
1963年7月1日	非洲共同市场	阿尔及利亚、加纳、几内亚、马里、摩洛哥
1965年1月1日	阿拉伯共同市场	伊拉克、约旦、利比亚、毛里塔尼亚、沙特阿拉伯、埃及、也门
1966年1月1日	澳大利亚—新西兰自由贸易协定	澳大利亚、新西兰
1968年4月1日	三方协定（TRIPARTITE）	埃及、印度、南斯拉夫
1968年5月1日	加勒比自由贸易联盟（CARIFTA）	安提瓜和巴布达、巴巴多斯、多米尼加、格林纳达、圭亚那、牙买加、蒙特塞拉特、圣基茨和尼维斯、圣卢西亚、圣文森特和格林纳丁斯、特立尼达和多巴哥
1971年	经济互助委员会	苏联、保加利亚、匈牙利、波兰、罗马尼亚、捷克斯洛伐克、民主德国、蒙古国
1973年2月11日	发展中国家贸易谈判议定书（PTN）	孟加拉国、巴西、智利、埃及、以色列、墨西哥、巴基斯坦、巴拉圭、秘鲁、菲律宾、韩国、罗马尼亚、突尼斯、土耳其、乌拉圭、南斯拉夫
1973年8月1日	加勒比共同体和共同市场（CARICOM）	安提瓜和巴布达、巴哈马、巴巴多斯、伯利兹、多米尼加、格林纳达、圭亚那、海地、牙买加、蒙特塞拉特、圣卢西亚、圣基茨和尼维斯、圣文森特和格林纳丁斯、苏里南、特立尼达和多巴哥

续表

生效时间	协定名称	成员
1976年6月17日	曼谷协定	孟加拉国、印度、韩国、老挝和斯里兰卡
1977年2月1日	澳大利亚—巴布亚新几内亚贸易和商业关系协定（PATCRA）	澳大利亚、巴布亚新几内亚
1981年1月1日	南太平洋地区贸易与经济合作协定（SPARTECA）	澳大利亚、新西兰、库克群岛、斐济、基里巴斯、马绍尔群岛、密克罗尼西亚联邦、瑙鲁、纽埃、巴布亚新几内亚、所罗门群岛、汤加、图瓦卢、瓦努阿图、西萨摩亚
1981年3月18日	拉美一体化协会（LAIA）	阿根廷、玻利维亚、巴西、智利、哥伦比亚、古巴、厄瓜多尔、墨西哥、巴拉圭、秘鲁、乌拉圭、委内瑞拉
1982年1月1日	海湾合作委员会（GCC）	巴林、科威特、阿曼、卡塔尔、沙特阿拉伯、阿联酋
1983年1月1日	澳大利亚—新西兰紧密经济关系贸易协定（ANZCERTA）	澳大利亚、新西兰
1985年8月19日	美国—以色列自由贸易协定	美国、以色列
1985年	伊斯兰经济合作组织（ECO）	伊朗、巴基斯坦、土耳其

这个时期生效的国际经济一体化协定具有以下一些基本特征：

① 地域性，即参加同一经济一体化协定的成员基本上隶属于同一地理区域。

② 水平一体化，即参加同一经济一体化协定成员的经济发展水平比较接近。

③ 参加同一经济一体化协定成员的社会经济制度往往相同，外交政策和对外贸易政策也基本上一致。

④ 参加经济一体化协定的成员大多数是中小国家，它们的生产规模和社会化程度与国内相对狭小的市场之间的矛盾比较尖锐，对国际分工和国际市场的依赖程度高。

⑤ 国际经济一体化协定以多边协定为主，即参加同一经济一体化协定成员的数量在3个或3个以上。

（2）20世纪80年代中后期以来国际经济一体化的发展

①美国的经济一体化

在第二次世界大战后的相当长的一段时间内，美国作为世界经济霸主的地位无人能够撼动。因此，当欧洲经济共同体成立时，美国不仅不担心它的威胁，而且基于政治考虑（对抗苏联东欧国家阵营的威胁）采取了积极支持的态度。但随着美国在世界经济中地位的下降，美国单独决定全球经济规则的格局已不复存在，美国的对外贸易政策也由主要是通过多边贸易体制来实现市场争夺转变到既追求多边自由贸易又寻求双边自由贸易的"双管齐下"的轨道。

对美国霸主地位直接构成挑战的不是日本经济、德国经济的高速增长，而是欧共体的迅速扩张。1984年，欧共体与欧洲自由贸易联盟就建立欧洲经济区发表了《卢森堡宣言》，美国第一次感觉到了霸主地位丧失的威胁，因为欧洲经济区的市场规模将首次超过美国的市场规模。1985年，欧共体提出1992年以前实现单一内部市场的目标；1986年，西班牙、葡萄牙正式加入欧共体，欧共体扩大为12国。基于抗衡欧洲经济区的考虑，美国终于彻底放弃了拥有悠久历史的"孤立主义"传统，于1986年开始了与加拿大的自由贸易协定谈判，1989年1月1日，美加自由贸易区建立。1990年乔治·布什发出"美洲倡议"，提议签署美洲自由贸易区协定，涵盖北起阿拉斯加，南到火地岛，除古巴之外的所有34个美洲国家。1994年1月1日，美加自由贸易区扩展为北美自由贸易区（NAFTA）。由于民主党更加注重多边贸易谈判，克林顿在执政期间一直致力于推动世界贸易组织新一轮谈判，而没有发起新的经济一体化协定谈判。直到共和党的小布什执政后，美国才重新启动经济一体化协定谈判，2001年，美国-约旦自由贸易协定生效；2004年，美国-新加坡自由贸易协定、美国-智利自由贸易协定生效；2005年，美国-澳大利亚自由贸易协定生效；2006年，美国-摩洛哥自由贸易协定、多米尼加-中美洲-美国自由贸易协定（CAFTA-DR）、美国-巴林自由贸易协定生效；2009年，美国-阿曼自由贸易协定、美国-秘鲁自由贸易协定生效；2012年，美国-韩国自由贸易协定、美国-哥伦比亚自由贸易协定、美国—巴拿马自由贸易协定生效。

此外，美国还先后启动了两个跨大洋贸易协定谈判。2008年9月，美国宣布将加入"跨太平洋战略经济伙伴关系协定"（Trans-Pacific Strategic Economic Partnership Agreement，TPSEP，或P4协定），让这个之前并未被太多关注的贸易协定知名度和影响力大增。2009年11月，美国正式提出扩大跨太平洋伙伴关系计划，开始全方位主导谈判，"跨太平洋战略经济伙伴关系协定"更名为"跨太平洋伙伴关系协定"（The Trans-Pacific Partnership，TPP），2016年2月4日，TPP协议签署，2017年1月23日，时任美国总统特朗普签署行政命令，正式宣布退出TPP。2013年6月，美国与欧盟宣布启动"跨大西洋贸易与投资伙伴协定"（Transatlantic Trade and Investment Partnership，TTIP）谈判，特朗普执政后，该谈判被搁置。2020年7月1日，美国与墨西哥、加拿大之间达成的美墨加协定（USMCA）生效，替代了1994年1月1日生效的北美自由贸易协定。

②西欧的经济一体化

在此期间，欧洲的经济一体化也在进一步深化和扩张。1993年1月1日，欧洲内部大市场正式启动。1993年11月1日，《欧洲经济与货币联盟条约》和《政治联盟条约》（又称《马斯特里赫特条约》或《马约》、《欧洲联盟条约》）正式生效，欧洲联盟（European Union，EU，简称欧盟）取代了欧共体。1994 年 1 月 1 日，欧洲经济区正式宣告成立。1995 年 1 月 1 日，芬兰、奥地利、瑞典加入欧洲联盟，至此欧盟共有 15 个成员国。1999 年 1 月 1 日欧元正式诞生，比利时、法国、德国、西班牙、爱尔兰、意大利、卢森堡、荷兰、奥地利、葡萄牙和芬兰成为欧元区首批成员，2002 年 1 月 1 日起欧元全面进入流通领域，各国原货币开始退出市场，2002 年 7 月 1 日起欧元取代各成员国原货币，成为欧洲货币联盟内唯一的法定流通货币。2004 年 5 月 1 日，欧盟进一步"东扩"，中东欧的波兰、匈牙利、捷克、斯洛伐克、立陶宛、拉脱维亚、爱沙尼亚、斯洛文尼亚、塞浦路斯和马耳他 10 国加入欧洲联盟。2007 年 1 月 1 日，罗马尼亚和保加利亚加入欧洲联盟；2013 年 7 月 1 日，克罗地亚加入欧洲联盟，至此欧盟共有 28 个成员国。

英国作为欧盟的一员，在融入欧盟的过程中却表现消极，与欧盟其他国家之间冲突不断。2016 年 6 月 23 日，英国通过全民公投决定退出欧盟。2020 年 1 月 31 日，英国正式"脱欧"，结束其 47 年的欧盟成员国身份。2020 年 12 月 24 日，英国与欧盟达成《欧盟-英国贸易与合作协定》，2020 年 12 月 31 日和 2021 年 4 月 28 日，英国议会和欧洲议会先后批准了该协议，于 2021 年 5 月 1 日起正式实施。英国退出欧盟后，除了与欧盟签署了贸易协定，还与欧盟的自由贸易协定伙伴分别签署了 37 个自由贸易协定。

随着欧洲自由贸易联盟的 6 个成员国先后加入欧盟，欧洲自由贸易联盟只剩下 3 个成员国。1991 年，列支敦士登加入了欧洲自由贸易联盟。

此外，欧共体/欧盟和欧洲自由贸易联盟还在欧洲、亚洲、非洲、美洲等地区广泛签署了双边一体化协定（见表 10-2、表 10-3）。

表 10-2　欧共体/欧盟在欧洲、亚洲、非洲、美洲等地区签署的双边一体化协定

地区	协定生效时间	伙伴方和协定形式
欧洲	1991 年 7 月 1 日	安道尔，关税同盟
	1997 年 1 月 1 日	法罗群岛，自由贸易协定
	1999 年 2 月 1 日	斯洛文尼亚，服务协定
	2001 年 6 月 1 日	马其顿，自由贸易协定
	2002 年 4 月 1 日	圣马力诺，关税同盟
	2006 年 12 月 1 日	阿尔巴尼亚，自由贸易协定
	2008 年 1 月 1 日	黑山，自由贸易协定
	2008 年 7 月 1 日	波斯尼亚和黑塞哥维那，自由贸易协定
	2009 年 12 月 20 日	太平洋国家①，自由贸易协定
	2010 年 2 月 1 日	塞尔维亚，自由贸易协定
	2014 年 4 月 23 日	乌克兰，自由贸易协定

续表

地区	协定生效时间	伙伴方和协定形式
欧洲	2014 年 9 月 1 日	格鲁吉亚、摩尔多瓦，自由贸易协定
	2021 年 1 月 1 日	英国，自由贸易协定
亚洲	1996 年 1 月 1 日	土耳其，关税同盟
	1997 年 7 月 1 日	巴勒斯坦，自由贸易协定
	2000 年 6 月 1 日	以色列，自由贸易协定
	2002 年 5 月 1 日	约旦，自由贸易协定
	2003 年 3 月 1 日	黎巴嫩，自由贸易协定
	2009 年 12 月 20 日	巴布亚新几内亚、斐济，自由贸易协定
	2011 年 7 月 1 日	韩国，自由贸易协定
	2018 年 6 月 1 日	亚美尼亚，服务协定
	2019 年 2 月 1 日	日本，自由贸易协定
	2019 年 11 月 21 日	新加坡，自由贸易协定
	2020 年 8 月 1 日	越南，自由贸易协定
非洲	1998 年 3 月 1 日	突尼斯，自由贸易协定
	2000 年 1 月 1 日	南非，自由贸易协定
	2000 年 3 月 1 日	摩洛哥，自由贸易协定
	2004 年 6 月 1 日	埃及，自由贸易协定
	2005 年 9 月 1 日	阿尔及利亚，自由贸易协定
	2012 年 5 月 14 日	东南非国家[②]，自由贸易协定
	2014 年 8 月 4 日	喀麦隆，自由贸易协定
	2016 年 9 月 3 日	科特迪瓦，自由贸易协定
	2016 年 10 月 10 日	南非发展共同体，自由贸易协定
	2016 年 12 月 15 日	加纳，自由贸易协定
美洲	2000 年 7 月 1 日	墨西哥，自由贸易协定
	2003 年 2 月 1 日	智利，自由贸易协定
	2008 年 12 月 29 日	加勒比论坛（CARIFORUM）国家
	2013 年 3 月 1 日	哥伦比亚、秘鲁、厄瓜多尔，自由贸易协定
	2013 年 8 月 1 日	中美洲国家[③]，自由贸易协定
	2017 年 9 月 21 日	加拿大，自由贸易协定

注：①包括所罗门群岛、斐济、巴布亚新几内亚、萨摩亚。
②包括毛里求斯、马达加斯加、塞舌尔和津巴布韦。
③包括巴拿马、危地马拉、哥斯达黎加、萨尔瓦多、洪都拉斯和尼加拉瓜。

表 10-3

欧洲自由贸易联盟在欧洲、亚洲、非洲、

美洲等地区签署的双边自由贸易协定

地区	协定生效时间	伙伴方	地区	协定生效时间	伙伴方
欧洲	1992 年 7 月 1 日	捷克斯洛伐克	亚洲	1993 年 1 月 1 日	以色列
	1993 年 5 月 1 日	罗马尼亚		1999 年 7 月 1 日	巴勒斯坦
	1993 年 7 月 1 日	保加利亚		2002 年 9 月 1 日	约旦
	1993 年 10 月 1 日	匈牙利		2003 年 1 月 1 日	新加坡
	1993 年 11 月 15 日	波兰		2006 年 9 月 1 日	韩国
	1995 年 7 月 1 日	斯洛文尼亚		2007 年 1 月 1 日	黎巴嫩
	1996 年 6 月 1 日	爱沙尼亚		2012 年 10 月 1 日	中国香港
	1996 年 6 月 1 日	拉脱维亚		2017 年 9 月 1 日	格鲁吉亚
	1996 年 8 月 1 日	立陶宛		2018 年 6 月 1 日	菲律宾
	2002 年 4 月 1 日	克罗地亚		2021 年 10 月 1 日	土耳其
	2002 年 5 月 1 日	马其顿		2021 年 11 月 1 日	印度尼西亚
	2010 年 10 月 1 日	塞尔维亚	美洲	2001 年 7 月 1 日	墨西哥
	2010 年 11 月 1 日	阿尔巴尼亚		2004 年 12 月 1 日	智利
	2012 年 6 月 1 日	乌克兰		2009 年 7 月 1 日	加拿大
	2012 年 9 月 1 日	黑山		2011 年 7 月 1 日	秘鲁
	2015 年 1 月 1 日	波斯尼亚和黑塞哥维那		2011 年 7 月 1 日	哥伦比亚
	2017 年 9 月 1 日	格鲁吉亚		2014 年 8 月 19 日	哥斯达黎加、巴拿马
非洲	1999 年 12 月 1 日	摩洛哥		2020 年 11 月 1 日	厄瓜多尔
	2005 年 6 月 1 日	突尼斯			
	2007 年 8 月 1 日	埃及			
	2008 年 5 月 1 日	南非关税同盟			

③东亚的经济一体化

与大西洋两岸区域经济合作的蓬勃发展相比，东亚地区（尤其是东北亚地区）的区域经济合作是非常滞后的，这主要有三方面的原因。

一是这一地区的情况十分复杂，相互间实现经济一体化的难度很大。各国经济发展水平差异巨大，各国的社会结构很不一致，政治、经济制度也不相同，国家大小、自然资源分布和国力强弱悬殊，各国的政治、经济、军事实力呈不对称结构，各国的文化背景、宗教信仰存在着差异，各国之间还存在着一些历史遗留的疑虑和问题等。

二是各国在相当长的时间里仍坚持认为世界多边贸易体制是进一步推进贸易自由化最好的舞台，对国际经济一体化不够积极。

三是美国的反对，该地区国家对美国市场有很高的依存度，美国的态度发挥了重要的作用。对美国而言，欧洲国家的联合已经成为一个历史的教训，它绝不能容忍在东亚地区再出现一个排他性的国际经济一体化组织，因而美国对待东亚地区的经济一体化一直采取反对的态度。20世纪80年代中期以前，日本、马来西亚、澳大利亚等国提出的经济一体化方案均因美国的反对而失败。

1986年美国和加拿大开始谈判自由贸易协定，它没有理由再阻挠东亚地区的经济一体化，但不同意东亚地区的经济一体化将美国排除在外。1989年11月，亚太经济合作组织（Asia-Pacific Economic Cooperation，APEC）成立，1993年的西雅图会议使APEC成为环太平洋地区的一个非正式区域贸易组织。这是美国防止东亚地区形成区域经济合作组织的一项重要举措。一方面它把美国在内的环太平洋国家和地区都纳入进来，另一方面它的开放性和非约束性特征决定了它在区域经济合作领域不会真正有所作为。即便如此，这仍然引起了欧盟的警觉，随后欧盟也开始寻求与该地区的合作。1995年欧盟与东亚地区的13个国家（东盟+中、日、韩，即后来的"10+3"）首次举行亚欧首脑会议，并形成了定期化的机制。

20世纪90年代以后，新的国际经济一体化浪潮、世界多边贸易体制发展的滞后和亚洲金融危机使该地区国家意识到，没有有效的经济一体化难以保证经济稳定发展，各国开始积极参与国际经济一体化。1991年，泰国和老挝之间的优惠安排协定生效；1992年，文莱、印度尼西亚、泰国、马来西亚、菲律宾和新加坡建立了东盟自由贸易区（ASEAN Free Trade Area，AFTA），1995年越南和柬埔寨加入，1999年老挝和缅甸加入；2002年，日本与新加坡签署了第一个自由贸易协定——日本-新加坡经济伙伴协定（JSEPA）；2003年，东南亚国家联盟（ASEAN，简称东盟）与中国之间的优惠安排协定生效；2004年，中国中央政府分别与中国香港特别行政区政府、中国澳门特别行政区政府之间签署的自由贸易协定生效；2006年，韩国与新加坡自由贸易协定、日本与马来西亚自由贸易协定生效；2007年，中国与巴基斯坦自由贸易协定、日本与泰国自由贸易协定生效；2008年，巴基斯坦与马来西亚自由贸易协定、日本与印度尼西亚自由贸易协定、日本与文莱自由贸易协定、日本与东盟自由贸易协定、日本与菲律宾自由贸易协定生效；2009年，中国与新加坡自由贸易协定、东盟与韩国自由贸易协定、日本与越南自由贸易协定生效；2014年，新加坡与中国台湾自由贸易协定生效；2015年，韩国与越南自由贸易协定、中国与韩国自由贸易协定生效；2016年，日本与蒙古国自由贸易协定生效；2017年，中国港澳两地自由贸易协定生效；2019年，中国香港与东盟自由贸易协定生效；2022年，中国与柬埔寨自由贸易协定、韩国与柬埔寨自由贸易协定生效；2023年，印度尼西亚与韩国自由贸易协定生效。

进入新世纪以来，东亚地区在"10+3"框架下努力推动包含广泛成员的经济一体化。2000年第4次"10+3"领导人会议探讨了建立东亚自由贸易区（EAFTA）的可行性。2006年日本提出了"东亚全面经济伙伴关系协定"（CEPEA）构想，在原来的"10+3"的基础上增加了澳大利亚、新西兰和印度3个国家。2011年东盟提出建立"区域全面经济伙伴关系"（RCEP）的主张，得到了各方的普遍认同，RCEP的目标是建成涵盖东盟10国、中国、韩国、日本、印度、澳大利亚、新西兰共16个国家的自由贸易区。2012年16国领导人发表联合声明，宣布于2013年启动RCEP谈判。2020年11月15日，除印度以外的15国正式签署RCEP。在美国宣布退出TPP后，2017年11月11日，除美国外的11国就继续推进TPP正式达成一致，11国将签署新的自由贸易协定，新名称为"全面与进步跨太平洋伙伴关系协定"（Comprehensive Progressive Trans-Pacific Partnership，CPTPP）。2018年3月8日，11国代表签署了CPTPP，于2018年12月30日生效。

在东北亚地区，酝酿已久的中日韩自由贸易区于2012年11月宣布启动，于2013年3月开始进行谈判。

然而，该地区各国之间巨大的经济发展差异、迥异的社会制度、文化背景、宗教信仰以及复杂的战略安全因素，使国际经济一体化难以在短时间内、在较大范围内取得实质进展，因此，各经济体在寻求区域内经济一体化的同时，也将目光投向区域外。2003年，新加坡与欧洲自由贸易联盟自由贸易协定、新加坡与澳大利亚自由贸易协定生效；2004年，新加坡与美国自由贸易协定、韩国与智利自由贸易协定生效；2005年，新加坡与约旦自由贸易协定、日本与墨西哥自由贸易协定、泰国与新西兰自由贸易协定生效；2006年，韩国与欧洲自由贸易联盟自由贸易协定、中国与智利自由贸易协定生效；2008年，中国与新西兰自由贸易协定生效；2009年，新加坡与秘鲁自由贸易协定、日本与瑞士自由贸易协定、欧盟与巴布亚新几内亚和斐济自由贸易协定生效；2010年，东盟与澳大利亚和新西兰自由贸易协定、东盟与印度自由贸易协定、韩国与印度自由贸易协定、中国与秘鲁自由贸易协定、马来西亚和新西兰自由贸易协定生效；2011年，中国香港和新西兰自由贸易协定、韩国与欧盟自由贸易协定、马来西亚与印度自由贸易协定、韩国与秘鲁自由贸易协定、日本与印度自由贸易协定、中国与哥斯达黎加自由贸易协定生效；2012年，马来西亚与智利自由贸易协定、日本与秘鲁自由贸易协定、韩国与美国自由贸易协定、中国香港与欧洲自由贸易联盟自由贸易协定生效；2013年，马来西亚与澳大利亚自由贸易协定、韩国与土耳其自由贸易协定、新加坡和哥斯达黎加自由贸易协定、印度尼西亚与巴基斯坦自由贸易协定、新西兰与中国台湾自由贸易协定生效；2014年，瑞士与中国自由贸易协定、冰岛与中国自由贸易协定、中国香港特别行政区与智利自由贸易协定、韩国与澳大利亚自由贸易协定生效；2015年，加拿大与韩国自由贸易协定、日本与澳大利亚自由贸易协定、中国与澳大利亚自由贸易协定、韩国与新西兰自由贸易协定生效；2016年，韩国与哥伦比亚自由贸易协定、越南与欧亚经济联盟自由贸易协定生效；2017年，越南与土耳其自由贸易协定生效；2018年，菲律宾与欧洲自由贸易联盟自由贸易协定生效；2019年，日本与欧盟自由贸易协定、印度尼西亚与智利自由贸易协定、韩国与中美洲自由贸易协定、新加坡与欧盟自由贸易协定生效；2020年，印度尼西亚与澳大利亚、越南与欧盟自由贸易协定生效；2021年，中国与毛里求斯自由贸易协定、印度尼西亚与EFTA自由贸易协定生效；2022年，印度尼西亚与莫桑比克自由贸易协定生效。

④苏联和东欧国家的经济一体化

1991年苏联解体后，其原加盟共和国共签署了97个经济一体化协定，其中原加盟共和国之间签署了40多个经济一体化协定，与欧亚地区经济体签署了50多个自由贸易协定。1992年南斯拉夫解体后，其原自治共和国之间以及与欧洲国家之间签署了49个自由贸易协定。

1993年，波兰、匈牙利、捷克、斯洛伐克、斯洛文尼亚、罗马尼亚、保加利亚和克罗地亚8国签署的中欧自由贸易协定（CEFTA）生效。

1992年至2004年，罗马尼亚共签署了13个自由贸易协定，保加利亚签署了17个自由贸易协定。随着罗马尼亚和保加利亚加入欧洲联盟，这些协定均告失效。

2002年以来，阿尔巴尼亚先后与马其顿、克罗地亚、保加利亚、科索沃、罗马尼亚、塞尔维亚和黑山、摩尔多瓦、波斯尼亚和黑塞哥维那、欧盟、土耳其和欧洲自由贸易联盟等11个经济体签署了自由贸易协定。

2007年5月1日，中欧自由贸易协定成员克罗地亚、马其顿（其他成员均已加入欧盟）与阿尔巴尼亚、波黑、摩尔多瓦、黑山、塞尔维亚5国和科索沃签署了东南欧自由贸易协定，该协定也被称为"新中欧自由贸易协定"。该协定的签署使这些国家之间原来已签署的14项协定失效。

⑤其他发展中国家的经济一体化

除上述经济一体化协定以外，其他发展中国家之间达成的经济一体化协定或建立的经济一体化组织见表10-4。

表10-4　　　　　　　其他发展中国家之间的经济一体化协定或组织

地区	协定/一体化组织名称	协定生效时间	成员
拉美	安第斯共同体（CAN）	1988年5月25日	南美洲5国①
	南方共同市场（MERCOSUR）	1991年11月29日	阿根廷、巴西、巴拉圭和乌拉圭
	多米尼加-中美洲FTA	2001年10月4日	多米尼加、中美洲5国②
	智利-巴拿马FTA	2008年3月7日	智利、巴拿马
	智利-洪都拉斯FTA	2008年7月19日	智利、洪都拉斯
	巴拿马-哥斯达黎加FTA	2008年11月23日	巴拿马、哥斯达黎加
	巴拿马-洪都拉斯FTA	2009年1月9日	巴拿马、洪都拉斯

地区	协定/一体化组织名称	协定生效时间	成员
拉美	秘鲁-智利FTA	2009年3月1日	秘鲁、智利
	智利-哥伦比亚FTA	2009年5月8日	智利、哥伦比亚
	巴拿马-危地马拉FTA	2009年6月20日	巴拿马、危地马拉
	哥伦比亚-北方三角FTA	2009年11月12日	哥伦比亚、萨尔瓦多、危地马拉、洪都拉斯
	巴拿马-尼加拉瓜FTA	2009年11月21日	巴拿马、尼加拉瓜
	智利-危地马拉FTA	2010年3月23日	智利、危地马拉
	秘鲁-墨西哥FTA	2012年2月1日	秘鲁、墨西哥
	巴拿马-秘鲁FTA	2012年5月1日	巴拿马、秘鲁
	萨尔瓦多-古巴FTA	2012年8月1日	萨尔瓦多、古巴
	墨西哥-中美洲FTA	2012年9月1日	墨西哥、中美洲5国[③]
	智利-尼加拉瓜FTA	2012年10月19日	智利、尼加拉瓜
	哥斯达黎加-秘鲁FTA	2013年6月1日	哥斯达黎加、秘鲁
	墨西哥-巴拿马FTA	2015年7月1日	墨西哥、巴拿马
	阿根廷-巴西优惠贸易安排	2016年7月1日	阿根廷、巴西
	哥斯达黎加-哥伦比亚FTA	2016年8月1日	哥斯达黎加、哥伦比亚
	秘鲁-洪都拉斯FTA	2017年1月1日	秘鲁、洪都拉斯
	萨尔瓦多-厄瓜多尔FTA	2017年11月16日	萨尔瓦多、厄瓜多尔
太平洋	美拉尼西亚先锋集团（MSG）	1993年7月22日	斐济、巴布亚新几内亚、所罗门群岛和瓦努阿图
	跨太平洋战略经济伙伴	2006年5月28日	文莱、智利、新西兰、新加坡
	澳大利亚-智利FTA	2009年3月6日	澳大利亚、智利
	太平洋联盟	2016年5月1日	智利、秘鲁、墨西哥、哥伦比亚
	太平洋紧密经济关系协定（PACER Plus）	2020年12月13日	大洋洲11个经济体[④]
非洲	西非国家经济共同体（ECOWAS）	1993年	西非16国[⑤]
	东南非共同市场（COMESA）	1994年12月8日	东南非20国[⑥]

续表

地区	协定/一体化组织名称	协定生效时间	成员
非洲	中非经济与货币共同体（CEMAC）	1999年6月24日	喀麦隆、中非共和国、乍得、刚果、赤道几内亚和加蓬
	西非经济与货币联盟（WAEMU/UEMOA）	2000年1月1日	西非8国⑦
	东非合作组织（EAC）	2000年7月1日	肯尼亚、坦桑尼亚、乌干达
	南非发展共同体（SADC）	2000年9月1日	南非12国⑧
	南非关税同盟（SACU）	2004年7月15日	南非、博茨瓦纳、莱索托、纳米比亚和斯威士兰
南亚	南亚优惠贸易安排（SAPTA）	1995年12月7日	南亚7国⑨
	南亚自由贸易区协定（SAFTA）	2006年1月1日	南亚7国⑩
西亚	经济合作组织（ECO）	1992年2月17日	伊朗、巴基斯坦、土耳其
	海湾合作委员会（GCC）	2003年1月1日	海湾6国⑪
跨区域	发展中国家全球贸易优惠制（GSTP）	1989年4月19日	亚非拉44个发展中国家⑫
	泛阿拉伯自由贸易区	1998年1月1日	西亚和北非16国⑬
	印度-智利优惠贸易安排	2007年8月17日	印度、智利
	MERCOSUR-SACU优惠贸易安排	2016年4月1日	阿根廷、巴西、巴拉圭、乌拉圭、南非、博茨瓦纳、莱索托、纳米比亚、斯威士兰
	MERCOSUR-埃及FTA	2017年9月1日	阿根廷、巴西、巴拉圭、乌拉圭、埃及
	智利-印度尼西亚FTA	2019年8月10日	智利、印度尼西亚
	土耳其-委内瑞拉FTA	2020年8月21日	土耳其、委内瑞拉
	印度-毛里求斯FTA	2021年4月1日	印度、毛里求斯
	印度-阿联酋FTA	2022年5月1日	印度、阿联酋

注：①包括玻利维亚、哥伦比亚、厄瓜多尔、秘鲁和委内瑞拉。

②包括萨尔瓦多、危地马拉、洪都拉斯、哥斯达黎加和尼加拉瓜。

③包括萨尔瓦多、危地马拉、洪都拉斯、哥斯达黎加和尼加拉瓜。

④包括澳大利亚、新西兰、所罗门群岛、库克群岛、基里巴斯、瑙鲁、瓦努阿图、纽埃、汤加、图瓦卢和萨摩亚。

⑤包括贝宁、布基纳法索、佛得角、科特迪瓦、冈比亚、加纳、几内亚、几内亚比绍、利比里亚、马里、毛里塔尼亚、尼日尔、尼日利亚、塞内加尔、塞拉利昂和多哥。

⑥包括安哥拉、布隆迪、喀麦隆、刚果（金）、吉布提、埃及、厄立特里亚、埃塞俄比亚、

肯尼亚、马达加斯加、马拉维、毛里求斯、纳米比亚、卢旺达、塞舌尔、苏丹、斯威士兰、乌干达、赞比亚、津巴布韦。

⑦包括贝宁、布基纳法索、科特迪瓦、几内亚比绍、马里、尼日尔、塞内加尔和多哥。

⑧包括安哥拉、博茨瓦纳、莱索托、马拉维、毛里求斯、莫桑比克、纳米比亚、南非、斯威士兰、坦桑尼亚、赞比亚和津巴布韦。

⑨包括孟加拉国、不丹、印度、马尔代夫、尼泊尔、巴基斯坦、斯里兰卡。

⑩包括孟加拉国、不丹、印度、马尔代夫、尼泊尔、巴基斯坦、斯里兰卡。

⑪包括巴林、科威特、阿曼、卡塔尔、沙特阿拉伯和阿拉伯联合酋长国。

⑫包括阿尔及利亚、阿根廷、孟加拉国、贝宁、玻利维亚、巴西、喀麦隆、智利、哥伦比亚、古巴、韩国、厄瓜多尔、埃及、加纳、几内亚、圭亚那、印度、印度尼西亚、伊朗、伊拉克、利比亚、马来西亚、墨西哥、摩洛哥、莫桑比克、缅甸、尼加拉瓜、尼日利亚、巴基斯坦、秘鲁、菲律宾、朝鲜、罗马尼亚、新加坡、斯里兰卡、苏丹、泰国、特立尼达和多巴哥、突尼斯、坦桑尼亚、委内瑞拉、越南、南斯拉夫和津巴布韦。

⑬包括巴林、埃及、伊拉克、约旦、科威特、黎巴嫩、利比亚、摩洛哥、安曼、卡塔尔、沙特阿拉伯、苏丹、叙利亚、突尼斯、阿拉伯联合酋长国、也门。

其中，非洲国家签署的协定经济一体化程度高，包括的国家数量多，但过渡期很长（20年或30年）。正如WTO《2003年世界贸易报告》所指出的那样："如此长的过渡期表明，这些协定只是表达一种意愿，而不是期望对贸易产生重大影响。"①

⑥20世纪80年代中后期以来国际经济一体化的特点

20世纪80年代中后期以来，国际经济一体化潮流主要有以下特点：

A.国际经济一体化协定增长快，呈现双边化、网络化特征

1992年以来，国际经济一体化协定数量增长异常迅速，2009年新生效的经济一体化协定多达19个。目前国内生产总值排名前30位的国家或地区无一例外都参与了国际经济一体化协定；WTO所有成员都参与了不同程度的国际经济一体化协定，经济一体化协定成员之间的贸易额占到全球贸易总额的一半以上。

从签署国际经济一体化协定的各方数量看，20世纪80年代中期以前，国际经济一体化协定以多边协定为主要形式。20世纪80年代中期以来，双边自由贸易协定成为国际经济一体化的主要形式。

20世纪80年代中期以前，同一国家参与多个协定的情形并不多见。20世纪80年代中期以来生效的国际经济一体化协定的显著特点之一是，不同协定之间成员的交叉和重叠，形成多层次的经济一体化协定网。

B.大国积极参与，战略目标凸显

从签署国际经济一体化协定国家的规模看，20世纪80年代中期之前，参加国大多数是中小国家，它们把签订经济一体化协定作为对付其他更强大的国家或贸易集团的一种防御手段，同时，这些国家的生产规模和社会化程度与国内相对狭小的市场之间的矛盾比较尖锐，越来越依赖国际分工和国际市场。

---

① WTO.World Trade Report 2003 [R]. Geneve：WTO，2003：46.

20世纪80年代中期以来，大国纷纷参与国际经济一体化，成为新一轮国际经济一体化浪潮的主要推动力量。

对于具有雄厚实力的大国而言，国际经济一体化协定不仅仅是一种防御工具，更重要的是一种以攻为守的战略手段。大国普遍把国际经济一体化作为本国发展战略和对外经济政策的重要组成部分，越来越多的大国把国际经济一体化提升到与多边贸易目标同等重要甚至更加优先的地位，国际经济一体化协定已成为大国建立地缘政治联盟的重要法律形式，从而争取其全球战略和地区政策得到更多国家和更大范围的支持。例如，美国一方面把推进美洲自由贸易区作为巩固其"后院"、提高与欧盟对抗能力的主要手段，另一方面通过经济一体化协定加强对中东地区和东亚地区的渗透。欧盟在推进欧洲经济一体化的同时，积极向拉丁美洲和非洲扩张。日本首选新加坡作为经济一体化的伙伴，是为了检验日本是否可以在政治上被东南亚国家接受，并避开其国内敏感的政治难题——农业保护。中国积极倡导与东盟建立自由贸易区是实施"新安全概念"的重要组成部分，即提出多极世界和多边主义观，以稀释美国在全球和区域事务中实行的单边主义政策，根据这一"新安全概念"，中国特别强调多边主义和合作是促进亚洲和平的最佳途径。

C.国际经济一体化的"脱地域化"

从签署国际经济一体化协定国家的地域看，20世纪80年代中期以前，绝大多数国际经济一体化协定是由在地理上相连或接近的国家之间签署的，具有明显的地域性，因此国际经济一体化又曾被称为"区域经济一体化"（regional economic integration）。20世纪80年代中期以来，随着跨地域经济一体化协定（主要是双边协定）数量的迅速增长，地域性在经济一体化中的重要性下降，国际经济一体化日益呈现出"脱地域化"的特征，据世界贸易组织统计，目前跨地域的协定已有202个，占全部协定数量的2/3。

D.南-北型经济一体化协定迅速发展

从签署国际经济一体化协定国家的经济发展水平看，20世纪80年代中期以前，同一国际经济一体化协定的成员的经济发展水平比较接近，因此这种经济一体化又被称为"水平一体化"。在这些经济一体化协定中，大部分属于发展中国家之间的经济一体化，即南-南型经济一体化。20世纪80年代中期以来的一体化已不仅仅是水平一体化，"垂直一体化"（或称南-北型经济一体化）得到迅速发展，不少发达国家之间缔结的国际经济一体化协定都在吸收经济发展水平较低的成员加入（如欧盟），新缔结的国际经济一体化协定中，发达国家与发展中国家之间的协定也居多数，经济发展水平差异较大的发达国家和发展中国家共存于一个国际经济一体化协定中，发展中国家在南-北型经济一体化方面表现得尤其积极。

E.以集团身份参与的国际经济一体化协定日益增多

欧共体自成立以来，始终以集团的身份与非欧共体成员签订经济一体化协定。20世纪80年代以来，以集团身份参与的国际经济一体化协定日益增多，除欧共体以外，欧洲自由贸易联盟、南方共同市场、东盟、南非关税同盟等都以集团的身份参与了国际经济一体化协定的谈判和签署。其中欧洲自由贸易联盟和东盟只是自由贸易区，没有实行统一的对非成员的贸易政策，但在与非成员的经济一体化协定谈判中联合起来，以集团的身份进行谈判和签署协定。

F.成员之间实现经济一体化的领域扩大

20 世纪 80 年代中期以前，国际经济一体化协定的主要内容是削减和取消成员之间的关税。随着非关税壁垒的盛行和贸易救济措施（如反倾销、反补贴和保障措施）的滥用，为了最大程度地消除货物贸易的各种障碍，削减和取消非关税壁垒以及约束和取消贸易救济措施的使用开始逐渐成为国际经济一体化协定的另一主要内容，一些世界贸易组织正在谈判的新议题（如贸易便利化、贸易与环境）和几经努力未能纳入谈判的议题（如政府采购、边境手续、劳工标准等）也被纳入到经济一体化协定中。

另外，20 世纪 80 年代中期以前，国际经济一体化的重点在于货物市场的一体化，只有极少数一体化程度较高的经济组织（如欧共体、中美洲共同市场、加勒比共同体）部分实现了要素市场的一体化，只有欧共体实现了服务市场的一体化。20 世纪 80 年代中期以来，欧共体加快了一体化步伐，将一体化的内容延伸到财政协调和货币联盟等新领域。随着关贸总协定乌拉圭回合谈判将服务贸易、投资措施和知识产权等问题纳入谈判议题，这些内容也同时成为国际经济一体化协定的重要内容，而且更多体现在发达成员与发展中成员之间的经济一体化协定中。

G.东北亚国家跨区域经济一体化的发展快于区域内的一体化

20 世纪 90 年代以前，国际经济一体化主要发生在欧洲、非洲、美洲和西亚，尽管东亚地区的经济高速增长，但在经济一体化方面却一直处于落后状态，只有部分国家参加了一些优惠安排协定，如发展中国家贸易谈判议定书（PTN）、曼谷协定、发展中国家全球贸易优惠制（GSTP）等。20 世纪 90 年代，在世界其他地区国际经济一体化迅速发展的热潮中，东南亚地区有两个经济一体化协定相继生效：泰国和老挝之间的优惠安排协定（1991 年），东盟国家建成了东盟自由贸易区（AFTA，1992 年）。此时，东北亚的中、日、韩三国仍然无动于衷。

韩国是东亚地区最早倡议加强区域内各国制度性合作，提出区域自由贸易战略构想的国家之一。1998 年，韩国即提出建立日韩自由贸易区的建议，由于国内对日本经济冲击的担忧，迟迟没有取得实质性进展。随后韩国又转向谈判难度较小的智利，但进展仍不顺利，谈判曾一度中断，直到 2002 年 10 月才最终达成一致意见，2003 年 2 月，韩国与智利正式签署了自由贸易协定，2004 年 4 月正式生效，韩国在参与国际经济一体化方面迈出了艰难的第一步。此后，韩国自由贸易协定"遍地开花"，与新加坡、东盟、欧洲自由贸易联盟、印度、欧盟、秘鲁、美国、土耳其、澳大利亚、加拿大、越南、中国、新西兰、哥伦比亚、中美洲 5 国、英国、印度尼西亚、以色列、RCEP 成员等签署了自由贸易协定，与墨西哥、海湾合作委员会、日本、南方共同市场、印度、菲律宾、俄罗斯、马来西亚、哥伦比亚等陆续开始了自由贸易谈判或联合研究，大有后来居上之势。

2000年11月，在新加坡举行的第四次东盟和中国领导人会议上，中国率先提出组建中国-东盟自由贸易区的建议；2001年11月，在文莱举行的第五次东盟和中国领导人会议上，中国和东盟决定在10年内建立自由贸易区。2001年，中国加入《曼谷协定》，并于2002年开始实行《曼谷协定》税率，这是中国参加的第一个具有实质性意义的优惠安排协定。2003年6月，《内地与香港关于建立更紧密经贸关系的安排》签署，这是中国签订的第一个自由贸易协定。随后与澳门特别行政区、东盟、智利、巴基斯坦、新西兰、新加坡、秘鲁、哥斯达黎加、冰岛、瑞士、韩国、澳大利亚、马尔代夫、格鲁吉亚、毛里求斯、柬埔寨、RCEP成员、厄瓜多尔、尼加拉瓜、塞尔维亚签署了自由贸易协定，并与海湾合作委员会、挪威、日本、韩国、斯里兰卡、以色列、摩尔多瓦、巴拿马、巴勒斯坦等启动了自由贸易谈判，与哥伦比亚、斐济、尼泊尔、巴布亚新几内亚、加拿大、孟加拉国、蒙古国的自由贸易协定正在研究中。

中国率先提出组建中国-东盟自由贸易区的建议在日本引起很大震动。2002年初，日本正式建议与东盟组建自由贸易区，并同时寻求与部分东盟成员开始双边自由贸易谈判。2002年，日本与新加坡签署了第一个自由贸易协定——"新时代经济合作伙伴关系协定"。在墨西哥与美国和欧盟缔结自由贸易协定后，日本对墨西哥的出口大幅度下降，为了扭转这一不利局面，日本于2002年11月开始了与墨西哥的双边自由贸易谈判，于2003年3月达成协议，2005年4月正式生效。此外，日本与马来西亚、智利、泰国、印度尼西亚、文莱、东盟、菲律宾、瑞士、越南、印度、秘鲁、澳大利亚、蒙古国、CPTPP成员、欧盟、美国、英国、RCEP成员之间的自由贸易协定已经生效，日本与韩国、中国、哥伦比亚、土耳其的自由贸易协定谈判正在进行中。

与欧美先发展区域内一体化，再拓展到区域外的路径不同，东亚国家在一体化的对象选择方面，从一开始就是区域内与区域外并重，甚至更重视与区域外国家的谈判，在东亚地区谈判的重点对象是东盟及其成员。

H.超大型区域贸易协定正在成为国际经济秩序重塑的新平台

随着世界多边贸易谈判的前景愈加暗淡，国际经济一体化成为重塑国际经济贸易秩序的新平台。美国借助TPP、TTIP和USMCA重塑国际经济秩序，中国则在努力维护既有多边贸易规则的基础上，力推"10+3"合作、中日韩自贸区和RCEP谈判。

10.2　国际经济一体化理论

10.2.1　关税同盟理论

国际经济一体化理论以关税同盟理论最具有代表性。关税同盟理论的渊源可以追溯至19世纪德国经济学家李斯特的保护贸易理论，关税同盟实质上是集体保护贸易。同时，李斯特的关税同盟理论也是第二次世界大战后联邦德国政府谋求通过建立欧洲联盟取得平等伙伴地位政策主张的理论根据。

第二次世界大战后，关税同盟理论又有新发展。1950年，美国经济学家范纳（Jacob Viner）在《关税同盟问题》（Customs Union Issue）一书中提出了关税同盟理论。1960年，美国经济学家李普西（Richard G.Lipsey）在《关税同盟理论的综合考察》（The Theory of Customs Unions：A General Survey）一文中进一步完善了该理论。

（1）关税同盟的静态效应

关税同盟在成员内部实行自由贸易，对成员以外国家保持一致的贸易壁垒，会产生贸易创造（trade creation）和贸易转移（trade diversion）两种效应。

①贸易创造

所谓贸易创造，即在关税同盟内部实行自由贸易后，国内成本高的产品被伙伴国成本低的产品所代替，原来由本国生产的，现在从伙伴国进口，新的贸易得以"创造"。

在图10-1中，曲线D和S分别表示甲国X商品的国内需求曲线和供给曲线，横轴代表X商品的数量，纵轴代表价格水平。假设甲国是一个贸易小国，其进口不能影响X商品的世界市场价格。甲国加入关税同盟之前，从乙国（X商品的价格为P_1）进口X商品，征收关税后，其进口商品价格达到P_1+t，此时甲国进口Q_2Q_3的X商品。假设现在甲国与乙国结成关税同盟，两国之间开始实行自由贸易，甲国从乙国进口X商品时就不再征收关税，因而按照P_1的价格从乙国进口X商品，总进口量扩大至Q_1Q_4，此时（$Q_1Q_2+Q_3Q_4$）数量的贸易就是新"创造"的贸易。

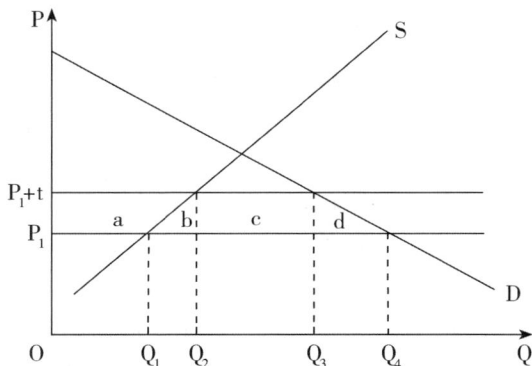

图10-1 贸易创造关税同盟的福利效应

加入关税同盟后，甲国对乙国取消关税，甲国的消费者剩余增加了（a+b+c+d），但生产者剩余则由于产量的下降而减少了a，政府关税收入减少c，相抵后社会福利增加了（b+d）。其中，b是贸易创造的生产效应，即甲国生产减少而乙国生产增加，是资源有效利用的结果；d是贸易创造的消费效应，甲国X商品的价格下降引起了消费增加，是进口增加或贸易扩大的结果；（b+d）是甲国加入关税同盟后贸易创造效应所增加的福利。

②贸易转移

所谓贸易转移，是指由于关税同盟内部实行自由贸易，对外实行统一关税率，导致先前的贸易伙伴关系发生改变，即一国把与同盟外低成本的某个国家的相互贸易转变为与同盟内高成本成员国间的相互贸易。

从世界福利的角度看，贸易转移是减少福利的，因为它把生产从效率较高的非同盟国转移到效率较低的同盟国，使国际资源配置恶化。但对于参加关税同盟的国家而言，其福利是增加还是减少却是不确定的。

图 10-2 说明了关税同盟的贸易转移效应。仍假设甲国是一个贸易小国，曲线 D 和 S 分别代表甲国 X 商品的国内需求曲线和供给曲线。甲国加入关税同盟之前，对进口的 X 商品征收关税 t，由于乙国 X 商品的价格为 P_1，高于丙国 X 商品的价格 P_0，所以甲国从丙国进口 X 商品，征收关税后，其进口商品价格达到 P_0+t，此时甲国从丙国进口 Q_2Q_3 的 X 商品。

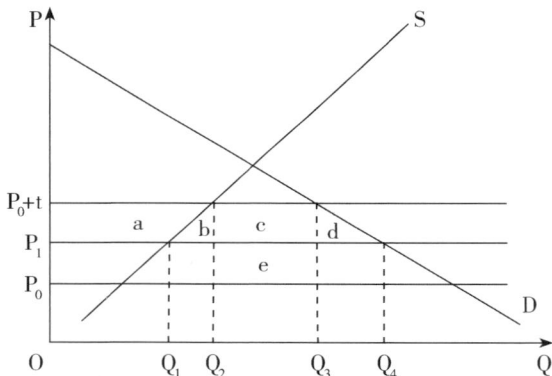

图10-2　贸易转移关税同盟的福利效应

假设现在甲国与乙国结成关税同盟，两国之间开始实行自由贸易，对来自丙国的商品仍征收关税 t，由于丙国 X 商品税后价格仍为 P_0+t，而乙国 X 商品不需要交关税，其价格为 P_1，所以甲国不从丙国进口 X 商品，而改从乙国按 P_1 价格进口，总进口量扩大至 Q_1Q_4，其中（$Q_1Q_2+Q_3Q_4$）数量的贸易是新"创造"的贸易，而 Q_2Q_3 数量的进口从丙国"转移"至乙国。

加入关税同盟后，甲国的消费者剩余增加了（a+b+c+d），但生产者剩余则由于产量的下降而减少了 a，政府关税收入减少（c+e），相抵后的净社会福利为（b+d−e）。如果（b+d）>e，则甲国净福利增加；反之，如果（b+d）<e，则甲国净福利减少。

从图 10-2 中可以看出，如果一国国内的商品供给曲线与需求曲线越平缓，即在相关的范围内弹性越大，并且 P_1 越接近 P_0（即伙伴国与原进口来源国的价格差异越小），那么，b 和 d 的面积就越大，e 的面积就越小。这样，对于这个参加关税同盟的国家来说，获得净福利增加的机会就更大。

除了贸易创造和贸易转移以外，建立关税同盟还可以带来其他静态福利效应，如由于减少海关人员和边境巡逻人员而引起行政费用的节约、由于减少对同盟外国家的进口需求和出口供给而带来贸易条件的改善、由于集团力量的增强而在国际贸易谈判中具有更强大的讨价还价的能力等。

（2）关税同盟的动态效应

关税同盟除了可以带来静态福利效应外，还可获得动态效应。这是由于竞争的加强、经济的规模化、投资的增大以及经济资源的有效利用而产生的。

①竞争效应

在没有结成关税同盟时，贸易壁垒的保护使国内市场缺乏竞争，导致生产的低效率。建立关税同盟后，本国生产者必须面对来自其他成员国高效率生产者的竞争。为了避免被淘汰出局，本国生产者不得不设法提高生产效率，这将降低生产成本从而有利于消费者的福利。

②规模经济效应

对于中小国家来说，因国内市场狭小，难以达到规模经济的产量。在关税同盟成立后，由于市场规模的扩大，可以克服国内市场狭小的缺陷，实现规模经济的产量。

③对投资的刺激效应

关税同盟建立以后，随着市场的扩大，风险与不稳性降低，会刺激成员厂商增加投资。此外，关税同盟建立以后，会刺激非成员国在同盟内投资生产，以避免因贸易转移给其带来的损失。

④资源配置效应

就一个关税同盟内部来说，由于商品、劳动力、资本等生产要素可以自由流动，可以使经济资源在关税同盟范围内得到更好的利用。

10.2.2 自由贸易区理论

米德认为，自由贸易区与关税同盟一样，在成员之间消除了贸易限制，但没有像关税同盟那样要求各成员实行统一的对外贸易政策，而是允许每个成员仍保留独立的对非成员的贸易限制。由于这种不同，二者产生的各种影响也就不同，其中最典型的是，自由贸易区会产生"贸易偏转（trade deflection）"现象，即利用一体化成员之间的关税差异，从关税最低的成员进口商品，以便在其他成员市场销售。

米德的自由贸易区理论是自由贸易区采用"原产地规则"的理论依据。为了消除"贸易偏转"，自由贸易区协定必须规定在成员间进行自由贸易时适用的原产地规则，只有被认定为产自某一成员的产品才能进行自由贸易。

然而，"间接贸易偏转（indirect trade deflection）"却不能通过自由贸易区的原产地规则加以限制或消除。所谓间接贸易偏转，是指出口成员将产自本国的产品（免税）销往进口成员，随之产生的国内供求缺口由从世界其他价格更低来源的进口产品（征税）来弥补。

如图10-3所示，曲线D和S分别代表甲、乙两国X商品的国内需求曲线和供给曲线。两国建立自由贸易区前，甲国对进口商品征收关税t_1，国内价格为P_w+t_1，产量为OL，消费量为ON，进口量为LN；乙国对进口商品征收关税t_2，国内价格为P_w+t_2，产量为OK，消费量为OM，进口量为KM。两国建立自由贸易区后，如果乙国能够在P_w+t_2的价格水平满足甲国的进口需求（即图10-3中OK>L′N′），则甲国的国内价格水平也降至P_w+t_2，产量降至OL′，消费量增至ON′，进口量增至L′N′（从乙国进口）。乙国将本国产量中的OL″（OL″=L′N′）部分以P_w+t_2的价格向甲国出口，剩下L″K数量的产品留给国内市场，本国未满足的需求部分（OL″+KM）则以P_w的价格从世界其他地区进口。乙国进口量增加的部分（OL″）是乙国以非成员产品替代本国产品（该部分产品已被出口到甲国），这就是间接贸易偏转。

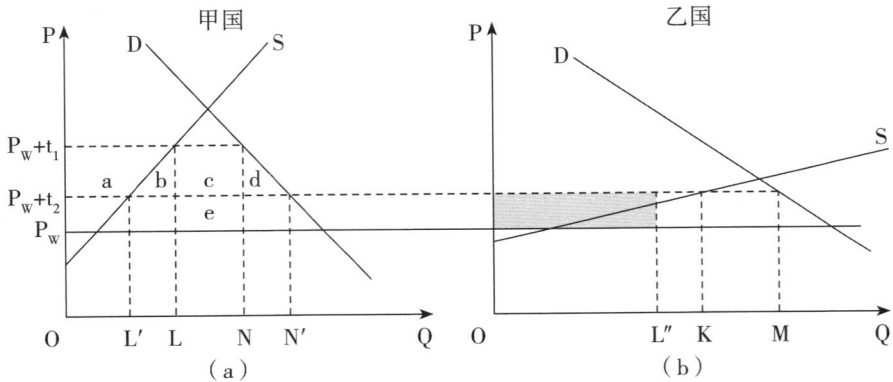

图10-3　自由贸易区间接贸易偏转的福利效应

从各国的福利效果看，甲国的生产者剩余损失了a，消费者剩余增加了（a+b+c+d），政府税收收入损失了（c+e）。甲国的净福利为（b+d-e）；乙国的生产和消费数量与以前相同，价格水平也相同，但由于进口增加了OL″，政府税收收入（同时也是净福利）增加了图中的阴影部分；世界其他地区对甲国和乙国组成的自由贸易区的出口更大（OL″>LN），其福利状况也会有所改善。

□ 复习思考题

自测题

1.什么是国际经济一体化？根据经济上结合程度的不同，国际经济一体化有哪些形式？

2.20世纪80年代中后期以来的国际经济一体化有何特点？

3.关税同盟有哪些静态效应？用图示说明。

4.关税同盟有哪些动态效应？

5.什么是间接贸易偏转？用图示说明间接贸易偏转的福利效应。

第11章/要素流动与跨国公司

———— 学习目标 ————

　　了解资本和劳动力国际流动的动因，技术国际转移的含义、方式与特征，熟悉和掌握资本和劳动力国际流动的其他影响、技术国际转移的经济效应，重点学习和掌握资本和劳动力国际流动的经济效应及跨国公司理论。

　　在前几章对国际贸易理论的分析中，一个重要的假设就是生产要素在国家之间缺乏流动性。在这些理论的指导下，当各国的资源禀赋无法改变时，可以通过开展对外贸易来调整各国的生产结构，提高资源的利用效率。在此，国际贸易在很大程度上作为对生产要素缺乏流动性的一种替代。

　　然而，生产要素缺乏流动性并非一个严密的前提条件。商品经济在国际范围内的发展，造成了生产要素的商品化，为生产要素的跨国流动创造了便利的条件。此外，经济资源在国家间的分布不均衡也造成了生产要素的跨国流动。随着国际贸易的发展，各国的生产和消费日益国际化，使生产要素跨国转移成为必然。生产要素的跨国流动包括资本的国际流动、劳动力的国际性迁移、科学技术的国际性传播等，已成为当代国际经济交流中十分重要的组成部分。

11.1　　　　　　　资本的国际流动

　　资本国际流动是指一个国家或地区的政府、企业或个人与另一个国家或地区的政府、企业或个人之间以及与国际金融组织之间资本的流出和流入。本节中所研究的国际资本流动主要是指商业性国际资本流动，即国际投资。

11.1.1　资本国际流动的动因

　　资本国际流动通常按资本使用期限的长短分为长期资本流动和短期资本流动两大类。长期资本流动包括直接投资、间接投资和国际信贷。在投资一年以上的长期资本流动中，直接投资是指一国政府、企业或个人对另一国以兴办企业的方式所进行的投资，并拥有对该企业的全部或部分管理控制权。间接投资是一种证券投资，是投资者在国际债券市场上购买外国政府和企业发行的中长期债券，或在股票市场上购买公开上市的外国股票等有价证券所进行的投资活动。国际信贷是除了前两种形式以外的各种长期资本流动方式，包括政府援助贷款、国际金融机构贷款、国际银行贷款以及其他信贷等。在期限为一年或一年以下的短期国际资本流动中，主要包括政府和私人短期资本流动。这里分析的资本在国家间流动的原因是针对长期投资中的直接投资和间接投资而言的。

资本在国家间进行流动主要有以下几个方面的原因：

（1）追逐高额利润

追逐高额利润是资本国际流动的内在动力和根本原因。追逐高额利润包括追逐高的资本预期收益率和降低成本。

①追逐高的资本预期收益率

资本的预期收益作为资本追逐的目标，成为影响资本流动的最基本的因素之一。各国资本的预期收益率差异，可能是世界各国要素禀赋的不同造成的，也可能是国家为吸引外资而采取的优惠政策带来的。资本的本性是追求利润最大化，它驱使着资本从收益率低的国家流向收益率高的国家。

②降低成本

由于各国的所得税税率不同，企业可以在低税率的国家投资设立子公司，与在高税率的国家设立的子公司或母公司以转移价格进行交易，减少在高税率国家的所得，达到减轻税负、增加利润的目的。

由于贸易保护主义的存在，影响了商品贸易的发展。通过对外投资，可以绕过贸易壁垒的限制，降低成本，提高利润率。

随着人们对环境问题的日益重视，各国纷纷设立了环保标准，颁布了一系列制止工业污染的法令，提高了企业处理生产中产生的废水、废气、废弃物的成本。而将生产转移到环保标准相对较低的国家，则可以降低成本增加利润。

另外，有的产品运输成本很高（如饮料），在消费国生产就可以节约运输成本，提高利润率。

（2）规避各种风险

资本国际流动在可以获得较高的资本预期收益率的情况下，一般要考虑与每项具体投资相联系的经济风险和政治风险的大小。例如，汇率风险会造成投资者预期收益的减少，市场风险和政治风险会使投资者预期收益的不确定性变大等。在风险一定的情况下，资本将流向收益率高的地方；在收益既定的情况下，资本则会流向风险较小的地方，因此风险与收益呈正相关的关系。在证券投资中，可以利用资产组合理论，通过投资数种证券，特别是建立一种既包括国内证券又包括国外证券的资产组合，从而获得更高的平均收益率或更低的风险水平。

另外，任何一国的经济活动都是在一定的资源限制条件下进行的，而自然资源的短缺与不均衡的地理分布，将是制约一国经济发展的重要因素。对于那些来源渠道单一、供应量不足、需求量大、价格波动大的商品，可以通过对外投资的方式，在东道国创办资源开发型企业，建立稳定的进口货源，降低生产中的风险。

（3）争夺国际市场

一国企业的产品进入另一国市场时，往往会与进口国该行业已经存在的企业进行竞争。为了避免竞争和可能导致的损失，该企业可以通过对外投资的方式兼并主要的竞争对手。

在寡头市场上，如果一个寡头企业对外投资，为维持自身的市场份额和竞争优势，其他寡头企业也会跟随其进行对外投资。

（4）获取先进的技术和经济信息

各国为保持本国产业的竞争力和保护国家安全，往往限制甚至禁止某些先进技术的输出，但不禁止技术在国内的传播。通过向先进国家进行直接投资设立企业，该企业可以比较便利地获得先进技术，有利于推动本国经济的发展。

当今社会已进入信息时代，及时获得信息，意味着获得优势、机遇或财富。通过对外投资设立分支机构，企业可以更及时、准确地了解有关经济信息。

在通常情况下，国际资本的接受国一般应具备以下条件才有可能吸引外资的流入：一是经济条件，即该国的市场潜力很大，基础设施比较健全，经济局势稳定，对外资有优惠或稳定的政策和措施等；二是资源条件，即该国具有比较丰富的自然资源或人力资源；三是政治条件，即投资国与接受国的政治关系良好，接受国的政治局势稳定，法律制度基本完备，政策具有连续性等。此外，作为投资环境的一部分，一些社会文化因素如传统文化、民族习俗及社会价值观等也会对外资的进入产生一定的影响。一旦投资者感到某国或地区的投资环境不理想，如政局不稳、市场潜力有限或投资安全系数不高时，该投资者就会将资本从该国转移到其他国家和地区。

11.1.2　资本国际流动的经济效应

资本国际流动能够改善国家间的资源配置状况，其流向主要是从资本富裕的国家流向资本稀缺的国家，从而提高资本的回报率，促使资本得到最有效的利用，使资本输出国和输入国都获得收益。我们用图11-1加以说明。

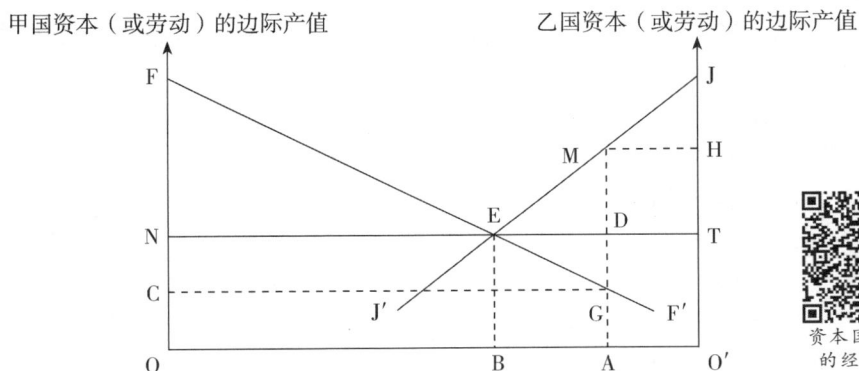

图11-1　资本（或劳动）国际流动的经济效应

在图 11-1 中，假设只有两个国家甲国和乙国，资本总量为 OO′。其中，甲国资本存量为 OA，乙国资本存量为 O′A。FF′和 JJ′两条直线是根据不同水平的投资分别给出的甲国与乙国资本的边际产品价值（value of marginal product，VMP）。在自由竞争条件下，资本的边际产品价值等于资本要素的价格或收益率。

在资本国际流动之前，甲国将它的全部资本 OA 都投入到本国生产中，资本要素的收益率为 OC，国内总产出为 OFGA。其中 OCGA 部分是资本要素的收益，其余的 CFG 部分是其他要素的收益。同样，乙国将其全部资本 O′A 投入到国内，资本要素的收益率为 O′H，国内总产出为 O′JMA，其中 O′HMA 部分是资本要素的收益，其余的 HJM 部分是其他要素的收益。

如果资本可以在国家间自由流动，由于乙国的资本收益率比甲国的要高，于是资本从甲国流入乙国，流入量为 AB，使得两国的资本收益率趋于一致（ON=O′T）。此时，甲国的国内总产出为 OFEB，加上对外投资的收益 ABED，则甲国的总收益为 OFEDA，其中 EDG 部分是由于对外投资而增加的收益。由于国际资本的自由流动，甲国资本要素的总收益增加到 ONDA，而其他要素的收益下降为 NFE。

乙国输入 AB 量的资本后，它的资本收益率由 O′H 下降到 O′T。乙国的国内总产出增长到 O′JEB，增长了 ABEM，扣除外国投资的收益 ABED，乙国的总收益为 O′JEDA，其中 EDM 部分是乙国引进外资而增加的收益。由于国际资本的自由流动，乙国资本要素的总收益下降为 O′TDA，而其他要素的总收益则上升到 TJE。

从整个世界的角度看，总产出从 OFGA+O′JMA 增加到 OFEB+O′JEB，增加了 EDG+EDM=EGM 的部分。可以说，资本国际流动提高了国家间资源配置的效率，从而增加了世界的产出和福利。从图 11-1 中可以看出，资本的边际产值线越陡的国家，从资本国际流动中获利越大。

11.1.3 资本国际流动的其他影响

资本的国际流动还能对资本输出国与输入国产生其他方面的影响。

（1）国内不同要素收入的重新分配

对资本输出国来说，总资本报酬和平均资本报酬都获得了增长，而其他要素总报酬和其他要素的平均报酬却都降低了。因而，当资本输出国在对外投资整体受益时，在资本和其他生产要素之间存在国内收入的重新分配问题。对资本输入国而言，利用外资也导致了资本和其他生产要素之间国内收入的重新分配问题。

（2）对国际收支的影响

资本国际流动还会对资本输出国和输入国的国际收支产生影响。在对外投资发生的当年，资本输出国的对外支付增加，可能会带来国际收支逆差；而输入国的国际收支将会改善。然而，资本输出最初的资本转移和对外激增的支付活动对国际收支所带来的影响也有可能被输出国资本品、零部件和其他产品的大量出口及随后引发的利润汇回所带来的收入所抵消。此外，对外投资还有可能替代资本输出国的商品出口，甚至导致以前出口商品的进口，从而恶化国际收支。因此，资本的国际流动对国际收支的即时作用在输出国是负的、在输入国是正的，但是资本国际流动对于输出国和输入国的长期作用却很难断定。

（3）对税收的影响

资本国际流动对输出国和输入国的另一个重要影响是，由于不同国家有着不同的税率和投资收益，从而导致资本从较高税率国向较低税率国流动。结果，资本输出国的税基与所纳税额都减少了，而资本输入国的税基与所纳税额都相应提高了。

（4）对贸易条件的影响

资本国际流动通过影响资本输出国与输入国的产品产量和贸易量，进而影响两国的贸易条件。然而贸易条件怎样变化，还要依两国的条件而定，不能一概而论。

（5）对技术地位和经济独立性的影响

资本国际流动会影响资本输出国的技术领先地位，也会影响输入国对自己经济的控制和执行独立的经济政策的能力。

11.2　　　　　　　　　　劳动力的跨国流动

11.2.1　劳动力跨国流动的原因

一般来说，在国际上劳动力比资本缺乏流动性。劳动力跨国流动既有经济方面的原因也有非经济方面的原因。19世纪以及更早年代的国际移民是出于逃避欧洲政治、宗教上的迫害。当今社会如果某个国家的政治制度发生较大变动，也可能导致出现较大数量的国际移民。然而，大多数劳动力的跨国流动，特别是第二次世界大战后的劳动力跨国流动，主要是由于受到国外高收入的美好前景的吸引。

对于出于经济原因的劳动力跨国流动，可以用与分析投资决策一样的观点和方法来分析，即可以采用成本与收益的分析方法。劳动力跨国流动与其他投资一样，都涉及成本与收益。这些成本包括交通费用的支出，在新到的国家中安置与重新寻找工作所花时间损失的工资和原有家庭固定资产的损失等。另外，还有很多难以量化的成本，如与亲人、朋友、熟悉环境的分离，要熟悉新的风俗习惯以及学习一门新的语言所需要的花费，在新的土地上寻找工作、住房所涉及的风险等。由于许多劳动力的跨国流动都是共同流动，或迁到一个已有一定数量来自同一地方的早期移民聚居的区域，因而许多非经济因素的成本可以大大地降低。

劳动力跨国流动的经济收益可以通过他们在剩余工作寿命内从国外所能获得的收入与国内收入的差额来衡量。其他的好处是其子女可能会享有较好的教育和工作机会。

在一般情况下，劳动力的跨国流动是从低收入国家流向高收入国家，从经济发展水平较低的国家流向经济发展水平较高的国家，从经济萧条的国家流向经济繁荣的国家。在劳动力的跨国流动中，年轻人比年长者更倾向于移民，除了其他因素外，主要是由于他们可以有更长的剩余劳动寿命来从国外的高收入中获利。

劳动力的跨国流动可以采取以下形式：永久移民式的劳动力国际流动、中短期国际劳务出口、留学人员、技术性劳务合作人员等。

11.2.2　劳动力跨国流动的经济分析

劳动力跨国流动对流出国和流入国的福利效应与资本国际流动对输出国和输入国的福利效应相似。我们仍用图11-1加以说明。

在图11-1中，假设只有两个国家甲国和乙国，劳动总量为OO′。其中甲国劳动存量为OA，乙国劳动存量为O′A。FF′和JJ′两条直线是根据不同水平的劳动投入分别给出的甲国与乙国劳动的边际产品价值。在自由竞争条件下，劳动的边际产品价值等于劳动要素的价格或工资率。

在劳动跨国流动之前，甲国将它的全部劳动OA都投入到本国生产中，工资率为OC，国内总产出为OFGA。其中OCGA部分是劳动要素的收益，其余的CFG部分是其他要素的收益。同样，乙国将其全部劳动O′A投入到国内，工资率为O′H，国内总产出为O′JMA，其中O′HMA部分是劳动要素的收益，其余的HJM部分是其他要素的收益。

如果劳动力可以自由跨国流动，由于乙国的工资率比甲国的要高，于是劳动力从甲国流入乙国，流入量为AB，使得两国的工资率趋于一致（ON=O′T）。此时，甲国的国内总产出为OFEB，下降了ABEG，乙国的国内总产出为O′JEB，增长了ABEM。从整个世界的角度看，总产出增加了EGM的部分。

11.2.3　劳动力跨国流动的其他影响

劳动力跨国流动还能对流出国与流入国产生其他方面的影响。

（1）国内不同要素收入的重新分配

与资本国际流动相似，劳动力的跨国流动使劳动力流出国与流入国的劳动和其他生产要素之间都存在国民收入的重新分配。

（2）对财政收入和财政支出的影响

劳动力的跨国流动可以对劳动力流入国的财政收入和财政支出产生影响，因而会引起有关移民政策的争论。对劳动力流入国来说，外国人迁移到本国，就可以分享该国的社会公共服务，如社会及医疗保险、交通通信设施、学校教育和安全保障服务等，因而会增加本国的财政支出负担，这也是许多人反对外国移民的理由。但是，应该看到，现实生活中的移民往往大多是中青年，他们正处于一生中纳税的高峰期，他们对该国税收的贡献要远远大于他们给公共设施造成的额外支出。另外，随着具有较高专业技术水平的移民的涌入，本国还可以大大节省对人力资本的投资。

对劳动力流出国来说，劳动力的流出会减少本国的财政收入。发展中国家由于迁移出去的劳动力有相当一部分是受教育水平较高的人，从年龄上看大部分处于青壮年阶段，政府在他们移民之前承担了社会公共服务的支出，但却不能得到相应的报酬，因而劳动力的迁出造成了政府财政上的净损失。因此，有些经济学家主张劳动力流出国应对移民征税，以部分地补偿政府财政上的损失，其数额至少应相当于社会承担的公共服务费用。但是，即使采取这种措施也很难使发展中国家在人才外流方面的损失得到合理的补偿。

（3）技术知识的传播

移民还可为流入国带来各种技术与知识。从烹饪方法、商业技巧到先进的科学技术，移民带来的技术与知识有许多是有很大的经济价值的。它们所产生的经济利益并非仅仅被其雇用者获得，而且会向全社会扩散，所产生的外部效应往往远大于它们所创造的直接的经济利益。

（4）社会摩擦和拥挤成本

移民的迁入也会引起某些社会问题。如果不同文化背景的移民不能融入他们所移居的社会，就会产生社会中的小集团或类似于部落的封闭群体，从而容易造成社会摩擦和集团对抗；移民的增加还容易引起种族矛盾的激化；此外，人口拥挤会产生噪声污染，加重交通阻塞，提高犯罪率等。这些也是劳动力跨国流动中不可低估的负面外部效应。

11.3　技术的国际转移

11.3.1　技术国际转移的含义、方式与特征

技术的国际转移是指制造一项产品、应用一项工艺或提供一项服务的系统知识在不同国家的企业、个人或其他经济组织之间的转移。国际技术转移有两种：一种是非商业性的国际技术转让，这是一种无偿的技术转让，主要是指国家间各种无偿的技术交流和国际双边或多边援助性的技术转让；另一种是商业性的国际技术转让，即有偿的技术转让，也称国际技术贸易。本节中所研究的技术国际转移主要是指后者。

技术国际转移的方式主要有技术使用权许可和技术所有权转让，此外，技术国际转移还常与直接投资、合作生产、技术服务等相结合。

技术作为一种无形的生产要素，其国际转移与国际货物买卖相比，有着显著不同的特征：

（1）权利的转移

在货物买卖中，卖方将货物的所有权转移给买方，卖方就失去了货物的所有权，不可能再将该货物转让给第三人；买方得到货物后，可以自己使用，也可以转卖他人或作其他处理。

在技术转移中，固然有技术输出方将技术所有权转让给技术引进方的情况，但在国际技术贸易中是很少见的。在绝大多数情况下，技术引进方仅得到技术的使用

权，技术的所有权仍归技术输出方。因此，输出方可以把同一项技术许可给多个引进方使用；引进方得到技术的使用权后，可以自己使用，但如果没有输出方的授权，引进方无权对该技术作其他处理。

（2）市场的状况

货物的买方与卖方往往不在同一领域进行竞争，因此货物的卖方往往愿意向市场提供其最好的产品，以增强竞争力。如果买主有众多的卖主可以选择，则市场呈现出买方市场的特征。而技术的输出方与引进方往往在同一领域进行竞争，因此技术的输出方不愿意向市场提供其最好的技术，以避免增强其竞争对手的竞争力。此外，技术往往具有一定程度的垄断性，因此技术市场往往呈现卖方市场的特征。

（3）价格的构成

货物的价格由单位产品成本和利润两个部分构成，在正常销售的情况下，货物的价格高于单位产品成本。技术的价格由技术的成本（包括研究开发成本和转让成本）、利润和机会成本（即技术输出方因输出技术而减少的产品销售收入）三个部分构成，由于技术输出方可以把同一项技术许可给多个引进方使用，一项技术许可的价格（即许可费）就是技术价格在愿意接受该技术的引进方之间的分摊，因此，一项技术许可的价格有可能低于技术的研究开发成本，这也是技术引进方愿意引进技术的原因之一。

11.3.2　技术国际转移的经济效应

技术国际转移的经济效应主要表现在两个方面：对技术输出国的经济效应和对技术引进国的经济效应。

（1）技术国际转移对技术输出国的经济效应

①补偿技术研究与开发成本，并取得较高收益

技术研究与开发成本往往靠销售产品的收入来补偿，但贸易保护主义的盛行在一定程度上妨碍了商品贸易的发展。而技术转移给引进国带来的收益大于商品进口，更容易被引进国所接受。技术输出带来的收入可以使输出国的技术研究与开发成本得到补偿，并取得较高收益。

②延长技术生命，增加收入

技术是有生命周期的，由于世界各国经济与科技发展水平不同，一国所淘汰的技术，可能在另一国还是一种适用技术。因此，技术输出可以延长技术的使用期，还可以增加收入。

③带动产品出口，扩大对外贸易

技术输出可以带动设备、零部件、原材料、劳务和其他物品出口。

④改善国际收支

技术输出本身增加的收入以及技术输出带动出口增加的收入，有利于改善技术输出国的国际收支。

⑤可能培育出与自己势均力敌或强于自己的竞争对手

⑥可能丧失自己的某些专有权，如以保密为存在条件的专有技术

（2）技术国际转移对技术引进国的经济效应

①缩小与先进国家的技术差距

任何意义上的技术进步，都包括由科学原理的形成、科学原理转化为具体的技术发明和技术进步方案直至技术发明得到实际的商业应用这一过程。引进国通过技术引进，由于不需要再进行有关科学原理的研究和应用技术的开发转化，因而大大节约了技术进步的时间，迅速促进本国技术进步，可以缩短甚至跳跃式地缩短与先进国家的技术差距，在更高的起点上发动和推进工业化进程。

②节省研究与开发费用，降低研究与应用风险

技术研究与开发耗费大，风险高。引进国的技术落后，即便其有着强烈的独立开发某项技术的欲望，也往往不一定具备从事这一活动的人力、物力和财力，并且相对于先进国家而言，自主开发一项先进技术的经济耗费也通常要高得多。从先进国家引进成功的技术，虽然为此需要支付有关的技术转让费用，但往往会低于自行研究开发的成本。

另外，引进国引进的技术大多属于在先进国家已经得到成功运用的商业性技术，因此在某种意义上只需进行简单的移植和模仿即可形成生产能力，而无须再进行多少商业性的试验或是改进了，因而可以大大降低技术研究与应用的风险。

③提高生产能力和竞争能力，促进经济发展

引进国通过技术引进，可以提高生产能力，使本国资源得到充分有效的利用，促进产业结构调整和经济发展。同时，技术引进可以降低生产成本，提高产品质量和档次，提升产品的市场竞争力，提高产品的自给能力和出口能力。

④造成对先进国家的技术依赖

如果技术引进国不能够将引进的技术进行消化吸收和进一步开发创新，有可能造成对先进国家的技术依赖。

⑤在技术交易中处于劣势地位

技术市场的信息不对称程度要远远高于货物市场。由于技术转移的机会成本难以估算，加上技术引进国对技术的了解程度有限，技术引进国在技术交易中往往处于劣势地位。

11.4　　　　　　　　　　跨国公司

11.4.1　跨国公司的定义与特征

（1）跨国公司的定义

跨国公司（transnational corporation），又称多国公司（multinational corporation）、国际公司（international corporation）、宇宙公司（cosmo corporation）等，是指以本国为基地，通过对外直接投资，在两个或者两个以上的国家设立分支机构和

子公司，从事国际化生产和经营活动的企业。

国际上判定企业是否为跨国公司的标准很多，如按跨国程度、所有制、组织方式、股权比重、控制程度、企业经营战略等划分。联合国跨国公司委员会规定作为跨国公司必须具备如下三个要素：

① 跨国公司须是一个工商企业，组成企业的实体必须在两个或两个以上的国家从事经营。至于其国外经营所采取的法律形式和部门不限。

② 企业须有一个中央决策体系，有共同的政策。其政策应反映企业的全球战略目标和战略部署。

③ 企业的各个实体分享资源、信息，同时分担责任。

（2）跨国公司的特征

跨国公司各有其形成与发展的历史。行业不同，其经营方式亦不同。如摒弃各个行业所独有的特征，跨国公司一般具有如下基本特征：

①规模庞大，实力雄厚

跨国公司都是在一个或几个部门居于垄断地位的国际化大企业或企业联合体。它们拥有先进的技术和管理经验、多样化的产品、雄厚的资金、较高的商业信誉、惊人的销售规模。

②实行全球战略

跨国公司有全球性的战略目标和战略部署。所谓全球战略，是指跨国公司将其全球范围的经营活动视为一个整体，其目标是追求这一整体利益的最大化，而不考虑局部利益的得失。

③公司内部实行"一体化"

跨国公司虽然拥有众多的子公司，且分布于世界各地，但为实现其全球战略，跨国公司需要统一指挥、协调步骤，以符合公司整体利益。跨国公司的生产体系实际上是企业内部的分工在国际范围内的再现，总公司与子公司、子公司与子公司之间相互配合协作，实现了内部一体化。

④经营多样化

跨国公司的国际一体化生产体系中，其产品是多样化的。多样化是跨国公司发挥其经营优势、降低风险的重要方法，而一般企业限于经营规模和资金实力则难以充分实现多样化。

11.4.2 跨国公司理论

（1）垄断优势理论

1960年，海默（Stephen Herbert Hymer）提出了垄断优势理论，后来得到金德尔伯格（Charles P.Kindleberger）等人的补充和发展。

该理论认为，以利率差异来说明资本国际流动的传统理论只能解释借贷资本的运动，而无法解释对外直接投资。那么究竟是什么因素驱使企业对外直接投资呢？海默指出，东道国的民族企业较之外资企业具有下列优势：民族企业更了解和适应本国的经营环境，而外资企业要了解并适应，则需付出代价；东道国政府和消费者对外来资本的企业会有歧视；外资企业还要冒汇率波动的风险。尽管如此，对外直接投资仍大量存在，这证明外资企业必定有一种特定的优势，足以抵消以上种种不利因素，而在竞争中胜过民族企业，这种优势正是民族企业所没有的，故是外资企业的垄断优势。

传统理论中关于完全竞争的假设不能适用于国际化经营，国际化经营和对外直接投资都涉及垄断问题，垄断优势则是市场不完善的产物。金德尔伯格指出，垄断优势来自三个方面：来自产品市场不完善的优势，如产品差异、特定的营销技巧等；来自要素市场不完善的优势，如专利技术、专有技术、管理经验等；来自企业规模效益的优势。

（2）内部化理论

内部化的思想起源于20世纪30年代科斯（Ronald H.Coase）题为《厂商的性质》一文。科斯强调企业是一个多功能的复合体，除生产外，还需从事营销、采购、研究开发、招聘雇用、人员培训等，这一系列活动都要与市场发生关系。但利用市场要支付代价，这就是交易成本。由于市场不完善，往往缺乏效率，付出的代价将更高，不如将各项交易纳入企业内部进行。

科斯的原则针对所有产品，用来说明国内企业组织形式的变化，即为了节约交易成本，企业日益成为内部协作、规模巨大的复合体。内部化理论是这一原则在国际范围内的应用，但有了新的发展和内涵，内部化理论主要针对中间产品，用来说明国际企业组织形式的变化，即由于内部化的动机，为了发挥内部化的优势，企业日益成为适应国际分工新模式的复合的生产体系。

内部化理论的代表人物是英国经济学家伯克莱（Peter J.Buckley）和卡逊（Mark C.Casson）。伯克莱等人认为，由于市场机制的不完善，某些经营活动在通过市场公开进行时，并不能获得较高的效率，而且交易费用可能极高（如市场时滞、中间产品供应不稳定、销售关系不确定等），因此有必要固定企业之间的供需关系。结果有组织的企业代替了市场，从而减少了外部市场带来的一些不确定性和交易成本。现代跨国公司是市场内部化过程的产物。

（3）区位优势理论

区位优势理论是由沃尔特·伊萨德（Walter Isard）等人提出的，它把传统的关于国内资源区域配置的研究扩展到对外投资中。

区位优势理论认为，跨国公司对外进行直接投资，就像在国内要选择好合适的投资地点一样，必须力争获得一定的区位优势以实现利润的最大化。

在跨国投资中，企业主要考虑以下几个方面的区位因素：

① 廉价的投资要素。它可以使跨国公司获得某些稀缺资源，或以低廉的价格获得各种生产要素。

② 市场的距离。它使跨国公司可以及时掌握需求的变化，灵活地调整生产，并且节约运输成本，稳定和扩大对市场的占有率。

③ 避开贸易壁垒。对于有着较高贸易壁垒的国家，跨国公司可以通过对外直接投资，绕过东道国的贸易壁垒，直接打入东道国的市场。

④ 经营的社会环境。跨国公司应选择那些社会安定、税率较低，有着相近文化结构和良好基础设施的国家进行投资。

（4）国际生产折中理论

1976年，英国经济学家邓宁（John Harry Dunning）在《贸易、经济活动的区位与多国企业：折中方法探索》一文中归纳吸收了以往各派学说中对他有用的观点和内容，提出国际生产折中理论。

邓宁指出，一国的对外经济活动是由货物贸易、无形资产转让和国际直接投资有机结合而成的，因此要阐明国际直接投资的动因，就不能孤立地考察国际直接投资，而应将其同对外经济活动的其他形式结合起来考察。

国际生产折中理论认为，企业之所以能够进行对外直接投资，是由于企业具有的所有权优势、内部化优势和区位优势综合作用的结果。三种优势的结合决定了企业与其他企业相比较是否具有对外投资的优势，或者是否可以通过出口或技术转移来开拓这一优势。

所有权优势包括两个方面：一是由于独占无形资产（如技术、商标等）所产生的优势；二是企业规模经济所产生的优势。它具体包括研究与开发、管理与技术水平、营销技巧、企业生产效率、规模经济、相对市场力量（指企业获取有形和无形资产的能力，如大企业筹措资金的能力强）。

内部化优势是指企业在内部运用自己的所有权优势，以节约或消除交易成本的能力。邓宁将市场失效分为两类：①结构性失效：首先是东道国政府的限制，如关税壁垒和非关税壁垒所引起的市场失效，这是促使跨国公司为了绕过壁垒而到东道国大量投资的主要因素；其次是无形资产的特性影响了外部市场的形成和发育，也造成市场失效。②交易性失效：如交易渠道不畅，为疏通而需付出高昂的费用；如交易方式僵化降低了成交的效率；如不存在期货市场，无从用来降低交易风险等。

区位优势不是企业所拥有的，而属东道国所有。从这一点来说，它与所有权优势、内部化优势不同，企业无法自行支配，而只能适应、利用这项优势。它包括两个方面：一是指东道国不可移动的要素禀赋所产生的优势，如自然资源丰富、地理位置方便、人口众多等；二是指东道国的政治经济制度、政策法规灵活、优惠而形成的有利条件以及良好的基础设施等。

以上三种优势共同决定了一个企业的对外直接投资行为。其中，所有权优势是基础，如果企业不具备这一优势，就缺乏对外直接投资的基础。但是一个企业如果只有所有权优势而缺乏后两种优势，它也可以通过无形资产转让的方式来获利。如果企业只有前两种优势而无区位优势，它可以通过在国内投资生产，然后进行商品的出口来获利。只有同时具备这三种优势，企业才会进行对外直接投资。这三种优势的结合，不仅使企业的对外直接投资成为可能，而且决定着对外直接投资的部门结构和地区结构。

邓宁的国际生产折中理论博采众长，使他的体系变得较有概括性和综合性，较能兼顾各种理论解释的需要，从而成为当代西方跨国公司理论中的主流，许多文献都认为邓宁体系可视为跨国公司的"通论"（一般理论）。

□ 复习思考题

1. 用图示说明资本/劳动力国际流动的经济效应。
2. 试述技术国际转移的经济效应。
3. 什么是跨国公司？跨国公司有哪些特征？
4. 简述垄断优势理论、国际生产折中理论的主要内容。

自测题

第12章/外汇与汇率

━━━━━━━━━━━━━━ 学习目标 ━━━━━━━━━━━━━━

学习和掌握有关外汇和外汇汇率的基本知识，掌握汇率的决定因素及影响汇率
变动的因素，重点掌握汇率变动对经济的影响以及汇率制度的有关内容。

在前面对国际贸易和国际要素流动等有关理论的阐述过程中，我们都是以实物
经济作为直接的考察对象，并没有涉及货币的问题。但在现实生活中，国际经济交
往都以货币为媒介，因此本章我们来考虑国际经济交往中的货币问题——外汇与
汇率。

外汇与汇率是国际经济学的核心问题之一，汇率是开放经济运行中的核心变
量，现实经济生活中的各种宏观变量及微观因素都会通过各种途径使其发生变动，
而它的变动又会对其他经济变量产生重要的影响。

12.1　　　　　　　　外汇与汇率概述

12.1.1　外汇的概念

由于各国货币制度不同，一国货币通常只能在本国流通，因此当清偿国家间的
债权债务时，便需要进行国与国之间的货币兑换，这就是外汇的最初含义。

外汇（foreign exchange）是国际汇兑的简称，它有动态和静态两种含义。外汇
最初的含义是指把一国货币转换成另一国货币，用以清偿国家间债权债务关系的交
易过程，这便是外汇的动态含义。而目前国际货币信用领域所广泛使用的"外汇"
概念，指的是外汇的静态含义。

静态的外汇又有广义和狭义之分。广义的外汇概念通常用于国家的管理法令，
是指一切用外币表示的资产。国际货币基金组织对外汇的定义属于广义的范畴：
"外汇是货币行政当局（中央银行、货币机构、外汇平准基金组织和财政部）以银
行存款、国库券、长短期政府债权等形式所保有的、在国际收支逆差时可以使用的
债权。其中包括中央银行及政府间协议发行的在市场上不流通的债权，而无论其是
以债务国还是债权国货币表示。"

在实践中，各国外汇管理法令所规定的外汇范围有所不同。例如，《中华人民

共和国外汇管理条例》①规定外汇的具体范围包括：① 外币现钞，包括纸币、铸币；② 外币支付凭证或者支付工具，包括票据、银行存款凭证、银行卡等；③外币有价证券，包括债券、股票等；④特别提款权；⑤其他外汇资产。

我们通常所说的外汇，是指外汇的狭义概念。狭义的外汇是指以外币表示的可用于国家间结算的支付手段。按照这一概念，只有存放在国外银行的外币资金，以及将对银行存款的索取权具体化了的外汇票据才构成外汇。具体来说，外汇主要包括以外币表示的银行汇票、支票、银行存款等。以外币表示的有价证券等不能直接用于国家间的支付，故不属于外汇。而外币现钞只有携带回发行国，并且存入银行账户之后，才具有支付能力，否则不属于外汇。

12.1.2　外汇汇率及汇率的标价方法

汇率（exchange rate）又称汇价，是两种不同货币之间的比价，也就是以一种货币表示的另外一种货币的相对价格。

由于汇率是以一种货币为另外一种货币标价，根据单位货币的不同，汇率有直接标价法和间接标价法两种表示方法。

① 直接标价法（direct quotation），又称为应付标价法，即以一定单位（1个外币单位或100、10 000等）的外国货币为标准，折成若干单位的本国货币来表示。我国人民币即采用直接标价法，如我国外汇管理局2024年6月30日公布的人民币汇率，100美元=712.65元人民币。目前世界绝大多数国家都采用直接标价法，因此市场上大多数的汇率都是直接标价法下的汇率。

② 间接标价法（indirect quotation），又称为应收标价法，是以一定单位（1个本币单位或100、10 000等）的本国货币为标准，折算成若干单位的外国货币来表示。英国采用的是间接标价法，如2024年7月1日伦敦外汇市场，1英镑=1.2644美元。目前在国际外汇市场上，使用间接标价法的货币不多，主要有英镑、美元（对英镑标价除外）、澳元和欧元等。

两种标价方法的区别在于：在直接标价法下，汇率数值越大，表示本币贬值、外币升值。而在间接标价法下，汇率数值越大，表示本币升值、外币贬值。两种标价方法的联系是：虽然基准不同，但是从同一国家来看，直接标价法与间接标价法是互为倒数的关系。

12.1.3　汇率的种类

从不同的角度分析，汇率可以分为不同的类别。

（1）基本汇率（basic rate）和套算汇率（cross rate）

这是根据汇率的制定方法来区分的。由于世界上货币种类繁多，一国不可能分

---

① 《中华人民共和国外汇管理条例》（1996年1月29日中华人民共和国国务院令第193号发布，根据1997年1月14日《国务院关于修改〈中华人民共和国外汇管理条例〉的决定》修订，2008年8月1日国务院第20次常务会议修订通过）第三条。

别制定出本国货币与所有其他货币的汇率，因此就选定一种在本国对外经济交往中最常用的主要货币，制定出本国货币与它之间的汇率，这就是基本汇率。基本汇率是确定一国货币与其他各种货币汇率的基础。目前，大多数国家都把本国货币与美元的汇率作为基本汇率。

套算汇率又称为交叉汇率，是根据本国货币对主要货币的基本汇率和主要货币对其他国家货币的汇率套算得出的本国货币对其他国家货币的汇率。例如，1美元=0.8545瑞士法郎，1美元=140.48日元，则1瑞士法郎=140.48÷0.8545=164.40日元。

（2）买入汇率（buying rate）、卖出汇率（selling rate）、中间汇率（middle rate）和现钞价（bank note rate）

这种分类是从银行买卖外汇的角度区分的。买入汇率，即买入价，是银行向客户或从同业买入外汇时所使用的汇率。卖出汇率，即卖出价，是银行向客户或同业卖出外汇时所用的汇率。买入卖出都是从银行买卖外汇的角度来看的，二者之间有个差价（margin），这个差价是银行买卖外汇的收益，一般为1‰~5‰。

中间汇率即中间价，是买入价和卖出价的平均数（（买入价+卖出价）÷2=中间价）。媒体报道汇率时常用中间价。套算汇率也是用有关货币的中间价套算得出的。

现钞价又称现钞买卖价，是银行买卖外币现钞时所使用的汇率。在现实中，现钞买入价一般比现汇买入价低2%~3%，而现钞卖出价则与现汇卖出价相同。这是由于一般国家都不允许外国货币在本国流通，银行需要把买入的外币现钞运送到发行国或能流通的地区去，这需要花费一定的运费和保险费，这些费用最终要由客户承担。因此，银行在收兑外汇现钞时使用的汇率要低于其他外汇形式的买入汇率。

（3）即期汇率（spot rate）和远期汇率（forward rate）

这种分类是根据外汇买卖交割期的不同而区分的。即期汇率又称为现汇汇率，是指外汇买卖双方成交后，当日或两个营业日之内进行交割（delivery）时使用的汇率。外汇市场汇率和官方外汇牌价未注明远期字样的，都是即期汇率。

远期汇率是指外汇交易双方签订远期外汇合约，规定在未来的一定时间交割。不管汇率如何变动，协议双方都按预定的汇率、币种、金额进行清算。远期交割的期限一般为1个月、3个月、6个月或1年，比较普遍的是3个月，远期外汇买卖协议中预订的汇率即为远期汇率。

（4）名义汇率（nominal rate）和实际汇率（real rate）

这种分类是从货币价值的角度来区分的。名义汇率是指在社会经济生活中被直接公布、使用的表示两国货币之间比价关系的汇率。在实际意义上，市场上的汇率就是名义汇率，即一种货币兑换另一种货币的数量。名义汇率没有经过通货膨胀或其他因素的调整，因此不能反映两种货币的实际价值对比。

实际汇率指对名义汇率进行调整后的汇率。根据目的不同，对名义汇率可以有多种调整方法①，其中最常见的调整，是对相对物价水平的调整，用来反映剔除两国货币相对购买力变动的影响后，汇率变动对两国国际竞争力的实际影响。可以表述为：

$$e_r = e \frac{P^*}{P} \tag{12.1}$$

式中：e 为名义汇率；P^* 为外国物价指数；P 为国内物价指数。由式 12.1 可以看出，实际汇率为用外国物价指数与本国物价指数之比调整后的名义汇率。

（5）双边汇率（bilateral rate）和有效汇率（effective rate）

双边汇率是通常所说的汇率，是一种货币对另一种货币的比价。有效汇率是国际金融研究和决策中经常用到的一个重要概念，又称有效汇率指数或汇率指数（exchange rate index），是指本国货币对一组外币汇率的加权平均数。有效汇率与双边汇率的关系类似于价格指数与各种商品价格的关系。

基于名义汇率计算出来的有效汇率称为名义有效汇率（nominal effective exchange rate，NEER），在此基础上除去一定的名义比率（如适当的价格或成本指标）即得到实际有效汇率（real effective exchange rate，REER）。就长期而言，REER 往往能够更真实地反映一国货币的实际购买力和在国际贸易中的实际竞争力。

目前，很多国际经济组织都定期公布范围不等的国家货币的实际有效汇率指数，如国际清算银行（BIS）、国际货币基金组织（IMF）、经济合作与发展组织（OECD）、欧洲中央银行（ECB）等；一些国家的中央银行如英格兰银行、美国联邦储备银行、澳大利亚储备银行（Reserve Bank of Australia）等都定期公布并更新本国及其他国家货币的有效汇率指数，这成为研究各国汇率问题和制定汇率政策的重要参考之一。

（6）单一汇率（single rate）和复汇率（multiple rate）

单一汇率是指一国货币行政当局或外汇管理当局对本国货币只规定一种买卖价格，各种外汇收支都按照这个汇率结算。

复汇率是指一国货币对外国货币的汇率，根据不同性质的外汇收支或外汇交易规定两种或两种以上的不同汇率，可分为双重汇率和多重汇率。双重汇率是指对某一种外国货币同时存在两种汇率，一般包括贸易汇率和金融汇率。多重汇率则是对某一种外国货币同时存在好几种汇率，多者可达几十种，它是外汇管制的产物。

除上述种类之外，还有其他一些汇率分类的标准：根据汇率制度不同，汇率可分为固定汇率和浮动汇率；根据银行营业时间不同，汇率可分为开盘汇率和收盘汇率；根据外汇资金性质和用途不同，汇率可分为贸易汇率和金融汇率。

---

① 实际汇率的另一种常见含义是名义汇率用财政补贴和税收等因素调整后得到的汇率。用公式可以表示为：实际汇率=名义汇率±财政补贴和税收减免，这一定义在研究汇率调整、倾销调查与反倾销措施以及考察货币的实际购买力时常被用到。此外，还可以从本国可贸易品与不可贸易品之间的比价关系、本国与外国劳动生产率对比等角度对名义汇率进行调整，得出相应的实际汇率。

12.2 汇率的决定与调整

汇率是以一种货币表示的另一种货币的价格，其本质是两国货币各自所具有或所代表的价值的比率，因此各国货币所具有或所代表的价值是汇率决定的基础。由于在不同货币制度下，货币的发行基础不同，货币种类和形态各异，各国货币价值的具体表现形式便有很大差别，因而不同货币制度下汇率的决定基础也存在差异。

12.2.1 金本位制下汇率的决定与调整

在第一次世界大战以前，各国普遍实行金本位制。金本位制的特点是用黄金来规定货币所代表的价值，每种货币都有法定含金量，并以黄金作为本位币。按货币与黄金的联系程度不同，金本位制可分为金币本位制、金块本位制和金汇兑本位制。

（1）金本位制下汇率的决定

典型的金本位制是指金币本位制。在金币本位制下，由于各国都规定了货币的法定含金量，两种不同货币之间的比价便由它们各自的含金量对比来决定。一般将两国货币含金量之比称为铸币平价，因此铸币平价便成为汇率的决定基础。

例如，当时的英国货币1英镑铸币的重量为123.27447格令，成色为22开金，即含金量为113.0016格令。美国货币1美元铸币的重量是25.8格令，成色为90%，即含金量为23.22格令。根据含金量对比，两国货币的铸币平价就是113.0016÷23.22=4.8665，即1英镑折合4.8665美元。

（2）金本位制下汇率的调整

铸币平价只是决定汇率的基础，实际经济中的汇率则因供求关系而围绕铸币平价上下波动，但这种波动不是漫无边际的，而是以黄金输送点为界限，各国汇率的波动幅度很小。

在金本位制下，黄金可以自由输出入，因此各国间的债权债务可通过两种方式进行清算：一种是用外汇；另一种是直接运送黄金。当汇率对一国的支付不利时，该国可以不用外汇，而改用运送黄金的办法办理国际结算。在国家间运送黄金要支付包装费、运费、保险费、检验费及利息等。以英美为例，当时在英国和美国之间，每运送1英镑黄金的各项费用约为0.03美元。如果英镑汇率上涨超过4.8965美元，则美国进口商为了避免损失，宁愿运送黄金到英国来清偿债务，而不愿在市场上购买英镑外汇，从而促使英镑汇率跌到4.8965美元以下。因此，1英镑等于4.8965美元即为美国的黄金输出点，或英国的黄金输入点。同样，如果英镑汇率下跌到4.8365美元以下，美国出口商就不愿按此低汇率将英镑换成美元，而宁愿用英镑在英国购进黄金，再运回本国，这样，对英镑的供给就会减少，从而促使英镑汇率回升到4.8365美元以上。因此，1英镑等于4.8365美元称为美国的黄金输入点，或英国的黄金输出点。也就是说，铸币平价4.8665±0.03就构成英镑和美元两种货币的黄金输送点。英镑和美元的汇率就在 4.8965 美元和 4.8365 美元这一上下限内浮动。

在金本位制下，铸币平价是决定汇率的基础，汇率波动的界限是黄金输送点。只要各国不改变本国货币的法定含金量，各国货币之间的汇率就会长期稳定。

第一次世界大战爆发后，交战国家的金币本位制陷入崩溃。第一次世界大战后，它们分别实行了金块本位制和金汇兑本位制，这两种货币制度已不是严格意义上的金本位制，于是决定汇率的不再是两国货币的实际含金量之比，而是各自所代表的名义含金量之比，汇率失去了稳定的物质基础。

12.2.2　纸币制度下汇率的决定与调整

（1）纸币制度下汇率的决定

纸币是作为金属货币的代表而出现的。各国政府以法令的形式赋予纸币流通手段和支付工具的职能并保证其实施。纸币制度是金本位制度崩溃之后产生的货币制度，包括法定含金量时期（布雷顿森林体系）和 1978 年 4 月 1 日以后的无法定含金量时期（牙买加货币体系）两个阶段。

在纸币制度诞生之初，各国政府就规定了本国货币所代表的（而不是具有的）含金量，即代表一定的价值。因此，在国际汇兑中，各国货币之间的汇率也就是它们所代表的含金量之比。但是，纸币所代表的含金量之比决定汇率，与金本位之下的铸币含金量之比决定汇率，有着本质的差别。后者是一种实实在在的价值之比，而前者只是一种虚设的价值之比。

第二次世界大战后建立的布雷顿森林体系，是一种以美元为中心的固定汇率制度。根据该体系的安排，美元与黄金挂钩，规定每盎司黄金 35 美元；其他各成员国政府都用法令规定本币的含金量。通过含金量计算出各国货币与美元的兑换比率，因此这一时期的汇率由各国货币与美元的货币平价来决定。

1973 年 3 月以后，布雷顿森林体系崩溃，货币与黄金脱钩，各国货币间的汇率不再以其含金量之比来确定，而是以其代表的国内价值（一般倾向于以各国货币的国内购买力来衡量）来决定。

（2）纸币制度下汇率的调整

在金币本位制下，汇率在黄金输送点之间自动调整。而在纸币制度下，汇率变动已经不再有这种天然的制约，需要通过人为的方式进行维持和调整。

在布雷顿森林体系下，国际货币基金组织各成员达成协议，必须将汇率维持在金平价±1%限度内（后扩大为±2.25%），各成员有义务通过行政或市场手段维持这种固定汇率制度。因此，这段时期的汇率是在规定的限度内调整。布雷顿森林体系崩溃后，汇率调整的范围没有明确限制，各国政府各行其是，大都根据本国国内的经济发展需求调整汇率。一般地说，外汇市场汇率以市场供求调节为主，各国政府干预外汇市场的手段主要是直接进入外汇市场，通过买卖外汇调节外汇供求关系来影响汇率。

12.3　　　　　　　汇率的变动及其影响

12.3.1　汇率的变动

汇率的变动包括升值和贬值（或上升和下浮）两个方向。描述汇率变动的概念有两组：法定升值和法定贬值、升值和贬值。

法定贬值（devaluation）是指一国货币当局为调整其对外汇率的基准，用法令规定降低本国货币的含金量。

在纸币流通制度下，当一国原有的黄金平价和汇率不能维持，或者勉强维持会进一步削弱其出口竞争能力、消耗其有限的黄金储备时，该国政府就会颁布法令废除纸币原来的黄金平价和汇率，规定新的、较低的黄金平价和汇率。例如，在布雷顿森林体系下，美元曾法定贬值两次，美国政府分别在1971年和1973年两度降低美元的对外价值，使得黄金的美元官价由1盎司35美元上升到38美元，后来又上升到42.22美元。除美元贬值以外，英镑也贬值了两次，法国法郎也先后贬值了多次。

而法定升值（revaluation）是一国货币当局用法律明文规定提高本国的黄金平价。在布雷顿森林体系下，个别通货膨胀较轻、国际收支在一定时期内具有顺差的国家，在其他国家的影响与压力下，被迫进行过法定升值。例如，1969年10月，西德马克的含金量由0.222168克纯金提高到0.242806克纯金，从而使马克对美元的汇率升值8.5%。

1973年，各国实行浮动汇率制后，货币脱离了黄金平价，汇率随供求行情发生变化，法定升值和法定贬值已失去了原来的意义。现在经常用到的是升值和贬值的概念，升值（appreciation）是由于外汇市场上供求关系变化导致的一国货币对外价值的增加；贬值（depreciation）是外汇市场上供求关系变化造成的一国货币对外价值的下降。

升值和贬值的作用同法定升值和法定贬值相同，这两组概念的最主要区别在于汇率变化的原因不同。有时人们对这两组概念并不作严格区分，而是笼统地称为升值或贬值、汇率上升或下降。

12.3.2　影响汇率变动的主要因素

在外汇市场上，各国货币的汇率经常发生波动。引起汇率变动的直接原因是外汇供求变化，而外汇供求的变化又受多种因素制约。因此，汇率变动是一个错综复杂的问题。下面选择几个比较重要的因素来集中分析它们对汇率变动的影响：

（1）国际收支状况

从中长期看，国际收支差额必然引起汇率变动。汇率变动是两种货币间相对供求关系的变动，而外汇的供求取决于一国的国际收支差额。其中，国际收支中的经常项目对汇率的影响更为直接和明显。

具体地说，如果一国国际收支出现顺差，则外国为了偿还对该国的债务，势必增加对该国货币的需求，这就促使该国货币汇率上升，即本币升值、外币贬值；反之，如果一国国际收支出现逆差，则该国对顺差国货币的需求上升，导致该国货币贬值、外币升值。

（2）通货膨胀率差异

通货膨胀是对汇率直接产生影响的一个重要因素。在纸币流通的条件下，物价是一国货币价值在商品市场上的体现，通货膨胀就意味着该国货币代表的价值量下降。因此，国内外通货膨胀率的差异就是决定汇率长期趋势中的主导因素。

一般来说，两国的通货膨胀率是不一样的，通货膨胀率高的国家货币汇率会下降，通货膨胀率低的国家货币汇率则会上升。如果两国发生了等幅的通货膨胀，两者相互抵消，两国货币的名义汇率可以不受影响。

（3）利率差异

利率作为金融资产的价格，同样是影响一国汇率变动的重要因素。各国利率的相对差异会引起资金在国际上的流动，进而通过影响一国的资本和金融账户来影响汇率。利率的升降同时也会带来国内经济的紧缩和扩张，同时可以影响国际收支。在一般情况下，一国利率水平提高后，意图获取高利的资本会流入国内，流入的外资必须兑换成本币，从而造成外汇市场上对本国货币的需求上升，导致本币升值。反之，如果一国利率水平低于他国，将导致资本流出，引起对外汇的需求增加，从而引起外币升值、本币贬值。

作为常用的货币政策工具之一，利率常被货币当局用来影响汇率。这里需要强调的是，利率因素对汇率的影响是短期的。一国仅靠高利率来维持汇率坚挺，其效果有限，因为这很容易引起本币的高估，而这种高估一旦被投机者所认识，就可能引发更严重的本币贬值风潮。

（4）经济增长率差异

一国经济状况的好坏是影响汇率变动的根本原因，但经济增长对汇率的影响十分复杂。一方面，一国经济增长率较高，意味着本国的收入相对增加，从而进口需求增加；另一方面，高的经济增长率意味着劳动生产率的提高，本国产品的竞争力增强，有利于出口。因此，高增长对一国经常项目收支的净影响要看两方面作用的力量对比。就资本和金融项目而言，一国经济增长率高，国内对资本的需求就比较大，国外投资者也愿意将资本投入到高速增长、前景看好的经济中去，于是资本流入。一般来说，一国在经济高速增长的初期，会引起本币贬值，但如果一国能够保持持续稳定的经济增长，则会支持本国货币稳步升值。

（5）政府的经济政策

① 各国的宏观经济政策导向可以从根本上影响汇率。宏观经济政策主要包括货币政策、财政政策和汇率政策。紧缩性的财政政策和货币政策往往会导致该国货币汇率上升；扩张性的财政政策和货币政策则可能使该国货币汇率下降。而汇率政

策是一国货币当局对本国货币相对于外国货币币值的一种指导性政策，其导向必然对汇率的中长期走势产生直接的影响。

② 各国中央银行可以直接干预外汇市场，在短期内影响汇率走势。汇率变动对一国的进出口贸易、资本流动和国际收支具有直接影响，从而进一步影响本国的生产、价格和投资。为避免汇率变动对国内经济造成不利影响，各国政府往往对汇率进行干预，即由中央银行在外汇市场上买卖外汇，使汇率朝着有利于本国的方向变动。

（6）市场预期

市场预期是影响汇率变动的一个重要因素，常见的市场预期因素包括新闻舆论和心理预期等。新闻舆论是影响汇率的突发性因素，一旦出现某种重要的新闻传播，就会打破外汇市场的平静状态，使汇率发生变动。其中有些未经证实的"传闻"也可能对外汇市场产生影响，引起汇率波动。心理预期是指人们对汇率的未来动向所做的事先推测或期待，是影响汇率短期走势的重要因素，也是较难把握的一种因素。心理因素通常只有在一定的市场条件下才会产生并起作用。

（7）其他因素

除上述因素之外，影响一国汇率变动的因素还有很多，如国际短期资本的流动，对外汇市场供求关系和外汇行市就有着十分显著的影响。另外，诸如股票市场、黄金市场、石油市场等其他投资品市场价格发生变化也会导致外汇市场汇率的联动。

一些非经济、非市场因素的变化也常常会波及外汇市场，导致汇率的暂时性或长期性变动，如一国政治局势变化、有关国家的领导人更替、战争爆发等。

在不同时期，各种因素对汇率变动的影响有轻重缓急之分，它们的影响有时相互抵消，有时相互促进。只有将各项因素进行全面、综合的考察，才能得到比较正确的结论。

12.3.3 汇率变动对一国经济的影响

汇率的变动不论对一国国内经济还是涉外经济都会产生较大影响，升值的影响与贬值恰好相反，下面从贬值的角度进行分析：

（1）贬值对一国国际收支的影响

贬值对国际收支经常账户的影响，就货物贸易而言，一般来说，一国的货币贬值将鼓励出口，限制进口，从而有利于贸易收支的改善。这是因为，一国货币贬值，可降低本国出口商品的外币价格，提高出口商品的价格竞争力，同时会导致进口商品的本币价格上升，抑制贬值国的进口需求，导致进口减少。

但是，在考虑贬值能否改善贸易收支时，还要考虑一些前提条件。首先，应满足"马歇尔-勒纳条件"，即进出口商品需求的价格弹性之和的绝对值大于1（详细内容参见本书第15章）。其次，即使一国进出口商品需求的价格弹性满足上述条件，汇率贬值后其货物贸易收支也要经过一段时间才能得到改善，即贬值的"时滞"效应。最后,还要考虑供给的弹性问题,即是否存在闲置资源,能随时用于出口品和进口替代品的生产。没有闲置资源,出口品和进口替代品不可能增加。

贬值对服务贸易收支的影响与对货物贸易收支的影响近似。

对于经常账户中的收入项目,本币贬值通常会减少该国的转移性收入。以侨汇为例,货币贬值后,旅居国外的侨民只需汇回国内少于贬值前的外币,就可以维持国内亲属的生活需要,从而使该国侨汇收入减少。

对于国际收支中的资本和金融账户而言,汇率稳定能确保国外投资者得到预期的利润,有利于资本输出入。当本国货币对外暴跌时,国内的本币持有者或国外投资者为了避免损失,就会将本币兑换成其他较硬的货币,把资金投向国外,导致国内资金的外流,从而会造成国际收支资本和金融账户的逆差,而逆差反过来又会促使该国货币汇率继续下跌。但是如果货币贬值已经到位,由于一国汇率下跌可使等量的外币投资比以前更具购买力,所以也有可能吸引更多的外国直接投资流入。需要说明的是,汇率变动对资本流动的影响,是以利率、通货膨胀等因素不变或相对缓慢变动为前提的。

(2)贬值对一国内物价水平的影响

一般来说,货币贬值会给一国带来通货膨胀压力,引起物价上涨。本币贬值可以通过几个渠道引发国内通货膨胀。

首先,从进口角度看,本币贬值将提高进口原材料的本币价格,导致国内使用进口原料的商品成本提高,价格上升,从而引发成本推进型的通货膨胀。同时,如果进口的是消费品,一方面会带来消费市场物价水平上涨,另一方面会对国内相同的产品带来示范效应,提高价格。

其次,从出口角度看,一国货币贬值会带来出口增加,由于生产在短期内无法扩大,出口品在国内的供应将减少,其国内价格将上涨,也会造成通货膨胀压力。

最后,一国货币贬值有可能改善国际收支,增加外汇储备。国际收支顺差的增加促使中央银行不断买进外汇,使本国的外汇储备增加。买进外汇的过程就是增加本币投放的过程,本国货币供应量的增加显然会给通货膨胀带来压力。

(3)贬值对一国经济增长和就业的影响

如果一国的货币贬值能够起到增加出口的作用,就会使生产扩大、国民收入和就业增加。由于出口收入增加,因此会带来国内投资、消费和储蓄的增加。根据对外贸易乘数的原理,如果增加的出口收入中有一部分用于购买本国产品,出口就会对国民收入和就业的增加起到连锁的推动作用。

另外,一国货币贬值导致进口商品价格上涨,这会在一定程度上引导消费者转向购买本国产品,刺激本国进口替代品的生产,进而产生与出口增加同样的作用,增加国民收入。

应该注意的是,上述影响是以本币贬值前国内有闲置资源为前提的。只有这样,出口增加或进口减少形成的国内商品需求的增加才可以使闲置资源得到利用,从而推动经济增长和就业。

12.4　　　　　　　　　　汇率制度

汇率制度（exchange rate regime），是指一国货币当局对本国汇率水平的确定、汇率的变动方式等问题所作的一系列安排或规定。其基本内容包括：①确定汇率的原则与依据；②维持与调整汇率的方法；③管理汇率的法规、制度和政策等；④制定、维持与管理汇率的官方机构。

由于汇率的特定水平及其调整对经济有着重大影响，并且不同的汇率制度本身也意味着政府在进行宏观经济调节的过程中需要遵循不同的规则，所以选择合理的汇率制度是一国乃至国际货币制度面临的非常重要的问题。

按照汇率变动的方式，汇率制度可分为固定汇率制与浮动汇率制两种基本类型。

12.4.1　固定汇率制

固定汇率制是指一国将本币与外币之间的比价基本固定，并且将汇率波动幅度限制在一定范围之内的汇率制度。固定汇率制包括长期不变的固定汇率制和可调整的固定汇率制。

长期不变的固定汇率制是指货币之间的比价保持长期固定，且一般不进行调整的汇率制度。国际金本位制下的固定汇率制就属此类。在国际金本位制下，汇率取决于两种货币的铸币平价，汇率的涨跌是有一定限度的，这个限度就是黄金输送点。在国际金本位制下，黄金的价格是稳定的，因此各国货币的汇率也基本固定。而在黄金输送点的作用下，汇率调整自动进行，并非人为操作。由于黄金输送的费用与所运送的黄金价值相比很小，所以市场汇率的波动也就很小。金本位制下的固定汇率制是比较典型的固定汇率制，它为促进国际贸易的发展提供了有利的条件。

固定汇率制的另一种形式是可调整的固定汇率制，也就是布雷顿森林体系下的固定汇率制。该制度是第二次世界大战结束后，以美国为首的各国为稳定和规范国际金融秩序而建立的。在这一制度下，各国规定货币的含金量，美元与黄金直接挂钩，各国货币与美元直接挂钩，间接与黄金挂钩。为此，各国承认美国1934年1月规定的美元含金量0.888671克，即35美元等于1盎司黄金的黄金官价。各国根据本国货币与美元的含金量之比确定本国货币与美元的汇率，即法定汇率。各国货币对美元的汇率一般只能在法定汇率±1%的范围内波动。各国政府有义务对外汇市场进行干预，以保证汇率的波幅不超过这一范围。当出现各国无力干预并难以维持法定汇率时，在国际货币基金组织的认可下，可以改变或调整其货币同美元的法定平价，调整幅度一般不超过10%。而一旦确定了新的平价，各国仍然要履行维持固定汇率的义务。相对于金本位制下的完全固定汇率而言，这样可调整的固定汇率制具有一定的灵活性。但是，这种固定汇率制的维持和调整完全是人为的，汇率的波动幅度和调整幅度也明显大于金本位制下的幅度。

布雷顿森林体系下的固定汇率制运行了 20 多年，由于制度本身的缺陷和美国经济实力的变化而渐渐难以维持。1973 年以后，各国纷纷放弃固定汇率制，采用了浮动汇率制。

12.4.2　浮动汇率制

浮动汇率制是指政府对汇率不加以固定，也不规定上下波动界限，听任外汇市场根据外汇供求状况，自行决定本国货币对外国货币的汇率。

早在金本位制时代，一些殖民地、附属国，特别是实行银币本位制的国家，其货币汇率曾长期不稳定，这实际上就是最早的浮动汇率制。第一次世界大战后，法国、意大利、加拿大等国和亚、非、拉的一些发展中国家，也曾实行过浮动汇率制。但直到 1976 年 1 月，国际货币基金组织才正式承认浮动汇率制，1978 年 4 月，国际货币基金组织理事会通过了"基金章程的第二次修正案"，宣布了浮动汇率制的合法地位，国际货币制度进入了牙买加货币体系。

在现实中，从不同的角度，浮动汇率制度可以分为多种类型：

（1）按浮动的具体方式，浮动汇率制度可分为三种类型

① 单独浮动，即一国货币不与其他国家货币发生固定联系，其汇率根据外汇市场的供求变化自动调整，如美元、英镑、日元等货币均属单独浮动。

② 联合浮动，又称共同浮动或集体浮动，是指几个国家出于发展相互经济关系的需要而达成协议，建立稳定的货币区，货币区成员之间实行固定汇率制，对非成员货币实行同升同降的浮动汇率。最典型的例子是欧洲经济共同体于 1979 年 3 月所建立的欧洲货币体系。

③ 钉住汇率制，又可分为钉住单一货币和钉住"一篮子货币"，是指一国货币的汇率随着另一种或一组货币汇率的波动而上下波动的汇率制度。钉住汇率制是当今一些发展中国家实行的独具特色的汇率制度。这些国家由于历史地理等方面的因素，其对外经济往来主要集中于某一工业发达国家，或主要使用某一外国货币。为使这种贸易、金融关系得到稳定发展，免受相互间汇率频繁变动的不利影响，这些国家通常使本国货币钉住该工业发达国家的货币。

（2）按政府是否干预来区分，可分为自由浮动和管理浮动

① 自由浮动，又称清洁浮动，是指货币当局对汇率上下浮动不采取任何干预措施，汇率完全听任外汇市场供求变化自由涨落、自由调节。这是纯理论上的划分，而在实际经济运行过程中，各国政府为了本国的经济利益，往往直接或间接地对外汇市场进行干预，不加干预的情况是少见的。

② 管理浮动，又称肮脏浮动，是指一国货币当局对外汇市场采取一定的干预措施，使本币朝着有利于本国的方向浮动。目前，世界上实行浮动汇率制的国家大都采用管理浮动汇率制。

12.4.3　固定汇率制与浮动汇率制的比较

作为汇率制度的两极，完全固定与完全浮动的汇率制度孰优孰劣一直是学术界研究的焦点问题。一大批著名学者卷入了这场争论。例如，赞成浮动汇率制的经济学家有弗里德曼（M.Friedman）、约翰逊（H.Johnson）、哈伯勒（G.Haberler）等，赞成固定汇率制的有纳克斯（Nurkse）、蒙代尔（R.Mundell）和金德尔伯格（C.Kindleberger）等。

由于在很大程度上固定汇率制同浮动汇率制是优劣互见的，所以我们将从分析浮动汇率制对经济的影响入手对两者进行比较。

（1）浮动汇率制对经济的有利影响

①增加了推行本国经济政策的自主性。在浮动汇率制下，一国可以独立实行自主的货币政策、财政政策和汇率政策，从而在一定程度上保证了国内经济的相对稳定和持续发展。而在固定汇率制下，例如在第二次世界大战后的布雷顿森林体系时期，各国政府为了维持汇率波动的上下限，必须尽力保持其外部平衡——国际收支的平衡。当一国出现国际收支逆差时，该国就必须采取紧缩措施，减少进口和国内开支。而这样实行的结果，往往又导致内部不平衡，失业增加，生产下降。也就是说，在内外均衡出现冲突的情况下，固定汇率制要求一国舍内部平衡取外部平衡，容易导致国内经济陷入困境。但在浮动汇率制下，一国可以听任本币在外汇市场上上浮或下跌，从而把国内的货币政策和财政政策解放出来，政府可以采取一系列措施，尽量维护内部平衡和外部平衡的同时实现。

②对国际收支失衡的调节具有自发性。在浮动汇率制下，只要一国的国际收支出现失衡，货币就会自动地贬值或升值，从而对国际收支与整个经济进行自发调节，不需要任何专门的政策或者强制措施。而在固定汇率制下，国际收支的失衡一般都需要政府制定特定的政策组合来加以解决，这一过程中存在的时滞等问题会使其效率较低。

另外，在浮动汇率制下，汇率可以根据一国国际收支的变动情况进行连续的微调而避免经济的急剧波动。在固定汇率制下，一国对国际收支的调整往往是问题已经积累到相当程度时才进行的，这一调整一般幅度较大，对经济的影响也比较剧烈。

③浮动汇率制能在一定程度上抵御国外经济波动对本国经济的冲击。在固定汇率制下，经济贸易上联系密切的国家的货币和商品市场通过固定汇率紧紧地联结在一起。一国的物价上涨必然引起另一国物价的上涨，容易互相传播经济周期和通货膨胀。在浮动汇率制下，如果一国国内通货膨胀严重，那么该国货币的对外价值就会下跌即汇率下浮，用该国货币计价的出口商品价格的上涨就会被汇率的下浮所抵消。浮动汇率制犹如一堵堤坝，可以减少国外物价上涨对本国的压力，也有利于消除其他国家经济不景气对本国经济的影响。

④在浮动汇率制下，一国无须保有太多的外汇储备，就可使更多的外汇资金用于经济发展。

由于在浮动汇率制下，一国无义务维持汇率稳定，就不需要像在固定汇率制下持有那么多外汇储备，这部分节约下来的外汇资金，可用来进口更多的国外资本品，增加投资，促进经济增长。

（2）浮动汇率制对经济的不利影响

①浮动汇率制下的汇率经常性波动影响了国际贸易和投资的发展。由于汇率随供求关系而变化，经常发生暴涨暴跌现象，给国际贸易和投资带来了极大的不确定性，致使进出口贸易无法准确核算成本和利润，外汇风险增大，对国际贸易和投资的发展极为不利。

②助长了国际金融市场的投机活动。由于汇率变动频繁，幅度较大，给国际货币的投机者以可乘之机。出于牟取暴利的目的，投机者预测某种货币汇率将上浮，就可以大量购进该种货币，待上浮后再抛售。这些投机活动无疑加剧了国际金融市场的动荡。

③容易导致通货膨胀。由于浮动汇率制下汇率可以自由地上下浮动，因而比较容易导致通货膨胀。另外，从政策实施角度看，在浮动汇率制下，一国可以更自主地推行扩张性政策，而不必顾及本国货币的贬值，这很容易引发通货膨胀。而固定汇率制总是对货币政策的使用存在着一定的制约。例如，扩张性货币政策会引起储备外流，最终对固定汇率的维持构成威胁，所以政府不会轻易采取该政策。

12.4.4 当前汇率制度的分类与格局

牙买加货币体系下的浮动汇率制度并非像金本位制下的固定汇率制度以及布雷顿森林体系下可调整的汇率制度那样，是一个基本统一与完整的汇率制度。实际上，各国都是从本国现实的经济状况和内外部经济制度环境出发来选择汇率制度的。现实中各国汇率制度选择的差异性决定了牙买加货币体系下多种汇率制度形式的并存。因此，传统的"固定"与"浮动"二分法已越来越难以反映各国汇率制度的实际情况，于是从1982年起，国际货币基金组织开始依据各国官方宣布的汇率安排对各成员汇率制度进行分类。1999年1月1日，考虑到原有汇率制度分类方案的缺陷以及欧元诞生等新情况，IMF开始实行新的汇率制度分类方法，新的分类方法依据的是各国实际的汇率制度而不是官方宣布的汇率安排。

（1）1998年的汇率制度分类

按照1998年的分类方法，按照汇率弹性的大小，汇率制度主要分为八类：

①无独立法定货币的汇率安排，包括美元化和货币联盟两种情况（2007年之前）。美元化是指一国或地区采用"锚货币"（主要是美元）逐步取代本币并最终自动放弃本国货币和金融主权的过程。其实质是一种彻底而不可逆转的严格固定汇率制。货币联盟是指联盟成员共用同一法定货币，欧元区就是突出的例子。货币联盟

也是一种彻底而不可逆转的严格固定汇率制。2007年，IMF调整了对货币联盟的界定，货币联盟不再作为一个单独的汇率制度种类而存在。货币联盟成员所采用的汇率制度将按照其货币汇率的实际表现来判定，比如欧元区各国，按照欧元的实际表现，其汇率制度被定为自由浮动。

②货币局制度，是指在法律中明确规定本国货币与某一外国可兑换货币保持固定的交换率，并且对本国货币的发行作特殊限制以保证履行这一法定义务的汇率制度。货币局制度通常要求货币发行必须以一定的（通常是百分之百）该外国货币作为准备金，并且要求在货币流通中始终满足这一准备金要求。这一制度中的货币当局被称为货币局，而不是中央银行，因为在这种制度下，货币发行量的多少不再完全听任货币当局的主观愿望或经济运行的实际状况，而是取决于可用作准备的外币数量的多少。中央银行失去了货币发行者和最后贷款人的功能。目前中国香港特别行政区采取的"联系汇率制"就属于货币局制度。货币局制度和美元化的主要区别在于：货币局制度保留退出选择权，而美元化彻底丧失了退出选择权。另外，在货币局制度下，由于本国还保有货币发行权，因此仍可以获得铸币税收入。

③传统的固定钉住，又称固定但可调整的钉住制。货币当局通过干预来维持固定汇率，但是必要的时候仍可以调整汇率水平，具体可分为钉住单一货币、钉住货币篮子等。

中国香港联系
汇率制

④钉住水平汇率带，是指汇率保持在官方承诺的汇率带内浮动，其波幅大于其他传统的钉住制，即超过中心汇率的±1%。

⑤爬行钉住，是指汇率按照固定的、预先宣布的比率经常地定期作小幅度的调整。

⑥爬行带内浮动，又称汇率目标区，指汇率围绕着中心汇率在一定幅度内上下浮动（例如中心汇率的上下各10%），同时中心汇率按照固定的、预先宣布的比率定期调整。

⑦不事先宣布汇率路径的管理浮动，是指货币当局通过在外汇市场上积极干预来影响汇率的变动，但不事先宣布汇率的路径。

⑧独立浮动，又称自由浮动，是指汇率基本上由市场决定，偶尔的外汇干预只是为了防止汇率过度波动，而不是为汇率确定一个基准水平。这种汇率制度的灵活性最大，是典型的浮动汇率制。

在上述八种类型中，前两类，即美元化与货币联盟、货币局制度属于严格固定的汇率制度，通常被称为"硬钉住"，带有固定汇率制的典型特征，因此固定汇率制的优势与缺陷在这几种形式上都有集中体现。

第③类到第⑦类通常被称为"中间汇率制度"，或者"软钉住"，因为这几种形式的汇率制度介于极端固定和极端浮动之间，采用这几种制度的国家或地区也是为了能够兼顾固定汇率制和浮动汇率制的优势。按照顺序，汇率制度的灵活性逐渐增加，第③类比较接近固定汇率制，而第⑦类则与典型的浮动汇率制非常近似。

上述各种汇率制度都有一定的优势，又都存在固有的缺陷。各国在选择汇率制度的时候，往往根据自身的情况选择比较适宜的汇率制度，也根据条件的变化对汇率制度进行调整。因此在牙买加体系下，呈现出多种汇率制度形式并存与相互转换的局面。根据IMF的统计，汇率制度分类及其成员的具体汇率制度选择和变化趋势见表12-1。

表12-1　　　　IMF成员（地区）汇率制度详细分类（1999—2008年）

汇率制度	成员数量						
	1999-12-31	2001-12-31	2003-04-30	2005-12-31	2006-04-30	2007-04-30	2008-04-30
1. 无独立法定货币	38	40	41	41	41	10	10
2. 货币局	8	8	7	7	7	13	13
3. 传统的固定钉住	45	41	42	45	49	70	68
4. 区间钉住	6	5	5	6	6	5	3
5. 爬行钉住	5	4	5	5	5	6	8
6. 爬行区间	6	6	5	0	0	1	2
7. 管理浮动	27	42	46	53	53	48	44
8. 独立浮动	50	40	36	30	26	35	40

资料来源　IMF.Annual Report on Exchange Rate Arrangement and Exchange Restrictions ［R］. Washington DC：IMF，2008.

（2）2009年的汇率制度分类

1998年的汇率制度分类的理念影响很大，并广为各国所理解和接受，但在实际操作时也遇到了一些问题，如管理浮动和独立浮动之间的界限不清，各国对汇率的干预手段日趋复杂和隐蔽等。为此，IMF在2009年初重新修订了汇率分类。新的分类没有从根本上修改原有的理念，只是为了使原有的分类方法更具备可操作性。

新的分类方法将汇率制度分为无独立法定货币、货币局、传统钉住、稳定性安排、区间钉住、爬行钉住、类爬行安排、浮动、自由浮动、其他管理安排等10种类别。新增的类爬行安排、稳定性安排、其他管理安排等种类，是为了在实践中区分那些虽然没有明示汇率干预措施，但是采取了类似措施以使汇率稳定在一定范围内的汇率制度。新旧汇率制度分类方法的对比见表12-2。其中，稳定性安排和类爬行安排都属于软钉住，均表现为在一段时间内汇率波动稳定在较窄的幅度内，通常货币当局都采取了锚定措施。比较而言，类爬行安排下的汇率波动幅度更大。

表 12-2 　　　　　　　　　1998 年与 2009 年汇率制度分类对比

汇率制度	1998 年	2009 年
硬钉住	无独立法定货币安排	无独立法定货币的汇率安排
	货币局	货币局
软钉住	传统钉住	传统钉住
		稳定性安排
	区间钉住	区间钉住
	爬行钉住	爬行钉住
	爬行区间	类爬行安排
浮动汇率安排	管理浮动	浮动
	独立浮动	自由浮动
其他		其他管理安排

资料来源 IMF. Annual Report on Exchange Rate Arrangement and Exchange Restrictions ［R］. Washington DC：IMF，2009.

按照新的分类方法，近年来 IMF 成员汇率制度选择的情况大致见表 12-3。

表 12-3 　　　　　　各种汇率制度国家占比（2009—2022 年）（%）

汇率制度	2009	2011	2013	2015	2017	2019	2020	2021	2022
硬钉住	12.2	13.2	13.1	12.6	12.5	12.5	12.5	13.0	13.4
无独立法定货币的汇率安排	5.3	6.8	6.8	6.8	6.8	6.8	6.8	7.3	7.2
货币局	6.9	6.3	6.3	5.8	5.7	5.7	5.7	5.7	6.2
软钉住	40.0	43.2	42.9	47.1	42.2	46.4	46.9	47.6	46.9
传统钉住	22.3	22.6	23.6	23.0	22.4	21.9	21.4	20.7	20.6
稳定性安排	12.8	12.1	9.9	11.5	12.5	13.0	12.0	12.4	11.9
爬行钉住	2.7	1.6	1.0	1.6	1.6	1.6	1.6	1.6	1.5
类爬行安排	1.1	6.3	7.9	10.5	5.2	9.4	12.0	12.4	12.4
区间钉住	1.1	0.5	0.5	0.5	0.5	0.5	0.00	0.5	0.5
浮动汇率安排	39.9	34.7	34.0	35.1	35.9	34.3	32.8	33.2	34.0
浮动	20.2	18.9	18.3	19.4	19.8	18.2	16.7	16.6	18.0
自由浮动	19.7	15.8	15.7	15.7	16.1	16.1	16.1	16.6	16.0
其他管理安排	8.0	8.9	9.9	5.2	9.4	6.8	7.8	6.2	5.7

资料来源 IMF.Annual Report on Exchange Arrangements and Exchange Restrictions2009—2023 ［R］. Washington DC：IMF，2023.

12.4.5　汇率制度的选择

在开放经济条件下，一国汇率制度的选择是经济政策制定的一个关键因素。选择什么样的汇率制度是一国政府的政策行为，也是一个非常复杂的问题。

总的来说，汇率制度的选择需要考虑多方面的因素。从实践来看，各国总是根据本国经济发展状况和所处的国际环境来选择适合本国的汇率制度。

从经济规模来看，一国的经济规模越大，越倾向于采用浮动汇率制；反之，则倾向于采用固定汇率制。这是由于大国多为发达国家，经济较为独立，资本管制少，如果实行固定汇率制，必须放弃货币政策的独立性；而且，大国的对外贸易依存度通常低于小国，因而往往会更少地从汇率角度出发考虑经济问题；此外，大国的对外贸易多元化，很难选择一种基准货币实施固定汇率制。而对于经济规模较小的国家，经济结构往往较为单一，许多消费品和投资品需依赖进口，出口的多是初级产品，这会大大削弱浮动汇率制的有效性；而且，小国维持经济内外均衡的能力较弱，为了防止汇率变动给经济带来的冲击，采用固定汇率制是一种有效的办法。从经济开放程度来看，开放程度高的国家更倾向于选择固定汇率制。因为一国的开放程度越高，贸易品价格在整体物价水平中所占的比重越大，汇率变动对国家整体价格水平的影响也就越大，选择固定汇率制能在最大程度上稳定国内价格水平。同时，经济开放度较高的国家经济规模往往较小，抵御外部冲击的能力较弱，为了防止汇率变动给经济带来的冲击，往往采用固定汇率制。

从贸易伙伴国的集中程度来看，主要与一国发生贸易关系的国家通常选择钉住该国货币，这样在进出口收支方面可获得很大的稳定性；而对于贸易伙伴国较分散的国家，则倾向于选择浮动汇率制。

从特定的政策意图来看，对于面临高通货膨胀的政府来说，通过与低通货膨胀国家组成货币同盟，实行固定汇率制，可有效地控制通货膨胀；而如果采取浮动汇率制，往往会产生恶性循环现象，使通货膨胀更加严重和不断持续。但是如果为了防止从国外输入通货膨胀，则适合选择浮动汇率制，这将使该国货币政策的自主性加强，从而拥有确定适合本国的通货膨胀水平的权利。

实际上，汇率制度选择是一个动态问题，因为各种影响汇率制度选择的因素本身是随着政治、经济和文化环境的变动而不断发生变化的，因而一国对汇率制度的选择不可能是一劳永逸、一成不变的，制度退出和重新选择的情况肯定不可避免，其结果必然导致多元化汇率制度形式之间的相互转化。总之，现代汇率制度体系是一个多种汇率制度形式并存和相互转化的动态体系，一国汇率制度应当根据本国的具体情况相机选择。

人民币汇率
制度

12.5　　　　　　　　汇率水平管理

将本国汇率维持在合理水平，避免汇率过度波动，这是一国汇率政策的核心内容之一。对汇率水平的管理，在固定汇率制度下，通过改变法定汇率来实现；在浮动汇率制度下，通过干预外汇市场来实现。

12.5.1　均衡汇率与汇率失调

（1）均衡汇率

在固定汇率制下，汇率有法定升值和法定贬值，在浮动汇率制下，汇率有上下波动。在上涨下跌的表象背后，汇率是否存在一个"合理的"基准水平？理论上，这个合理的汇率被称为均衡汇率。学术界对于均衡汇率有着不同的解说，归纳起来，可以分为两类：一类偏重汇率水平，以购买力平价或外汇市场供求平衡作为均衡汇率的内涵；另一类偏重汇率功能，以国际收支均衡和内部充分就业、经济稳定作为均衡汇率的内涵。我们已经在前面对购买力平价理论和基本均衡汇率理论进行了介绍。

（2）汇率失调

当汇率长期偏离合理水平时，就被称为"汇率失调"（exchange rate misalignment）。汇率失调包括货币高估（currency overvalued）与货币低估（currency undervalued）两种类型。

在很多情况下，一国政府往往有意识地把汇率定得高于或低于均衡汇率。但从长远来看，一国货币汇率是不能长期高估或低估的，因为这意味着对汇率合理水平的扭曲，是价格信号的失真，必须通过各种方式对其进行调整，以便实现经济平衡。

12.5.2　外汇市场干预

为了防止汇率变动对国内经济活动和涉外经济交易产生不良影响，英国于1932年率先创立了外汇平准基金（exchange equalization account），并凭借这一基金成功地将英镑汇率维持在极小的波幅内。此后，美欧各国纷纷效仿，逐步建立起特定的干预制度。

（1）干预外汇市场的目的

干预外汇市场的主要目的是：阻止短期汇率发生波动，避免外汇市场混乱；减缓汇率的中长期变动，调整汇率的发展趋势；促进国内货币政策与外汇政策的协调。

（2）外汇市场干预的类型

各国货币当局一般通过直接参与外汇市场交易的方式来干预汇率水平，从形式上看，对外汇市场的干预主要有以下类型：

①按干预手段可分为直接干预与间接干预。直接干预是指货币当局直接到外汇市场上买卖外汇，改变市场上的供求格局，从而改变汇率水平。间接干预是指货币当局不直接进入市场，而是通过其他方式干预汇率，主要做法有两种：一是改变利率等国内金融变量，通过影响不同货币资产的收益率影响汇率；二是通过公开宣告的方式影响市场预期，进而影响汇率。

②按是否引起货币供应量的变化，可分为冲销式干预与非冲销式干预。这种分类方式是货币当局对外汇市场进行干预的最重要分类。

冲销式干预（sterilized intervention）是指货币当局在外汇市场上进行交易的同时，通过其他货币政策工具（主要是在国债市场上的公开市场业务）来抵消外汇市场操作对货币供应量的影响，使货币供应量维持不变的外汇市场干预行为。非冲销式干预则是指货币当局在干预外汇市场的同时，不采取相应的抵消操作，引起了一国货币供应量的变动。

③按参与干预的国家数量，可分为单边干预与联合干预。单边干预是指一国独自干预本国货币与某外国货币之间的汇率变动，没有相关的其他国家配合。联合干预是指两国乃至多国联合行动，对汇率进行干预。

④按照干预的方向可分为稳定性干预和侵略性干预。稳定性干预是指干预方向与汇率波动方向相反，也就是所谓的"逆风而行"（leaning against the wind）。例如，当外汇市场上外汇需求大于外汇供给、外汇汇率上升时，一国货币当局卖出外汇，增加外汇供给，以维持外汇市场稳定。与此相对的是干预方向与汇率波动方向相同的干预，如当外汇市场上外汇供给大于需求时，政府再增加供给，以便使汇率波幅增大。这种干预为国际货币基金组织所反对，通常被称为侵略性干预（aggressive operation）。

（3）外汇市场干预的方式和效果

一国货币当局若要在外汇市场进行干预，则需保有一定数量的能在外汇市场进行买卖的外国货币，这类货币称为干预货币（intervention currency）。干预货币通常为在国际上被广泛使用和接受的货币，并且是国际外汇市场主要买卖对象。干预外汇市场的资金来源主要是各国设立的"外汇平准基金"，发达国家各国间的"互换货币协议"所提供的备用信贷或各国中央银行从国外的借款等。

通常，政府干预对汇率的引导作用通过两条途径得以实现：一是直接效果，即干预直接改变外汇及其他各种金融资产的供求状况，这可称为"资产调整效应"。二是间接效果，即通过干预行动对市场参与者的心理产生影响，进而影响外汇供求，这可称为"信号效应"。有时仅仅是口头干预，或是披露干预的意图，并没有干预行为，也可能同样达到目的。

政府的干预行动能否取得预期效果呢？一般认为，当市场对汇率走势的预期较为一致时，也就是根据对各种因素特别是基本经济条件的分析，市场参与者普遍认为汇率将上升或下跌时，政府干预往往难以扭转汇率走势，因为此时政府干预所引起的外汇供求量远远小于市场上的交易总量。如果市场参与者由于汇率前景不明朗而在走向预测上产生分歧，干预常常可以引导市场，会收到较好的干预效果。

12.5.3 汇率操纵

按照一般的理解，如果某个国家人为控制本国汇率，使其故意偏离本国经济正常水平，从而使本国获得了不正当的竞争优势，那么这种行为就可被称为汇率操纵（currency manipulation）。目前，判断汇率操纵的主要依据是国际货币基金组织的相关法律文件。《国际货币基金协定》第4条第1款规定，成员国有义务建立相互间有秩序的外汇关系，在汇率安排方面应避免为阻止国际收支的有效调整或获得对其他成员国不公平的竞争优势而操纵汇率。判断一国是否操纵汇率，应从主客观两个层面分析。主观层面，主要是指一国是否存在着"汇率操纵"的主观意图，即影响汇率的目的是阻碍其他成员国对国际收支的有效调整，或者不公平地取得优于其他成员国的竞争地位。客观层面主要有两个要件：一是进行调控和影响的条件，即是否存在"汇率操纵"行为；二是指行为的结果，指实施这些政策是否给其他国家的正当利益造成负面影响。

2007年6月，IMF通过了《对成员国政策双边监督的决定》（以下简称《2007年决定》），对成员国汇率监督框架作出了重大调整，替代1977年制定的《关于汇率政策监督的决定》。其中，对"汇率操纵"的监测指标更为具体。2012年7月，IMF又通过了《双边和多边监督的决定》，替代《2007年决定》，但关于汇率操纵的监测指标并未发生变化[①]。一国是否操纵了汇率，可以从该国的汇率水平、干预外汇市场情况、国际收支状况、国际收支政策等方面进行判断。

"汇率操纵"的行为主要包括：
① 在外汇市场进行持续、大规模的单向干预；
② 出于国际收支目的、不正常的官方借款或外国资产积累；
③ 出于国际收支目的，对经常交易支付或资本流动实施限制性或鼓励性措施；
④ 出于国际收支目的，实行非正常的影响资本流动的货币金融政策；
⑤ 根本性汇率失衡；
⑥ 大量和持续的经常账户逆差或顺差；
⑦ 私人资本流动导致的对外部门显著脆弱性，包括流动性风险。

□ 复习思考题

自测题

1. 什么是外汇？
2. 什么是外汇汇率？外汇汇率主要有哪些种类？
3. 分析在不同的国际货币制度下汇率决定的基础。
4. 何谓货币的法定升值和法定贬值？
5. 影响汇率变动的经济因素有哪些？汇率变动会对经济产生哪些影响？

---

① 《双边和多边监督的决定》在保留《2007年决定》对汇率政策双边监督的基础上，将其扩展到多边监督，同时提高了对成员国内政策（包括经济和金融政策、社会和政治政策）的关注。

6.比较固定汇率制和浮动汇率制的优劣。

7.各国都通过哪些方式干预汇率水平？

☐ 本章讨论题

1.常见的实际汇率有哪些？实际汇率与名义汇率的关系如何？

2.哪些指标变化可以判断一国存在"汇率操纵"行为？

第13章/汇率决定理论

---学习目标---

　　了解西方汇率理论发展的主要脉络，熟悉和掌握几种主要的汇率决定理论，重点学习和掌握购买力平价理论、利率平价理论和汇率决定的资产市场说。

　　汇率决定理论是西方金融理论的核心，研究的是汇率由哪些因素决定以及汇率的变动受哪些因素的影响。尽管汇率的波动具有很强的随机性，影响汇率变动的因素也非常复杂，但是汇率波动的主要原因或者决定因素仍然是可以确认的。根据历史和经济环境的变化，经济学家对汇率的决定因素给予了不同的解释，由此形成了不同的汇率决定理论。同样，随着世界经济的发展和国际货币制度的变迁，汇率决定理论也在不断发展，一直是国际经济学中最为活跃的领域之一。

13.1　　　　　　　　传统的汇率决定理论

13.1.1　购买力平价理论

　　第一次世界大战后，金本位制陷入崩溃的境地，各国市场上普遍流通的是不能兑换成黄金的纸币，汇率失去了原有的物质基础（铸币平价），某些国家还出现了严重的通货膨胀。购买力平价理论就是在这一通货膨胀的背景下出现并研究汇率决定问题的理论。

　　购买力平价理论（theory of purchasing power of parity，PPP）由瑞典经济学家卡塞尔（G.Cassel）提出，并于1922年在其代表作《1914年以后的货币与外汇理论》中进行了系统阐述。该理论是汇率决定理论中最有影响力的理论之一。

　　（1）理论的假定前提

　　购买力平价理论暗含如下假定：

　　① 市场完全竞争，商品是同质的；

　　② 商品价格具有完全弹性，市场要素的变化均能及时反映到商品价格的变化上；

　　③ 不考虑运输成本、保险及关税等交易成本。

（2）理论的主要内容

购买力平价理论的基本思想是：一国居民之所以需要外国货币，是因为这种货币在其发行国具有对商品的购买力，一种货币价格的高低自然取决于它对商品购买力的强弱，因此决定汇率最基本的依据应是两国货币购买力之比。而购买力变化是由物价变动引起的，这样，汇率的变动归根到底是由两国物价水平的相对变动所引起的。

购买力平价有两种形式：绝对购买力平价和相对购买力平价。前者解释某一时点上汇率决定的基础，后者解释某一时段上汇率变动的原因。

①绝对购买力平价

绝对购买力平价的前提是一价定律成立。同时，各种可贸易商品在各国物价指数的编制中占有相等的权重。所谓一价定律（law of one rice），是指在前述假定下，由于国际商品套购行为的存在，同一种货币表示的不同国家的某种可贸易商品的价格应该一致。用公式表示，就是$P=eP^*$，其中e为直接标价法下的汇率，P为本国价格，P^*为外国价格。

在此基础上，绝对购买力平价理论认为，两国货币之间的汇率是由两国货币在其本国所具有的购买力决定的，又由于货币的购买力主要体现在价格水平上，所以若以P表示本国的物价水平，以P^*表示外国的物价水平，e表示直接标价法下的汇率，则有：

$$e=\frac{P}{P^*} \tag{13.1}$$

式 13.1 其实是一价定律公式的变形，也是绝对购买力平价的一般形式，其含义是，两国货币之间的汇率取决于两国可贸易商品的价格水平之比，即取决于不同货币对可贸易商品的购买力之比。

②相对购买力平价

相对购买力平价又称弱购买力平价，它是在放松绝对购买力平价的有关假定后得到的。该理论认为一价定律并不能始终成立，而且各国对一般物价水平的计算方法各异，所以各国的一般物价水平以同一种货币计算时并不相等，而是存在一定的偏差。相对购买力平价的表达式为：

$$\frac{e_1 - e_0}{e_0}=\pi-\pi^* \tag{13.2}$$

式中：e_0和e_1分别表示基期t_0时刻和t_1时刻的汇率水平；π和π^*分别表示本国和外国从基期t_0时刻到t_1时刻这一时段的通货膨胀率。

该式的经济学含义为：两国货币的汇率变动取决于两国物价水平的变动，即汇率变化等于同期本国与外国的通货膨胀率之差。若本国物价上涨幅度超过外国物价上涨幅度，则本国汇率贬值，表现为e值增大；反之，则意味着本国货币升值，表现为e值降低。

显然，相对购买力平价对真实汇率变化的解释力更强，也更符合实际，原因是其假定与客观现实更为接近。

（3）对购买力平价理论的评价

①理论的贡献

首先，购买力平价从货币的基本功能（具有购买力）角度分析货币交换的问题，符合逻辑，而且易于理解。其次，购买力平价理论的表达式也最为简单，对汇率决定这样的复杂问题给出了最为简洁的描述。这一特点使得它对政府的汇率政策产生了特别的影响，被广泛运用于对汇率水平的分析。最后，购买力平价理论还开辟了从货币数量角度对汇率进行分析的先河，而对汇率的货币数量角度的分析始终是汇率理论的主流。购买力平价理论作为其中的代表，被公认为是汇率的长期均衡标准，从而被应用于其他汇率理论的分析之中。

基于以上原因，100多年来，购买力平价理论在西方汇率理论中一直保持重要地位。

②理论的缺陷

巨无霸价格与一价定律

首先，购买力平价理论的主要不足在于其假设贸易完全自由，且没有交易成本。其次，购买力平价理论只是一种假说，并不是一个完整的汇率决定理论，它认为物价水平决定了汇率水平，而实际上，在汇率与物价的因果关系中，孰为自变量孰为因变量至今仍存在争议。最后，购买力平价理论尚未得到强有力的实证检验支持。

13.1.2 利率平价理论

在开放的经济条件下，国与国之间不仅存在着密切的贸易联系，也存在着复杂的金融联系。在现实生活中，一国与外国的金融市场之间的联系更为紧密，国际资金流动的发展使汇率与金融市场上的价格——利率之间存在着密切的关系。从金融市场角度分析汇率与利率之间的关系，就是汇率的利率平价理论（theory of interest rate parity，IRP）的主要内容。利率平价理论的基本思想可追溯到19世纪下半叶，在20世纪20年代由凯恩斯等人予以完善。

（1）理论产生的背景

随着生产和资本国际化的发展，资本在国家间的移动越来越频繁，并日益成为影响汇率决定的重要因素。购买力平价理论已经无法解释上述现象，利率平价理论应运而生。凯恩斯于1923年建立了古典利率平价理论，在《货币改革论》一书中，凯恩斯从金融市场角度分析了汇率与利率之间的关系，他认为汇率变动与两国相对利差有关，投资者根据两国利差大小以及对未来汇率的预期进行选择，以达到获取收益或避免风险的目的。凯恩斯把汇率从实物部门转向了货币部门进行研究具有里程碑式的重要意义。继凯恩斯之后，英国经济学家保罗·艾因齐格将外汇理论和货币理论相结合，开辟了现代利率平价理论。

（2）理论的主要内容

利率平价理论假定资本完全自由流动，而且资本流动不存在任何交易成本。在此基础上，两国之间相同期限的利率只要存在差距，投资者即可运用套利行为赚取价差。两国货币间的汇率将因为此种套利行为产生波动，直到套利空间消失为止。利率平价理论认为，两国间的利差会影响两国货币间的远期汇率与即期汇率的差价，远期汇率的贴水或升水应与两国间的利差相等。

利率平价理论包括抛补的利率平价（covered interest rate parity，CIP）和非抛补的利率平价（uncovered interest rate parity，UIP）。

①抛补的利率平价

抛补的利率平价是指在金融市场发达完善的情况下，投资者利用两国利率之差在即期外汇市场和远期外汇市场同时进行反向操作来套取利差的做法。其公式推导如下：

假定世界上只有两个国家：本国与外国。本国的某投资者持有一笔闲置资金，决定其资金投向的唯一因素是在哪一个国家投资可以获得更高的收益率。设本国市场上一年期存款利率为 i，外国金融市场上的同期利率为 i^*，即期汇率为 e（直接标价法），远期汇率为 f。

如果投资于本国金融市场，则每单位本国货币到期时的本利和为：

$$1 \times (1+i) = 1+i \tag{13.3}$$

如果投资于外国金融市场，则首先将本国货币在外汇市场上兑换成外国货币；其次用这笔外国货币在外国金融市场上进行投资；最后再将投资期满后的外国货币本利和在外汇市场上兑换成本国货币。

首先，每1单位本币可在金融市场上即期兑换 $1/e$ 单位的外币，将这 $1/e$ 单位的外币投资于外国金融市场，期满后的本利和应为：

$$\frac{1}{e} + \frac{1}{e} \cdot i^* = \frac{1}{e}(1+i^*) \tag{13.4}$$

由于到期时的即期汇率是不确定的，因此这笔投资的最终收益也难以确定，或者说这笔投资有很大的汇率风险。为规避风险，投资者可以按照外汇市场上的远期汇率，即期卖出一年后交割的远期外汇。这样，该笔投资就不再存在任何汇率风险，一年后的收益换成本币为 $\frac{f}{e}(1+i^*)$。

投资者面临着投资于本国还是外国金融市场的选择，这需要将在两国投资的收益进行比较。如果在外国投资的收益高，则市场上众多的投资者都会将资金投入外国金融市场，这会导致即期外汇市场上外国货币需求上升，从而使本币即期贬值（e 增大），远期升值（f 减小），投资外国金融市场的收益率下降。只有当投资于两国的收益率相同时，市场才处于均衡状态。

即：$1+i = \dfrac{f}{e}(1+i^*)$ $\tag{13.5}$

整理可得：$\dfrac{f}{e} = \dfrac{1+i}{1+i^*}$ $\tag{13.6}$

将式13.6的等式两边同时减去1，再进一步整理，可得：

$$\frac{f-e}{e} = \frac{i-i^*}{1+i^*} \tag{13.7}$$

因为两国利率的值都不大，与1相比时可以忽略不计，所以$1+i^*$近似1，则有：

$$\frac{f-e}{e} = i-i^* \tag{13.8}$$

实际上，等式左边即为即期货币与远期货币之间的升贴水率。此式就是抛补的利率平价的一般形式，它的经济含义是汇率的远期升贴水率等于两国货币利率之差。若本国利率高于外国利率，则本币远期贬值；若本国利率低于外国利率，则本币远期升值。也就是说，汇率的变动会抵消两国间的利率差异，使金融市场处于平衡状态。

抛补的利率平价具有很高的实践价值。事实上，抛补的利率平价公式被作为指导公式广泛用于外汇交易中，许多大银行基本上就是根据各国间的利率差异来确定远期汇率的升贴水额。除了外汇市场出现剧烈波动以外，一般来讲，抛补的利率平价基本上能较好地成立。当然，由于外汇交易成本以及风险等因素的存在，抛补的利率平价与实际汇率之间也存在着一定的偏差。

②非抛补的利率平价

在上面的分析中，投资者是通过远期交易来规避风险的。实际上，投资者还有另外一种选择：根据自己对汇率未来变动的预测，不进行相应的远期交易，而是在承担一定汇率风险的情况下进行投资。此时，投资者通过对未来汇率的预测来计算投资活动的收益。

假设投资者预期一年后的即期汇率为E_{ef}，那么在外国金融市场投资的本息和换算成本币为$\frac{E_{ef}}{e}(1+i^*)$，如果与在本国金融市场投资的收益存在差异，那么投资者会通过套利行为使两者一致。这样，当市场出现均衡状态时，有：

$$1+i = \frac{E_{ef}}{e}(1+i^*) \tag{13.9}$$

整理可得：$\frac{E_{ef}-e}{e} = i-i^*$ $\tag{13.10}$

等式左边为汇率的远期变动率。该式即为非抛补的利率平价的一般形式，其经济含义为：预期的汇率远期变动等于两国货币利率之差。

在非抛补的利率平价成立时，如果本国利率高于外国利率，意味着市场预期本币在远期将会贬值；反之，预期本币远期升值。若本国政府提高利率，当市场预期未来的即期汇率不变时，本币的即期汇率将升值。

由于预期的汇率变动是一个心理变量，难以得到可行的数据进行分析，而且实际意义也不大，利用非抛补的利率平价的一般形式进行实证检验并不多见。

当E_{ef}与f存在差异时，投机者认为有利可图，就会通过在远期外汇市场的交易使二者相等，此时抛补的利率平价和非抛补的利率平价同时成立。

（3）对利率平价理论的简要评价

①理论的贡献

首先，利率平价理论阐明了外汇市场上即期汇率、远期汇率以及相关国家利率变动之间的相互关系，把决定利率的因素扩展到资产市场领域，反映了货币资产因素在国际金融领域内日益重要的作用。其次，从资金流动的角度揭示了汇率与利率之间的密切关系以及汇率的市场形成机制。最后，利率平价理论是一种与购买力平价理论互补的汇率决定理论。

②理论的缺陷

第一，现代利率平价理论以发达和完善的金融市场条件的存在为前提，忽略了资本国际流动的障碍，假设资金不受限制地在国家间自由移动，这在现实中是难以满足的。第二，套利活动是有交易成本的，套利资金的供给弹性并非无穷大，因而均衡汇率水平很难通过套利行为达到。第三，利率平价理论忽视了市场投机这一重要因素，金融市场可能受投机心理和投机者实际行为的影响，以致使预测的升贴水额和实际不符。第四，利率平价理论不是一种独立的汇率决定理论，单纯从利率差异角度来说明汇率的决定是不够的。

13.1.3 国际收支说

（1）国际收支说的早期形式：国际借贷说

在资本主义生产方式建立之初，虽然也有一些学者在其著作中注意到汇率的决定问题，但是由于历史发展的局限，尚未形成系统的汇率决定理论体系。英国经济学家葛逊（G.L.Goschen）于1861年出版了《外汇理论》一书，书中提出了汇率决定的"国际借贷说"（theory of international indebtness），这标志着系统的汇率决定理论的形成。

葛逊的国际借贷说是第一次世界大战之前流行的汇率理论。该理论的主要观点是：一国汇率的变化是由外汇的供给和需求决定的，而外汇的供求是由国际收支引起的，而只有进入实际支付阶段的国际收支，才会影响外汇的供求。这种进入实际支付阶段的对外债权和债务，被称为流动借贷。

当一国的对外债权大于对外债务时，即对外流动借贷出现顺差时，外汇供给将大于外汇需求，该国货币汇率将上涨。相反，如果该国的对外债务大于对外债权，即对外流动借贷出现逆差时，外汇需求大于外汇供给，该国货币汇率便会下跌。如果该国对外债权与对外债务相等，外汇供求平衡，则该国汇率不发生变化。

葛逊的理论实际上就是汇率的供求决定理论，并没有详细论述哪些因素具体影响到外汇的供求，这就大大限制了这一理论在实践中的应用价值。国际借贷说的这一缺陷在现代国际收支中得到了弥补。后来的一些学者将凯恩斯主义国际收支均衡条件分析应用于外汇供求流量分析，由此形成了国际收支说。1981年，美国经济学家阿尔吉（V.Argy）系统地总结了这一理论。

（2）国际收支说的主要内容

现代的国际收支理论是凯恩斯主义的汇率理论。该理论认为：外汇汇率取决于外汇的供求。由于国际收支状况决定着外汇的供求，因而汇率实际取决于国际收支。因此，影响国际收支的因素也将间接影响汇率。

国际收支（BP）由经常账户（CA）、资本和金融账户（K）组成，有：

$$BP=CA+K=0 \tag{13.11}$$

假定汇率完全自由浮动，政府不对外汇市场进行任何干预，同时将经常账户简单视为贸易账户，则国际收支主要由商品和劳务的进出口决定。其中，进口主要由本国国民收入（Y）和实际汇率（e）决定；出口主要由外国国民收入（Y^*）和实际汇率（e）决定，由此得到：

$$CA=f'（Y，Y^*，P，P^*，e） \tag{13.12}$$

再假定资本和金融账户的收支由本国利率（i）、外国利率（i^*）以及对未来汇率变化的预期（$\frac{E_{ef}-e}{e}$）决定，由此得到：

$$K=f''（i，i^*，\frac{E_{ef}-e}{e}） \tag{13.13}$$

将两式合并可得：

$$BP=f（Y，Y^*，P，P^*，i，i^*，e，E_{ef}）=0 \tag{13.14}$$

如果将除汇率以外的变量视为外生变量，则汇率将在这些变量的共同影响下发生变动，直至实现国际收支平衡的水平，由此得到：

$$e=g（Y，Y^*，P，P^*，i，i^*，E_{ef}） \tag{13.15}$$

式13.15表明，影响国际收支，进而影响汇率的主要因素有本国和外国的国民收入、本国和外国的价格水平、本国和外国的利率水平以及对未来汇率水平变化的预期。具体来说：

当其他变量不变时（下同），本国国民收入的增加将带来进口的上升，在外汇市场上会出现对外汇的超额需求，本国货币趋于贬值；外国的国民收入的增加将带来本国出口的上升，外汇市场上会出现外汇的超额供给，则本币趋于升值。

本国价格水平的上升将导致本国出口下降，从而本币趋于贬值；外国价格水平上升则导致本国出口上升，经常账户得到改善，从而本币趋于升值。

本国利率水平的提高将带来更多的资本流入，外汇市场出现超额的外汇供给，本币趋于升值；外国利率水平的提高将导致本国资金外流，外汇市场出现对外汇的超额需求，本币趋于贬值。

如果预期未来本币贬值，资本将流出以避免损失，导致本币即期贬值；反之，则本币币值在即期升值。

（3）对国际收支说的评价

①理论的贡献

首先，国际收支说指出了汇率与国际收支之间存在的密切关系，这对于全面分析汇率的决定因素，尤其是分析短期内汇率的变动是极为重要的。其次，国际收支说是关于汇率决定的流量理论，国际收支引起的外汇供求流量变化决定了短期汇率水平及其变动。

②理论的缺陷

第一，与购买力平价理论及利率平价理论一样，国际收支说也不能被视为完整的汇率决定理论，对影响国际收支的众多变量之间以及这些变量与汇率之间的复杂关系，国际收支说并没有进行深入分析，得出具有明确因果关系的结论。第二，国际收支说的前提假定比较严格，只能适用于外汇市场发达、政府干预少的国家。

13.2 汇率决定的资产市场说

20世纪70年代以后，国际资金流动的发展对汇率变动产生了重大影响，外汇市场上绝大部分的交易都与国际资金流动相关，资产市场说就是在这一背景下产生的。该学说特别重视金融资产市场均衡对汇率的影响，认为应将汇率看成一种资产价格，即一国货币资产用另一国货币进行标价的价格，这一价格是在资产市场上确定的。当两国资产市场的供求不平衡时，则汇率发生变动，而汇率的变动又会消除资产市场上的超额供给或超额需求，有助于市场恢复平衡。

20世纪70年代末以来，资产市场学说已成为汇率理论的主流。与传统理论相比，该学说在分析方法上有两点很重要的不同：首先，资产市场说认为决定汇率的是存量因素而不是流量因素。因为对于资产市场价格而言，它在市场上的供给和需求反映的是对这一资产持有的存量进行调整的需要，所以资产市场说一般又被称为汇率决定的存量模型。其次，在当期汇率的决定中，预期发挥了十分重要的作用。这是因为在资产市场上，对未来经济条件的预期会非常迅速地反映在即期价格之中，对资产价值评价的改变在相当程度上是由于预期的变化。

资产市场说的基本假定包括：

① 外汇市场是有效的，即汇率的所有变化已经反映了所有影响汇率变化的信息。

② 本国是一个高度开放的小国，即本国对世界商品市场、外汇市场和证券市场的影响为零，是各种价格的接受者。

③ 本国居民不持有外国货币，外国居民不持有本国资产，因此本国居民只持有三种资产，即本国货币、本国发行的金融资产（主要是本国债券）、外国发行的金融资产（主要是外国债券）。这样，一国资产市场由本国货币市场、本国债券市场、外国债券市场组成。

④ 资金在国际上完全流动，即抛补的利率平价（CIP）始终成立。

依据本币资产与外币资产可替代性的不同假定，资产市场说可分为货币分析法（monetary approach）与资产组合分析法（portfolio approach）。货币分析法假定国内外资产完全可替代，也就是两种资产的预期收益率相同，不存在资产组合的调整问题，资产持有者对保持何种资产组合结构是无异议的。而根据对价格弹性的假定不同，货币分析法又可以分为弹性价格分析法和黏性价格分析法。资产组合分析法则假定两种资产完全不可替代，即存在选择，资产所有者可以根据"风险-收益"分析法对持有的实际资产组合结构进行调整，以达到所需要的资产组合结构。

13.2.1 货币分析法

依据价格弹性的不同，货币分析法可分为弹性价格分析法和黏性价格分析法。弹性价格分析法假定价格是完全灵活可变的；黏性价格分析法又称汇率决定的超调模型，它假定在短期内价格水平具有黏性，不会因货币市场的失衡而立即调整。相比而言，弹性价格分析法对分析长期汇率的变动趋势更有意义，而黏性价格分析法则更多地用于解释汇率短期的决定。

（1）弹性价格分析法——货币主义模型

弹性价格分析法的代表人物有弗兰克尔（J.Frenkel）、穆萨（M.Mussa）、比尔森（J.Bilson）等。该理论实际上是国际收支货币论在浮动汇率制下的另一种表现形式。弹性价格分析法的基本思想是，汇率是两国货币的相对价格，而不是两国商品的相对价格。其前提假定包括：①总供给曲线垂直；②货币需求稳定；③购买力平价成立。

在上述假定下，货币主义模型是从货币供给等于货币需求的均衡条件开始的。从货币需求看，名义货币需求通常取决于实际收入 Y、价格水平 P 和利率水平 i，即货币需求 $L_D = L(i, Y)$，而实际货币供给为 $\frac{M_s}{p}$，当货币市场均衡时，$\frac{M_s}{p} = L(i, Y)$。

假设货币需求函数可表示为：

$$L(i, Y) = Ke^{-\beta i}Y^{\alpha} \tag{13.16}$$

式中：α、β为某一常数，分别表示货币需求的收入弹性与利率弹性；K为参数。为简单起见，假定 K=1，则有：

$$\frac{M_s}{P} = e^{-\beta i}Y^{\alpha} \tag{13.17}$$

两边取对数，得：

$$\ln M_s - \ln P = -\beta i + \alpha \ln Y \tag{13.18}$$

以斜体字母表示对数形式，则有：

$$M_s - P = \alpha Y - \beta i \tag{13.19}$$

除利率 i 外，其他变量均为对数形式。调整后，可得本国物价水平表达式：

$$P = M_s - \alpha Y + \beta i \tag{13.20}$$

若外国的货币需求函数的形式与本国相同，同样可得：

$$P^* = M_s^* - \alpha Y^* + \beta i^* \tag{13.21}$$

购买力平价提供了本国价格水平与外国价格水平之间的联系，即：

$$e = P - P^* \tag{13.22}$$

将上述三式合并，得：

$$e = (M_s - M_s^*) + \alpha(Y^* - Y) + \beta(i - i^*) \tag{13.23}$$

式 13.23 即为弹性价格分析法的基本模型。可以看出，本国与外国之间实际国民收入水平、利率水平以及货币供给水平通过对各自物价水平的影响决定了汇率水平。这样，弹性价格分析法就将货币市场上的一系列因素引入了汇率水平的决定之中。

① 本国货币水平。在其他条件不变的情况下，本国货币供给一次性增加，会迅速带来本国物价水平的相应提高。由于购买力平价的成立，本国物价水平的提高将会带来本国货币的相应贬值。

② 本国国民收入。当其他条件不变时，本国国民收入的增加，意味着货币需求的增加，在货币供给没有增加的情况下将导致本国物价水平的下降，本国货币升值。

③ 本国利率。本国利率的上升会降低货币需求，在货币供给不变的情况下，这将造成物价水平的上升，从而导致本国货币贬值。

在弹性价格货币分析中，一切因素都是通过对货币需求产生影响然后作用到汇率上，这充分体现了该理论的"货币主义"特征。

货币主义模型将汇率视为一种资产价格，在一定程度上符合资金高度流动这一客观事实，因此具有较强的生命力。该模型引入了诸如货币供应量、国民收入等经济变量，分析了这些变量的变动对汇率造成的影响，因而该理论能在现实生活中得到更广泛的运用。

但是该理论也有明显的不足：它是以购买力平价为理论前提的，如果购买力平价在实际中难以成立，则该理论的可信性也值得怀疑。它假定价格水平具有充分弹性，这也同现实有很大出入，影响了理论的有效性。此外，该理论是以货币需求方程式为基础进行分析的，假定货币需求稳定，这一点在学术界存在很大争议。

（2）黏性价格分析法——超调模型

汇率的黏性价格分析法简称为超调模型（overshooting model），最初由美国经济学家多恩布什（Dornbusch）于1976年提出。它同样强调货币市场均衡对汇率变动的作用，但它指出，在短期内，商品市场上的价格具有黏性，购买力平价在短期内不成立，但证券市场反应极其灵敏，利率将立即调整，使货币市场恢复均衡。由于价格在短期内具有黏性，经济均衡的恢复完全依赖于利率的变化，导致利率必然超调，即调整幅度超过长期均衡水平。在资本自由流动的情况下，利率的变动引起国际上的套利活动，由此带来汇率的变动。与利率的超调相适应，汇率的变动幅度也超过长期的均衡值，表现出超调的特征。经济中存在着由短期向长期均衡的过渡过程。短期均衡时价格来不及发生变动，在一段时期之后，价格开始调整，长期均衡时价格得到充分调整。

超调模型的前提假定包括：①总供给曲线在短期内不是垂直的，在长期内是垂直的；②稳定的货币需求；③购买力平价在短期内不成立，在长期内成立；④资本完全自由流动，非抛补的购买力平价成立。

超调模型的具体分析如下：如果货币供应量增加使得货币市场失衡，而短期内价格水平不发生变动，则实际货币供应量会增加。为使货币需求量相应增加以达到货币市场的均衡，利率必然下降。在资本完全流动和替代的假设下，利率下降导致资金外流，引起本币贬值，外币升值。但是汇率不会永远处于这种状态，因为此时的商品市场未达到均衡。由于利率下降，国内总需求将因此增加；同时本币贬值使世界需求转向本国商品，二者均将带来价格的上升。在价格上升的过程中，实际货币供应量相应下降，带来利率回升，资本内流，外汇汇率下浮，本币汇率上浮，直到达到货币主义模型的长期均衡。

可以看出，在分析过程中，超调模型仍然保留了"货币主义模型"中的货币需求方程式和非抛补利率平价成立等条件，但认为购买力平价只有在长期内才能成立。所以，货币模型得出的结论实际上是超调模型中长期平衡的情况。

超调模型首次涉及了汇率的动态调整问题，创造了汇率理论的一个重要分支——汇率动态学。另外，在研究方法上，超调模型是对货币主义和凯恩斯主义的一种综合，它在货币模型的框架下展开分析，又采用了商品价格黏性这一带有凯恩斯传统的分析方法，对开放经济条件下的宏观经济作了较为全面系统的论述，从而成为国际金融学中对开放经济进行宏观分析的基本模型之一。

超调模型是建立在货币主义模型分析基础上的，因而也具有与货币主义模型相同的一些缺陷。

13.2.2 资产组合模型

汇率的资产组合分析形成于20世纪70年代，这一理论的代表人物是美国普林斯顿大学教授布朗森（W.Branson），他的"小国模型"最早、最系统、最全面地在这方面进行了探讨，该理论的一个主要特征在于假定本币资产与外币资产是不完全替代物，需要对本币资产和外币资产的供求平衡在两个独立的市场上进行考察。

资产组合模型来源于宏观经济学中托宾的"资产组合选择理论"（theory of portfolio selection）。该理论认为，理性的投资者会将其拥有的财富按照风险与收益的比较，配置于可供选择的各种资产上。在资本完全流动的前提下，一国居民所持有的金融资产不仅包括本国货币、本国证券，即本国资产，还包括外国货币和外国证券，即外国资产。一国私人部门（包括个人居民、企业和银行）的财富可以用以下公式表示：

$$W=M+B_p+e\cdot F_p \tag{13.24}$$

式中：W是私人部门持有的财富净额；M是私人部门持有的本国货币；B_p是私人部门持有的本国证券；e为汇率（直接标价法）；F_p是私人部门持有的外国资产。

私人部门会将以上净财富在本国资产和外国资产之间进行分配，分配的比率视各类资产的预期收益率而定。本国货币的预期收益率是零，本国证券的预期收益率是国内利率（i），外国资产的预期收益率是外国利率（i^*）与预期的外汇汇率上升率（π^e）之和。各类资产选择的多少与其预期收益率成正比，与其他资产的预期收益率成反比。因此，各类资产的数量是各类资产预期收益率的函数：

$$M=\sigma(i,\ i^*,\ \pi^e)\cdot W \tag{13.25}$$

$B_p=\beta\ (i,\ i^*,\ \pi^e)\ \cdot W$ (13.26)

$eF_p=\gamma\ (i,\ i^*,\ \pi^e)\ \cdot W$ (13.27)

$\alpha+\beta+\gamma=1$

式中：α、β、γ分别代表私人部门愿意以本国货币、本国证券和国外资产形式持有的财富比例。

当某种资产的供给存量发生变化，或者预期收益率发生变化，私人部门实际持有的组合比例与之不吻合，资产组合出现不平衡时，人们就会对各种资产的持有比例进行调整，以使资产组合符合意愿，恢复资产市场平衡。在这一调整过程中，会产生本国资产与外国资产的替换，从而引起外汇供求的变化，带来汇率的变化。而汇率的变化，反过来又会影响国内外资产的对比，对资产平衡起着促进作用。按照这一思路，可以得出以下一些结论：

① 当外国资产市场失衡引起外国利率上升时，外国资产的预期收益率提高，γ会增大，而α、β将会下降。这样，在原来的资产组合中，国内资产会出现超额供给，本国利率下降，本币汇率下降，直到达到资产市场的再次平衡。反之，当外国利率下降时，则会引起外汇汇率下降。

② 当一国国际收支经常项目出现盈余时，私人部门持有的净外国资产增加，使得实际持有外国资产的比例大于意愿比例。人们会将多余的外国资产转换为本国资产，从而导致外汇汇率下跌。反之，当一国经常项目出现赤字时，外汇汇率将会上浮。

③ 当一国政府因赤字增加而增发政府债券时，本国证券供应量相应增加。这一变化将使人们的资产组合失去平衡，人们对外国资产的需求增加，引起外汇汇率的上升。但是，由于本国债券供给的增加，降低了债券的价格，提高了利率水平，提高了人们对本国债券收益的预期，又诱使人们将资产需求转向本国，由此又会引起外汇汇率的下浮。最终的影响将取决于这两方面的比较。

④ 当中央银行通过收购政府债券来增加货币供应量时，私人部门会发现本国货币供过于求，人们愿意以多余的货币去购买本国证券，使利率下降，从而引起人们对国外资产的需求，导致外汇汇率上升。

⑤ 当各种因素引起私人部门预期汇率上升或下降时，他们将相应地增加或减少国外资产。在资产重新组合的过程中，人们会用本国资产购买外国资产，或用外国资产购买本国资产，从而导致外汇汇率的上升或下降。

综上所述，资产组合模型中关于各因素对汇率的影响可以用以下公式表示：

$e=e\ (i^*,\ M,\ B,\ F,\ \pi^e)$ (13.28)

与前面的各种汇率分析方法相比，资产组合分析既区分了本国资产与外国资产的不完全替代性，又在存量分析中纳入了经常账户这一流量因素，从而较好地将各种因素综合到了汇率模型中，是一个更为一般的模型。

但是这一模型也存在明显不足：模型过于复杂，影响了实际运用，而且模型中的变量在实证分析的过程中很难获取统计资料，其现实性受到影响。

13.3   汇率决定理论的新发展

20世纪80年代以前，汇率决定理论主要从宏观基本因素来解释汇率的决定和波动，如物价水平、利率、相对货币供应量、经济增长、内外资产的替代性和均衡价格的调整速度等。在对这些因素进行分析的过程中，形成了以商品、资本流动为主的流量模型和以资产交换为主的存量模型，前者如早期的购买力平价理论、利率平价理论、国际收支说；后者如20世纪70年代中期兴起的资产市场分析法，包括弹性价格模型、黏性价格模型和资产组合模型等。然而，从实证研究的结果看，这些理论都难以有效解释浮动汇率制度下的汇率决定与变动，即使是理论上十分精致复杂的资产市场汇率模型，对短期内汇率变化的预测能力也非常低。面对这一困惑，20世纪80年代以来很多学者不断寻求对传统理论的突破，将汇率决定理论的发展推向了一个新的阶段。

（1）有效市场假说和理性预期理论

①有效市场假说

有效市场假说（efficient market hypothesis，EMH）最早由美国学者法玛（E.Fama）提出，最初用于商品市场和资本市场的研究，后来由格威克和费格（1979）、莱维奇（1979）以及汉恩等人将其引入外汇市场。

有效市场是指能够充分、即时地反映所有相关信息的市场，市场上的均衡价格是在能够得到所有信息条件下形成的价格，市场是在所有信息的敏感期，调节着价格变动。有效市场假说的一个最主要的推论就是，任何战胜市场的企图都是徒劳的，因为资产的价格已经充分反映了所有可能的信息，包括所有公开的公共信息和未公开的私人信息，在资产价格对信息的迅速反应下，不可能存在任何高出正常收益的机会。

对一个有效的外汇市场来说，即期汇率和远期汇率能够反映所有相关的市场信息，套汇者不可能赚得超额利润。

有效市场假说是以发育完全的资本市场为前提的，如果市场价格没有包含可公开得到的全部信息，就必然存在着尚未被利用的盈利机会，从而导致大规模的套利过程发生，最终消除市场上的盈利机会，投资者得到正常收益。因此，在有效市场上，不存在资金流动障碍，交易成本可以忽略，投机需求的利率弹性为无穷大（即使很小的盈利机会也会引起大规模的资金运动，从而使资产价格进行调整），投机者根据市场信息进行的调整是瞬时完成的。

②理性预期理论

在利用有效市场理论对外汇市场分析时，会涉及对未来某一时刻的即期汇率的预期，而不同的投资者对汇率的未来走势有不同的看法，由于每个人具有的知识水平不同，获取信息量的多少也存在差异，以及对各种信息给汇率造成冲击程度的认识都不一样，因此投资者对未来汇率的预期不可能一致，甚至会千差万别。

所谓理性预期，是指市场上的主观预期在事实上与以可得到的全部信息为条件的期望值是相同的。也就是说，不管投资者采用什么方法来对未来汇率进行预测，如果投资者的主观预期与以一组包含所有可公开得到的信息为条件的某变量的数学期望值相同，那么这种预期就成为理性预期。完全理性预期的前提是要有充分的信息。

在市场有效、无偏性和理性预期的假设条件下，即期汇率是按照随机游走的方式运动的。随机游走是指在一个价格序列中，随后的价格变动是对前面价格的一个随机偏离，现在的价格与过去的价格无关。

（2）对"有效市场假说"的质疑

"有效市场假说"问世之后，对外汇市场有效性的实证检验也纷纷涌现。然而，无论是对即期外汇市场有效性的检验，还是对远期外汇市场有效性的检验，总体来说，基本上都拒绝了外汇市场的有效性，这为汇率决定理论的进一步发展提供了一个切入点。一些学者就外汇市场有效性检验失败给予解释，其中比较有代表性的是汇率决定的新闻模型和理性投机泡沫模型。

①新闻模型

新闻模型是在资产市场宏观结构模型的基础上结合理性预期假说建立起来的，最早由穆萨于1979年提出。该理论将非预期的并且能够引起人们对汇率的预期值进行修改的新的信息统称为"新闻"，进而分析"新闻"对汇率变动的影响，从而说明浮动汇率制下汇率频繁变动或不稳定的原因。

新闻模型将汇率某段时期的变化分解为两部分——预期到的变化和未预期到的变化。预期到的变化来自于对基本变量在该期将会发生变化的预期，并且该预期是准确的；未预期到的汇率变化来自于意料之外的基本因素变化，即"新闻"。由于基本因素的变化很难预见，因此它的大部分变化都属于"新闻"性质，汇率行为主要由新闻部分决定。由于新闻有自身多变、难预期的特性，汇率因此而多变。

基于这一结论，由于即期汇率和远期汇率之间的时段内经常会有"新闻"出现，从而导致当前报出的远期汇率很难解释将来即期汇率的变动，这就可以解释外汇市场有效性检验失败的原因。而"新闻"因素不断进入外汇市场则可以在一定程度上解释汇率的频繁波动。另外，"新闻"的不可预见性意味着"新闻"的出现是一个随机游走过程，未预测到的即期汇率的变化也将是一个随机游走过程，这又可以对即期汇率变动近似随机游走这一现象给予解释。

新闻模型能够在一定程度上解释基本经济变量无法解释的汇率变动。但严格地说，新闻模型只是一种方法，而不是一个具体的模型。在新闻模型中，选取哪些因素作为"新闻"，完全取决于研究者的偏好、实际经济情况和有关数据等。

②理性投机泡沫模型

新闻模型根据未预料到的基本经济变量的变化来解释汇率的变动，然而，外汇市场上有时会在基本经济变量没有很大变化的情况下出现暴涨和暴跌，这种现象既无法用汇率超调理论也无法用新闻模型来解释，于是一些学者在理性预期的假设下对这种汇率现象进行了分析，产生了汇率变动的理性投机泡沫模型。

理性投机泡沫模型中表达出的基本思想是，当期初的汇率相对于由基本因素所决定的水平有一个偏离时，则产生一个泡沫的源头。在理性预期下，市场参与者预期汇率将进一步偏离均衡水平，投资者之所以继续购买被高估的货币，是指望能够获得预期货币进一步升值带来的收益，并且能够赶在汇率最终回到由基本经济变量所决定的均衡值之前将货币卖出。在市场投机的推动下，泡沫随着汇率的快速上升而膨胀，投机者会在每一期结束前判断泡沫破灭的概率，汇率上升越高，泡沫破灭的概率越大，为了补偿增加的泡沫破灭风险，汇率必须以更快的速度上升，这又进一步推动了泡沫的膨胀。因此，理性投机泡沫模型得出了一个初期的偏离在理性预期的条件下会导致汇率理性泡沫的生成并进一步加速膨胀的结论。

（3）当前汇率决定理论的发展方向

20世纪80年代以来，大量实证研究的结果表明，已有的汇率决定模型几乎无法有效地解释现实世界的汇率波动。于是人们开始重新审视汇率决定宏观结构模型的假设前提、分析视角以及分析工具，试图从不同的方面进行突破和发展，新一轮汇率决定理论的研究浪潮由此开始出现。传统的汇率决定理论中被作为假设前提或被认为是不重要的细节而忽略的方面逐渐进入了研究的视野，形成了汇率决定研究中某些新的发展方向。

①具有微观基础的汇率宏观经济分析

一些研究者指出，传统汇率决定理论的分析一直建立在宏观经济关系的框架之下，忽视了微观基础的作用。他们认为，汇率更大程度上可以看作是人们根据自己的消费方式选择内外资产的结果，经济主体的行为及其影响因素等微观基础在宏观经济变量发生变化过程中起着重要的作用。要深入了解汇率变化的机制，还应该进一步融入微观层面因素的分析，在此基础上再来分析现有汇率理论涉及的宏观经济指标如何改变市场参与者的各项决策，进而影响汇率的变动。

基于这种观点，形成了具有微观基础的汇率宏观经济分析方法，最有代表性的，是由奥伯斯特菲尔德和罗格夫（Obstfeld and Rogoff）于1995年提出的一个动态的一般均衡模型（exchange rate dynamics redux）。

该模型运用理性预期及最优化分析方法，以市场不完全（名义黏性及市场垄断）为基础，考察名义扰动（货币与财政政策）与真实冲击（技术进步）对本国及伙伴国产出、消费、收支和福利的影响。模型中含有居民、厂商、政府三类微观主体及产品市场、劳动力市场、国内货币市场及国际金融市场四个市场。模型变量主要有价格、利率、产出、收入、消费、汇率、债券持有量等微观、宏观变量，通过描述这些变量之间的内在关系建立起一系列方程，将微观行为与宏观总量、国内经济与国际均衡结成统一体。

开放经济新宏观经济学的基本模型及后续研究表明，市场分割、不完全竞争、工资-价格的黏性调整机制和手续费等因素都会带来出乎人们预料的大额交易成本，这些都可能是造成原有理论经验分析结果不佳的原因。尽管如此，汇率仍然应该是货币价值的反映，它的调整不管需要多久，最终还是应该会回到购买力平价的水准上。

在开放经济新宏观经济学的模型中，汇率决定的背景和机理变得更加复杂。经过改进的模型对短期汇率的预测有一定准确性，对长期名义汇率的走势也有一定解释力。但总体而言，该模型对汇率运动的解释力还不能令人满意。

②汇率决定的微观市场结构分析

汇率的微观市场结构分析是在20世纪90年代后兴起的一种思潮。一些学者认为，汇率波动的直接原因主要不在于宏观层面，而是取决于外汇市场的微观运行机制。基于此，他们从外汇市场参与者的行为特征、交易的形成机制和市场层次划分等微观市场结构角度来研究和解释汇率，形成了汇率决定的微观市场结构分析方法。

微观市场结构理论认为，要解开汇率的决定和过度波动等谜团，必须深入到市场交易过程中。在传统的汇率理论中，市场的具体交易过程从未被深入考察，如同一个黑箱，这正是传统的汇率理论不能正确解释现实的主要原因。微观市场结构理论要做的，就是打开这个黑箱。

与传统汇率理论不同，微观市场结构分析假定外汇市场的信息、交易者和制度都具有异质性，而异质性的存在导致了汇率在变动时产生了许多新特点。这一研究方向中比较有代表性的研究包括订单流分析、噪声交易者模型等。

外汇市场微观结构分析在解释汇率变动的机理方面取得了一定的成就，对现实的汇率运动和很多宏观结构汇率理论无法解释的汇率现象都能够提供较好的解释，并且在经验分析上也取得了令人满意的结果。但是，汇率决定的微观结构分析也存在着很多局限性，对市场交易机制这个黑箱内部的许多问题都还缺乏解释。

③汇率的宏观均衡分析

20世纪80年代以来，经济学家们通过对各国汇率变化的深入研究发现：各种现代汇率决定理论对名义汇率变动的解释和预测能力并不强。这启示人们，汇率理论的研究重心也许应当从名义汇率转向实际汇率。同时，从宏观管理的层面看，由于汇率经常处于与经济基本面不符的不合理水平，政策制定者迫切需要有一种理论能够判断现实中的汇率水平是否合理，为宏观调控提供依据。

在这样的背景下，以国际货币基金组织的经济学家为主，提出了汇率的宏观均衡分析方法，其主要思路就是重新从特定的宏观经济运行状况去分析汇率决定问题，这一转变代表着流量分析方法的复兴。这类方法的基本思想，可以追溯到20世纪五六十年代的内外均衡分析，然而较为完整的均衡汇率理论体系的形成，则是在美国学者威廉姆森（Williamson）于1983年提出"基本均衡汇率"（fundamental equilibrium exchange rate，FEER）之后。

宏观均衡分析方法所定义的均衡汇率，是指与经济基本面状况相符的汇率，即与宏观经济均衡相一致的实际有效汇率。宏观经济均衡指的是内外均衡的同时实现。其中，内部均衡指充分就业与低通货膨胀率，外部均衡指可持续性的经常账户余额，反映了潜在的或合意的净资本流动。

按照基本均衡汇率理论，均衡汇率并非取决于那些决定短期均衡的变量，而是取决于那些决定中长期均衡的变量，这在理论上有其内在合理性。在实践上，由于宏观均衡分析法具有鲜明的政策导向性，对于国际机构和各国政府的决策有重大影响。

然而，均衡汇率的弊端也很明显：实践中难以合理鉴别出哪些因素为基本经济要素，难以过滤短期的周期性因素和暂时性因素；在分析方法上又退回到局部均衡分析，未能同时考虑到货币市场与资产市场的均衡。

除上述几个发展方向外，近年来学术界对汇率决定的研究也体现在新方法的使用上。例如，混沌模型将自然科学中的混沌现象引入到汇率理论的研究中，试图通过混沌理论模拟汇率走势；博弈论也被应用到汇率理论研究中，用来研究在汇率决定过程中，不同的市场参与者之间（如相同或不同的投资者之间、主导者与跟随者之间、风险中性者之间、风险偏好者与风险厌恶者之间）、政府与政府之间、政府与居民之间的相互反应和相互影响的关系。

从以上分析我们不难发现，汇率决定理论不断取得突破与进展，但其发展并没有达到极致。随着国际经济的不断发展，新的分析方法和新的分析工具不断涌现，汇率理论必然要继续发展，人们对汇率变动的认识也将更加深入。

□ 复习思考题

自测题

1.简述购买力平价理论和利率平价理论的主要内容。

2.简述货币模型的基本内容。

3.分析在不同的国际货币制度下汇率决定的基础。

4.何谓超调模型？

5.简述资产组合模型的分析方法。

□ 本章讨论题

1.讨论存量分析和流量分析的差异。

2.比较抛补的利率平价和非抛补的利率平价。

第14章/国际收支

━━━━━ 学习目标 ━━━━━

　　掌握狭义和广义的国际收支的概念，重点掌握国际收支平衡表的各项内容，掌握国际收支失衡的原因及调节手段。

　　国际金融研究的主题之一是开放经济条件下的宏观经济学。宏观经济学将国家作为一个整体来研究。国际收支是描述开放经济条件下一国对外经济交易规模的变量，是一国参与国际经济活动利益的集中体现，是国际经济学研究的重要内容。

14.1　　　　　　　　国际收支概述

14.1.1　国际收支的概念及其发展

　　国际收支（balance of payments，BOP）是一定时期内一个国家或地区的居民与非居民的所有经济交易的货币价值的系统记录，是一国宏观经济变量中反映对外经济关系的最主要指标。

　　随着国际交往范围的日益扩大及国际货币制度的发展，国际收支的概念经历了一个不断演化的过程，内容日趋丰富。

　　国际收支的概念出现于17世纪初，由于资本主义生产方式逐渐确立，以国际贸易为主的国际经济活动迅速发展，从而产生了贸易收支（balance of trade）的概念，它表示一国在一定时期内对外商品贸易的综合情况。当时的国际收支，指的就是贸易收支。这个时期是国际收支概念的萌芽时期。

　　随着资本主义国家国际经济交易内容和范围的不断扩大，尤其是20世纪20年代之后，国际资本流动在国际经济中扮演着越来越重要的角色，于是就出现了"外汇收支"（balance of foreign exchange）的概念。各国经济交易只要涉及外汇的收付行为，无论是贸易、非贸易，还是资本借贷或单方面资金转移，就都属于国际收支范畴。这也是目前有些国家仍在沿用的狭义的国际收支的含义。

　　第二次世界大战结束之后，国际经济活动的内涵、外延又有了新的发展，狭义国际收支的概念无法反映一系列不涉及外汇收支的国际经济活动，如易货贸易、补偿贸易、无偿援助和战争赔款中的实物部分、清算支付协定下的记账等，而这些在世界经济中的影响愈来愈大，于是国际收支概念又有了新的发展，形成了目前各国通用的广义的国际收支的概念。

国际货币基金组织（IMF）在其所编制的《国际收支和国际投资头寸手册》中，对国际收支的定义是："国际收支是某个时期内居民与非居民之间的交易汇总统计表，组成部分有：货物和服务账户、初次收入账户、二次收入账户、资本账户和金融账户。"

对于上述 IMF 有关国际收支的定义，应从以下几个方面理解：

第一，国际收支是一个流量概念，记载的是某一时段内的流量数据，即对一定时期内（一般是一年）的交易的总计。

第二，国际收支反映的内容是以货币记录的交易。国际收支是以交易为基础的，有些交易可能不涉及货币支付，这些未涉及货币收支的交易需折算成货币加以记录。

第三，国际收支的主体为一个经济体（an economy），可以是一个主权国家，也可以是一个具有独立经济体系的地区。

第四，国际收支记录的是一国居民与非居民之间的交易。判断一项交易是否应包括在国际收支的范围内，所依据的不是交易双方的国籍，而是交易双方是否有一方是该国居民。在国际收支统计中，居民是指在一个国家的经济领土内具有一定经济利益中心的机构单位。所谓一国的经济领土，一般既包括一个政府所管辖的地理领土，也包括该国天空、水域和邻近水域下的大陆架，以及该国在世界其他地方的飞地[①]、海关控制下的自由区和离岸企业经营的保税仓库或工厂。依照这一标准，一国的大使馆等驻外机构是所在国的非居民，而国际组织是任何国家的非居民。

所谓在一国经济领土内具有一定经济利益中心，是指该单位在某国的经济领土内，在一年或一年以上的时间中已经大规模地从事经济活动或交易，或计划如此行事。对于一个经济体来说，它的居民单位主要是由两大类单位组成：①家庭和组成家庭的个人；②法定的实体和社会团体，如公司、准公司、非营利机构和该经济体中的政府。

14.1.2 与国际收支有关的概念

（1）国际收支和国际投资头寸

作为一个流量概念，国际收支反映的是经济价值的产生、转换、交换、转移或消失，并涉及货物或金融资产所有权的变更、服务及资本的提供等。同国际收支相关联的国际投资头寸（international investment position，IIP）是一个存量概念，是"显示某一时点上价值的报表，包括：一个经济体居民对非居民的债权或作为储备资产持有的金块等金融资产，以及一个经济体居民对于非居民的负债"[②]。显而易

---

① 飞地是明确划分的地区，如大使馆、领事馆、军事基地、科学站、信息或移民办事处、援助机构等经所在国政府同意由本国政府拥有或租用，用于外交、军事、科学或其他目的。
② 参见国际货币基金组织发布的《国际收支和国际投资头寸手册》2.2（a）。

见，流量决定存量，在两个特定时点之间，国际投资头寸存量的任何变动均依赖于此段时间内国际收支流量的大小。

在 2009 年颁布的第六版《国际收支手册》中，IMF 将国际收支头寸与国际收支并列，共同作为经济体"国际账户"的组成部分，该手册也更名为《国际收支和国际投资头寸手册》。

（2）国际收支和国际收支平衡表

国际收支从动态角度描述了一种经济现象，反映了一国在一定时期内全部对外往来的货币价值；就静态而言，它表明一国与他国之间货币收支的对比结果。用统计表的形式将一国对外收支的货币价值及结果加以系统记录，就构成了国际收支平衡表。所以，国际收支与国际收支平衡表两者既有联系又有区别，国际收支侧重于从动态角度强调一国的对外收付活动，国际收支平衡表则侧重于从静态的角度强调这种收付活动的结果，本章下一节将介绍国际收支平衡表。

一国国际收支的状况决定着该国在国际金融方面的实力与地位。国际收支顺差国，其货币汇率常常表现为坚挺；逆差国的货币汇率则常常疲软。不仅如此，一国的国际收支状况对该国国内的宏观经济综合平衡、市场物资供应、币值稳定、外汇储备等诸多方面都有重要影响。因此，国际收支是盈余还是赤字，盈余或赤字数量是多少，应如何弥补或处置，历来是各国货币当局以及宏观经济分析重视的问题。

14.2　　　　　　　　　国际收支平衡表

14.2.1　国际收支平衡表的概念

国际收支平衡表（balance of payments statements），也称国际收支差额表，是系统记录一国在一定时期内所有国际经济活动收入与支出的统计报表，是一国国际收支的具体体现。

国际收支平衡表是按照复式簿记原理、采用借贷记账法、运用货币计量单位编制的。各国编制国际收支平衡表的主要目的，是全面了解本国的涉外经济关系，并以此进行经济分析、制定合理的对外经济政策。国际收支平衡表所包含的信息对于政府的宏观决策及居民的微观行为都有重要的参考价值。

14.2.2　国际收支平衡表的记账原则

（1）复式簿记原理

国际收支平衡表是采用复式簿记原理进行登录的。复式记账法是国际会计的通行准则，其基本原理是：任何一笔交易发生，必须在借方（debit）和贷方（credit）同时记录，即"有借必有贷，借贷必相等"。

运用复式记账法记录国际收支，所有交易都被归类于借方项目和贷方项目，每笔交易都是由两笔价值相等、方向相反的账目表示。根据复式记账法的惯例，不论是对实际资源还是金融资产，借方表示该经济体资产（资源）持有量的增加，贷方表示资产（资源）持有量的减少。

因此，凡是引起外汇支出或外汇需求的交易，都要记入借方项目，或称负号项目（minus items）。具体账目包括：①反映进口实际资源的经常项目；②反映资产增加或负债减少的金融项目。

凡是引起外汇收支或外汇需求的交易，都要记入贷方，或称正号项目（plus items），包括：①表明出口实际资源的经常项目；②反映资产减少或负债增加的金融项目。

（2）交易的计价

国际收支平衡表在记录每笔交易时，以市场价格或其等值为依据确定交易的价值。市场价格是指"买者愿付、卖者愿卖"的价格，买卖双方是独立的交易者，交易完全是商业性的。关于货物贸易中一般商品的价格，按国际惯例，一笔交易，出口国以离岸价（FOB）①来计算，进口国以到岸价（CIF）②来计算。为了统一口径，IMF建议，无论进口还是出口均采用FOB来计算，CIF价中的运费和保险费列入劳务收支。

（3）计价货币及汇率的选择

计价货币应采用单一制。由于国际收支交易使用多种货币，需要将多种货币转换成单一货币表示。原则上，应当按照签约时的汇率进行转换。

（4）交易的记载时间

交易的记载时间应采用经济所有权变更原则。在国际经济交易中，如签订买卖合同、货物装运、结算、交货、付款等一般都是在不同日期进行的，为了统一各国的记录口径，IMF建议采用所有权变更原则。只要两国之间发生债权债务关系，即参与交易的实际资源或金融资产的所有权在法律上发生了转移，即使没有实现现金支付，也要按照所有权转移的日期记入国际收支。

14.2.3　国际收支平衡表的内容

国际货币基金组织出版的《国际收支手册》对国际收支报表的编制所采用的概念、准则、惯例、分类方法以及标准构成都作了统一的说明。我们下面根据第六版《国际收支手册》，即《国际收支和国际投资头寸手册》（2009年颁布）的规定进行介绍。

具体而言，根据国际交易性质和内容的不同，国际收支账户所记录的交易项目包括：经常账户、资本账户、金融账户、错误与遗漏账户。其中前三项属于国际收支平衡表的标准组成部分。

---

①　FOB，free on board 的首字母，国际贸易术语之一，亦称"离岸价"，指在进出口贸易中，当货物在指定的装运港越过船舷，卖方即完成交货。这意味着买方必须从该点起承担货物灭失或损坏的一切风险。此外卖方必须办理货物出口相关手续。

②　CIF术语的中译名为成本加保险费加运费，即 Cost Insurance and Freight。按此术语成交，货价的构成因素中包括从装运港至约定目的地港的通常运费和约定的保险费，故卖方除交货外，还要为买方办理货运保险，支付保险费。

（1）经常账户（current account）

经常账户是指对实际资源在国际上的流动行为进行记录的账户，具体项目包括：货物和服务、初次收入和二次收入。

①货物和服务（goods and services account）

该账户列示属于生产活动成果的交易项目，侧重反映居民与非居民之间货物和服务的交换环节。

其中，货物为有形的生产性项目，主要包括一般商品、转手买卖货物、非货币黄金等内容。

服务是改变消费单位条件或促进产品或金融资产交换的生产活动成果，主要包括传统的运输、旅行、建设以及在国际贸易中日益重要的其他服务贸易项目，如保险和养老金服务、金融服务、电信、计算机和信息服务、知识产权使用费等。

②初次收入（primary income account）

该账户显示的是居民与非居民之间的初次收入流量。

"初次收入"是新版《国际收支手册》首次在国际收支平衡表编制中推行的概念，反映的是居民因其对生产过程所做的贡献或向其他非居民提供金融资产和出租自然资源而获得的回报。它主要包括两类收入：A.与生产过程相关的收入，如雇员报酬。B.与金融资产和其他非生产性资产所有权相关的收入，如投资收益（股息、利息等）。

③二次收入（secondary income account）

该账户表示居民与非居民之间的经常转移。

当一个经济体的居民实体向另一非居民实体无偿提供了实际资源或金融产品时，按照复式记账原理，需要在另一方进行抵消性记录以达到平衡，也就是需要建立转移账户作为平衡项目。二次收入账户包括各种不同类型的经常转移，表明其在经济体间收入分配过程中的作用。转移可以为现金或实物。

（2）资本账户（capital account）

资本和金融账户是指对资产所有权在国际上的流动行为进行记录的账户，它包括资本账户和金融账户两大部分。在《国际收支手册》第六版中，这两个账户均被分设为一级账户①。

资本账户包括两项内容：资本转移和非生产、非金融资产的收买或放弃。其中"资本转移"与"经常转移"相对应，是指对资本的转移性处置。非生产、非金融资产包括：A.自然资源；B.契约、租约和许可；C.营销资产（和商誉）。

（3）金融账户（financial account）

金融账户包括一国对外资产和负债所有权变更的所有权交易。金融账户根据投资类型或功能不同，可以分为直接投资、证券投资、金融衍生产品（储备除外）和

---

① 我国国际收支平衡表采用的第六版版式中，资本和金融账户仍然按照第五版规定的方式处理，具体可见我国的国际收支平衡表。

雇员认股权、储备资产、其他投资五类。与经常账户不同，金融账户的各个项目并不按借贷方总额来记录，而是按净额来计入相应的借方或贷方。

① 直接投资（direct investment）。直接投资是跨境投资的一种，其特点是，一经济体的居民企业对另一经济体的居民企业实施了管理上的控制或重要影响。直接投资可以采取在国外直接建立分支企业的形式，也可以采用购买国外企业一定比例以上股票的形式。在后一种情况下，《国际收支和国际投资头寸手册》中规定这一比例最低为10%。此外，还对直接投资的内容、形式做了细致的规定。

② 证券投资（portfolio investment）。证券投资是指没有被列入直接投资或储备资产的、有关债务或股本证券的跨境交易和头寸。证券投资的主要对象是股本证券和债务证券。

③ 金融衍生产品（储备除外）和雇员认股权（financial derivatives（other than reserves）and employee stock options）。这是两种具有一定相似性的（例如，履约价格、某些相同的风险因素）金融资产和负债。但是，尽管两者都是为了转移风险，雇员认股权其实是一种报酬形式。

金融衍生产品是一种金融工具，该金融工具与另一个特定的金融工具、指标或商品挂钩，通过这种挂钩，可以在金融市场上对特定金融风险本身（例如，利率风险、外汇风险、股权和商品价格风险、信用风险等）进行交易。雇员认股权作为一种报酬形式，是向公司雇员提供的一种购买公司股权的期权。在有些情况下，发行期权的公司可能是雇员所在经济体之外另一经济体的居民（例如，用人单位是期权所涉公司的一个分支机构或子公司）。

④ 储备资产（reserve assets）。储备资产是由货币当局控制，并随时可供货币当局用来满足国际收支资金需求，用以干预汇兑市场影响货币汇率，以及用于其他相关目的的对外资产。储备资产必须是货币当局控制在手并可随时动用的外部资产。储备资产包括货币黄金、特别提款权持有、在基金组织的储备头寸和其他储备资产，其中其他储备资产包括外汇资产（货币、存款和有价证券）、金融衍生产品和其他债权（贷款和其他金融工具）等。

⑤ 其他投资（other investment）。这是一个剩余项目，包括没有列入直接投资、证券投资、金融衍生产品和雇员认股权以及储备资产的头寸和交易。

特别提款权

（4）错误与遗漏账户（errors and omissions account）

国际收支账户运用的是复式记账法，因此所有账户的借方总额和贷方总额应相等。但是，由于不同账户的统计资料来源不一，记录时间不同以及一些人为因素（如虚报出口）等，结账时可能会出现净的借方或贷方余额，这时就需要人为设立一个抵消账户，数目与上述余额相等而方向相反。错误与遗漏账户就是这样一种抵消账户，一切统计上的误差均归入该账户。

根据上述账户，我们可以列出国际收支平衡表的基本框架（见附录）。

14.2.4 国际收支平衡表的分析

国际收支平衡表不仅综合记载了开放经济条件下一国在一定时期内与世界各国的经济往来情况及其在世界经济中的地位的消长变化，而且还集中反映了该国的经济类型和经济结构。因此，国际收支平衡表是经济分析的重要工具。

（1）国际收支平衡表的分析方法

国际收支平衡表的分析方法有静态分析、动态分析和比较分析三种。在对一国国际收支进行分析时，应该把这三种分析方法结合起来综合运用，才能做到全面、深入。

静态分析是分析某国在某一时期（一年、一季或一个月）的国际收支平衡表。具体地讲是计算和分析表中各个项目及其差额，分析各个项目差额形成的原因与对国际收支总差额的影响。

动态分析是指对某国若干连续时期的国际收支平衡表进行分析。通过连续分析一国不同时期的国际收支平衡表，掌握其长期变化情况。

比较分析既包括对一国若干连续时期的国际收支平衡表进行比较分析，也包括对许多不同国家在相同时期的国际收支平衡表进行比较分析。后一种分析比较困难，因为各国的国际收支平衡表在项目的分类与局部差额的统计上不尽相同。利用联合国或国际货币基金组织的资料有助于克服这一困难，因为这两个机构公布的若干重要资料，都是经过重新整理后编制的，可以互相比较。

（2）国际收支平衡表中的主要差额

国际收支平衡表是一种事后的会计性记录，其整体上总是平衡的。但就具体项目（账户）而言，借方和贷方经常是不相等的，双方进行抵消后，会产生一定的差额。所谓的国际收支盈余或赤字这一提法，就是针对按不同口径划分的特定账户上出现的余额而言的。下面介绍各账户余额的含义及它们之间的关系。

①贸易账户差额

贸易账户差额是指包括货物与服务在内的进口总额与出口总额之间的差额，也就是通常所说的贸易收支差额。贸易账户差额在传统上经常作为整个国际收支的代表，这是因为对一些国家来说，贸易收支在全部国际收支中所占的比重相当大，同时贸易收支能够反映一国的产业结构和产品在国际上的竞争力及在国际分工中的地位，是一国对外经济交往的基础，影响和制约着其他账户的变化。

②经常账户差额

经常账户差额是一定时期内一国商品、服务、收入和经常转移项目上借方总值与贷方总值之差。经常账户差额包括了货物、服务、收入、经常转移各项的差额，不仅能够反映一国贸易收支的变化，还能反映出一国生产要素的对外净收益状况，是衡量国际收支状况的最好指标之一。

③综合账户差额

综合账户差额是指经常账户，资本账户与金融账户中的直接投资、证券投资、金融衍生品（储备除外）和雇员认股权、其他投资账户所构成的余额，也就是将国际收支账户中官方储备账户剔除后的余额。综合账户的意义在于可以衡量国际收支对一国储备持有所造成的压力，因为综合差额必然导致官方储备的相反方向变动。

④错误与遗漏账户

国际收支统计中的错误与遗漏一般是由于统计技术造成的，有时也有人为因素，它的数额过大会影响到国际收支分析的准确性。因此对错误与遗漏账户本身进行分析也是必要的，往往可以发现实际经济中存在的一些问题。

中国的国际
收支报告

14.3　　　　　国际收支的失衡

（1）国际收支的平衡与失衡

如前所述，国际收支平衡表是按照复式记账原理编制的，因而借贷双方的总额总是相等的，但这是人为的、账面上的平衡，是会计意义上的概念。那么，在经济意义上，如何判断一国的国际收支是否平衡呢？

国际经济交易反映到国际收支平衡表上有若干项目，按交易的性质，这些项目可分为自主性交易（autonomous transaction）和调节性交易（accommodating transaction）两种类型。

所谓自主性交易，又称事前交易（ex-ante transaction），是指个人或企业为某种自主性目的（例如追逐利润、追求市场、旅游、汇款赡养亲友等）而进行的交易。由于其自发性，必然经常地出现差额。这会使外汇市场出现供求不平衡和汇率的波动，从而会带来一系列的经济影响。一国货币当局如不接受这样的结果，就要运用另一种交易来弥补自主性交易不平衡所造成的外汇供求缺口。补偿性交易，又称调节性交易（accommodating transaction）或事后交易（ex-post transaction），是为了弥补自主性交易差额或缺口而进行的各种交易活动。

从理论上说，如果基于自主性交易就能维持平衡，则该国的国际收支是平衡的；如果自主性交易收支不能相抵，必须用补偿性交易来轧平，这样达到的平衡是形式上的平衡、被动的平衡，其实质就是国际收支的不平衡或失衡。

这种识别国际收支不平衡的方法，从理论上看是很有道理的，但在概念上很难准确区别自主性交易与补偿性交易，在统计上也难以区别。因此，按交易动机识别国际收支的平衡与不平衡仅仅提供了一种思维方式，迄今为止，还无法将这一思维方式付诸实践。

（2）国际收支失衡的一般原因

①经济周期

在经济发展过程中，各国经济不同程度地呈现出周期波动，即周而复始地出现危机、萧条、复苏和高涨的周期性变化，而在周期的不同阶段，由于生产、人均收入和社会需求的消长，会使一国的国际收支发生不平衡。如在繁荣阶段，国内的消费需求旺盛，使得出口减少、进口增加，国际收支可能出现逆差；相反，在衰退阶段，国内消费需求不足，使得出口增加、进口减少，国际收支可能转为顺差。随着经济周期的不断循环，这种不平衡也会不断交替。在国家间经济关系日益密切的今天，一国的国际收支不仅受本国经济周期的影响，也要受他国经济周期的影响。主要资本主义国家一旦发生经济危机，便很快波及其他国家，从而会导致各国的国际收支不平衡。这种由于经济周期的循环引起的不平衡叫作周期性不平衡（cyclical disequilibrium）。

②国民收入

一国国民收入增减的变化会引起该国国际收支的不平衡。造成国民收入变化的原因，除了经济周期的变动之外，还有一国经济增长率的高低。经济增长率高，国民收入则增加，反之则减少。在通常情况下，一国的国民收入增加，其商品和劳务以及捐赠、旅游等非贸易支出也会相应增加，从而会造成国际收支逆差；反之，国民收入减少则易使国际收支逆差逐步减少，进而恢复国际收支平衡，乃至出现顺差。这种由于国民收入的增减变化而造成的国际收支不平衡叫作收入性不平衡（income disequilibrium）。

③货币价值

一国货币在国内实际购买力的变动，也会引起国际收支的不平衡。在一定的汇率水平下，如果一国通货膨胀严重，物价普遍上升，使其货币购买力明显下降，那么，一方面，其出口商品的成本必然上升，本国商品在国际市场上的竞争力就会削弱，该国的商品输出量也会受到抑制；另一方面，外国商品同时会变得相对便宜，因此有利于商品进口。这样，出口的减少和进口的增加就会造成国际收支逆差。相反，如果一国的物价水平低于其他国家，其国际收支则容易出现顺差。这种由于货币价值的变动而造成的国际收支不平衡叫作货币性不平衡（monetary disequilibrium），或称价格性不平衡。

④经济结构

一般来说，一国的国际收支状况往往取决于其贸易账户的收支状况。当世界市场的需求发生变化时，一国输出商品的结构如能随之调整，该国的贸易收支将不会受到影响；相反，如该国不能按照世界市场需求的变化来调整自己输出商品的结构，该国的贸易收支和国际收支就将产生不平衡。由此而产生的国际收支不平衡，称为结构性不平衡（structural disequilibrium）。

除以上各种经济因素外，政局动荡和自然灾害等偶发性因素，也会导致贸易收支的不平衡和巨额资本的国际移动，从而使一国的国际收支出现偶发性的不平衡（accidental disequilibrium）。

（3）国际收支失衡对经济的影响

国际收支是一国对外经济关系的综合反映，随着各国经济日趋国际化，对外经济与对内经济关系日益密切，相应地，国际收支不平衡对一国经济的影响范围越来越广，程度也越来越深。

一方面，持续的、大规模的国际收支逆差不利于一国的对外经济交往。外汇供给的不足将导致本币贬值，本币的国际地位降低，并可能引发短期资本外逃。如果一国长期处于逆差状态，不仅会严重消耗一国的储备资产，影响其金融实力，而且还会使该国的偿债能力降低，以致失去国际信誉。

另一方面，持续的、大规模的国际收支顺差也会对一国经济带来不利的影响。持续性顺差会使本国货币的汇率上涨，不利于本国商品的出口，从而对本国经济的增长产生不良影响。持续性顺差还意味着该国政府必须投放本国货币来购买市场上积存的大量外汇，从而增加该国的货币流通量，带来通货膨胀压力。此外，一国国际收支持续顺差还容易引起国际摩擦，不利于国际经济关系的发展。

可见，一国国际收支持续不平衡时，无论是顺差还是逆差，都会给该国经济带来危害，政府必须采取适当的调节措施，以使该国的国内经济和对外经济得到健康发展。

14.4　　　　　　　国际收支失衡的调节

国际收支不平衡是一国国际收支的经常状态，也就是说，一国的国际收支不是顺差就是逆差。但这并不意味着，只要出现了国际收支失衡都要随时进行调节。因为在市场经济条件下，当一国发生国际收支不平衡时，经济中的许多变量因素，诸如汇率、物价、利率、国民收入等都会作出相应反应，从而又使国际收支出现自动恢复平衡的趋势。况且如果国际收支失衡是短期不平衡，那么它对一国经济不会有多大的不利影响，有的国家甚至还有意识地造成国际收支短期不平衡。只有当一国发生了持续性的、巨额的顺差或逆差时，政府才有必要采取适当的措施。因此，国际收支的调节大体可以分为两类：一类是自动调节；另一类是人为的政策调节。

14.4.1　国际收支的自动调节机制

国际收支自动调节是指由国际收支不平衡引起的国内经济变量变动对国际收支的反作用过程。在不同的货币制度下，自动调节机制也有差异。

在各国普遍实行金本位制的条件下，一个国家的国际收支可通过物价的涨落和现金（即黄金）的输出输入自动恢复平衡。这就是1752年由英国经济学家大卫·休谟提出的："物价-现金流动机制"（price specie-flow mechanism）。

"物价-现金流动机制"自动调节国际收支的具体过程如下：一国的国际收支如果出现逆差，则外汇供不应求，外汇汇率上升，若外汇汇率上升超过了其本身拥有的金含量，本国商人不再用本币购买外汇付给外国出口商，而是直接用黄金支付，这样黄金就大量流出。黄金外流导致本国流通中货币量减少，物价下跌，而物价下跌使得出口成本降低，本国商品的出口竞争力增强，出口增加，进口减少，直至国际收支改善。因此，国际收支的不平衡完全能够自发调节，无须任何人为的干预。如果一国国际收支出现顺差，其自动调节过程完全一样，只是各经济变量的变动方向相反而已。

在纸币流通条件下，黄金流动虽已不复存在，但价格、汇率、利率、国民收入等经济变量对国际收支自动恢复平衡仍发挥着一定的作用。

（1）价格

如果一国的国际收支出现逆差，外汇支付手段的减少会导致国内信用紧缩，进而导致利率上升、国内总需求量减少、物价下跌，使出口商品成本降低，从而增强了其在国际市场上的竞争力。与此同时，进口商品在国内相对显得昂贵，进口受到抑制，于是，国际收支的逆差逐渐减少，恢复平衡。顺差的调节机制则正好相反。

（2）汇率

当一国国际收支出现逆差时，外汇需求大于外汇供给，本币汇率下跌，出口商品的价格以外币计算下跌，而以本币计算的进口商品价格上升，于是刺激了出口，抑制了进口，贸易收支逆差逐渐减少，国际收支不平衡得到缓和。顺差的调节机制则相反。

（3）国民收入

当一国国际收支出现逆差时，会使其外汇支出增加，引起国内信用紧缩、利率上升，总需求下降，国民收入也随之减少，国民收入的减少必然使进口需求下降，贸易逆差逐渐缩小，国际收支不平衡也会得到缓和。顺差的作用过程相反。

（4）利率

当一国国际收支出现逆差时，即表明该国银行所持有的外国货币或其他外国资产减少，负债增加，于是就会发生信用紧缩，银根相应地趋紧，利率随市场供求关系的变化而上升，利率上升必然导致本国资本不再外流，同时外国资本也纷纷流入本国以谋求高收益。因此，国际收支中的资本和金融项目逆差就可以减少而向顺差方面转化；另外，利率提高会减少社会的总需求，进口减少，出口增加，贸易逆差也逐渐改善，国际收支逆差减少。

在纸币流通条件下，国际收支自动调节机制的正常运行具有很大的局限性。只有在纯粹的自由经济中、在进出口商品的供给和需求弹性较大、国内总需求和资本流动对利率升降极其敏感时，国际收支自动调节机制才能发挥其调节的功能。由于当前经济条件下这些条件很难完全具备，国际收支自动调节机制往往不能有效地发挥作用。因此，当国际收支不平衡时，各国政府往往根据各自的利益采取不同的经济政策，使国际收支恢复平衡。

14.4.2　调节国际收支的政策措施

（1）外汇政策

一国的国际收支大部分都是通过外汇的收付来完成的，所以通过实施外汇政策可以有效地影响国际收支。外汇政策主要包括：

①外汇缓冲政策

所谓外汇缓冲政策，是指一国政府为应对国际收支不平衡，将本国的外汇储备作为缓冲体（buffer），通过中央银行在外汇市场上买卖外汇，来消除国际收支不平衡所形成的外汇供求缺口，从而使收支不平衡所产生的影响仅限于外汇储备的增减，而不会导致汇率的急剧变动和进一步影响本国的经济。外汇缓冲政策的优点是简便易行，但它也有局限性，即不适合应对长期、巨额的国际收支赤字。因为一国外汇储备的数量总是有限的，这时，如果完全依靠外汇缓冲政策，必将使该国招致外汇储备的枯竭；如果该国为填补外汇储备的不足而向国外借款，又会大量增加外债。

②汇率政策

汇率政策是指一国通过汇率的调整来实现国际收支的政策措施：在固定汇率制度下，当国际收支出现严重逆差时，实行货币法定贬值以改善国际收支；当国际收支出现巨额顺差时，则在他国压力下实行货币法定升值，以减少和消除国际收支顺差。

1973年各国普遍实行浮动汇率制以后，汇率政策仍被用于调节国际收支。这表现在，各发达国家积极进行市场干预（market intervention），使汇率符合自己的期望值，以图通过汇率的高估或低估来调节国际收支。

（2）国内政策

国际收支其实是一国国内经济情况的对外反映，通过国内经济政策影响国内经济走势，进而也可以影响国际收支。国内经济政策主要包括财政政策和货币政策。

①财政政策

财政政策是指一国政府通过增加或减少财政开支和提高或降低税率的办法来平衡国际收支。在国际收支出现赤字的情况下，一国政府可以实行紧缩性财政政策，即减少政府开支，提高税率，从而抑制消费需求和投资需求，迫使物价水平下降。这样，在既定的汇率下可以扩大出口，限制进口，有利于改善贸易收支和国际收支。反之，在国际收支出现盈余的情况下，政府则宜实行扩张性财政政策，以扩大总需求，从而有利于消除贸易收支和国际收支的盈余。需要指出的是，一国实行什么样的财政政策，一般主要取决于国内经济的需要。

②货币政策

货币政策亦称金融政策，是指一国货币金融当局通过增加或减少货币供应量的办法来平衡国际收支。它是西方国家普遍、频繁采用的间接调节国际收支的政策措施。调节国际收支的货币政策，主要有再贴现（rediscount）、改变存款准备金比率（rate of reserve requirement）和公开市场业务。一般地，当一国国际收支出现逆差时，货币当局可以采取紧缩性的货币政策，提高再贴现率或存款准备金率，或者在公开市场上出售政府债券，从而抑制投资、减少消费、降低物价，在一定程度上改善国际收支状况。反之，当国际收支出现大量顺差时，则采取扩张性货币政策，从而使经济扩张，国际收支顺差逐渐减少。

从上述分析可以看出，一国的财政和货币政策有助于扭转国际收支失衡，但也有明显的局限性，即往往同国内经济目标发生冲突。例如，为消除国际收支赤字，而实行紧缩性货币和财政政策，这会导致经济增长放慢甚至出现负增长以及失业率的上升；为消除国际收支盈余，而实行扩张性货币和财政政策，又会促进通货膨胀的发展和物价上涨加快。结果，为达到经济的外部平衡，牺牲了内部均衡。关于如何解决这种内外均衡的冲突问题，我们将在后面的章节中进一步探讨。

（3）直接管制

直接管制是指政府通过发布行政命令，对国际经济交易进行行政干预，以求达到国际收支平衡。直接管制包括外汇管制（foreign exchange control）和贸易管制。

直接管制通常能起到迅速改善国际收支的效果，能按照本国的不同需要，对进出口贸易和资本流动区别对待。但是，它并不能真正解决国际收支平衡问题，只是将显性国际收支赤字变为隐性国际收支赤字；一旦取消管制，国际收支赤字仍会重新出现。此外，实行管制政策，既为国际经济组织所反对，又会引起他国的报复。

当一国国际收支不平衡时，需针对形成的原因采取相应的政策措施。例如，如果国际收支不平衡是由季节性变化等暂时性引起的，可运用外汇缓冲政策；如果国际收支不平衡是由国内通货膨胀加重而形成的货币性不平衡，可运用货币贬值的汇率政策；如果国际收支不平衡是由国内总需求大于总供给而形成的收入性不平衡，可运用财政和货币政策，实行紧缩性政策措施；如果国际收支不平衡是由经济结构性引起的，可进行经济结构调整并采取直接管制措施。

附录　国际收支平衡表的基本框架

国际收支平衡表的基本框架

	贷方	借方
经常账户		
（一）货物和服务		
1.货物		
国际收支统计口径的一般商品		
转手买卖货物的净出口		
非货币黄金		
2.服务		
对他人拥有的实物投入的制造服务（加工服务）		

	贷方	借方
别处未涵盖的维护和修理服务		
运输		
旅行		
建设		
保险和养老金服务		
金融服务		
别处未涵盖的知识产权使用费		
电信、计算机和信息服务		
其他商业服务		
个人、文化和娱乐服务		
别处未涵盖的政府货物和服务		
（二）初次收入		
1.雇员报酬		
2.投资收益		
直接投资		
证券投资		
其他投资		
储备资产		
3.其他初次收入		
租金		
生产税和进口税		
补贴		
（三）二次收入		
1.个人转移		
2.其他经常转移		
对所得、财富等征收的经常性税收		

续表

	贷方	借方
社保缴款		
社会福利		
非寿险和标准化担保净保费		
非寿险索赔和标准化担保下的偿付要求		
经常性国际合作		
其他经常转移		
资本和金融账户		
（一）资本账户		
1.非生产非金融资产的取得（借记）/ 处置（贷记）		
自然资源		
契约、租约和许可		
营销资产		
2.资本转移		
资本转移		
债务减免		
其他		
（二）金融账户		
1.直接投资		
2.证券投资		
3.金融衍生产品（储备除外）和雇员认股权		
4.其他投资		
5.储备资产		
（1）货币黄金		
（2）特别提款权		
（3）在基金组织中的储备头寸		
（4）其他储备资产		

续表

	贷方	借方
（5）其他债权		
错误与遗漏账户		

资料来源　参见国际货币基金组织《国际收支和国际投资头寸手册》（第六版）。

□ 复习思考题

自测题

1.什么是国际收支，为什么要研究国际收支？

2.按照国际货币基金组织所编制的标准格式，国际收支平衡表应该包括哪些内容？

3.国际收支平衡的含义是什么？造成国际收支失衡的原因有哪些？

4.国际收支失衡有什么不利影响？

5.如何调节国际收支的失衡？

□ 本章讨论题

结合本章内容，到国家外汇管理局网站查阅中国的国际收支平衡表，讨论近年来中国国际收支平衡表各项差额的情况。

第15章/国际收支调节理论

————学习目标————

　　了解西方有关国际收支调节的理论。重点掌握国际收支的弹性分析法、吸收分析法和货币分析法。

　　国际收支调节理论分析一国国际收支的决定因素、国际收支失衡的原因以及国际收支调节的政策含义等。作为国际金融理论中最重要的组成部分之一，国际收支调节理论一直是经济学各流派关注和研究的焦点。这些流派的理论基础不同，研究角度各异，结论和政策主张自然也就各具特色。

　　最早的国际收支调节理论，可以追溯到18世纪中期休谟的"物价-现金流动机制"（参见第14章）。20世纪初，马歇尔将需求弹性分析用于进出口贸易的分析，后经罗宾逊和勒纳等发展成"弹性分析法"。第二次世界大战之后，亚历山大运用凯恩斯宏观经济模型提出了"吸收分析法"。20世纪60年代，随着货币学派的兴起，蒙代尔和约翰逊提出了国际收支的货币分析法。

15.1　　　　　　　国际收支的弹性分析法

　　弹性分析法（the theory of elasticity approach），产生于20世纪30年代，是一种适用于纸币流通制度的国际收支理论。它是由英国经济学家琼·罗宾逊（J.Robinson）最先提出，后经美国经济学家勒纳（A.Lerner）等的发展形成的。该理论建立在马歇尔微观经济学和局部均衡的基础上，把汇率水平的调整作为调节国际收支不平衡的基本手段，紧紧围绕进出口商品的供求弹性来探讨货币贬值改善国际收支的条件，因而得名为弹性分析法。

15.1.1　弹性分析法的前提假设

弹性分析法在分析汇率变动对国际收支的调节作用之前作了四个前提假定：

　　① 假定其他一切条件（利率、国民收入等）不变，只考虑汇率变化对进出口商品的影响。由此可见，该理论运用的是部分均衡的分析方法。

　　② 假定存在非充分就业，贸易商品的供给具有完全弹性。

　　③ 假定没有劳务进出口和资本流动，国际收支完全等同于贸易收支，即国际

收支=出口商品值-进口商品值，这通常叫作国际收支方程式。

15.1.2 弹性分析法的主要内容

我们知道，当本国货币贬值时，从外国进口的商品的相对价格比以前昂贵，而本国商品的相对价格比以前便宜，这会造成进口数量的下降和出口数量的上升。因此，贬值能够起到鼓励出口、限制进口的作用。但贬值能否改善一国的贸易收支，还需进一步探讨。

弹性分析理论认为：考察汇率变动对国际收支的影响，就是通过考察汇率对出口总值和进口总值的影响，得出汇率贬值改善贸易收支的充分条件。

贬值的"鼓励出口"作用，是指贬值能够使出口商品数量增加，但是数量的增加是以出口商品价格的下降为前提的，而外汇收入是否增加，则取决于出口商品数量增加幅度是否大于出口产品外币价格下跌幅度（也就是汇率贬值的幅度），也就是出口需求的价格弹性是否大于1。

同时，还应考虑到，要改善贸易收支，不一定要求外汇收入增加。在外汇收入不变甚至减少的情况下，进口支出的大幅减少同样可以起到改善贸易收支的作用。所以，贬值能否改善贸易收支不仅仅取决于出口需求价格弹性的大小，还取决于出口需求的价格弹性与进口需求的价格弹性之和的大小。

假定出口需求弹性为 D_X，进口需求弹性为 D_M，当 $|D_X+D_M|>1$ 时，货币贬值有利于改善贸易收支，这就是著名的"马歇尔-勒纳条件"（Marshall-Lerner condition）。这是货币贬值能改善国际收支所必须具备的条件。此外，弹性分析理论还认为：$|D_X+D_M|=1$ 时，货币贬值对贸易收支不发生作用；当 $|D_X+D_M|<1$ 时，货币贬值会使贸易收支逆差扩大（数学推导参见本章附录）。

15.1.3 对弹性分析法的评价

弹性分析法的重要贡献在于，纠正了货币贬值一定有改善贸易收支作用的片面看法，正确地指出只有在一定的出口供求弹性条件下，货币贬值才有改善贸易收支的作用。

但是，该理论也有很大的局限：

① 弹性分析法将国际收支局限于贸易收支，未考虑劳务进出口与国家间的资本流动。这显然是一个重大的缺陷，因为劳务进出口与国家间的资本流动在当代国际收支中的地位与作用已日益重要。

② 弹性分析法以小于"充分就业"（即国内外都有大量闲置资源未被充分利用）为条件，因而作出了供给有完全的弹性的假定。这种假定使这个理论有着很大的局限性，即它只适用于经济周期的危机和萧条阶段，而不适用于经济周期的复苏与高涨阶段。

③ 弹性分析法采用的是局部均衡分析，假定其他条件不变，仅从汇率变动与进出口贸易之间的相互关系来分析问题。实际上，汇率并不是影响贸易收支的唯一

因素，其他如生产、收入等一系列因素也会影响贸易收支；反过来，汇率变动不仅对进出口产生影响，还会对资本流动，甚至对整个经济都会产生巨大的冲击。

④ 弹性分析法是一种静态分析法，忽视了汇率变动效应的"时滞"（time lag）问题。实际上，汇率变动在贸易收支上的效应并不是立竿见影的。贬值之后，贸易收支通常要经历一个先恶化然后逐渐改善的过程，即呈"J曲线"形变化。

⑤ 技术上的困难也使弹性分析理论大为逊色。该理论中弹性参数是最重要的，但弹性参数如何确定是一个极为复杂和困难的问题，这不仅因为进口商品种类繁杂，不易对各类商品的供求弹性进行计算，而且各国外贸商品结构也经常发生变动。更重要的是，供求弹性不仅受价格的影响，还要受国民收入、资源配置以及其他间接因素的影响。

15.1.4 贬值效应的时滞问题——J曲线效应

在现实经济生活中，当汇率变化时，进出口的实际变动情况还要取决于供给对价格的反应程度。即使满足前文分析的贬值能改善贸易收支的前提条件，贬值也不能马上改善贸易收支。相反，在本币贬值后刚开始的一段时间内，贸易收支反而可能会恶化。贬值对贸易账户的有利影响之所以要经过一段时滞后才能反映出来，是因为：第一，在贬值之前已签订的贸易合同仍然必须按照原来的数量和价格执行。换言之，贬值前已签订但在贬值后执行的贸易合同，出口数量不能增加以冲抵出口外币价格的下降，进口数量不能减少以冲抵进口价格的上升，于是贸易收支趋向恶化。第二，即使是在贬值后签订的贸易协议，出口增长仍然要受认识、决策、资源、生产周期等的影响。至于进口方面，进口商有可能会认为现在的贬值是以后进一步贬值的前奏，从而加速订货。

在短期内，由于上述种种原因，贬值之后有可能使贸易收支首先恶化。过一段时间以后，待出口供给（这是主要的）和进口需求作了相应的调整后，贸易收支才慢慢开始改善。出口供给的调整一般被认为需要半年到一年的时间。整个过程用曲线描述出来，成字母J形（如图15-1所示）。故在马歇尔-勒纳条件成立的情况下，贬值对贸易余额的时滞效应，被称为J曲线效应。

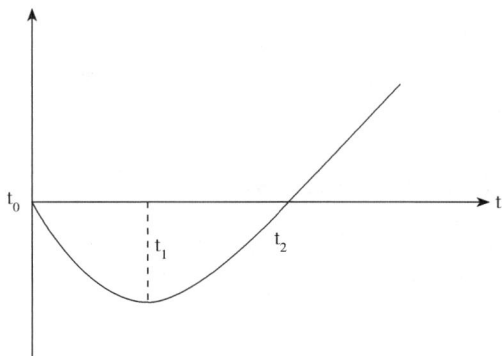

图15-1　J曲线效应

在图 15-1 中，从 t_0 点开始本币贬值，但是本国的贸易收支首先恶化，从 t_1 点开始好转，随着时间推移，直到 t_2 点本国的贸易收支同贬值前相比才有改善。

15.2　　　　　国际收支的吸收分析法

吸收分析法（the theory of absorption）是詹姆斯·米德（J.Meade）和西得尼·亚历山大（S.Alexander）在 1952 年提出来的。当时，第二次世界大战结束后，许多欧洲国家的货币虽先后贬值，但国际收支仍无显著改善，有些经济学家认为这是由于出口、进口需求弹性不足的缘故，更多的经济学家，尤其是凯恩斯理论的支持者们开始考虑弹性分析理论的不足，从而在凯恩斯的国民收入方程式的基础上提出了吸收分析法，以解释当时各国面临的国际收支困境。因为该理论的创立者亚历山大将支出称为吸收，吸收分析法由此得名。

15.2.1　吸收分析法的基本理论

按照凯恩斯的宏观经济理论，开放经济条件下国民收入恒等式为：

$$Y=C+I+G+X-M \tag{15.1}$$

式中：Y 为国民收入；C 为私人消费；I 为私人投资；G 为政府支出；X 为出口收入；M 为进口支出。移项整理可得：

$$X-M=Y-（C+I+G）$$

式中：X-M 实际上为贸易收支差额，可以视为经常账户和国际收支差额的代表。以 B 来代表国际收支，即 B=X-M。而 C+I+G 为国内总支出，即国民收入中被国内吸收的部分，用 A 来表示。则有：

$$B=Y-A \tag{15.2}$$

此式表明：国际收支=总收入-总吸收。总吸收如果与总收入相等，国际收支平衡；总收入如果大于总吸收，国际收支出现顺差；总收入如果小于总吸收，则是国际收支逆差。

根据吸收分析法的基本公式，国际收支盈余是总吸收相对于总收入不足的表现，国际收支赤字则是总吸收相对过大的反映。而国际收支的调节政策无非就是改变总收入 Y 和总吸收 A 的政策。调节国际收支逆差，可以采用紧缩性财政政策和货币政策来减少对进口商品的需求，同时要注意消除紧缩性政策对总收入的负面影响，使进口需求减少的同时收入能增加，从而达到内外平衡的目标。

15.2.2　吸收分析法对货币贬值效果的分析

关于货币贬值效果的分析是吸收分析法最主要的内容。该理论认为，任何调整国际收支的方法最终都是通过改变收入或吸收来改善国际收支的，汇率贬值亦然。

由 B=Y-A 可得：

$$\Delta B = \Delta Y - \Delta A \tag{15.3}$$

依据该式可以对货币贬值效应进行分析。货币贬值既影响收入，也影响吸收。其中，货币贬值引起的收入变动为 ΔY，货币贬值引起的吸收变动为 ΔA。ΔA 应该包括两部分内容：一是贬值对吸收的直接影响 ΔAd；另一部分是贬值引发收入变动对吸收的影响，即间接效应 $c \cdot \Delta Y$，其中 c 为边际吸收倾向，等于边际消费倾向与边际投资倾向之和。于是有：

$$\Delta B = \Delta Y - (\Delta Ad + c \cdot \Delta Y) \tag{15.4}$$

整理可得：

$$\Delta B = (1-c)\,\Delta Y - \Delta Ad \tag{15.5}$$

由式 15.4 可以看出，贬值改善贸易收支的条件是：$(1-c)\,\Delta Y > \Delta Ad$。

于是，吸收分析法所要研究的便是三个问题：贬值怎样影响收入（即 ΔY 的大小）？在一定的收入水平下，贬值怎样直接影响吸收（即 ΔAd 的大小）？而贬值引起的收入水平的变化又怎样间接影响吸收（即 $c \cdot \Delta Y$ 的大小）？

吸收分析法针对上述三个问题从三个方面进行研究：

（1）货币贬值对收入的直接影响（ΔY）

货币贬值对收入的直接影响主要体现在两个效应上：

① 闲置资源效应。在存在着闲置资源的情况下，贬值使一国出口增加，并由此通过乘数效应导致收入增加进而刺激国内需求，于是闲置资源效应一方面使生产和收入增加，另一方面也使支出（即吸收）增加，因此，此时贸易收支改善程度取决于收入增加与贬值所诱发的吸收增加的差额，取决于边际吸收倾向的大小。若 $c > 1$，则收入的变动会刺激消费和投资，吸收更多的商品和劳务，贸易收支反而恶化；若 $c = 1$，贸易收支也无改善；只有 $c < 1$ 时，才能改善贸易收支。

② 贸易条件效应。亚历山大等经济学家认为，一国出口比进口更加专业化，货币贬值导致以外币计算的出口价格下跌，所以贸易条件恶化，而贸易条件的恶化会影响国民收入。只有在一定的条件下，贸易条件恶化时，贸易差额才有可能改善。

（2）货币贬值对吸收的直接影响（ΔAd）

在充分就业条件下，或者 c 接近于 1，甚至大于 1，则贸易收支的改善将主要来自直接吸收效应（ΔAd）。ΔAd 的减少体现在以下四种效应上：

① 现金余额效应。在资本不流动及给定货币供应量的条件下，贬值使价格上涨，货币持有者为了维持现金持有量的实际值，必须积累更多的现金，这将减少其实际支出；另一方面，随着人们对现金的需求增加，利率会相应上升，这会间接地影响消费和投资的支出。

② 收入分配效应。在贬值后的物价过程中，工资往往跟不上物价的上涨率。于是一部分收入会从工人转移到"利润收入者"——厂商那里。由于利润收入具有比工资收入更高的边际储蓄倾向，这会使全社会的吸收水平下降，进而改善国际收支。在一个实行累进所得税制度的国家，贬值带来的名义收入增加将使纳税人升入

更高的纳税等级，则全体纳税人的可支配收入下降。同时因为政府的边际吸收倾向较低，故税收的增加也是改善国际收支的显著因素。

③ 货币幻觉效应。货币幻觉是指个别经济单位根据其货币收入而非实际收入决定其支出。当物价上涨时，虽然人们的货币收入也成比例地提高，但人们会因货币幻觉的关系而减少购买和消费，故这将有助于贸易收支的改善。

④ 其他的各种直接吸收效应。它们中有的对改善贸易收支有利，有的对改善贸易收支不利。例如，贬值会刺激物价上涨的预期，从而扩大支出，这至少在短期内对贸易收支有不利的影响。再如，若一国的投资商品大部分来自国外，则贬值会使投资商品的价格上升，投资的吸引力由此会变得比以前低，因而有利于贸易收支改善。

（3）货币贬值对吸收的间接效应（c·ΔY）

这是贬值通过收入变动对吸收产生的第二轮影响。如果贬值导致收入增加 ΔY，那么吸收会增加 c·ΔY。这种影响取决于边际吸收倾向 c 的大小。

综合以上各种分析，吸收分析法认为贬值能否改善一国的贸易收支状况，很大程度上取决于边际吸收倾向，以及影响吸收的一些可变因素，更概括地说就是能否达到"增加收入，减少支出"。如果一国在采取贬值政策的同时辅之以紧缩性的货币政策和财政政策，则更易于达到改善国际收支的目的。

15.2.3 对吸收分析法的评价

吸收分析法的主要贡献首先在于提出了一个较为完整的汇率调整国际收支模型，并且这个模型包括了汇率调整过程中较为主要的宏观经济关系，从而大大提高了传统汇率分析的严密性。其次，吸收分析法建立在一般均衡的基础上，它认为贸易收支取决于收入与吸收之间的关系，使人们得以摆脱"弹性分析说"只集中于个别商品的局限，这直到今天仍有一定的现实意义。再次，它指出了国际收支不平衡的宏观原因，并注意到国际收支不平衡的货币方面，因此，吸收分析法成为20世纪70年代出现的国际收支调节的货币分析理论的先驱。最后，吸收分析法的理论分析使人们较容易得出明确的政策结论，这就是：为了纠正贸易收支赤字，必须一方面增加生产，另一方面减少支出，直到收入与支出一致。

但是，从理论上分析，吸收分析法还存在一些不足和有待补充发展的方面。第一，吸收分析法有两个假设：货币贬值是增加出口、改善国际收支的唯一手段；资源转移机制健全。这两个假设不大符合实际，事实上，除了货币贬值外，还有其他一些因素也能促进出口，达到平衡国际收支的目的。第二，在实际经济生活中，由于存在各种行政干预，闲置资源的转移往往会遇到一些困难。第三，吸收分析法也没有摆脱弹性分析的根本缺陷，即主要针对国际收支中的贸易收支项目，对资本流动基本没有涉及。第四，吸收分析法是一种单一国家的模型，而完全的贬值分析必须至少在两国模型下进行。也就是说，汇率变动对国际收支不平衡的调节作用应考虑国外影响。

15.3　　　　　　　　　国际收支的货币分析法

货币分析法（the theory of monetary approach）是随着现代货币主义的兴起，在20世纪70年代中后期开始流行的一种国际收支理论，其代表人物是美国经济学家蒙代尔（R.A.Mundell）和约翰逊（H.G.Johnson）。货币分析理论实际上是现代货币主义理论在国际收支方面的延伸，但其代表人物却否认他们的理论同现代货币主义理论之间的这种联系。该理论认为国际收支是一种货币现象，因而强调货币供给与货币需求之间的状况在形成国际收支不平衡及其调节过程中的作用。

现代货币主义

15.3.1　货币分析法的前提假设

货币分析法有如下主要假定前提：

① 货币需求是收入、价格、利率等变量的稳定函数，在长期内货币需求是稳定的。

② 货币供给量变动不影响实际变量，即货币中性。

③ 购买力平价理论在长期内成立，国家间套利活动能保证同一商品在各国间有同一价格，即贸易品价格是外生的。

④ 各国货币当局对国际资本流动不采取"冲销政策"。

⑤ 从长期来看，一国处于充分就业的均衡状态。

15.3.2　货币分析法的主要内容

货币需求方程式是货币分析法开展国际收支分析的基础，即：

$$M_d = KPY \tag{15.6}$$

式中：M_d 是货币需求余额量；K 是所期望的名义货币余额与名义国民收入之比，假定为一常数；P 是国内价格水平；Y 是实际产量，PY 是名义国民收入或总产值（GNP）。

另外，根据货币主义理论，假设一国的货币供应量取决于其基础货币，货币供给方程为：

$$M_s = m(D+R) \tag{15.7}$$

式中：M_s 是一国总的货币供给量；m 是货币乘数，假定为一个常数；D 是一个国家基础货币的国内部分；R 是一个国家基础货币的国外部分。

一国基础货币的国内部分（D）是由这个国家货币当局所创造的国内信用。一国基础货币的国外部分（R）被认为是一国的国际储备，它的增加或减少代表这个国家国际收支的盈余或赤字。D+R 被称为一国的基础货币或高能货币。在当今的银行准备金制度下，存入商业银行的每一个单位货币 D 和 R 都会通过货币乘数 m 导致一国货币供给量的数倍扩张。

货币市场均衡意味着 $M_d=M_s$，于是有：

$M_d=M_s=m（D+R）$

为研究方便，不妨令 m=1，于是有：

$R=M_d-D$

由于 M_d 中的 K、P、Y 均不易发生变化，可得出：

$\Delta R=-\Delta D$

该式即为货币分析法关于国际收支不平衡的基本方程式。

这个基本方程式的理论意义为：国际收支的不平衡产生于国内货币存量的供给和需求的不协调。国际收支本质上是一种货币现象。

如果一国货币当局扩大国内信贷（提高 D），货币供给就会超过货币需求。为恢复货币市场均衡，多余的货币需要寻找出路，对个人和企业来说，会增加货币支出，重新调整实际货币余额；对整个国家而言，表现为货币外流，R 会减少。也就是说，国内信贷扩张会导致国际储备的减少，于是国际收支出现逆差；如果货币当局减少国内信贷（降低 D），那么在货币需求不变的条件下，为了恢复货币市场均衡，R 将上升，即国际储备增加，国际收支出现顺差。

既然国际收支失衡可归因于国内货币市场的不平衡，那么恢复国际收支平衡的途径也就在于恢复国内货币市场的平衡。然而，由于国内货币市场存在着自动平衡机制，国际收支的不平衡可以自动消除，政策手段只是暂时发挥作用。

在固定汇率制下，即使货币当局不采取任何措施，货币市场的不平衡也是不可能长期存在的，它可以通过货币供给的自动调整机制自行消除，即货币供给通过国际储备的增减来适应货币需求。假设当局实行扩张性货币政策，国内的名义货币供应量增加，国内居民在调整实际货币余额时，增加进口支出，国际收支出现逆差，本币面临贬值压力。为防止本币贬值，当局必须干预外汇市场，卖出外汇，买进本币，降低国际储备，进而降低货币供给，国际收支也由此改善。由货币存量增加引起的国际收支逆差仅仅是一种暂时自身纠正的现象。

在浮动汇率制下，货币当局无须对外汇市场进行干预，汇率的变化可以消除国际收支的失衡。如果一国采取扩张性货币政策，导致一国货币供给超过货币需求，国际收支出现逆差，国际收支逆差意味着外汇市场上外汇供给小于外汇需求，于是逆差国货币贬值，货币贬值又引起国内物价上涨，导致货币需求的增加，直至与货币供给相平衡。在货币市场趋于平衡的过程中，国际收支逆差逐渐缩小，直至消失。

货币分析法的政策主张归纳起来有以下几点：

① 国际收支不平衡在本质上是货币现象，需要用货币理论来分析。

② 国际收支的不平衡可以由国内货币政策来解决。国内货币政策主要是指货币供给政策，一般说来，扩张性货币政策（使 D 增加）可以减少国际收支顺差，而紧缩性的货币政策（使 D 减少）可以减少国际收支逆差。

③ 为平衡国际收支而采取的贬值、进口限额、关税、外汇管制等贸易和金融

干预措施，只有当它们的作用是提高货币需求，尤其是提高国内价格水平时，才能改善国际收支。不过，这种作用是暂时的，前提是不能同时发生国内货币供给的扩张。

④ 从长期看，国际收支不平衡只是货币市场调节过程中出现的暂时现象，市场调节机制可以自发使其恢复平衡。

15.3.3 对货币分析法的评价

货币分析法具有浓厚的货币主义色彩，视国际收支为一种货币现象，并且区分了货币的国内起源和国外起源，弥补了以往在国际收支研究中长期忽视货币因素的缺陷。

货币分析法的主要贡献是突破了将国际收支等同于贸易收支的局限，因此对国际收支的分析比较全面，也比较符合经济运行的实际情况。此外，它还强调了国际收支差额将引起货币存量的变化，至少在短期内能够影响一国的经济活动。人们只要了解到国际收支差额对于货币存量变化的不可忽视的影响，就可以在政策上采取有效的措施。

对货币分析理论的批评主要有以下几个方面：

第一，它在强调货币作用时走上了极端，过分强调货币因素而忽视实际因素，认为货币因素决定了收入水平、支出水平、贸易条件和其他实物因素，很可能颠倒了国际经济的因果关系。

第二，货币分析法片面强调长期均衡，忽视了短期和中期分析。而决策人最关心的正是短期和中期的发展动态。

第三，货币分析法的一些基本假设难以成立，如货币供应量不影响实际产量、一价定律成立等，都与事实不符。

15.4   几种主要国际收支调节理论的比较

国际收支调节理论主要集中于一国国际收支的决定因素和保持国际收支平衡的政策研究上。其经典的理论主要包括弹性分析法、吸收分析法和货币分析法。这三种调节理论各有侧重，具有一定的互补性。

弹性分析法以运用局部分析法为基础，认为进出口商品必须满足一定条件，货币贬值才能改善国际收支；吸收分析法侧重于分析收入和支出，主要是从宏观经济整体角度考察贬值对国际收支的影响；货币分析法以货币数量论为基础，认为国际收支不平衡是货币供求存量不平衡的结果。

相比而言，从考察期限看，弹性分析法、吸收分析法注重中短期分析，而货币分析法侧重于长期分析。从分析对象看，弹性分析法是对商品市场的微观经济分析，而吸收分析法和货币分析法是对商品市场和货币市场的宏观经济分析。从政策主张看，弹性分析法倾向于采用汇率政策作为调整国际收支失衡的最有效政策；吸收分析法倾向于总需求管理；货币分析法则主张用货币政策来应对国际收支失衡。

从贬值效果看，弹性分析法、吸收分析法都认为贬值在一定条件下会对经济产生扩张作用，而货币分析法则认为贬值会使国内经济收缩。

总之，弹性分析法和吸收分析法都强调商品市场流量均衡在国际收支调节中的作用，而货币分析法则强调货币市场存量均衡的作用；前两者注重经常账户，尤其是贸易收支，而货币分析法则将国际资产流动作为考察对象，强调国际收支的综合差额。

当前，弹性分析法、吸收分析法和货币分析法不仅为许多国家所重视，而且也成为国际货币基金组织调节国际收支方案的理论依据。例如，当某会员国国际收支处于严重困难境地，并要求IMF提供高档信贷部分贷款时，IMF往往要求该会员国采取大规模削减财政赤字、严格控制信贷和进行货币贬值等措施，以改善国际收支。IMF的这些要求，就是以货币分析法为基础的，认为货币供求是决定国际收支的首要因素，因而强调实行以控制国内信贷为主的政策，同时这些要求还反映了吸收分析法的以控制国内需求为主，以及弹性分析法的以货币贬值来促进出口的论点。

附录　　马歇尔-勒纳条件的数学推导

以TB代表贸易差额，以X、M分别代表出口总额与进口总额。因进口总额以外币表示，须经汇率调整，e为汇率（假定为直接标价法）。则有：

$TB=X-eM$

这里，假设初始国际收支余额是均衡的，即：

$X=eM$

将上式予以动态化，求其导数，则有：

$dTB=dX-e \cdot dM-M \cdot de$

将上式两边同除以汇率变动de，则有：

$dTB/de=dX/de-e \cdot dM/de-M$

因为需求的价格弹性可以表示为：

$\eta_X = \dfrac{dX/X}{de/e}$ 和 $\eta_M = \dfrac{dM/M}{de/e}$ （正常商品需求的价格弹性应该是负数，这里只取其绝对值）

则意味着有：

$dX/de=\eta_X X/e$ 和 $dM/de=-\eta_x M/e$

将上述变化带入 $dTB/de=dX/de-e \cdot dM/de-M$，则有：

$dTB/de=\eta_X X/e+\eta_M M-M$

再将 $X=eM$ 代入，则有：

$dTB/de=\eta_X M+\eta_M M-M=M(\eta_X+\eta_M-1)$

显然，若想使 dTB/de>0，则必须有：

$\eta_X+\eta_M>1$

$\eta_X+\eta_M>1$ 即为马歇尔–勒纳条件的表达式。

□ 复习思考题

1.弹性分析理论有哪些主要内容？

2.什么是 J 曲线效应？

3.货币分析法和吸收分析法的主要观点是什么？

□ 本章讨论题

比较几种不同的国际收支调节理论。

自测题

第16章/开放经济条件下的宏观经济政策搭配

————————学习目标————————

　　熟悉开放经济条件下内部均衡与外部均衡目标，掌握米德冲突、丁伯根法则、斯旺模型、蒙代尔有效市场分类法则、IS-LM-BP模型。重点学习和掌握内外均衡目标、宏观经济政策搭配理论、蒙代尔–弗莱明模型。

　　我们在前面的章节中讨论了汇率和国际收支的问题，本章我们将讨论开放经济条件下对应不同汇率制度的宏观经济政策。与封闭经济条件下的宏观经济政策不同，开放经济条件下宏观经济政策的制定需要考虑更多的因素，政策环境和政策目标更为复杂。

16.1　　　　　　　　开放经济条件下的内外均衡

16.1.1　开放经济的政策目标

　　在封闭经济条件下，政府的宏观调控目标可概括为：经济增长、充分就业和物价稳定。但是对于开放经济而言，除上述目标外，还要关注国际收支的平衡。其中经济增长是一个长期动态的过程，因而短期目标只包括充分就业、物价稳定和国际收支三个，而上述三个目标又可分为两类：内部均衡（internal balance），即国内经济处于充分就业和物价稳定状态；外部均衡（external balance），即国际收支达到平衡。

16.1.2　内部均衡与外部均衡的关系

　　英国经济学家詹姆斯·米德（J.Meade）于1951年在其名著《国际收支》中最早提出了固定汇率制度下的内外均衡冲突问题。他指出，在汇率固定不变时，政府只能运用影响社会总需求的政策来调节内外均衡，这将会导致一国内部均衡和外部均衡之间的冲突，这种情况被称为米德冲突（Meades conflict）。于是在开放经济运行的特定区间，便会出现内外均衡难以兼顾的情况（见表16-1）。

表16-1　　　　　　　　固定汇率制下的内外均衡的搭配与矛盾

	内部状态	外部状态
1	经济衰退/失业增加	国际收支逆差
2	经济衰退/失业增加	国际收支顺差
3	通货膨胀	国际收支逆差
4	通货膨胀	国际收支顺差

（1）内外均衡的一致与米德冲突

某一均衡目标的实现同时使得另一均衡目标改善就是内外均衡的一致。表16-1中，第二和第三种情况意味着内外均衡的一致。如在第二种情况下，为实现内部均衡，显然要求政府采取增加社会总需求的措施进行调整，这会导致进口相应增加，在出口保持不变时，就会改善原有的顺差状态使国际收支趋于平衡。在这种情形下，政府在采取措施实现内部均衡的同时也对外部均衡的实现发挥了积极影响，因而是内外均衡一致的情况，是一种和谐状态。

而表16-1中的第一和第四种情况则意味着内外均衡的冲突，即某一均衡目标的实现同时使得另一均衡目标受到干扰和破坏，也就是米德冲突。如第一种情况，为实现内部均衡，政府应当采取增加社会总需求的措施进行调控，但这同时也会导致进口的增加，使国际收支逆差更加严重。这表明，政府在通过调节社会总需求实现内部均衡时，会使外部经济状况距离均衡目标更远，即此时内外均衡存在冲突。

（2）米德冲突的根源

总体而言，内外均衡冲突产生的原因有以下几点：

① 国内经济情况的变化。例如国内消费者的消费偏好发生了更倾向于购买本国产品的转变。这种转变一方面增加了国内商品的需求，造成通货膨胀的压力，同时又会加大经常项目顺差。

② 贸易伙伴国之间经济波动的相互影响。假定甲乙两国发生贸易，当乙国出现经济衰退时，国内需求收缩，乙国从甲国的进口就会下降。这会导致甲国贸易赤字增加，同时出口的下降又会造成总需求不足，带来经济衰退。

③ 国际金融市场情况变化的影响。如果国际金融市场上利率上升，一国为了维护汇率稳定以及防止资本大量流出，势必要求提高国内利率，这会对国内经济产生紧缩作用，给内部均衡带来干扰或破坏，从而产生内外均衡冲突的问题。

④ 国际资本的投机性冲击。20世纪80年代后，国际资本尤其是投机性资本在国家间流动的规模日益扩大、速度不断加快、波及的范围越来越广。这种投机性资本通过金融市场对国内经济产生深刻影响，使得政府宏观经济政策的制定面临更为复杂的情况，一国经济内部平衡与外部平衡矛盾日益尖锐。

（3）米德分析的不足

米德分析的不足在于只考虑了固定汇率制度。实际上，在浮动汇率制度下，内外均衡冲突同样存在。在浮动汇率制度下，政府不可能完全依靠外汇市场对国际收支的自发调节功能，在汇率变动受到一定管制的条件下，通过国内总需求的变动来实现内外均衡仍是常见的做法，因此浮动汇率制下也会出现与固定汇率制下相似的内外均衡冲突现象。并且，在汇率波动剧烈的情况下，内外均衡之间的相互影响或干扰更加复杂，内外均衡冲突矛盾可能更加深化。

此外，米德的分析也忽略了对资本因素的考虑。在现代经济中，国家间资本流动是影响一国经济的一个重要因素，特别是全球经济一体化背景下，活跃在国际金融市场的巨额资金会直接影响国内宏观经济的运行，使各国国内经济政策受到更多的影响和制约，从而使一国实现内外均衡目标变得更加困难。

从前面的分析可以看出，内外均衡的根源在于经济的开放性。开放经济条件下，各种变量之间的关联更加复杂，一国经济的内在稳定性与合理开放性之间的协调难度也越来越大。此外，内外均衡冲突的产生也与某种特定的调控方式相对应，在开放经济条件下，单纯运用调节社会总需求这一封闭经济的政策工具是不足以同时实现内外均衡目标的，开放经济的调控需要有新的政策工具以及对政策工具的新的运用方式。

16.2　　开放经济条件下的政策工具与政策搭配

16.2.1　开放经济条件下的政策工具

开放经济条件下宏观经济调控仍然主要通过对社会总需求进行调节而实现，故称之为"需求管理"。对总需求的调节又可从需求总量和需求结构两个方面来进行，因此又可将需求管理政策进一步分为两种类型，支出增减政策（expenditure changing policies）和支出转换政策（exchange switching policies）。

（1）支出增减政策

支出增减政策主要通过改变支出水平来调节社会需求的总水平，包括财政政策与货币政策。财政政策和货币政策都可以直接影响社会需求总水平，进而调节内部均衡。同时，社会总需求的变动又可以通过边际进口倾向影响进口，通过利率影响资本流动，进而调节外部均衡。

（2）支出转换政策

支出转换政策是指不改变总支出水平而改变其方向的政策，也就是将国内支出从外国商品和劳务转移到国内的商品和劳务上来。

这类政策主要包括汇率政策和直接管制政策。所谓汇率政策，就是通过货币的升贬值，改变进口商品和进口替代品的相对价格，调节国际收支。汇率政策的效果与进出口商品的需求弹性有关。直接管制政策包括外贸管制政策和外汇管制政策。

（3）其他政策工具

开放经济条件下的政策工具除需求管理政策外，还有供给调节政策和资金融通政策等，它们的作用机制有所不同。供给调节政策，一般又称结构政策，包括产业政策和科技政策等，旨在改善一国的经济结构和产业结构，提高产品质量，降低生产成本，增强社会产品的供给能力。供给调节政策的特点是长期性，在短期内难以产生显著的效果。但它可以从根本上提高一国的经济实力与科技水平，从而为实现内外均衡创造条件。

资金融通政策是指在短期内利用资金融通的方式弥补国际收支出现的超额赤字以实现经济稳定的一种政策，包括官方储备和国际信贷的使用。从一国的宏观角度看，它主要表现为国际储备政策。对外部均衡调控的首要问题就是"融资还是调整"，因为如果国际收支只是临时性失衡，是由短期冲击引起的，那么可以用融资方法弥补，以避免调整的痛苦；如果是国内经济原因等中长期因素所导致的，那么就必须运用其他政策进行调整。可见，资金融通政策与需求管理政策之间是有一定的互补性与替代性的，在实际运用中的难点在于无法判断失衡的性质，难以在两者之间进行选择。

16.2.2 开放经济条件下的政策搭配原理

既然开放经济条件下的政策目标包括了内部均衡和外部均衡两部分，那么仍像封闭经济条件下一样单纯运用控制社会需求总量的政策进行调控会造成内外均衡之间的冲突。20世纪50年代以来，关于政策配合的"丁伯根法则"、"斯旺模型"和政策分配的"有效市场分类原则"等理论的出现发展了开放经济的政策调控理论。

（1）丁伯根法则

首届诺贝尔经济学奖得主丁伯根最早提出了将政策目标和政策工具联系在一起的正式模型，提出一国可以运用的独立的政策工具数目至少要与所要实现的经济政策目标数目相等，即要实现 N 个独立的政策目标，至少需要相互独立的 N 个有效的政策工具，即丁伯根法则（Tinbergen's rule）。

具体而言，在政策工具与经济目标之间的关系中，经济目标可以被看作未知数的解，政策工具可以被看作已知参数，只要未知数（经济目标）与已知参数（政策工具）之间有函数关系存在，就可以建立起众多未知数与众多参数之间函数关系的联立方程式。如果独立的方程式数目等于未知数的数目，则联立方程有唯一解存在。只要将已知的参数值代入，即可求得未知数的解。

丁伯根法则的政策含义是：在开放经济条件下，只运用支出增减政策，通过调节支出总量的途径来同时实现内部平衡和外部平衡两个目标是不够的，必须增加新的政策工具。

丁伯根法则需要假设的前提是：各种政策工具可以供决策当局集中控制，即通过各种工具的紧密配合来实现政策目标。但它没有明确指出每种工具在调控中是否应侧重于某一目标的实现，因此不能满足实际调控的需要。

（2）斯旺模型

针对米德冲突的问题，1955年澳大利亚经济学家斯旺（T.Swan）进行了深入研究，提出了著名的斯旺模型（如图16-1所示）。

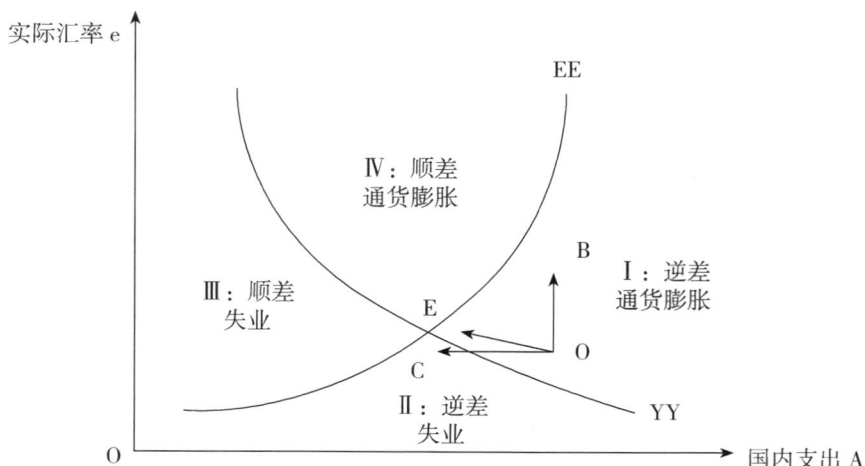

图16-1　斯旺模型

图16-1中的纵轴表示实际汇率 e，在直接标价法下，e 上升为本币贬值，下跌为本币升值。横轴表示国内支出 A 的增减变化，包括消费、投资和政府支出，也就是支出调整政策。

EE 曲线表示外部均衡，表示能够使国际收支经常账户保持平衡的实际汇率 e 和国内支出 A 的组合点。其公式为 X−M=0，或 B（e）=0。EE 曲线的斜率为正，向右上方倾斜，这是因为本币贬值（e 上升）时，国际收支状况改善，为维持平衡，国内支出水平也必须相应提高，以便增加进口。所有 EE 线右边的点均处于逆差状态，即在现有的国内支出水平下，相应的实际汇率水平不足以保持经常账户的平衡。所有 EE 曲线左边的点均处于顺差状态，即相应的实际汇率水平已经超过了保持经常账户平衡所需要的水平。

YY 曲线表示内部均衡，即能够维持国内充分就业的所有实际汇率和国内支出水平的组合。其公式为 Y=C+I+G+B（e）或 Y=A+B（e）。YY 曲线向右下方倾斜，这是因为实际汇率 e 的降低（本币升值）将导致贸易逆差，从而使总支出（A+B）小于充分就业的收入水平，国内出现失业。要恢复平衡就必须增加国内支出水平。所有 YY 曲线右边的点表示国内经济处于通货膨胀状态，即在现有的国际竞争力或实际汇率水平下，国内总支出水平已经超过了创造充分就业所需要的水平，从而导致了国内通货膨胀。所有 YY 曲线左边的点表示国内处于通货紧缩或失业状态，即总支出水平不足以形成充分就业。

只有在 EE 曲线和 YY 曲线的交点 E 处，一国才同时实现了内部均衡和外部均衡。

EE 曲线和 YY 曲线划分出四个区域，每个区域都处于不同的失衡状态。政府在对宏观经济进行调节时，面临的情况相当复杂。假设一国经济由于某种原因陷入区域 I 的 O 点，该状态既承受着通货膨胀压力，又存在经常账户的逆差。如果当局试图在维持汇率固定的条件下减少经常账户逆差，可以采取紧缩政策，即通过紧缩国内支出来促使经济状态向C点移动。

然而这样的政策实施后果是造成严重的经济衰退和大量失业。或者，政府还可以采取货币贬值的方法来解决逆差问题。这样，经济状态将会向B点移动，其结果是离YY曲线越来越远，即经常账户逆差的解决要以国内更严重的通货膨胀为代价。综上所述，斯旺模型说明了这样一种观点，即仅使用一种政策工具来同时解决内外均衡问题是无法成功的，必须使用支出调整政策和支出转换政策。

从现实情况看，多数国家不愿实行本国货币的公开升值或贬值政策来实现对外均衡，而希望通过支出调整政策来促成内外均衡的实现。单纯依靠吸收政策是否能同时达到内外均衡的问题，直到蒙代尔提出"有效市场分类原则"之前一直都未能得到解决。

（3）蒙代尔"有效市场分类原则"

蒙代尔（R.Mundell）于20世纪60年代提出了关于政策指派的"有效市场分类原则"，弥补了丁伯根原则和斯旺模型的不足。蒙代尔对于政策调控的研究是基于这样一个出发点：在许多情况下，不同政策工具实际上掌握在不同的决策者手中，如果决策者之间不能紧密协调这些政策而是独立地进行决策的话，就不能达到最佳的政策效果。由此，蒙代尔得出结论：如果每种政策工具都被合理地指派给某一个政策目标，并且在该目标偏离其最佳水平时按一定规则进行调控，那么在分散决策的情况下仍有可能实现理想目标。

关于每种政策工具应如何指派给相应的目标，蒙代尔提出了"有效市场分类原则"，即每一目标应当指派给对这一目标有着相对最大影响力，因而在影响政策目标上有相对优势的政策工具。工具指派不合理，则经济会产生不稳定而离均衡点越来越远，这一原则实质上是比较优势原理在政策工具指派中的运用。

蒙代尔在其提出的政策配合说中首先假定：①当一国出口既定时，国内支出的增加会使进口随之增加，经常收支恶化；如果国内支出减少，进口也会随之减少，经常收支会得到改善。②资本流动的利率弹性较高。③短期内充分就业的产量是一定的，国内支出仅受财政政策和货币政策的影响。

蒙代尔的政策工具指派模型如图16-2所示，图中纵轴r为利率，代表货币政策。横轴为政府支出G，代表财政政策。r沿纵轴向上运动表明实行的是紧缩性的货币政策，G沿横轴向右运动表明一国实行的是扩张性的财政政策。在IB和EB曲线的交点E处，一国同时处于内部均衡和外部均衡。而IB线和EB线上每一点都只实现了一种均衡，即内部均衡或外部均衡。

IB曲线显示了导致内部均衡的各种财政政策和货币政策的组合。IB曲线向上倾斜说明了扩张性的财政政策必须与紧缩性的货币政策共同作用才能实现内部均衡。如从图16-2中的E点出发，当一国的G增加时，该国的总需求大于充分就业收入水平，出现了通货膨胀，如A点，此时要恢复内部均衡就必须提高利率，抑制投资，从而降低总需求。但若总需求下降过多，如超过A'点，则会造成失业。因此，IB线的右下方代表通货膨胀，左上方代表失业。

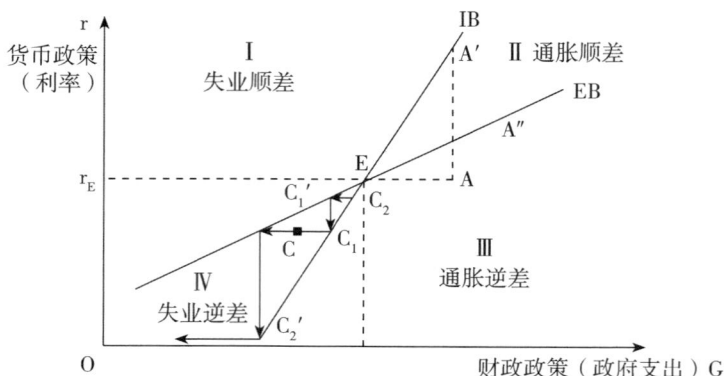

图16-2　财政政策和货币政策的配合

EB曲线显示了导致对外均衡的财政政策和货币政策的各种组合。它也是一条向右上方倾斜的曲线，说明应同时实施扩张性的财政政策和紧缩性的货币政策来达到对外均衡。如从E点出发，一国的G上升，会刺激收入的上升并促使进口增加，但G的上升也导致了该国的国际收支恶化，如A点，要重新回到外部均衡必须实施紧缩性货币政策，调高利率，从而吸引外资的流入，平衡国际收支。但资本流入过多则会产生国际收支顺差，如r的上升超过了A″点。因此，EB线的右下方代表对外逆差，左上方代表对外顺差。EB曲线比IB曲线较为平缓，是因为资本流动的利率弹性大于投资的利率弹性。

财政政策和货币政策在实现内外均衡中起到了不同的作用。扩张性的财政政策可以提高国民收入，增加一国的货币交易需求。如果该国的货币管理当局提高货币供给以满足增长的需求而保持利率不变，则财政政策只能影响国民收入水平，而不能影响利率水平。货币政策则可以通过改变货币供给和利率水平来影响投资和国民收入水平，并且影响国际资本的流动。因此，一国若要达到外部均衡，使用货币政策比财政政策要更有效。这样，根据"有效市场分类原则"，就应该运用货币政策来实现外部均衡，运用财政政策来实现内部均衡。如果反向操作，该国离内外均衡就会越来越远。

蒙代尔认为有两种政策配合方法：一种是以财政政策对外，货币政策对内。这样的配合只会扩大国际收支不平衡。如图16-2中的C点表明国内存在着失业，国际收支存在着赤字，如果一国首先运用紧缩性的财政政策来消除对外逆差，即C点移动到EB线上的C_1'点，然后再运用宽松的货币政策来刺激需求，消除失业，使其移动到IB线上的C_2'点，这个国家离均衡点E就会越来越远。可见这种政策搭配是不恰当的。

另一种方法是以财政政策对内，货币政策对外。仍以图16-2中的C点为例，一国首先运用扩张性的财政政策使其达到内部均衡，即IB线上的C_1点，然后运用紧缩性的货币政策使其达到外部均衡，即EB上的C_2点。这样该国在实现外部均衡的同时更加接近内部均衡线，如此进行下去，最终会趋于内外均衡点 E。因此，在出现内外部的失衡时，运用正确的政策措施来重新达到均衡是必要的，这种财政政策、货币政策交替使用的方法能够实现良性循环，逐渐缩小国际收支的不平衡，但更重要的是要选择好应采取的财政政策和货币政策。表 16-2 为在各种区间内的财政政策和货币政策的搭配。

表 16-2　　　　　　　　　　　　　财政政策和货币政策的搭配

区间	经济状况	财政政策	货币政策
Ⅰ	失业/国际收支顺差	扩张	扩张
Ⅱ	通货膨胀/国际收支顺差	紧缩	扩张
Ⅲ	通货膨胀/国际收支逆差	紧缩	紧缩
Ⅳ	失业/国际收支逆差	扩张	紧缩

　　蒙代尔的"有效市场分类原则"为一国政府如何采用政策工具以实现内外均衡的宏观经济目标开辟了新的思路，它丰富了开放经济条件下的宏观经济调控理论。它与丁伯根原则一起确定了开放经济条件下的政策调控的基本思想，即针对内外均衡目标，确定不同政策工具的任务，并尽可能地协调以达到内部平衡与外部平衡的一致。

欧元之父罗伯特·蒙代尔

16.3　　　　　　开放经济条件下的宏观经济模型

　　在开放经济条件下，决定一国国民收入的因素不仅有封闭经济条件下的宏观经济变量，还包括国际收支这个新变量。本节我们将建立一个包括国际收支在内的宏观经济模型，即开放经济中的 IS-LM-BP 模型，作为分析宏观经济政策的基本框架。然后在这一模型基础上，再运用蒙代尔-弗莱明模型对开放经济条件下货币政策和财政政策的效力进行分析。

16.3.1　IS-LM-BP模型

　　开放经济条件下的 IS-LM-BP 模型是以标准的 IS-LM 模型为基础，引入国际收支因素，以一个开放的小国为分析对象，采取流量分析方法，由商品市场与货币市场均衡扩展到包括国际收支的外汇市场的三个市场均衡分析。

　　（1）开放经济条件下的 IS、LM 曲线

　　开放经济条件下的 IS 曲线是考虑货币因素后，反映商品市场均衡的曲线。IS 曲线描述的是在商品市场达到均衡时，国民收入与利率之间的关系。IS 曲线的斜率为负（如图 16-3 所示），因为当利率降低时，投资需求增加，从而总需求水平也增加，为维持商品市场平衡，必须提高国民收入水平。当与国民收入无关的自主性吸

收或自主性贸易余额发生变化时，IS 曲线会发生平移，如政府支出增加会导致 IS 曲线向右平移。

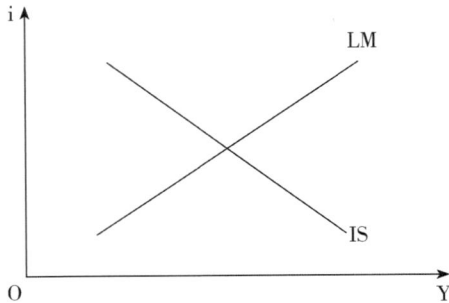

图 16-3　开放经济的 IS、LM 曲线

LM 曲线表示的货币市场均衡，描述的是在货币市场达到均衡时，国民收入与利率之间的关系。开放经济条件下，LM 曲线的斜率为正（如图 16-3 所示），因为对于既定的货币供给，当利率提高时，对货币投机性需求减少，为维持货币总供求的平衡，必须提高国民收入以增加交易性需求，当名义货币供给水平增加、物价水平不变时，会使 LM 曲线向右平移。

（2）开放经济条件下的国际收支均衡线——BP 曲线

开放经济条件下的 BP 曲线是反映对外均衡——国际收支均衡的曲线，表示在固定汇率条件下，利率与国民收入水平在一国国际收支达到平衡时的各种组合。

国际收支等于经常账户差额和资本和金融账户差额之和，经常账户主要受国民收入水平的影响，而资本和金融账户对利率比较敏感。

由于资金流动程度不同，BP 曲线有三种形状。

当资金不完全流动时，资本和金融账户、经常账户对国际收支都有影响，此时 BP 曲线是一条斜率为正的曲线，这是因为对于既定的汇率水平，收入增加引起的经常账户逆差需要通过提高利率以吸引资金流入进行弥补。资金流动性越大，这一曲线就越平缓，因为较小的利率增加就能吸引更多的资金流入。如果汇率不变，BP 曲线的位置是不变的。如果一国货币升值，则 BP 曲线会向上移动；如果该国货币贬值，则 BP 曲线会向下移动。这种假设与实际情况比较接近，所以典型的 BP 曲线就是这样一条向上倾斜的曲线。

当资金完全不流动时，这一曲线意味着经常账户的平衡。对于某一真实汇率水平，存在着与之对应的能使经常账户平衡的收入水平，BP 曲线在坐标空间内就是与这一收入水平垂直的直线，货币的贬值会使之右移。当资金完全流动时，资金流动情况决定了国际收支平衡与否。假定风险中立以及汇率静态预期，那么当该小国利率水平与世界利率水平一致时，该国国际收支处于平衡状态，资金流动可以弥补任何经常账户收支的任何不平衡。此时，BP 曲线是一条水平线，货币的贬值将对其没有任何影响。

从图16-4可以了解BP曲线在不同的资金流动情况下的各种形状。

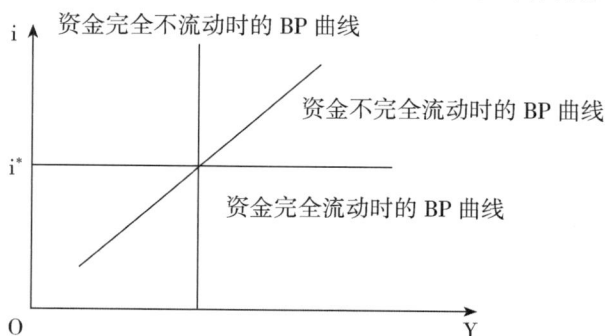

图16-4　BP曲线的三种形状

（3）开放经济的宏观经济均衡

开放经济的宏观经济均衡要求一国在商品市场、货币市场和国际收支方面同时处于均衡状态，即该国不仅实现了内部均衡，而且也达到了外部均衡，也就是说，一国的IS、LM、BP三条曲线要相交于一点。但是在同一点达到内外部均衡的情况是很少见的，也就是说，BP曲线不一定经过IS-LM的交点。IS-LM-BP模型就是通过利率和国民收入将对外均衡和对内均衡联系起来，这样就可以运用财政政策和货币政策来同时实现两种均衡。

①固定汇率制下的开放经济均衡

在固定汇率制下，因为无法调整汇率，要实现内外部的均衡只能运用支出调整政策，即运用财政政策和货币政策来实现目标。利用财政政策影响商品市场上IS曲线的位置，用货币政策影响货币市场上LM曲线的位置（如图16-5所示）。扩张性的财政政策可以是政府增加支出或降低税收，从而使IS曲线向右移动，以便在一个更高的国民收入水平下，使商品市场达到均衡。同样，扩张性的货币政策如增加国家的货币供给可以使LM曲线向右移动，说明在每一种利率下，国民收入水平都提高，并吸收货币供给增加的部分。与此相反，紧缩性的财政政策使IS曲线向左移动，紧缩性的货币政策使LM曲线左移。同时，BP曲线由于汇率保持不变，所以不发生任何移动。

固定汇率制下实行财政政策和货币政策的特殊之处在于：由于汇率不能变化，所以无法用汇率政策来实现外部均衡，只能采用政策分配的方法来解决这个问题。鉴于财政政策和货币政策在调节国内总需求方面的不同影响，可以运用财政政策来实现内部均衡，运用货币政策来实现外部均衡。

图16-5中IS和LM曲线相交于点E，但BP曲线却不经过该点，所以可以说该国处于国内失业和对外逆差的内外部不均衡的状况下。为了重新达到均衡，在BP曲线不变的情况下，就需要改变IS和LM曲线的位置来实现内外部的均衡。首先，运用扩张性的财政政策使IS曲线右移至IS′，然后运用紧缩性的货币政策使LM曲线向左移动至LM′。这样，变动后的IS′和LM′在点F和BP曲线相交，该国因而实

现了对内均衡和对外均衡。

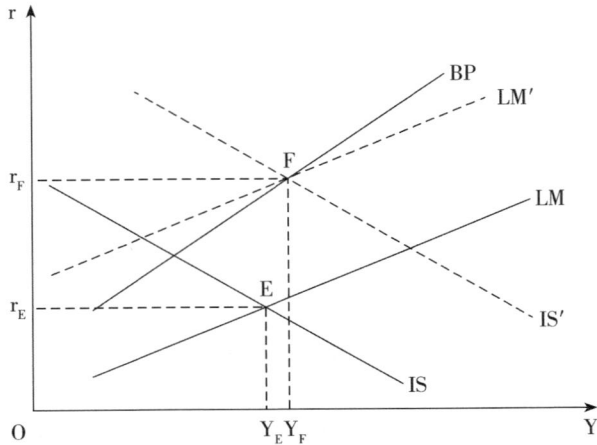

图16-5　固定汇率条件下的财政政策和货币政策

运用政策分配的方法来达到一国经济的对内均衡和对外均衡只是一种简化了的模式，现实生活中还需要考虑更多的因素，例如存在可以完全自由流动的国际资本的情况，我们会在蒙代尔-弗莱明模型中进一步探讨。

②浮动汇率制下的开放经济均衡

如果一国实行的是浮动汇率制，该国实行财政政策和货币政策的过程和作用就会与在固定汇率制下有很大的不同。汇率可以自由地变动，意味着一国的外汇供给与外汇需求应该是相等的，也就是说，该国在长期内不应存在外部失衡问题。这时，就可以集中运用财政政策和货币政策实现内部均衡。此外，在短期内还可以采用汇率变动的支出转换政策来实现对外均衡。

下面我们以对外均衡和国内失业为例，分析货币政策是如何使三个市场同时达到均衡的。

在图16-6中，点E为三个市场在对外均衡和国内失业情况下的一种均衡状态。为了解决失业问题，政府放宽了货币政策，使LM曲线向右移到LM′，与IS曲线相交于点T。由于点T在BP的右边，所以这个国家有对外逆差。为了消除逆差，在浮动汇率制下，该国货币贬值，BP曲线右移。同时，货币贬值提高了该国的出口能力，IS曲线将右移。货币贬值还将提高该国国内价格和货币的交易需求，并使LM′曲线左移，在IS′、LM″和BP′曲线的交点E′，三个市场的均衡得以重新建立，该国实现了对内均衡和对外均衡。

如果采用扩张性的财政政策，则会使IS曲线右移，在点Z与LM曲线相交，该国的国际收支出现了逆差，货币也会因此而贬值，从而引起三条曲线发生移动，最终三条曲线相交于一点，使三个市场同时达到均衡。但是，实行扩张性的货币政策和实行扩张性的财政政策相比，扩张性的货币政策会使该国的利率水平得以降低，有利于国家的长期经济增长。

需要注意的是，上述分析中我们假定 BP 曲线的斜率大于 LM 曲线的斜率，如果 BP 曲线的斜率小于 LM 曲线的斜率，则会得到不同的结果。

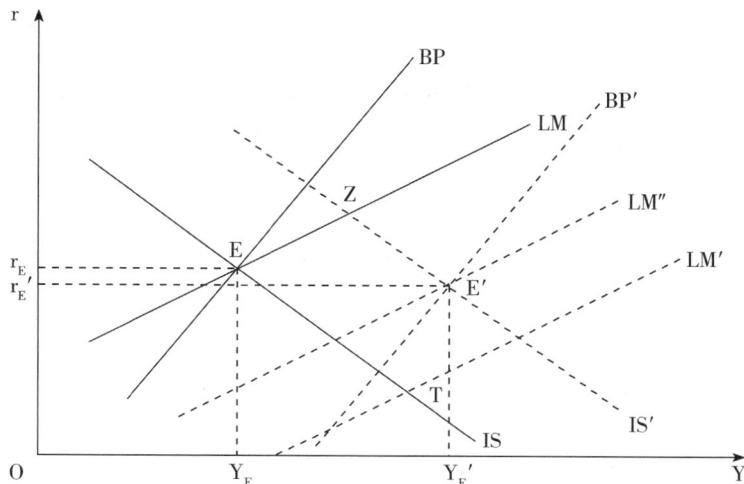

图 16-6　浮动汇率条件下的财政政策和货币政策

在浮动汇率制下，实行财政政策的效应是很复杂的，任何一种财政政策都有可能产生双重的作用。例如，一国政府采用扩张性财政政策来解决国内失业和对外均衡问题，就会面对这样的结果：一方面，国内总需求会由于扩张性的财政政策而扩大，国民收入水平上升，进口随之增加，贸易出现逆差，本国货币出现贬值。另一方面，随着国内总需求的上升，市场利率会提高，引起国外资本的流入，使本国货币有升值的倾向。本币的这两种走势是完全冲突的，很难判断哪一种走势会占优势。因此，在浮动汇率制下，运用货币政策和汇率政策来达到对内和对外的均衡要比使用财政政策得到的结果更理想。

16.3.2　资本完全流动下宏观经济政策的有效性——蒙代尔-弗莱明模型

蒙代尔-弗莱明模型（Mundell-Flemming model，M-F model）是以资本具有完全流动性为假设前提的开放经济模型，它是一类特殊的 IS-LM-BP 模型，其特殊性表现在 BP 曲线由于资本的完全流动而成为一条水平线。此模型是在 20 世纪 60 年代浮动汇率制盛行之前，由美国经济学家蒙代尔和弗莱明所创立的。尽管其分析后来被不断地修正，但最初的蒙代尔-弗莱明有关解释资本具有高度流动性情况下政策如何发挥作用的部分均被完整地保留下来。

（1）固定汇率制下的货币政策与财政政策效果分析

在资本完全流动的情况下，利率的任何微小变动都会引发资本的无限量流动，一国国际收支的状况完全取决于资本和金融项目。在这种假定条件下，当该小国利率水平完全与世界利率水平一致时，该国国际收支处于均衡状态，资本的流动将弥补任何形式的经常项目差额，BP 曲线为水平线，货币的贬值对之无影响。

①固定汇率制下的货币政策

图16-7反映了固定汇率制度下货币政策的效应。假设中央银行采取扩张性的货币政策，增加货币供给，从而使LM曲线向右移动到LM′，内部均衡点──IS和LM曲线的交点移到E′位置，国民收入增加，利率水平下降。在资本完全流动情况下，利率的下降导致资本大量流出，国民收入的增加又导致进口增加，该国的经常项目、资本和金融项目同时出现逆差趋势，本币面临贬值压力。在固定汇率制下，为维持汇率稳定，中央银行必须干预市场，抛出外汇买入本币，这种操作一方面减少了外汇储备，另一方面减少了国内的货币供应量，这就导致LM曲线左移，直到回到原来的位置。该国的内外均衡点也重新回到E点。结果是国民收入未变，但国际储备下降了。

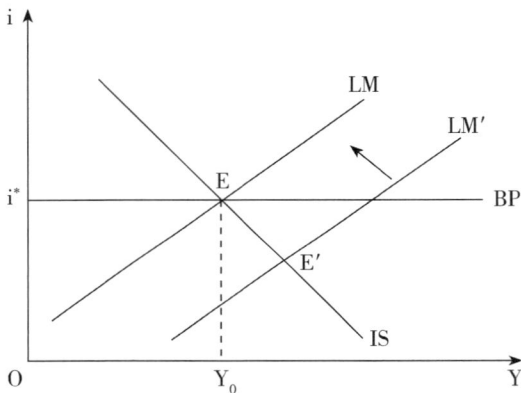

图16-7　固定汇率制下的货币政策分析

因此可以得出结论，在固定汇率制下，货币政策是无效的。更为准确地说，一旦一国实施固定汇率政策，就很难再拥有独立的货币政策了，从本质上讲，在固定汇率和资本可流动的情况下，LM曲线的位置是内生的。货币供给被内生化，中央银行只能随着外汇市场上的供求变化被动地改变货币供应量。因此，固定汇率制使得政府在很大程度上失去了一个重要的政策工具。

②固定汇率制下的财政政策

假定政府实施扩张性的财政政策，则IS曲线右移，国内的经济均衡点移至E′，国民收入增加，利率水平上升。而利率的任何微小上升都会引起资本的大量流入，给本币带来升值压力。中央银行在干预的时候抛出本币，导致货币供应量增加，于是LM曲线右移直至利率恢复到初始水平。也就是说，在IS右移的过程中，始终伴随着LM曲线的右移，以维持利率水平不变。在财政政策扩张结束后，货币供给也相应扩张，经济同时处于长期平衡状态。此时，利率不变，收入Y^*不仅高于期初水平，而且高于封闭经济条件下的水平Y'，同时国际储备增加（如图16-8所示）。

因此，在开放经济和固定汇率制下，财政政策在促进国民收入和就业增加方面的效果非常显著，即固定汇率条件下，财政政策有效。但是需要注意的是，财政政策扩张的有效性是以经济没有实现充分就业、尚有闲置资源为前提，否则财政扩张只能导致物价上涨并带来本币贬值的压力。

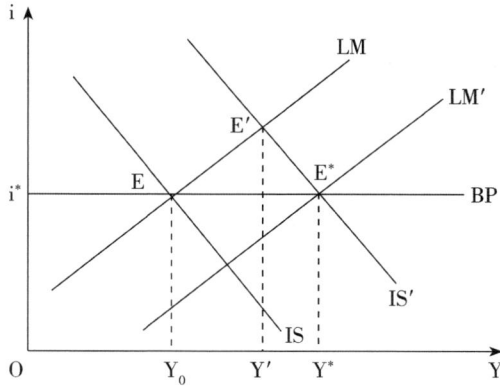

图16-8　固定汇率制下的财政政策分析

　　综上所述，在固定汇率制下，当资本完全自由流动时，一国的货币政策无法影响收入水平，只能影响储备水平；而财政政策在影响收入方面非常有效果，因为它造成的资本流入增加了货币供给量，从而避免了利率上升对收入增长的副作用。

　　（2）浮动汇率制下的货币政策与财政政策效果分析

　　①浮动汇率制下的货币政策

　　假设一国货币当局实行扩张性的货币政策，则LM曲线右移至LM′，带来利率水平下降和国民收入或产出增加。一方面国民收入增加会导致进口增加，另一方面，利率水平下降会导致资本大量流出，这两种效应是同向的，共同作用导致国际收支出现逆差。于是外汇市场上本币贬值，本币贬值使得本国商品出口竞争力提高，出口增加，进口减少，致使IS曲线右移，直至与LM曲线相交确定的利率水平与世界利率水平相等为止。此时，收入高于期初水平，本币贬值（如图16-9所示）。

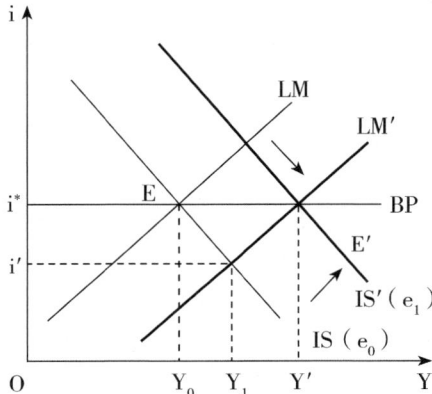

图16-9　浮动汇率制下，资本完全流动时的货币政策分析

　　由此可见，在浮动汇率制下，当资本完全流动时，扩张性的货币政策会使收入

上升，本币贬值，对汇率无影响，此时的货币政策是非常有效的。

②浮动汇率制下的财政政策

假设一国实施扩张性的财政政策，IS 曲线右移至 IS′，则本国利率上升，引起资本大量流入，导致国际收支顺差，本币升值，本国商品出口竞争力下降，这会推动 IS′左移，直至返回原有位置，利率水平重新与世界利率水平相等为止。此时与期初相比，利率不变，本币升值，收入不变。需要指出的是，此时收入的内部结构发生变化，财政政策通过本币升值对出口产生了完全挤出效应，财政支出增加造成了等量的出口下降（如图 16-10 所示）。

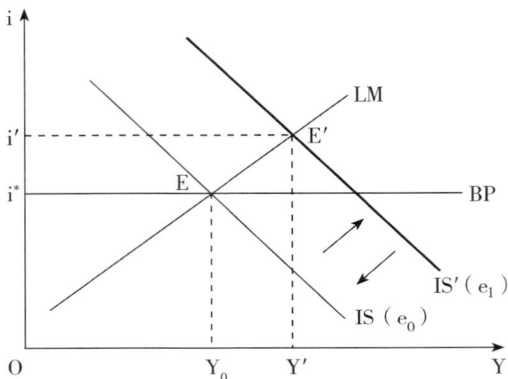

图 16-10　浮动汇率制下，资本完全流动时的财政政策分析

可见，在浮动汇率制下，当资本完全流动时，扩张性财政政策会造成本币升值，对收入、利率均不能产生影响。此时的财政政策是完全无效的。

因此，在浮动汇率制下，当资本完全自由流动时，一国的财政政策无法影响收入水平；而货币政策在影响收入方面非常有成效。所以在浮动汇率制下，实行货币政策比财政政策更能有效地达到外部均衡。

（3）对蒙代尔-弗莱明模型的评价

蒙代尔-弗莱明模型是一个至今仍被广泛运用的开放经济模型，模型中的基本观点被国际经济学界广为接受，也为后来的研究奠定了基础。蒙代尔-弗莱明模型也是研究开放经济条件下财政政策和货币政策有效性的经典模型之一，它所得出的结论在一定前提下是符合实际情况的，因而该模型具有很高的理论性和实用性。

但是，蒙代尔-弗莱明模型也有不足。该模型没有考虑到汇率的预期变化，也没有考虑到净国外债权存量和与之相关的利息支付流量等，显然，蒙代尔-弗莱明模型严格的假定前提是它存在诸多不足的原因，因为这些假定与现实情况并不相符。从发展趋势看，经济学家们对蒙代尔-弗莱明模型的扩展主要是表现在以下几个方面：①改变小国的假设条件而代之以大国，即以利率的制定国而不是利率的接受国为研究对象；②取消关于资本完全流动的假定；③将汇率预期引入模型；④增加对财富效应的考虑；⑤否定价格固定的假设。经过扩展后的蒙代尔-弗莱明模型无疑将更接近现实。

16.3.3　蒙代尔-弗莱明模型的推论——不可能三角

1979年，克鲁格曼[①]将蒙代尔-弗莱明模型的结论进一步表述为"不可能三角（impossible trinity）"，又称"三元悖论"或"三难困境（trilemma）"，即汇率稳定、货币政策独立性和资本自由流动这三个目标中，一国只能同时实现两个目标，三者无法同时实现。

如图16-11所示，克鲁格曼认为，自布雷顿森林体系崩溃以来，各国的金融发展模式都可以被概括进这个三角形之中。这三种组合的具体搭配为：

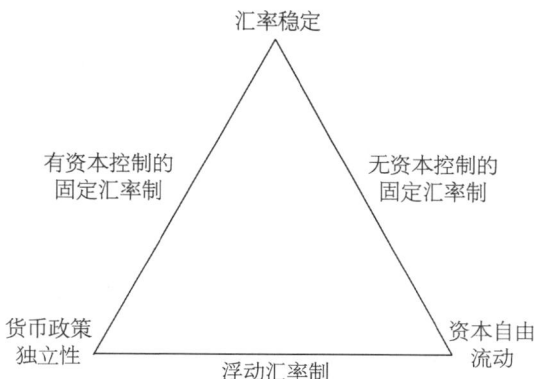

图16-11　不可能三角图示

一是选择固定汇率政策并期望保持货币政策的独立性，这就需要对资本流动进行管制。我国曾经是这种政策选择的代表，把相对稳定的汇率同某种程度独立的货币政策协调起来，但是需采用会带来其他问题的资本管制制度。

二是选择资本自由流动，即开放资本金融项目，同时维持固定汇率制，这就需要牺牲货币政策的自主性，致使其无法服务于内部均衡目标。实行货币局制度的中国香港、南美洲的部分国家采用的即为此种模式。

三是放弃固定汇率，选择资本自由流动和货币政策独立性为目标。目前主要的发达国家或集团间多采取这种制度安排，如美国、日本和欧元区。

16.4　宏观经济政策的国际协调

在开放经济条件下，各国经济政策的互相影响主要是通过国际收支及汇率的变化来传递的。因此各国在制定宏观经济政策时，不仅要考虑国内经济目标，还需考虑其国际影响。于是，各国的宏观经济政策也就有了协调的必要。

---

① KRUGMAN. A Model of Balance of Payments Crises [J]. Journal of Money，Credit and Banking，1979（11）：311-325.

16.4.1　国际经济政策协调的必要性

在 20 世纪 80 年代以来，许多国际金融领域内的学者对于国际宏观经济政策的协调问题越来越关注。比较一致的看法是认为国际协调是必要的，特别是在浮动汇率制比较受推崇的今天，世界上主要国家之间进行政策协调是十分必要的。

根据本章前面的有关分析，可以得出在浮动汇率和资本高度流动情况下，财政政策无效、货币政策有效的结论，但是这一结论是在不考虑别国影响的前提下得出的。如果考虑到别国经济政策的影响，那么一国的货币政策能否达到目标就值得怀疑了。例如，当一国经济面临有效需求不足时，政府应该采取宽松的货币政策。可是，如果与该国经济密切相关的国家采取紧缩性的货币政策，该国增加的资金将会大量外流，从而一方面使本国宽松货币政策的效果因为资金流出而被抵消，另一方面对方国家紧缩性的货币政策也会因为资金的流入而变得难以发挥作用；相反，当一国采取紧缩性的货币政策时，其效果又会被与之密切相关的国家宽松的货币政策所抵消。

因此，各国宏观经济及其政策的相互联系和相互影响将使各国经济政策的效果大打折扣，甚至在资本完全自由流动的条件下，一国政府所实施的经济政策可能会完全失灵。

赞成国际经济协调的一个主要理由是为了稳定汇率。很多学者强调汇率稳定有非常重要的意义。如麦金农（McKinnon）认为，将汇率稳定在一个固定的水平或限制在狭窄的目标区内波动，有助于降低国际贸易和国际投资的波动性。在浮动汇率和资本完全流动的情况下，货币政策会引发汇率的波动，扩张性货币政策会导致本国货币贬值，而紧缩性的货币政策则导致本国货币升值。例如，如果美国相对于日本实行相对扩张性的货币政策，那么美元对日元就有贬值的趋势。如果日本货币当局也采取扩张性的货币政策，在外汇市场上抛出本币，购进美元，那么这种联合行动就可以阻止美元的贬值，维持美元汇率的稳定。由此可见，各国货币政策的协调可以实现汇率的稳定。

除汇率稳定外，国际经济政策协调还常常有其他一些宏观经济目标，其中之一是可以避免"以邻为壑"（beggar-thy-neighbor）的政策出现。例如，如果一国采取货币贬值的方式来促进出口、限制进口，那么其他国家可能也会跟着采取同样的做法来提高其出口产品竞争力，结果就会出现"竞争性贬值"这一恶果。如果各国进行政策协调，就完全可以避免这种现象。

在实践中，国际经济政策协调有全球性和区域性两种。前者主要由国际货币基金组织（IMF）及西方一些主要发达国家参与进行，后者则是在一些一体化组织内部进行的。其中，欧洲联盟是政策协调比较成功且协调水平比较高的区域组织。

16.4.2　国际经济协调的内容

随着全球经济的一体化，世界上的一些国家提出了双边或多边的协调方式。这些协调方式主要包括货币政策协调、财政政策协调和汇率政策协调三个方面。

（1）货币政策协调

各国货币政策的协调主要包括有关国家利率的协调，这种协调主要针对利率的调整方向。一旦一国希望通过利率的调整来干预经济，以达到控制经济过热或经济衰退的目的，该国不仅要确定利率调整的方向，而且还要同有关国家协商，协调它们之间利率调整的基本方向，而且还要协调各国利率调整的幅度。各国利率水平之间的差异将带来资金在各国之间的流动，这种流动会持续到利差消除为止。

在一些学者看来，控制利率不如控制货币的增长量。因此，各国货币政策的协调还可以采用控制货币供应增长率的方式。一般而言，货币主义经济学家主张通过控制货币供应量调节经济。甚至在他们看来，在确定了稳定的货币供应增长率之后就不必干预经济的增长过程。因此，无论一国是控制货币供应量，还是控制利息率都需要与其他国家进行协调，特别是同与本国有密切关系的国家协调货币政策。

（2）财政政策协调

实际上，在经济关系比较密切的国家之间，不仅要协调货币政策，还要协调财政政策。因为货币政策协调的效果在很大程度上还依赖于财政政策的协调。如果一国的财政支出过度，政府就需要通过货币政策加以配合。这种配合意味着货币发行量的增加，或者物价上涨率较高，这将导致一国货币供应增长率的上升，从而出现因没有协调财政政策使各国之间货币政策的协调难以维持的现象，因此，成功的货币政策协调常常伴随着财政政策的协调，或者说，各国之间只有协调它们之间的货币政策和财政政策，其经济政策目标才能顺利实现。

（3）汇率政策协调

在各国将内部平衡和外部平衡作为经济干预的最佳目标时，它们之间不仅要协调货币政策和财政政策，而且还要协调汇率政策。在开放经济条件下，尽管一国可以采取完全浮动的汇率制度，使政府只需照顾自己的内部平衡，但是为了维持本国经济的稳定发展，特别是减少对外贸易的风险，各国还是趋向于采取有管理的浮动汇率制。这意味着一国不仅要照顾本国的内部平衡，还要照顾外部平衡。当一国经济中的有效需求不足时，政府可以采取货币贬值的政策，以刺激出口、限制进口。但是如果各国政府都这样做，就会出现各国竞相贬值本国货币的现象，结果是各国货币之间的兑换率可能回到原来的出发点。任何一国的货币贬值幅度如果超过其他国家，各国之间的贸易风险也就随之产生。如果一些国家实行货币贬值，而一些国家实行货币升值，该国货币在外汇市场上的汇率就会发生变化，引起投机活动和资金的转移。这种单纯由于汇率变动引起的资金转移不利于各有关国家经济的稳定和正常的增长。

实际上，各国货币政策、财政政策和汇率政策协调的最高阶段是统一各国货币，即用一种货币代替各国自行使用的货币。当各国使用统一货币时，各国不能自行增加或减少货币供应，也不能提高或降低本国的利息率。同样，统一货币意味着各国的财政政策也必须协调一致，因为扩张性或紧缩性的财政政策有赖于信用的扩张或紧缩，以扩张性的财政政策为例，如果政府支出增加而货币供应量不变，则将引起本国利率上升，从而产生"挤出效应"，抵消财政政策的作用。当然，各国的货币统一以后，汇率协调将不复存在。因此，统一货币是各国经济政策协调的最高形式。

然而，各国经济发展情况的差异，特别是各国经济波动程度的差异使得它们在协调经济政策方面会遇到许多困难。因此在多边协调中，各国一般选择比较松散的协调方式，除非它们之间的经济关系达到了十分密切的程度。

□ 复习思考题

自测题

1.开放经济条件下的宏观调控目标是什么？
2.简述内外均衡目标之间的关系。
3.开放经济条件下的政策工具有哪些？
4.什么是米德冲突、丁伯根法则、蒙代尔"有效市场分类原则"？

□ 本章讨论题

1.讨论开放经济与封闭经济在宏观经济调控目标和手段方面的差异。
2.运用蒙代尔-弗莱明模型比较货币政策和财政政策的效果。

第17章/国际货币制度与区域货币合作

━━━━ 学习目标 ━━━━

掌握国际货币制度的概念，了解国际货币制度的发展历程；掌握布雷顿森林体系和牙买加货币体系的主要内容；掌握区域货币合作理论，了解欧洲货币合作的发展概况。

17.1　第二次世界大战之前的国际货币制度

17.1.1　国际货币制度概述

国际货币制度（international monetary system），亦称国际货币体系，是各国政府为满足国际贸易和国际支付的需要，对货币的汇率、国际收支的调节等事项所确定的原则、采取的措施和建立的组织形式的总称。

国际货币制度应具有三方面的内容和功能：一是规定用于国家间结算和支付手段的国际货币或储备资产及其来源、形式、数量和运用范围，以满足世界生产、国际贸易和资本转移的需要。二是规定一国货币同他国货币之间汇率的确定与维持方式，以确保各国间货币的兑换方式与比价关系的合理性。三是规定国际收支的调节机制，以纠正国际收支的不平衡，确保世界经济稳定与平衡发展。

根据历史发展的规律和经济发展的进程，按照国际货币制度所必须要求的内容，我们可以把国际货币制度从不同角度进行分类。

储备货币或本位货币是国际货币制度的基础，根据国际储备来划分国际货币制，大体分为金本位制、金汇兑本位制和信用本位制。金本位制是指以黄金作为国际储备资产或国际本位货币；金汇兑本位制是指同时以黄金和可直接自由兑换的货币作为国际储备资产；信用本位制是指以外汇作为国际储备资产，与黄金无任何联系。

汇率制度是国际货币制度的核心，按汇率制度分类，可以分为固定汇率制度和浮动汇率制度，有时也可以同时以国际储备货币和汇率制度作为国际货币制度分类的标准。例如金本位制下的固定汇率制、以美元为本位的固定汇率制、以黄金和外汇为储备的可调整的固定汇率制或管理浮动汇率制等。

在历史的各个不同时期，国际货币制度在不断地演变，最早的国际货币制度是大约形成于1880年并延续到1914年的国际金币本位制度。第一次世界大战的爆发使金币本位制崩溃，国际货币关系混乱，各国不得不纷纷停止黄金的兑换，并采取浮动汇率制的形式。1925年之后各国又开始致力于恢复金币本位制，但这时建立的是金汇兑本位制和金块本位制，以上统称为金本位制。1929—1933年大危机的爆发又使国际货币关系陷于混乱，随后金汇兑本位制和金块本位制也相继垮台。第二次世界大战以后，1945—1973年，国际上实行的是布雷顿森林体系，是可兑换的美元本位制，实行可调整的固定汇率制度。1973年布雷顿森林体系宣告崩溃，各主要西方国家的货币从此进入了浮动汇率制时期，或者确切地说是有管理的浮动汇率制，后来又称为牙买加货币体系。

国际货币体系大事记

17.1.2 国际金本位制

（1）国际金本位制的运行机制

金本位制是指一国的本位货币是用一定重量或成色的黄金来表示的，并且其货币当局随时愿意按所规定的货币单位的含金量，根据一定条件买卖黄金。

国际金本位制是世界上第一次出现的国际货币制度。英国于1816年采用金本位制，是世界各国实行金本位制最早的国家。1880年，欧洲和美洲的主要国家都实行了金本位制，因此一般把这一年作为金本位制开始的年份。国际金本位制的产生不是各国协商的结果，而是许多国家的经济发展到一定阶段后，必然采用黄金作为货币，使黄金执行世界货币的职能，使金本位制具有了国际货币制度的性质。

国际金本位制有三项基本的运行规则：首先，所有参加国的货币均以一定数量的黄金定值，本国货币当局随时准备以本国货币固定的价格买卖黄金；其次，黄金能够自由输出和输入；最后，本国的货币供应量受本国黄金储备的制约，黄金流入则货币供应增加，黄金流出则货币供应下降。

这三项规则的前两项保证了在国际金本位制度下，各参加国货币之间的汇率是固定的，或只在极小的范围内波动。由于国家之间的货币以黄金表示的价格是固定的，而且黄金能够自由兑换和输出入，那么国家间的黄金套汇交易将使汇率的波动保持在由铸币平价和黄金输送费用决定的黄金输送点以内。第三项规则是要求参加国的国内货币供应量与其国际收支状况相联系，即逆差国的货币供应下降，顺差国的货币供应增加。这使国际金本位制度有了一种自动平衡国际收支的机制，可以保证国际收支的失衡能够自动得到纠正。

（2）对国际金本位制的评价

理论上，国际金本位制是完美的，其基本特征是黄金作为国际储备货币、固定汇率制度和国际收支的自动调节机制。从实际情况看，长期以来，国际金本位制也普遍受到称赞。19世纪形成的古典金本位制度为当时的主要国家提供了至今最为稳定、最有效率的国际货币制度。币值和汇率的稳定促进了生产的发展，有利于国际贸易和资本流动；各国均看重外部均衡，主要国家之间因而有可能协调经济政策，进行国际合作。这些都为世界经济的增长提供了有力的支持。

然而，国际金本位制的缺陷也是相当明显的。从国家内部看，实行金本位制使得货币当局丧失了货币政策的自主性，无法利用货币的紧缩或扩张实现经济的稳定。各国有义务维持本币汇率稳定，这使得外部均衡目标高于内部均衡目标，外部均衡的实现往往是以牺牲内部均衡为代价的。从外部条件看，在金本位制下，本位货币是黄金，于是货币供应和价格水平都与黄金供应量相联系，但黄金的供应量受自然条件和技术水平的限制，在长期内无法与社会财富的增长保持适当、稳定的比率。此外，自动调节机制要求物价具备充分的弹性，生产和贸易对价格的反应灵敏，所谓的自动调节必然是以国内的物价波动为前提的，这也使得各国的国内经济难以稳定。

（3）国际金本位制的崩溃

第一次世界大战成为终结金本位制的导火索，战争期间各国实行了黄金禁运和外汇管制，国际金本位制宣布瓦解。战争结束后，由于人们依然留恋金本位制曾经带来的稳定和繁荣，恢复金本位制便成为必然的选择。

经过努力，到1928年前后，第一次世界大战前实行金本位制的国家已先后恢复了不同形式的金本位制，黄金再度实现在国家间的自由流通。实际上，恢复以后的国际金本位制是以美元、英镑和法郎为中心的国际金汇兑本位制。各国国内没有黄金流通，实行金汇兑本位制的国家将本国货币与另一实行金（块）本位制的国家（主要指美国、英国和法国）的货币（基准货币）保持固定的比价。这是第一次世界大战前国际金本位制的变形，是以黄金为基础，各国货币同基准货币相联系的固定汇率制。基准货币同黄金一起成为了储备资产。

这种削弱了的金本位制存在着严重的内在不稳定性。在这种制度下，纸币的发行不是完全以黄金作为准备，在国家间也缺乏公平有效的国际收支调节机制。这些内在缺陷表明国际金汇兑本位制终究只是权宜之计，在1929—1933年大萧条的冲击下，崩溃是必然的结果。

在1929—1933年爆发的世界经济危机中，英国难以应对兑换黄金的困境，于1931年9月21日放弃了金块本位制，随后各国也相继放弃了金汇兑本位制，金本位制彻底崩溃，各国货币的汇率开始自由浮动。

17.1.3　20世纪30年代的混乱时期

国际金本位制崩溃后，资本主义国家普遍实行了纸币流通的管理通货制度，正常的国际货币秩序遭到破坏，国际货币制度一片混乱。

1931年英国在放弃金本位制后，组建了以英镑为中心的英镑集团。1933年美国放弃金本位制后，组建了以美元为中心的美元集团，后来法国也组建了以法郎为中心的法郎集团。每个货币集团内部均以核心国家的货币为中心，并以其作为集团内部的储备货币进行清算。各货币集团内部的货币比价、货币波动界限及货币兑换与支付均有统一严格的规定。

三个相互对立的货币集团对外均加强了外汇管制，并且竞相贬值，实行外汇倾销，货币战接连不断。货币战使国际货币秩序混乱，各国的经济联系被严重削弱，严重地阻碍了国际贸易和国际金融的发展。虽然各国也曾谋求合作，如1936年英、美、法三国曾订立协定共同防范货币的竞相贬值，但是由于各货币集团的对立，国际货币关系仍然充满着矛盾和冲突。随着第二次世界大战的爆发，各国普遍出现了通货膨胀，货币秩序更是变得异常混乱。各国要求建立新的国际货币制度的愿望日益强烈。

17.2 布雷顿森林体系

17.2.1 布雷顿森林体系的主要内容

第二次世界大战使西方国家之间的力量对比发生了巨大的变化。原来头号的经济大国英国在战争期间经济遭到严重破坏，而美国则通过战争受益，一跃成为世界第一经济大国。1938—1944年，美国工业产值提高了近两倍。1948年，美国工业产值在资本主义世界所占的比重高达53.9%，出口贸易占当时世界出口贸易总额的1/3，世界黄金储备的3/4掌握在美国手中，美国取代英国成为资本主义世界最大的债权国。当时英、美两国政府都从各自的利益出发，设计新的国际货币制度，分别公布了英国财政部顾问凯恩斯（J.M.Keynes）拟订的"国际清算同盟计划"和美国财政部部长助理怀特（H.D.White）拟订的"国际稳定基金计划"。

两个计划提出后，英、美两国政府代表团就国际货币计划展开了激烈的争论，由于美国在政治、经济及军事上占有优势，1944年7月1日，在美国的新罕布什尔州的布雷顿森林举行的"联合国货币金融会议"上，联合国的44国代表通过了以怀特计划为基础的《国际货币基金协定》和《国际复兴开发银行协定》，总称《布雷顿森林协定》（Bretton Woods Agreement），确立了以美元为中心的国际货币制度，即布雷顿森林体系。布雷顿森林体系的主要内容包括：

（1）以美元作为最主要的国际储备货币，实行美元黄金本位制

美元和黄金挂钩，规定1盎司黄金等于35美元的黄金官价。美国保证各国政府或中央银行随时可用美元向美国按官价兑换黄金；另外，其他国家根据自身情况确定其货币与美元的平价，这一平价一旦确定下来，就不得随意更改，各国有义务维持汇率稳定。这种安排使美元成为关键货币，取得了等同黄金的资格，同黄金一起共同构成各国的国际储备资产。

（2）实行可调整的钉住汇率制

布雷顿森林体系下的汇率制度安排是一种"双挂钩"制度，即美元与黄金挂钩、各国货币通过与美元挂钩从而间接与黄金挂钩。这种双挂钩制度构成了布雷顿森林体系的"两大支柱"。各国政府或中央银行可以随时用美元按黄金官价向美国

兑换黄金，各国货币与美元保持固定的比价，各成员国中央银行有义务保证汇率波动的幅度不超过平价上下1%的范围。

只有当成员国出现"根本性国际收支失衡"时，才可以较大幅度地调整汇率。在平价10%以内的汇率变动须通知IMF，超过10%的汇率调整则须经IMF批准。在实际运行中，成员国调整汇率平价的情况很少，偶尔有变动，也是贬值多于升值。

（3）确定国际收支的调节机制

IMF将协助成员国调整国际收支。对于暂时性的国际收支失衡，IMF设立普通贷款账户向国际收支赤字国提供短期资金融通。成员国在出现国际收支逆差时，可用本国货币向IMF按规定程序购买一定数额的外汇，将来在规定的期限内以用黄金或外汇购回本币的方式偿还借用的外汇资金。成员国认缴的份额越大，借款能力也就越强。普通资金账户是IMF最基本的贷款，它只限于弥补国际收支赤字。对于国际收支的"根本性不平衡"，IMF规定可对平价进行调整，实行法定升值或法定贬值。但"根本性不平衡"并没有明确标准，因此在实践中难以运用。

（4）取消外汇管制

IMF协定第8条规定成员国不得限制经常项目的支付，不得采取歧视性的货币措施，要在兑换的基础上实行多边支付。它允许成员国对资本移动实施外汇管制，而不允许成员国政府在经常项目交易中限制外汇买卖。

在上述内容中，其中"两个挂钩"对保障重建的国际货币制度的统一性和稳定性，具有特别重要的意义，是构成布雷顿森林体系的两大支柱。这种双挂钩的国际货币制度表明，各国的货币是不能兑换黄金的，但是能够通过可兑换黄金的美元间接地与黄金挂钩。美元起着世界货币的职能，而其他国家的货币则依附于美元。这和金汇兑本位制非常相似，因此有人称第二次世界大战后以美元为中心的国际货币制度为新金汇兑本位制。

17.2.2 布雷顿森林体系的运行与崩溃

布雷顿森林体系的运转经历了美元荒、美元灾、美元危机三个发展阶段。体系运行之初，西欧各国尚未从战争破坏中恢复，对外汇的需求旺盛，美元出现了短缺，也就是所谓的"美元荒"，此时体系的内在矛盾尚未显现。随着马歇尔计划的推行，欧洲经济走上正轨，对美国的贸易转向顺差，美元在国外逐渐过剩，直至泛滥成灾。1960年，美国的短期外债第一次超过了它的黄金储备（210亿美元：178亿美元），人们对美元-黄金固定比价的信心开始动摇，抛售美元、抢购黄金的投机潮出现了，美元陷入危机。

布雷顿森林体系真正意义上的运转是1958年以后才开始的，因为直到那时，主要西欧国家的货币才取消外汇管制，实现同美元自由兑换，正式履行双挂钩的承诺。但是1960年10月，第一次美元危机就爆发了。20世纪60年代美国持续的逆差使美元兑换黄金的基础不断削弱，为此IMF及各成员国采取了一系列的措施，包括黄金总库、黄金双价制等，来维持体系的运转。1971年，美国出现了20世纪以来首次贸易收支逆差，抛售美元的风潮再起。尼克松政府被迫于8月15日宣布美元停兑黄金，美元同黄金的挂钩断裂。主要工业化国家一面让其货币自由浮动，一面设法解决危机，于是有了十国集团达成的《史密森协定》，即重新调整美元的黄金官价，从35美元提高到38美元，各国货币平均对美元升值8%；同时扩大汇率的波幅，由±1%上升到±2.25%。但是此举无法挽回美元颓势，各国货币纷纷与美元脱钩自由浮动。1973年2月，美元再度贬值10%，黄金官价提高至42.22美元。然而新的中心汇率仍无法恢复人们对美元的信心，1973年3月，维持固定汇率的国家放弃了努力，各国货币同美元脱钩，布雷顿森林体系彻底崩溃。

17.2.3 对布雷顿森林体系的评价

布雷顿森林体系对第二次世界大战后世界经济的发展起到了一定的促进作用。它稳定了第二次世界大战后资本主义世界货币金融的混乱动荡局面，促进了国际贸易和世界经济的发展，在一定程度上解决了国际支付困难，缓解了国际收支危机。在布雷顿森林体系运转的大部分时间里，世界经济增长迅速，国际贸易和投资也有很大的发展。有人把这个时期称为资本主义世界的第二个"黄金时代"，并认为它和第一个"黄金时代"，即第一次世界大战前的国际金本位制时期有相同之处，都与实行固定汇率制有关。

布雷顿森林体系在发挥巨大作用的同时，也渐渐地陷入了危机之中。随着美元霸权地位的不断衰落和美国国际收支逆差日趋显著，布雷顿森林体系自身存在的问题和弊端也逐渐显现出来：

一是布雷顿森林体系的可调整汇率制过于僵化，难以按照实际情况经常调整。美元是基准货币，即使美元汇率偏高或偏低，也不便作出调整。而其他国家往往也是盈余国不愿升值，赤字国不愿贬值。即使采取措施来维持汇率，也经常受到投机资金的冲击，从而难以实现国际收支的灵活调整。

二是国际收支失衡调节乏力，且调节责任不对称。美国发生国际收支赤字，可用增发短期债务的办法来弥补；而其他国家则不得不牺牲内部平衡来换取外部平衡。在布雷顿森林体系下，各国不能利用汇率杠杆来调节国际收支，IMF提供的贷款又十分有限，各国只能采取一些有损国内经济目标实现的经济政策，这就会造成国内经济的不稳定，从而导致为实现外部平衡而牺牲内部平衡的状况。

三是布雷顿森林体系造成了货币发行国与其他国家之间利益分配的不公平。在布雷顿森林体系建立之初，美国通过高估美元，从而可以低价掠夺他国黄金，以后又通过美元贬值以减轻其他国家用美元向美国兑换黄金的压力。作为储备货币的发行国，在布雷顿森林体系下，美国可以通过向国外发行美元钞票牟取大量铸币税。此外，美国能长期保持国际收支赤字，可以用本币来清偿自己的外债，而不必通过国内经济政策去调整，而其他国家不得不积聚美元，这无异于为美国的对外开支提供资金。

四是布雷顿森林体系自身存在着不可克服的矛盾。1960年，美国经济学家特里芬（R.Triffin）在其著作《黄金与美元危机》一书中指出：布雷顿森林体系是以一国货币作为主要国际储备货币，在黄金生产停滞的情况下，国际储备的供应完全取决于美国的国际收支状况。美国的国际收支保持顺差，国际储备资产不能满足国际贸易发展的需要；美国的国际收支保持逆差，国际储备资产过剩，美元发生危机，从而危及国际货币制度。这种难以解决的矛盾又被称为"特里芬两难"，它决定了布雷顿森林体系的不稳定性和必然垮台。

此外，还有一些学者用古老的格雷欣法则①（Greshams Law）解释布雷顿森林体系的内在不稳定性。最早提出这一设想的是尼翰斯（J.Niehans，1978），后来在1989年，格罗威（Paul D.Grauwe）就此进行了系统分析。在布雷顿森林体系中，美元即是所谓的"劣币"，在20世纪60年代，美国的物价水平上升了30%，而黄金官价却没有发生变化。于是人们不断地以美元兑换黄金，最终导致黄金被逐出流通领域。

17.3   当前的国际货币制度

17.3.1   牙买加货币体系的主要内容

布雷顿森林体系崩溃后，国际金融形势更加动荡不安，世界各国都希望建立一种新的国际货币制度，以结束这种混乱的局面。经过几年的探讨和磋商，1976年1月，IMF"国际货币制度临时委员会"在牙买加会议上达成了综合性协议，即《牙买加协定》。后经IMF理事会和各成员国通过，从1978年4月1日起正式生效。

各国达成《牙买加协定》后，国际货币关系出现了一些重大变化，诸如美元的国际货币地位降低，国际储备产生多元化现象，出现各种形式的浮动汇率制，国际金融市场的发展及其影响的增强等。有些变化虽然是在牙买加会议前发生的，但一般都在会议上得到认可。由于《牙买加协定》形成了一种新的国际货币关系格局，因此，亦可称作"牙买加货币体系"。牙买加货币体系的主要内容包括：

（1）浮动汇率制度合法化，汇率制度选择自由化

《牙买加协定》允许成员国自由作出汇率安排，既可以继续实行固定汇率制，也可以实行浮动汇率制，还可以实行钉住某一种主要货币或一篮子货币的汇率制度等。但成员国的汇率政策须受国际货币基金组织监督，以防止各国采取损人利己的贬值政策；实行浮动汇率制度的成员国，还应根据经济条件，逐步恢复固定汇率制。经总投票权的85%多数票通过的决定，认为待国际经济条件具备时，国际货币基金组织可以决定采用稳定且可调整的货币平价制度，即固定汇率制度。

从选择结果看，在汇率安排上，各国采取了多样化的形式。以美国为首的发达

---

① 根据格雷欣法则，如果在货币制度中同时使用两种货币，且官方又对这两种货币固定价格，并随时准备按官方固定价格买卖这两种货币，若其中一种货币供给过多，其私人市场价格就开始下降，于是人们会从私人市场以便宜的价格购买，然后以官方的高价卖给官方。这个过程不断进行，最终会使供应相对稀缺的货币退出流通，即所谓的"劣币驱逐良币"。

国家采取了浮动汇率制度；西欧国家则在货币互相钉住的基础上进化到欧洲货币体系，进而又采取了共同的货币形式——欧元；大多数发展中国家则仍主要采取钉住汇率制度。

（2）储备制度自由化，储备货币多元化

推行黄金非货币化，规定黄金不再作为各国货币定值的标准。牙买加货币体系下国际货币已经与实物价值完全脱钩，多种强势国家的信用货币，如美元、欧元、日元等充当世界货币的角色。它们在世界外汇储备总额中各自所占比例主要由其经济实力和国际商业习惯决定，不同时期会有一些变化。主要表现为美元在储备货币中仍占主导地位但其地位被不断削弱，而欧元、日元以及特别提款权（SDR）等作为储备资产的地位不断提高。需要指出的是，美元作为国际储备货币的地位有所削弱，但仍然是最主要的国际计价单位、支付手段和国际价值储藏手段。鉴于美元的地位，因此也有人认为牙买加货币体系是布雷顿森林体系的延伸。

（3）国际收支调节机制多渠道

在牙买加货币体系下，由于实行以浮动汇率制为主体的多元化的汇率制度，更强调国际货币基金组织的协调作用。因此，成员国可以灵活运用汇率机制、利率机制、IMF的短期贷款与干预、国际金融市场及商业银行的融资等多种手段对国际收支进行调节。不过，自牙买加货币体系建立以来，国际货币基金组织并未对国际收支调节机制作出明确的规定，在制度上无任何设计和约束来敦促或帮助逆差国恢复国际收支平衡，完全由逆差国自行调节国际收支的失衡。

17.3.2 对当前国际货币制度的评价

事实上，与布雷顿森林体系相比，牙买加货币体系只是一种并不严格的、松散的国际货币制度。《牙买加协定》的诸多内容只是对布雷顿森林体系崩溃后现实状况的一种承认，而非有效的制度安排。从国际货币体系的三大支柱看，牙买加货币体系无本位货币及其适度增长约束，无统一的汇率制度，也无国际收支协调机制，实质上是国际放任自由制度，即"无制度"，因而被称为"无体系的体系"（international monetary non-system）。

（1）牙买加货币体系的积极作用

自1973年国际货币制度进入这种"无制度"阶段，至今已50余年，目前仍然看不出这个体系将在近几年内发生重大变化或作出重大变革的迹象。在评价这一制度时，首先应该肯定其维持国际经济运转和推动世界经济发展的积极作用。

牙买加货币体系与布雷顿森林体系相比有其进步性，其制度安排比较灵活，这使得它的适应性较强，在一定程度上符合世界经济动荡、多变和发展不平衡的特点。首先，以浮动汇率为主的多种汇率安排体系能够比较灵活地适应世界经济形势多变的状况和主要储备货币国宏观经济政策的需要；其次，国际储备多元化有利于解决"特里芬两难"，不会出现布雷顿森林体系下的美元信任危机，能够有效维持国际货币体系的正常运转；最后，多种国际收支调节机制相互补充，大大增加了国际收支调节机制的有效性。从总体上说，牙买加货币体系有其积极的历史作用。

总而言之，当今的国际货币制度是世界经济动荡、多变和发展不平衡的产物。而它的运行也恰恰能够大体上适应世界经济的这种状况，因而对世界经济的发展有一定推动作用。

（2）牙买加货币体系在运行过程中暴露出来的问题

良好的国际货币体系应该提供一种稳定的金融环境，但在当前的牙买加货币体系下，发达国家与发展中国家存在着严重的利益冲突，而这种利益冲突又不断以全球金融动荡和金融危机表现出来。如20世纪80年代的拉美债务危机、90年代后期的亚洲金融危机以及随后墨西哥、俄罗斯和阿根廷等国出现的金融危机，乃至2008年席卷全球的金融危机。现行国际货币体系在货币储备体系、汇率制度、国际收支调节机制、国际货币基金组织的职能方面都存在着问题，这些缺陷使得当前货币体系功能的发挥已不能完全适应世界政治经济的发展要求，具体表现在：

第一，本位机制受美国经济和美元信用影响，基础不稳定、不牢固。牙买加货币体系实际上是美元体系，即由不能与黄金兑换的美元发挥关键货币功能。美元在国际贸易、投资和计价结算中居主导地位，在全球官方储备和金融资产中居领先地位，在全球信用体系中居核心地位。这一体系使得美国仍然拥有货币权力，但却可以背离在布雷顿森林体系下应有的责任和义务。美国的货币政策目标以实现国内平衡为主，与国际金融市场稳定之间存在矛盾。2008年全球金融危机以来，美国针对国内经济形势的宏观政策调整产生了巨大的国际负外溢性，"美国优先"的宏观经济政策对外围国家的货币政策独立性和金融稳定也产生了巨大的冲击。

同时，美元流动性与美元信用间也存在矛盾。全球天量的金融资产、衍生品交易、场内资产及场外影子资产的交易，都需要直接或间接地以美元进行定价结算，美元虽然脱离布雷顿森林体系的黄金硬约束，但是仍然受到美国国家信用的软约束，因此美元的供给是不可能无限大的。这也被称为"新特里芬难题"，即不断膨胀的金融资产泡沫与有限的美元货币供给之间的矛盾。

第二，多种货币储备体系存在不稳定性。国际储备的分散化趋向使得当前国际货币体系的稳定与否不再仅仅取决于美国的经济状况和发展趋势，而且还取决于其他相关国家的经济状况和发展趋势。若要保持一个多元化货币体系和世界货币供应量的稳定，大国间应进行政策协调。但从多年的实践看，当世界经济形势普遍趋好时，各主要储备货币国家尚能做到经济同步发展以及保持经济政策的基本协调，但如果形势相反，相关各国都会为了维护国家利益而放弃维护国际货币体系稳定的责任。同时，由于储备货币国采取浮动汇率，整个世界范围内追逐强势货币、抛售弱势货币的行为又必将加剧汇率的起伏，造成非储备货币国储备管理的困难，进而影响储备资产的稳定性。

第三，汇率制度存在严重的不均衡和不稳定性。多种汇率制度并存加剧了汇率体系运行的复杂性，汇率波动和汇率战不断爆发，助长了国际金融投机活动，金融危机风险大增。另外，全球汇率制度呈现出明显的中心-外围架构。发行国际通货的少数发达国家位于这一架构的中心，实行浮动汇率制，向外部输出货币，接受来自外部的实体性资源。广大发展中国家位于外围，多采用固定汇率制，通过持有中心国家的货币满足支付需要，同时向中心国家输出资源。在这样的架构下，经常会出现大国侵害小国利益的行为，使发达国家和发展中国家之间的利益冲突更加尖锐和复杂化。

第四，国际收支调节机制存在不对称性。国际收支虽然可以通过运用多种渠道加以调节，但各种渠道本身都存在着缺陷，例如汇率调节机制受出口商品弹性限制、利率机制有副作用、商业银行的逐利性竞争已经导致贷款约束放松并造成发展中国家的外债积累，而且各国相互间的协调也难以实现。此外，由于IMF并未对国际收支调节机制作出明确的规定，也无相应的制裁措施，致使各国政府往往将国内的宏观经济目标放在首位，采取一些不利于国际收支平衡的经济政策。特别是一些发达国家，为了实现本国的经济目标，很少考虑别国的利益，而经常使本国的国际收支处于失衡状态，致使本币汇率剧烈波动，从而严重影响了国际货币体系的稳定。

此外，作为国际货币体系中的主要组织机构，国际货币基金组织在职能上缺少独立性和权威性，整个货币体系缺少有效的协调与合作机制。

17.4　　国际货币制度的未来发展

20世纪七八十年代以来，随着各国经济的不断发展，全球金融一体化已经成为不可逆转的历史潮流。这就需要有一种稳定的货币制度为其提供稳定的背景，需要一套合理的国际金融法律和一个有效的国际监管机构，为其提供规范而有序的基本框架，也需要一种主权国家之间的多边有效的协调机制，能在宏观经济决策和金融监管方面实现有效的多边磋商、协调与合作，以减少各国经济发展的不对称性、利益的不一致性和政策的不协调性。近年来，该体系暴露出来的弊端已引起世界各国的重视，各国关于改革现行国际货币制度的讨论一直在进行。

17.4.1　货币制度选择所涉及的关键问题

在选择国际货币制度时，有些关键问题直接关系到各参与国的利益。

（1）铸币税

在美元本位下，美元是唯一的国际储备货币，美国通过发行国际储备货币得到了大量的铸币税利益。从短期来看，铸币税是存在并有利于货币发行国发展的，但是，持有国际货币的外国中央银行始终都拥有对发行货币国的债权，随时都有要求偿付的可能，这对于发行货币的国家来说，压力很大。而某一种国际储备货币的贬值将会严重损害持有该种储备货币的国家的利益。这是现行国际金融制度不利于发展中国家利益的主要表现。

（2）货币政策

储备货币国家的货币政策在一定程度上成为该货币区的货币政策。对于非储备国家来说，没有独立的货币政策，也就不能通过货币政策来实现宏观经济目标。而储备货币国家的货币政策由于外界的严重干扰，也很难独立地实行自己的货币政策。

（3）贸易利益

货币制度变动会对国际贸易利益产生影响，对于储备货币国而言，由于他国的中央银行持有该国货币而使该国货币升值，从而可以获得有利的贸易条件。同时，其代价是丧失出口部门的利益，导致出口部门萎缩。

（4）国际收支调整责任

当国际收支出现不平衡时，就产生当事国的调整责任问题。通过外汇储备的增减，可以使该国的国际收支达到一个相对平衡的程度。若出现较大程度的国际收支失衡，一国可能要调整货币政策、贸易政策等来重新使其达到平衡。

一种国际金融制度的设立，必须考虑到解决上述矛盾和利益冲突的方法，才能被所有参与国接受。

17.4.2 国际货币制度的改革设想

国际货币制度改革早在布雷顿森林体系崩溃以前就已开始，最初大部分人认为当前的"牙买加货币体系"只是过渡性的，新的国际货币制度不久就会形成，然而，这种"没有体系的体系"一直延续到现在。金融理论界始终存在改革国际货币体系的呼声，只是根据形势的发展而时骤时缓。亚洲金融危机之后，国际货币制度改革问题再次成为各界关注的焦点。目前，作为现行国际货币体系载体的国际货币基金组织、发达国家、发展中国家、各国际经济组织和著名学者都提出了改革货币体系的设想，下面列举其中有代表性的几种：

（1）恢复金本位制

法国政府早在20世纪60年代就提出了这种主张。20世纪80年代，美国有些学者也曾相继提出恢复金本位制的提案，美国还专门成立了黄金委员会，经过多次反复论证，终于否决了恢复金本位制的提案。

亚洲金融危机之后，出于对金融资产虚拟化和美元代行世界货币时所导致的金融霸权的考虑，部分发展中国家的经济学家和发达国家的左派经济学家又提出了新金本位制的构想，即全球所有国家同时加入金本位制国家联盟，一致确定或同时变更其货币相对于黄金的比价关系，以增进全球福利，降低世界经济的虚拟化。

然而，货币体系的百年危机和变迁证实，向金本位制度的回归几乎不能解决任何问题，金本位制并不足以保证世界经济避免通货膨胀或通货紧缩的威胁，黄金的稀缺性等因素决定了金本位制难以恢复。而且，历史上已经发生过的向金本位制回归的实践也说明，试图重拾被抛弃了近半个世纪的金本位制是不可能的。

（2）恢复美元本位制

这是最初由美国一些经济学家包括金德伯格、麦金农和德斯普雷斯提出的方案。他们主张美元不兑换黄金，由国际市场力量决定各国官方与私人所需要的美元数量。同时为保持美元币值稳定，美国必须在国内执行稳定货币供应量的政策。其他国家（地区）的货币按照调整过的汇率仍然与美元挂钩并努力维持汇率稳定。

目前，欧元区以外的多数国家（地区）走的都是这条路。这样做的好处很明显：由于美元是被多数国家接受并使用的国际货币，与美元挂钩，便使得挂钩国家在从事对外贸易和资本输出入时，获得了价格稳定的良好环境。然而，建立以美元为基础的国际货币体系，还将存在"特里芬两难"那样的困境，从而相应地引起世界经济的紧缩和膨胀，国际货币关系将不可避免地随着政治经济形势的动荡而变化；同时国际货币事务将重新处于美国的控制之下，这是广大发展中国家和其他发达国家难以接受和极力反对的。

需要指出的是，选择任何一种现有的主权货币作为国际货币体系的中心货币，都会面临与美元本位制同样的问题。

（3）重建布雷顿森林体系

1997年2月，德国席勒研究所与高克斯国际劳工委员会在其紧急呼吁书中提出这一建议。他们建议召开新的布雷顿森林会议，世界各个主权国家采取联合行动，破除以国际货币基金组织为中心的国际金融体制，破除美元的垄断，建立新的国际金融秩序，进行全球性债务重组和恢复固定货币汇率制度。

2008年10月，在金融危机的背景下，以欧洲央行行长特里谢等为代表的一些欧洲官员提出，为了重塑世界金融体系，各国有必要重新制定类似于第二次世界大战后布雷顿森林体系的相关原则。特里谢认为，近来的市场动荡不定，部分原因正是布雷顿森林协定中止后市场上出现的失序。为重塑世界金融体系，各国的政策制定者应该努力向第二次世界大战后约束市场数十年的纪律回归。全球可能需要回归至最初的布雷顿森林体系，需要"重返纪律"。法国总统萨科齐和英国首相布朗也曾试图在当年的20国集团首脑会议上提出建立"布雷顿森林体系Ⅱ"的倡议。

上述重建布雷顿森林体系的构想，虽然出发点不同，但都是基于对当前以美元为核心的国际货币制度的不满。然而，由于世界上还未有一种货币能够替代美元，美元霸权的实力虽然遭到削弱，新兴国际储备货币会出现但绝不会在短时间内撼动美元霸权。

（4）创造以多种货币为基础的世界货币

美国经济学家斯蒂格利茨提出，国际货币体系改革应该解决三个问题：第一，储备资产的积累必须和储备货币国的经常项目逆差相分离。第二，对经常项目顺差国必须有所约束。第三，应该提供一个比美元更为稳定的国际价值贮存载体。为了解决上述三个问题，应大量增加SDR的发放。由于SDR的发放同任何国家的经常项目逆差无关，同时，SDR的价值由"一篮子货币"决定，当篮子中各货币的汇率发生相对变化（如美元对其他货币贬值）时，其价格肯定比美元（对其他货币的相对价格）更为稳定。

2009 年中国人民银行行长周小川提出了世界货币设想，该设想同斯蒂格利茨等经济学家提出的全球货币概念有很多共同之处。周小川提出，"创造一种与主权国家脱钩，并能保持币值长期稳定的国际储备货币，从而避免主权信用货币作为储备货币的内在缺陷，是国际货币体系改革的理想目标"①，这一构想（在扩大 SDR 货币篮子的基础上创造世界货币）的主要目的，也是使储备货币同储备货币国的国内政策相脱离。

然而，以特别提款权为代表的超主权货币缺乏信用与经济基础，短期内不可能成为世界本位货币，只能作为一种长期设想。

上述构想的实质，反映了发展中国家对美元霸权、对发达国家主导国际货币体系的不安，希望发达国家更多地分摊货币危机的损失等。然而，货币体系背后实际上是国力的对比，对发展中国家而言，如何正确分享更多的对国际货币体系的引导和发言权，仍然是有待争取的长期目标。

17.4.3 国际货币体系的前景展望

以上介绍了众多国际货币体系改革方案中的几种比较重要的方案。当前世界经济发展面临通货膨胀、债务危机和国际收支不平衡等诸多问题，这些问题都与国际货币制度有着密切的关系，因此国际货币制度必须进行改革。2008 年的全球金融危机使得现有国际货币体系的缺陷进一步暴露，要求国际货币体系改革的呼声愈发高涨。改变美元主导的格局，提高全球金融市场的安全性和国际经济的平稳性，加快推进国际货币体系多元化、国际金融秩序合理化，成为世界共同的期待。

2008 年全球金融危机之后，美国经济金融体系的全球影响力和号召力明显下降，逐渐陷入滥用美元权力的泥潭。连续不断的超发货币和频频发起的对外金融制裁严重消耗了美元的信誉，美元原有的便捷性和安全性都大打折扣，全球开始出现"去美元化"趋向。虽然美元依然占据着全球主导地位，但越来越多的国家开始推进国际结算多渠道和外汇储备多元化，美元地位正在被削弱。同时，随着发展中国家不断发展壮大，国际力量对比更趋于均衡化，国际格局多极化是大势所趋，国际货币体系的发展也必将反映这一趋势。

近年来，国际货币体系的改革发展和继续转型显然受到诸多新因素的不利影响，包括国际地缘政治矛盾和摩擦的增多、部分国家改革意愿的降低以及世界经济增长出现新的不平衡情况等。面对新环境和新形势，国际社会需要吸取历史教训，积极寻求新共识，努力加强沟通和政策协调，避免国际货币体系出现大规模的混乱。

国际货币体系改革与人民币国际化

---

① 周小川. 关于改革国际货币体系的思考［EB/OL］.（2009-03-23）.http：//www.pbc.gov.cn/detail.asp?col=4200&ID=279.

17.5　　　　　　　最优货币区理论与区域货币合作

第二次世界大战以后，特别是自20世纪50年代末以来，世界经济一体化的趋势不断加强。经济一体化的加强必然引起货币一体化的问题，尤其是区域性的货币一体化，十分引人注目。这种一体化一般是以货币联盟开始的，参加联盟的国家彼此之间实行固定汇率制，使用统一货币单位进行债务清算，并设立统一的货币管理机构协调各国的宏观政策。

第二次世界大战后国际货币关系趋于地区化，主要是由于国际金融事务错综复杂，各国的利害关系各不相同，因此，由一个统一的国际金融机构来推行一套规则是很困难的，而区域性的货币组织则是对全球性金融机构的一种补充。这些区域性货币组织包括西非货币联盟、欧洲货币体系、中美洲货币联盟、中非货币联盟、加勒比货币区等，其中欧洲货币体系发展得最为完善，它在当今国际货币关系中发挥着重要的作用，对国际储备资产、汇率体系、国际收支调节和国际货币信用控制等，都产生了重大影响。

欧洲货币体系被公认为自布雷顿森林体系崩溃以来国际货币制度的重大创新，也是国际政策协调方面最成功的典范。它在其成员国之间建立起一个"稳定货币区域"，使他们免受区域外金融不确定性的影响，方便成员间的经济交往和合作，为未来的国际货币制度改革提供了可供借鉴的途径。而欧洲货币一体化是欧洲经济一体化的终极目标，欧洲单一货币——欧元的设计和出现被称为"纸币发明以来最引人注目的事件"，对国际货币体系产生深远的影响。

17.5.1　区域货币合作的理论依据——最优货币区理论

最优货币区理论可以看作是与货币有关的关税同盟理论的一个分支，是由著名经济学家罗伯特·蒙代尔（R.A.Mundell）和麦金农（R.I.McKinnon）在20世纪60年代创立的。他们认为，在结构相似、彼此联系密切的不同经济主体之间组成独立的货币区，是更为合理也是更有经济效率的。

最优货币区是指成员国相互之间的货币实行自由兑换，汇率保持长期固定不变，而对非成员国货币的汇率则实行联合浮动，通过商品和服务贸易以及要素的流动使多国经济紧密地联系在一起的地区。这样，最优货币区内的各国就形成了一个相当严密的货币集团。

最优货币区的建立及其规模要受到现实经济因素的制约。

① 劳动力和资本的流动性。跨国劳动力和资本的高度流动性会减少使用汇率作为恢复竞争力和消除国际收支不平衡的调整工具的可能性。如果劳动力能从高失业地区流向低失业地区，那么工资和其他成本就会趋同，资本的自由流动可减少通过汇率调整相对成本和价格的必要性。如果劳动力和资本不流动，相对价格的变化将是调整国际收支平衡的唯一手段，那么，浮动汇率比固定汇率和货币联盟更有效。

② 经济开放度和经济规模。一国的经济开放度越高而且规模越小，固定汇率就越有效，该国就越倾向于加入货币联盟。

③ 价格和工资的灵活性。如果价格和工资灵活，那么相对价格的调节可通过市场顺利实现，减少汇率调整的必要。

④ 产业结构的相似性。拥有相同生产结构的国家，并且多样性程度高，外部冲击会具有对称的影响。

⑤ 如果成员国实现了财政一体化，那么财政转移支付能够替代利率和汇率等货币政策抵消非对称冲击的影响。

最优货币区能够给参加国带来一定的利益。

首先，最优货币区的建立可以消除由于汇率波动而产生的不确定性，因此能够刺激国际分工及在成员国或区域内的贸易与投资的流动。最优货币区的形成也使得成员国的市场真正具有了统一大市场的特征，为区内企业扩大生产规模，获得规模经济效益提供了强大的推动作用，真正有效地强化了大市场范围内的竞争，促进成员国之间向生产专业化方向发展，加速商品和资本的流动，提高资源的利用效率。

其次，最优货币区的运行机制有利于成员国保持物价水平的稳定。一方面，区域内不同国家或地区之间发生的偶然性冲击可以相互抵消，另一方面，货币区作为一个整体，也更能抵御来自外部的冲击。这种价格的稳定性促进了各国的经济往来，抑制了高通货膨胀环境下产生的低效的物物交换。

最后，最优货币区的建立还有利于各国实现国际收支平衡，降低国际收支调节的成本。货币区内有关的制度安排，能够节约各成员国对外汇市场进行官方干预时的支出，减少外汇投机的可能性，并且可以为企业节约在套期保值等方面的开支，以及居民在货币区内旅游时把一种货币兑换成另一种货币的费用。

但是，加入最优货币区也需要各国付出相应的代价。其中最大的问题在于各国必须在相当大的程度上放弃其宏观经济政策的独立性，各国将无法根据各自的具体情况采取针对性的调节措施实现本国的稳定和增长的目标。

一般来说，最优货币区的形成在以下几个条件具备时才能发挥较大的积极作用：成员国间资源有较大流动性；成员国间经济结构相似；各国在财政、货币和其他政策上愿意进行紧密合作。

17.5.2 区域货币合作的实践——欧洲货币一体化

（1）欧洲货币一体化的发展历程

欧洲经济和货币一体化的开端可以追溯到1950年成立的欧洲支付同盟①。第二次世界大战后，为解决欧洲各国面临的对外支付困难，在美国的帮助和支持下，欧洲国家共同成立了欧洲支付同盟以解决相互之间的货币结算和各国货币的自由兑换问题。

---

① 欧洲支付同盟（European Payments Union，EPU）成立于1950年9月。这是欧洲经济合作组织范围内的一个独立机构，成员国有英国、爱尔兰、法国、意大利、荷兰、比利时、卢森堡、奥地利、土耳其、丹麦、挪威、瑞士、瑞典、葡萄牙、冰岛、希腊和联邦德国共17个国家，美国和加拿大派观察员参加。该同盟设有一笔信贷基金，向贸易支付困难的成员国提供信贷。成立之初，美国提供了3.5亿美元的资金。

在支付联盟的机制下，各成员国的贸易数额大大增长，也加速了欧洲经济的复兴。到1958年，随着欧洲对美国出口的大幅增加，欧洲支付同盟完成了历史使命。

1957年欧洲经济共同体成立以后，在经济一体化方面取得了相当大的进展。随着欧共体工业品和农产品共同市场的巩固和发展，劳动力和资本的自由流动自然成为一体化的下一个目标。这不仅需要各国在经济政策上一致，还有赖于货币方面的合作。另外，在20世纪70年代初，布雷顿森林体系崩溃，国际金融形势动荡，也需要欧共体各国互相支持，联合抵御美元汇率和利率波动所带来的经济冲击。

于是，欧共体在20世纪70年代初采取了协调各成员国汇率的政策。他们采取联合浮动的汇率制度，即对内采取可调整的固定汇率制度，对外采取联合浮动制度。一个成员国货币对外升值，所有成员国一起升值，贬值也是如此。这种汇率的协调之所以必要，是因为成员国之间的相互贸易占到各国对外贸易的比重平均达到60%以上，这种协调有助于稳定他们之间的贸易关系，减少相互间的贸易风险。

1979年3月，欧洲共同体又在汇率协调的基础上试图将这种内部协调机制规范化、制度化，提出并正式启动了"欧洲货币体系"（European Monetary System，EMS）。该体系包括欧洲货币单位（ECU）、欧洲汇率机制（ERM）、欧洲货币合作基金三部分内容。其中，ECU是体系的核心，其价值由成员国货币按该国占欧共体贸易和GDP的比重加权计算而成，是欧共体各国间债权债务的计价单位和结算工具。ERM是"可调整的中心汇率制"，成员国之间汇率固定，对外则实行联合浮动。成员国货币可在两国的双边中心汇率±2.25%的幅度内波动。为保持汇率稳定，EMS还设立了预警机制和干预机制。一旦某个成员国的汇率难以维持，可以动用欧洲货币基金干预外汇市场。尽管各国采取的汇率约束不同，但是这种机制确实起到了促进成员国贸易关系发展的作用。

1985年，欧共体提出了新的目标，在1992年12月31日以前建成统一大市场。为此成员国要协调他们之间的财政政策，特别是各成员国之间的征税制度和间接税税率。尽管这种制度的协调尚不足以给各成员国的经济带来实质性的影响，但是它为成员国之间商品的自由流动创造了条件。

自1990年开始，成员国商定从1992年开始，经过三个阶段的努力，在成员国之间建立经济和货币联盟，其中包括建立欧洲联盟的统一货币"欧元"，并且成立欧洲中央银行，所有成员国采取统一的货币政策。

自1999年1月1日起，欧洲统一货币开始启动。2002年1月1日，欧元纸币和硬币正式进入流通，同时各成员国货币逐渐退出。在建设欧元的过程中，欧洲联盟各成员国需要协调各自的财政政策和货币政策，以使本国的通货膨胀率、当年财政支出的增长率、政府公债的累计额占国民收入的比例低于欧洲联盟规定的水平。这意味着成员国要约束他们各自的财政政策和货币政策的实施权，或者说成员国将他们制定财政政策和货币政策的权利上交给了超国家的经济一体化组织——欧洲经济货币联盟。

欧洲货币一体化进程见表17-1。

表 17-1　　　　　　　　　　欧洲货币一体化大事记

1979 年 3 月	欧洲货币体系及欧洲货币单位（ECU）建立。马克、法国法郎、比利时法郎、卢森堡法郎、丹麦克朗、荷兰盾、意大利里拉、爱尔兰英镑等货币加入欧洲汇率机制（ERM）
1990 年 7 月 1 日	第一阶段经济货币联盟展开，欧盟成员国之间的资金流动自由化
1990 年 10 月	英国加入欧洲汇率机制
1992 年 7 月 2 日	《马斯特里赫特条约》（以下简称《马约》）正式签署
1992 年 9 月	英镑被炒家狙击，英国大幅度提高利率至 15% 以捍卫英镑，以求英镑波幅在欧洲汇率机制规定的汇率波动下限之内。其后，英国被迫放弃捍卫英镑，并把利率下调至 12%。英国被迫脱离欧洲汇率机制。连锁反应下，意大利里拉也跌破欧洲汇率机制规定的下限
1993 年 11 月 1 日	《马约》正式生效，欧盟进入第二阶段
1994 年 1 月 1 日	欧洲货币局正式在法兰克福成立，作为欧洲中央银行的前身，并专门负责欧盟整体的经济协调。比利时的拉姆阿卢西成为首任总裁。各成员国致力缩减财政赤字以达到《马约》的要求
1995 年 12 月 15 日	欧洲议会正式采纳欧元（EURO）为新货币名称。制定欧元推出及取代各国货币的时间表
1996 年 12 月 31 日	欧洲货币局制定欧洲中央银行（ECB）和欧洲央行委员制度
1998 年 3 月 25 日	欧洲议会宣布 11 国包括德国、法国、意大利、比利时、卢森堡、荷兰、奥地利、葡萄牙、西班牙、爱尔兰和芬兰，符合加入欧洲经济货币联盟（ECU）的标准，并警告部分国家应致力减少财政赤字
1998 年 5 月 2 日	欧盟财长在布鲁塞尔开会，决定第一阶段于 1999 年加入欧洲货币联盟名单。该决定主要以各国 1997 年经济表现是否符合《马约》为基础。选出欧洲央行理事会总裁及 5 名成员。同时，11 国央行行长成立欧洲央行委员会。此后，欧洲货币联盟的利率由这 17 人组成的委员会制定
1999 年 1 月 1 日	欧盟第三阶段开始。议会制定不可撤销的欧洲货币联盟各国间及欧洲货币联盟各国对欧元的汇率。欧元成为欧洲货币联盟的正式货币并正式取消欧洲货币单位。欧元正式成为欧洲货币联盟会计及电子交易单位。新发行的欧盟各国政府债券均以欧元为单位；已发行的债券也将兑换为欧元。正式执行单一货币政策及外汇管理
1999 年 1 月 1 日至 2002 年 1 月 1 日	欧洲央行委员会将不可撤销地负责以固定汇率兑换欧元
2002 年 1 月 1 日	欧元纸币及硬币开始流通，并逐步收回成员国货币
2002 年 7 月 1 日	所有成员国的货币停止使用，欧元成为欧洲货币联盟唯一法定货币

（2）欧洲货币一体化的影响与启示

①对欧元区国家而言，货币一体化对经济发展有显著的有利影响

单一货币的问世消除了各国间原有的汇率不稳定性，降低了货币兑换成本，必然促进各国贸易发展。同时，欧元的实施使欧洲内部的商品、劳务、资本流动更加自由，有利于区内国家的资源配置和分工。欧洲统一货币政策的实施也有利于提高整个区域抵御国际游资冲击的能力。

自1999年至今，欧元已问世25年，成员国由最初的11个增至20个①，单一货币在促进欧元区经济发展和欧盟一体化中发挥了不可替代的作用。在物价稳定、刺激贸易和投资、金融市场整合以及欧元国际化等预期方面，欧元达成了预先设定的使命，在某些方面其效果还超出了预期，从而有力地推动了地区经济的发展。

首先，欧元流通使欧元区各国节省了货币兑换和结算的成本，据欧盟委员会估计，欧洲地区货币的统一使每年节省的货币兑换成本在400亿美元左右。单一货币的使用消除了欧元区内企业的货币兑换成本和汇率风险，这为企业在欧元区内进行贸易和投资奠定了稳固的基础。

其次，单一货币也消除了货币波动带来的风险，从根本上解决了汇率波动给一国金融运行带来的不稳定风险，特别是汇率攻击的风险。欧元运行以后，该地区再也没有发生类似20世纪90年代初针对意大利里拉和英镑的汇率攻击行为。因此，从某种意义上讲，欧元的问世减少了国际投机资金攻击该地区汇率的机会，从而有利于欧元区各国金融的稳定运行，也为经济的顺利发展营造了有利的气氛。

再次，欧元运行以来，区内贸易和直接投资获得了长足的增长。据估计，在问世10年后，欧元区内贸易额及外国直接投资占GDP的比例，都分别从10年前的1/4升至1/3。

最后，欧元的运行，从某种角度上讲，还促进了企业竞争与投资。欧元流通将加速欧洲统一市场内部的人员、物资和技术的流通，促进了市场消费和投资，市场扩大为企业带来机遇，但同时也使企业竞争更加激烈。欧元的流通及稳定性有利于地区间的相互投资，也使欧洲企业管理、技术转让等方面更加容易，使人员、技术和投资得以更好配置。

②欧元问世对美元在国际金融格局中的主导地位直接提出了挑战

欧元的影响远远超出了欧元区20国的界限，有些国家和地区已单方面宣布欧元为法定货币，而相当多的非洲国家原先与法国之间的货币关系也转为与欧元挂钩②，加之一些欧盟东扩候选国也将本币与欧元挂钩，则欧元在世界近50个国家和

---

① 1999年1月1日，欧盟当时15个成员国中的11个成员国（德国、法国、意大利、荷兰、比利时、卢森堡、爱尔兰、西班牙、葡萄牙、奥地利和芬兰）成为首批加入欧元区的国家。2001年1月1日，希腊加入欧元区。2007年1月1日，斯洛文尼亚加入。2008年1月1日，塞浦路斯、马耳他加入。2009年1月1日，斯洛伐克加入。2011年1月1日，爱沙尼亚加入。2014年1月1日，拉脱维亚加入。2015年1月1日，立陶宛加入。2023年1月1日，克罗地亚加入。

② 一些国家和地区尽管不是欧盟成员国，但也是用欧元作为支付工具或者与欧元紧密相关的。例如，摩纳哥、圣马力诺和梵蒂冈以前使用法国法郎或者意大利里拉作为货币，在法、意两国加入欧元区后，这些国家也相继改为使用欧元。另外还有中部和西部非洲的13个经济共同体法郎国家，自1946年就与法郎挂钩，欧元区成立后自然沿用同欧元区挂钩的制度。根据对与欧元和美元挂钩的地理分布进行研究，全球40多个经济体（以小型经济体为主）将欧元作为汇率稳定货币。

地区发挥影响。而将美元作为汇率稳定货币的经济体约有60个。欧元问世及欧元区的形成，预示着世界上一个经济实力足以与美国抗衡的经济体的崛起，美元-欧元双寡头的国际储备格局必将形成，这一方面可使各国摆脱对美元的过分依赖，另一方面可使国际交易中的计价结算支付体系更加简化和便利，促进国际货币合作与政策协调。

如今，欧元已成为国际贸易、金融交易和官方外汇储备中仅次于美元的世界第二大货币，形成了全球结算货币和外汇储备结构的新格局。根据欧洲中央银行2024年发布的《欧元的国际作用》，截至2023年年底，欧元在各国外汇储备中的占比为20%，在全球债券发行的占比为22.6%。在特别提款权（SDR）篮子货币中，欧元权重占比29.31%。根据环球银行金融电信协会（SWIFT）的统计，同期欧元的全球支付份额为22.41%，尽管欧债危机后受经济疲软与政治不稳定因素影响，欧元的货币体系地位有所下滑，但欧元作为美元霸权"潜在挑战者"的身份仍在。

③欧元的出现对现行的国际货币体系提出了挑战

欧元启动后，首批11国在国际货币基金组织的份额合并达到37%，与美国不足20%的基金份额相比，欧盟国家有望在此后的国际政治经济舞台上掌握更大的发言权，改变国际政治力量对比，从根本上打破美国一家主宰国际货币和金融事务的局面。相应地，以美元为主导的国际货币体系必然发生重大变化。因此，欧元的诞生标志着国际金融格局进入重大调整阶段，并将为现行国际货币体系乃至国际金融体系的改革创造条件。

④欧洲货币一体化为其他经济一体化组织的货币合作起了示范作用

欧洲货币一体化的成绩昭示了货币合作的积极效果，也启发了其他地区的货币合作构想，建立区域共同货币的议题也被许多区域经济合作组织提上日程，一时间区域货币合作成为国际金融领域最热门的话题。其中，东亚区域货币合作就是以此为契机，成为学术界和区内各国（地区）政府关注的焦点。

⑤欧元区的建设实践推动了最优货币区理论的发展

在欧元区未形成之前，根据现有的最优货币区单一指标体系理论，欧元区在很多指标上并不符合建立最优货币区的条件。因此，单从理论上的标准而言，欧元诞生时面临着大量的质疑声。但是，欧元运行后的实际效果显然抵消了当初的怀疑。现实与理论的背离给最优货币区理论的发展提供了新的视角。欧元的实践表明：最优货币区的标准是内生变量而非外生变量，即使构成最优货币区理论的一系列指标事前虽然并未达到，但在货币联盟形成以后，会由于内生变量的作用，而逐渐达标。因此，这项具有进步意义的结论在欧元的实践中得到了印证，从这个角度看，欧元作为单一货币的实践对最优货币区理论的发展具有实质上的推动作用。

17.5.3　欧元未来面临的挑战

自1999年问世至今，欧元已运行25年，其间先后经历了2008年国际金融危机、2009年欧洲主权债务危机、2020年新冠肺炎疫情以及从2022年开始的严重通货膨胀四次重大危机。同时，欧元汇率经历了大幅涨跌的考验，曾两次跌破发行时的平价。这些挫折和危机，也预示着欧元的未来仍将面临多重考验。

欧元运行过程中出现的问题反映出最优货币区理论和制度设计存在缺陷，欧元区的设想存在先天不足。

一是最优货币区准入标准本身存在漏洞，成员国之间经济一体化程度达到多高，方能建立一个货币区，理论并没有给出明确解答。欧元区实践中确定的门槛条件是否合理，理论上也难以给出解释。按照现有门槛条件加入欧元区的国家是否具有实施统一货币政策的基础、未来能否有效进行经济政策协调存在不确定性。

二是理论上并没有明确财政统一在货币区建立和发展中发挥什么样的作用。从理论上讲，统一货币需要成员国让渡货币发行权和独立的货币政策的同时，财政政策也需要逐渐走向统一。欧洲主权债务危机的爆发已经充分显露出各国缺乏统一财政政策的致命缺陷。然而，从目前情况来看，各国司法、行政、财政、外交、安全防卫等方面的独立性还很强，在各国存在明显差异的情况下，单纯推行财政统一会进一步限制各国宏观调控能力，提升其金融与财政体系的脆弱性。

从现实情况方面，在短期，欧元区仍面临乌克兰危机、能源转型、通胀持续、经济复苏乏力等多重困境。从中长期看，欧元的未来与欧元区经济政治一体化进程密切相关，欧元将继续在曲折的结构改革中前行。

欧元区的发展历程是欧盟及欧洲央行不断应对挑战、完善政策工具、进行职能调整的过程。二者如何在欧洲整体经济相对低迷、地缘政治冲突加剧的情况下，维护欧元区风险管控能力，稳定欧元作为国际货币的竞争力，值得关注。

□ 复习思考题

自测题

1.简述国际货币制度的概念及其内容。

2.布雷顿森林体系的主要内容有哪些？如何评价布雷顿森林体系？

3.牙买加货币体系的主要内容是什么？如何评价现行的国际货币体制？

4.什么是最优货币区？建立最优货币区需要哪些条件？

□ 本章讨论题

1.分析当今国际货币体系的运行状况。

2.讨论最优货币区理论的适用性。